Satoshi Nasura

QUAND LES DIEUX FOULAIENT LA TERRE
II

Les Douze Dieux de l'Olympe

OMNIA VERITAS

SATOSHI NASURA

QUAND LES DIEUX FOULAIENT LA TERRE II
LES DOUZE DIEUX DE L'OLYMPE
2017

Publié par
OMNIA VERITAS LTD

www.omnia-veritas.com

© Omnia Veritas Ltd – Satoshi Nasura – 2017

Tous droits réservés. Aucune partie de cette publication ne peut être reproduite par quelque moyen que ce soit sans la permission préalable de l'éditeur. Le code de la propriété intellectuelle interdit les copies ou reproductions destinées à une utilisation collective. Toute représentation ou reproduction intégrale ou partielle faite par quelque procédé que ce soit, sans le consentement de l'éditeur, de l'auteur ou de leur ayants cause, est illicite et constitue une contrefaçon sanctionnée par les articles L-335-2 et suivants du Code de la propriété intellectuelle.

PRÉFACE 7
NOTE DE L'AUTEUR 9
REMERCIEMENTS 15
INTRODUCTION 18
CHAPITRE I 21
APHRODITE, GUERRE, GLOIRE ET VOLUPTÉ 21
CHAPITRE II 52
ENTRE L'OMBRE ET LA LUMIÈRE : APOLLON 52
CHAPITRE III 103
ARÈS OU L'EMPREINTE DE LA DESTRUCTION 103
CHAPITRE IV 127
ARTÉMIS, REINE DE LA NUIT ET DE LA NATURE 127
CHAPITRE V 172
ATHÉNA, CRAINTE ET RESPECTÉE 172
CHAPITRE VI 188
GRANDE-DÉESSE DE LA TERRE, DE LA FERTILITÉ ET DE LA CONNAISSANCE : DÉMÉTER 188
CHAPITRE VII 223
DIONYSOS OU L'ÂME DU DIEU "ASSASSINÉ" 223
CHAPITRE VIII 299
LE MAÎTRE DU MONDE SOUTERRAIN, L'HADÈS 299
  1 - Le serpent, symbole chtonien, c'est-à-dire symbole de la terre 312
  2 - Le serpent, symbole de connaissance, de sagesse 314
  3 - Le serpent symbole du mal 317
  4 - le serpent, symbole de fertilité, de renaissance, de résurrection, d'immortalité 321
  5 - Le serpent, symbole funéraire 325
  6 - Le serpent, ancêtre mythique 325
  7 - Les serpents des sources et des eaux 326
  8 - Le serpent, symbole lunaire 327

9 - Le serpent, protecteur, gardien *328*
10 - Le serpent, symbole sexuel *330*
11 - Le symbolisme du caducée. Le serpent guérisseur *331*

CHAPITRE IX **346**

HÉPHAÏSTOS OU LE GARDIEN DU FEU SACRÉ 346

CHAPITRE X **364**

LA GRANDE DAME DE LA MONTAGNE : HÉRA 364

CHAPITRE XI **375**

THOT-HERMÈS OU LE MAÎTRE DE LA CONNAISSANCE 375

CHAPITRE XII **389**

HESTIA, VIERGE ET IMMORTELLE 389

CHAPITRE XIII **397**

LES ABYSSES ET LEURS SOUVERAINS 397

CHAPITRE XIV **415**

DÉMIURGE DE LA MONTAGNE ET DIEU DU CIEL 415

CHAPITRE XV **430**

LA VÉRITABLE ASSEMBLÉE DIVINE 430

LEXIQUE **434**

(GINA'ABUL OU PROTO-SUMÉRIEN & SUMÉRO-AKKADIEN & ÉGYPTIEN) 434

BIBLIOGRAPHIE **439**

DÉJÀ PARUS **445**

PRÉFACE

Voici une étude importante sur bien des points. En rédigeant mes différents ouvrages, jamais je n'aurais imaginé découvrir un écrit aussi détaillé sur la mythologie grecque – vaste sujet parallèle à mes recherches – pourtant rarement explorée de mon côté par manque de temps, mais aussi à la faveur d'une prise de conscience évidente : cette tâche "insensée et sacrilège" allait fatalement m'éloigner de mes projets en cours pour un temps indéterminé. Indéterminé, car se lancer dans une pareille entreprise, c'est un peu ouvrir la boîte de Pandore. Cependant, je dois sincèrement préciser que ce sujet me rebutait également tant les mythes grecs ont toujours représenté pour moi une "version hybride" de l'histoire, une transcription inspirée de l'Égypte ancienne, de Babylonie, de Syrie ou encore de Mésopotamie.

Avec détermination, Satoshi Nasura s'est engagé dans l'exercice périlleux de l'ouverture infinie de portes sur d'autres portes, dans le vertige d'un mystère sans cesse renouvelé. Avant de se lancer corps et âme dans un tel pari, il fut, en un premier temps, un de mes grands détracteurs. Profondément fasciné par le contenu des Chroniques et mon décodage protosumérien (Emešà), il se mit à fouiller inlassablement les champs de ruines mythologique et historique pour tenter de trouver des failles et surtout pour comprendre... Totalement troublé, il exposa ses doutes sur le Net pour finalement engager de longues discussions qui suscitèrent l'intérêt de mes proches. Inévitablement, nous avons échangé à une époque où cela relevait encore de l'exploit en raison de ma volontaire mise à l'écart. De là découla sans doute pour lui, peu à peu, cette étude des "Chroniques du Ğírkù à l'épreuve de la mythologie comparée."

Cette étude pose des bases importantes pour une compréhension de notre véritable passé. À l'intérieur même de l'espace de travail de mes Chroniques, l'auteur n'a fixé aucune limite à son champ d'investigation, et c'est là toute la force de son étude. Nous sommes rapidement plongés dans un monde vertigineux en proie aux excès des dieux et de leur technologie. La démonstration peut dérouter au premier abord, tant elle nécessite l'apport de multiples tableaux et schémas, mais la fascination exercée par les nombreux parallèles entre la mythologie grecque et les Chroniques du Ǧírkù génère une dimension "quantique", sous-jacente et jusque-là inexplorée. Certes, le point de vue de l'auteur sur ces sujets reste souvent personnel, mais cette étude demeure très objective avec même, régulièrement, une démarche de type universitaire. Comme l'a fait Catherine Bréant, en 2015, avec son ouvrage Colère à l'Œuvre (éditions Geuthner),[1] Satoshi Nasura aura sans aucun doute contribué de manière fort convaincante à démontrer la valeur historique de mon code protosumérien (Emešà) détectable dans toutes les langues anciennes.

Que l'on soit bien d'accord, il s'agit ici d'un travail considérable sur les mythes fondateurs de la Grèce antique et sur notre propre connaissance d'un passé en miettes. Cette entreprise de déconstruction des mythes grecs, digne des Titans, possède également le mérite de rendre accessible un sujet bien souvent resté mystérieux par manque d'éléments comparatifs.

Le lecteur pourra-t-il résister à l'appel de cette gigantesque aventure de la pensée humaine ? Pour une recherche historique et mythologique de ce type, nous ne pourrions être mieux servis que par quelques acharnés et exaltés par une Foi inébranlable, dignes des plus grands héros de nos légendes. Ils sont peu nombreux et Satoshi Nasura en fait assurément partie. Je remercie l'auteur pour l'honneur qu'il me fait d'éclairer ainsi les coins les plus secrets de l'âme humaine en mettant en valeur le fruit de mes quelque 35 ans de réflexions et de travaux.

Anton Parks, été 2016

---

[1] http://www.geuthner.com/livre/colere-a-l-oeuvre/1057

NOTE DE L'AUTEUR

(Nota : si vous avez déjà lu le tome 1, vous pouvez directement passer à l'introduction.)

L'idée de cette série d'essais est partie d'un constat : à l'origine destinée à paraître sur Internet comme un simple article de Blog, il m'est vite devenu évident que la somme d'informations cumulées dans cette étude ne pouvait trouver sa place sur une simple page Web ! D'autre part j'ai toujours préféré, comme de nombreuses personnes, le format "livre" pour la lecture. Il était question au départ de ne rédiger qu'un seul essai. Cependant, au regard de l'évolution et du contenu (assez dense, vous en conviendrez !) de celui-ci il a semblé évident qu'il fallait scinder l'étude en plusieurs parties. Chacune des parties pourrait théoriquement se lire indépendamment mais il y a tout de même une progression logique entre les trois tomes ; sans oublier les renvois réguliers que j'effectue aux deux autres tomes dans chacun d'entre eux. Voilà pour la forme.

Concernant le fond, maintenant : arrivé à la conclusion que de nombreux chercheurs dits "alternatifs" étaient arrivés à (re)découvrir l'Histoire – tout du moins des bribes d'Histoire – qui se cachaient derrière nos mythes et légendes, je me devais humblement de faire amende honorable et apporter ma modeste pierre à l'édifice – ayant une bibliothèque bien fournie et un peu de temps pour ce genre de hobby. J'ai eu l'opportunité de me pencher sur les travaux de nombreux auteurs, et parmi eux, il y en a un qui se détache nettement de l'ensemble. Je veux bien sûr parler d'Anton Parks.[2] J'ai découvert ses travaux dès ses premières parutions en 2005 et je les suis assidûment depuis lors. Je n'ai pas manqué d'être critique vis à vis des découvertes de l'auteur de son point de vue, j'ai même été l'un de ses plus grands détracteurs ! – mais avec le temps, mes propres recherches m'ont menées peu

---

[2] Retrouvez les ouvrages d'Anton Parks sur http://www.pahanabooks.com/

ou prou au même corollaire que ce dernier. Les ouvrages de cet auteur se distinguent en deux catégories :

- d'une part les *Chroniques du Ǧírkù* (auxquelles nous nous référerons souvent sous l'appellation *Chroniques*) retraçant des sortes de souvenirs inscrits dans un cristal mémoriel,[3] un journal "intime" partagé – dirons-nous – par une suite de personnages appartenant à une même lignée ou famille à travers les âges (sans que Parks ne puisse expliquer comment ni pourquoi les données enregistrées dans ce cristal ont pu atterrir par épisodes successifs dans sa tête),

- les essais, d'autre part, regroupant les recherches linguistiques, mythologiques, anthropologiques et scientifiques effectuées par l'auteur autour des informations perçues.

J'ai même eu la chance d'échanger avec Anton Parks et de confronter mes propres travaux avec les siens. Ma recherche s'est concentrée dans cet essai autour de la mythologie grecque, un corpus peu étudié par l'auteur des *Chroniques du Ǧírkù*. Pourquoi la mythologie grecque ? Parce que j'ai toujours été attiré par ces récits de légendes où les dieux[4] n'ont jamais semblé aussi "humains". D'autant que dans ses livres Anton Parks prouve clairement ce que d'autres ont également touché du doigt : les différentes cosmogonies et cosmologies du monde antique trouvent leur source dans une histoire commune vécue par nos ancêtres dans des temps ancestraux. Et aussi surprenant que cela puisse paraître, on trouve des points communs entre les mythes des *Eddas* germano-scandinaves et ceux de l'Inde védique, entre les légendes de l'ancienne Mésopotamie et de l'Égypte antique ou encore entre les mythologies amérindiennes et chrétienne…

Je me disais donc qu'il était fortement improbable que la

---

[3] Ce cristal aux multiples fonctions est le fameux "*Ǧírkù*" ; son nom d'*usine* étant "*Ugur*".
[4] Ici le mot "dieu" n'a pas de sens sacré, la majuscule ne sera donc (quasiment) jamais de circonstance. Nous ferons cependant parfois quelques entorses à cette règle… Notamment concernant la Grande-Déesse dont le caractère sacré transcende toute forme de religion et de dogme.

mythologie grecque ne partage pas également quelques points de convergence avec d'autres cosmologies, cosmogonies et anthropogonies de l'Antiquité.

***

Je ne suis pourtant pas un mythologue – pas même amateur ! –, pas plus qu'un linguiste. Je suis assez loin d'être versé dans la littérature. On pourrait à la limite me qualifier de passionné de mythologies. Je n'ai aucun diplôme de haut rang, je n'appartiens à aucun club prestigieux, aucune association reconnue, et mon cercle social est assez restreint. Je n'appartiens pas non plus à l'autre extrémité du spectre : les sciences ne m'intéressent que lorsqu'elles se mettent à mon humble niveau de quidam. En fait, je suis un lecteur avant toute autre chose. Un lecteur curieux, très curieux. Je pourrais être l'un d'entre vous ! À la différence peut-être que je suis allé plus loin que la moyenne des lecteurs communs vis-à-vis des recherches menées par un auteur quelconque. J'ai tenté de m'approprier la méthode et les outils de travail de l'auteur des *Chroniques* et je suis parvenu à certains résultats dont cet étude est un condensé. À la rédaction de ces lignes, j'aurai passé environ cinq années – en parallèle de mon activité professionnelle à temps plein – de lectures variées, recherches transversales, intenses réflexions et ... mise à l'écrit des conclusions obtenues en partant pour ainsi dire de zéro. Je ne dis pas que j'ai mis le doigt sur d'extraordinaires révélations (même si les conclusions auxquelles j'arrive sont extrêmement surprenantes, pour le moins !) ni que j'avalise intégralement les travaux de Parks.

Je suis le premier d'ailleurs à m'interroger sur le bien-fondé des techniques sémantiques mises en œuvre dans cet essai et j'ai pleinement conscience qu'une volée de critiques assaisonnées accompagneront la sortie de ces livres. Je les accueillerai comme il se doit et comme j'ai accueilli le travail de l'auteur des *Chroniques* : avec recul, discernement et objectivité. Si tant est que les rapprochements réalisés ici soient qualifiés de farfelus et d'exagérés, j'en examinerai méticuleusement l'argumentaire critique. À bien des instants, j'ai douté de la réalité de ces convergences et des conclusions confortées par le syllabaire suméro-akkadien. Et bien des fois je me suis remis en selle grâce à un principe scientifique fondamental : celui nous imposant d'exclure le hasard quand un nombre suffisamment important d'éléments – que j'appellerai par provocation des "coïncidences" – viennent à se répéter comme autant de rappels à l'ordre.

***

Ces essais peuvent être lus comme un complément des travaux d'Anton Parks que ce dernier a développés dans sa série de livres appelée *Les Chroniques du Ǧírkù* – quatre tomes à l'heure où j'écris ces lignes – ainsi que dans quatre essais.

L'auteur a tenté de démontrer dans ses sept ouvrages plusieurs choses :

> ➤ Une présence extranéenne sur la planète depuis des temps immémoriaux qui défient la mémoire humaine (se datant en millions d'années). Il est même avancé dans le tome 0 des *Chroniques du Ǧírkù*[5] que les premiers humanoïdes intelligents de la Terre n'étaient pas les humains mais les Mušidim, "les faiseurs de vie", humanoïdes de type saurien. Ce serait donc nous, humains, les invités sur la planète.
> ➤ Une multitude de peuples extérieurs intervenants sur Terre avec en acteur principal une race particulière – les Mušidim-Gina'abul, GINA-AB-UL en sumérien litt. "Véritables ancêtres de la splendeur" – aux multiples embranchements : Anunna, Kingú, Ušumgal, Mušgir, Nungal/Igigi, Amašutum, Ama'argi, Imdugud, Mìmínu, Kingalam…[6]
> ➤ Les Gina'abul ont en partie créé l'espèce humaine telle qu'on la connaît aujourd'hui. Leurs prédécesseurs Mušidim auraient créé la vie sur Terre. Leurs activités ont commencé à être plus

---

[5] Anton Parks, *Chroniques du Ǧírkù tome 0, Le Livre de Nuréa*, Éd. Pahana Books, 2014.
[6] La majorité de ces noms sont des mots sumériens ou akkadiens. On les retrouve autant sur les tablettes d'argile de Sumer et d'Akkad que dans les lexiques en langues sumérienne et akkadienne. Les noms n'existant pas dans les corpus mythologiques d'ancienne Mésopotamie et avancés par l'auteur sont déchiffrables par l'assemblage de syllabes suméro-akkadiennes.

- intenses autour du projet génétique qui aboutira à l'Homo Sapiens vers -300 000 ans.
- Parmi les Gina'abul présents sur Terre depuis 300 000 ans se trouvent l'élite dirigeante patriarcale et plus particulièrement les créateurs des Anunna[7] et Nungal qui regroupés en assemblée formaient un groupe de onze individus.
- Ces individus et leurs troupes armées sont des rebelles à la Reine des Gina'abul et ont échoué sur Terre à la suite d'une guerre interstellaire et intestine.
- Ces onze individus, divinités ou dieux ont été assimilés par Anton Parks aux valeurs de l'Arbre des Sephiroth.[8]
- Cette assemblée divine a régné sur la planète pendant des millénaires. Le point névralgique du pouvoir ancien se situait dans la zone géographique qui deviendra plus tard Sumer.
- Suite à des divisions internes entre partisans du pouvoir patriarcal (Anunna,[9] Ušumgal,[10] Mušgir) et soutiens au culte de la Déesse-Mère (Nungal/Igigi, Amašutum, Ama'argi), le pouvoir s'éclata en deux centres : le pays de Kalam d'un côté et de l'autre Dilmun/A'amenptah/Amenti (Atlantide) et l'Égypte (que nous nommerons aussi le Double-Pays ou les Deux Terres). Ces dernières régions géographiques étant occupées par les partisans du culte de la Déesse-Mère.[11] Kalam désignait le "pays" en sumérien et faisait référence à Sumer. La prééminence de Kalam sur le reste du monde était parfaitement décrite dans les mythes :

"Enki le vénérable s'approchait du pays (Kalam),
Afin que, suite à cette visite du grand Prince,

---

[7] Les *fameux* Anunnaki, soit les Anunna du KI (litt. "la Terre" ou "le lieu" en sumérien).
[8] Anton Parks, *Chroniques du Ğírkù tome 3, Le Réveil du Phénix*, Éd. Nouvelle Terre, 2010, voir pages centrales pour plus d'informations au sujet de cet "arbre" aux multiples symboliques.
[9] A(père)-NUN(prince)-NA(génitif) : "les princes du père" en sumérien. Ou "les princes de An", leur géniteur.
[10] Litt. "les grands dragons", conseil restreint de sept individus régnants sur le genre Gina'abul.
[11] Ces conflits sont largement détaillés par l'auteur à partir du tome 2 des *Chroniques du Ğírkù, Ádam Genisiš*, Éd. Nouvelle Terre, 2007, ainsi que dans son troisième essai, *La Dernière Marche des dieux*, Éd. Pahana Books, 2013.

> *L'opulence y prévalût partout !*
> *Il en arrêta donc le destin en ces termes :*
> *"Ô Sumer, grand pays, territoire infini,*
> *Enveloppé d'une lumière indéfectible,*
> *Dispensateur des Pouvoirs à tous les peuples,*
> *De l'Orient à l'Occident !*
> *Sublimes et inaccessibles sont tes Pouvoirs*
> *Et ton cœur est plein de mystère, insondable.*
> *Ton habileté inventive, qui peut enfanter même les dieux,*
> *Est aussi hors d'atteinte que le ciel" (...)"*[12]

- Anton Parks a ainsi réussi à assimiler les divinités de Sumer, d'Akkad et de Babylone aux dieux de l'ancienne Égypte. Pour la simple et bonne raison qu'ils figurent des personnages ayant eu une réelle existence physique et une forte implication dans la vie des hommes.

- *Le Livre de Nuréa* détaillant les informations les plus récentes reçues par Parks, met en avant les souvenirs les plus anciens inscrits dans Ugur. Ils retracent notamment les anciens conflits Mušidim[13] au sein du système solaire, leurs voyages spatio-temporels dans la galaxie, leurs exploits scientifiques et leurs errances mais aussi le destin formidable de Barbélú qui deviendra l'archétype de la Grande-Déesse, de la Gaïa des anciens temps.

---

[12] Mythe sumérien *Enki et l'Ordre du Monde*, lignes 189-197.
[13] Du sumérien MUŠ(serpent)-IDIM(supérieur, puissant, distingué), litt. "serpent(s) puissant(s) ou distingué(s)".

REMERCIEMENTS

Je tiens à remercier ici toutes les personnes m'ayant motivé à démarrer cette recherche et surtout à persévérer après ces dizaines de mois durant (elles se reconnaîtront). Elles ont été mon moteur et ma motivation permanente.

Remerciements spéciaux à mon épouse pour sa patience infinie et son intime conviction que je devais finir ce à quoi je m'étais attelé dès 2012 ; sans véritablement que nous ne sachions à l'époque où cela allait pouvoir me mener. Je ne pourrai jamais assez la remercier pour sa tendresse, sa bienveillance et ses précieux conseils.

Je remercie également chaleureusement Nora et Anton Parks qui, malgré les épreuves qu'ils ont pu traverser, ont su se rendre disponibles pour un humble lecteur/chercheur comme moi. Je sais que la vie de sacrifice menée par Anton Parks est une gageure que je ne saurais moi-même assumer. Pour cela il mérite tout notre respect et notre admiration. J'ai pu véritablement comprendre l'ampleur et la densité de ses travaux lorsque j'ai moi-même mis le pied à l'étrier. C'est là que j'ai compris qu'il faut des années de recherches autodidactes pour estimer atteindre un tel niveau d'exigence et de précision.

Je tenais à remercier et à féliciter tous ces témoins du temps, des sciences et de l'évolution. Ces mythographes, ces savants, ces universitaires, ces traducteurs, ces illustres comme ces anonymes qui, par vocation ou par passion, ont (pour certains du moins) voué leur vie à livrer des connaissances à notre portée. Sans eux, ce livre, comme beaucoup d'autres, n'existerait pas. Merci à eux. Ils m'ont donné envie de les imiter.

Enfin, je vous remercie vous, lectrice(s) et lecteur(s) de tous horizons, vous qui avez donné une chance à cet ouvrage d'être lu par vous. J'espère qu'il vous fera voyager, vous interroger, méditer et surtout vous rendra plus curieux du monde qui nous entoure et de tous ses mystères ! J'attends impatiemment vos commentaires sur la toile ou par e-mail.

"Il chantait aussi comment Ophion et Eurynomé, fille d'Océan, régnèrent ensemble sur l'Olympe neigeux ; comment vaincu la violence d'un bras puissant, Ophion dut céder la souveraineté à Kronos et Eurynomé à Rhéa ; comment tous les deux furent précipités dans les flots de l'Océan. Cependant, leurs vainqueurs étaient rois des Titans, dieux bienheureux. Zeus alors était un enfant : il ne savait encore dans son esprit que ce que savent les enfants."
Apollonios de Rhodes, *Argonautiques*, Chant I, v. 503-508.
(Orphée chante l'histoire de la Création du Monde)

"Apprenez-moi comment sont nés les dieux, dispensateurs de tous les biens, comment cette race céleste s'est partagé les richesses et les honneurs, comment elle a occupé au commencement l'Olympe aux nombreux replis."
Hésiode, *Théogonie*, v. 111-113.
(Hésiode s'adressant aux Muses)

"Athéna, la déesse aux yeux pers, repartit pour l'Olympe, où l'on dit que se trouve la demeure toujours stable des dieux. Elle n'est jamais ébranlée par les vents, jamais mouillée par la pluie, jamais couverte par la neige. Mais la pureté de l'air s'y déploie sans nuage et partout y règne une éclatante blancheur. C'est là que les dieux bienheureux passent tous les jours dans la joie, et ce fut là que vint la déesse aux yeux pers, après avoir donné ses conseils à la jeune vierge Nausicaa."
Homère, *Odyssée*, Chant VI, v. 41-47.
(Athéna est descendue de l'Olympe pour conseiller Nausicaa)

INTRODUCTION

Si vous êtes arrivés ici par hasard, vous risquez de vous perdre au détour d'un chemin tortueux de l'Olympe. Peut-être, tomberez-vous nez à nez avec une divinité s'en revenant des plaines des mortels ou retournant vers les hauteurs célestes…

Tout a été fait afin que vous puissiez aborder cet ouvrage sans avoir lu ni même feuilleté le précédent. Toutefois, il sera régulièrement fait appel à des notions et des passages essentiels du tome 1 pour la compréhension générale du présent essai.

Rappelons brièvement ce dont vous devriez vous rappeler (si vous avez lu le premier tome) ou bien ce que vous n'avez pas lu si ce tome 2 est le premier livre de la série *Quand les dieux foulaient la Terre* à être tombé entre vos mains.

Avec comme matériau central le corpus mythologique de la Grèce antique, secondé par les outils sémantiques portés à notre connaissance par Anton Parks, nous avons démontré que le mythe, présenté communément sous l'angle simpliste de la fable, déploie une dimension notamment historique parmi ses diverses composantes. Le mythe sert de témoignage du passé, car il présente une permanence historique qui en fait la gardienne de notre Histoire comme le dit Julien d'Huy. Nous avons entre autres évoqué le fait que sa transmission, loin d'être éphémère et limitée, était multimillénaire mais également planétaire !

Nous avons voyagé jusqu'au commencement des Temps. À une époque où la matière n'existait pas encore. Où seul régnait le Chaos. Nous avons assisté à la création de l'Univers depuis les traditions de la Grèce avant d'explorer les folklores voisins de la terre des Olympiens. Ainsi sont venus nous surprendre les récits ancestraux d'Akkad et de Sumer, sont venus nous émerveiller les contes fantastiques du Double-Pays (Égypte).

Nous avons vu naître les premiers dieux, à commencer par la plus illustre d'entre eux, la Grande-Déesse qui, bien que portant des noms différents selon les lieux, demeure la même entité créatrice. Nous l'avons rencontrée dans toutes les régions du monde antique de Sumer à la Vieille Europe en passant par l'Anatolie des Hourro-hittites ou encore Kemet. Nous l'avons vue créer ses enfants seule, puis s'unir à eux pour engendrer les races divines primordiales.

Enfin nous nous sommes rendu compte que nous autres, mortels, humains, n'étions pas les instigateurs des premiers conflits de masse mortels. À peine mis au monde que les premiers dieux entrèrent en guerre entraînant dans leur sillage des fratricides sur plusieurs générations, des bannissements éternels dans les Abysses insondables ou encore des destructions d'ampleur cataclysmique. Tout cela avant que n'intervienne un ordre divin nouveau mené par une déité du Ciel...

***

Seront abordées dans ce tome 2 les douze divinités du panthéon hellénique (qui sont en fait au nombre de quatorze puisque quatre d'entre elles sont des personnalités "tournantes") et leurs possibles associations avec leurs représentants mésopotamiens et égyptiens. Nous commettrons quelques incartades en allant piocher certaines informations corroborantes dans d'autres mythologies comme celles des diverses cultures indo-européennes voire dans les légendes d'autres régions du monde. La mythologie comparée a ceci de particulier qu'on ne peut tirer grand-chose qu'en restreignant son corollaire à deux corpus (doublés de deux ensembles linguistiques) mis l'un en face de l'autre. Il est primordial de confronter plusieurs recueils mythologiques de diverses origines afin de mettre à jour les correspondances pertinentes permettant de conclure à des emprunts ou à une diffusion de proche en proche. Nous descendrons souvent du Mont Olympe afin de partir à la recherche de nos douze principales divinités littéralement fragmentées et recomposées dans d'autres protagonistes divins ou semi-divins. Les mélanges de caractéristiques interdivinités apparaîtront alors à leur paroxysme.

Nos analyses porteront sur deux principaux aspects : d'une part la codification des noms des divinités (et de leurs symboles et attributs) via le langage matrice (Emeša) et leur décomposition dans leur but d'en tirer la définition première ou l'essence primordiale ; et d'autre part les faits bruts (rôles, fonctions, filiations, cultes...). À la suite de quoi, il nous sera possible d'assimiler telle divinité grecque avec telle ou telle déité égyptienne et mésopotamienne. Les récits d'Anton Parks nous seront, en parallèle, d'une aide précieuse ! Nous nous rendrons dans cette étude bien au-delà d'une simple étude de mythologie comparée. Préparez-vous pour un petit parcours historico-légendaire plein de révélations !

Partons de bon pied et commençons par l'Amour ! Et sa divine figuration chez les Grecs anciens, Aphrodite.

CHAPITRE I

APHRODITE, GUERRE, GLOIRE ET VOLUPTÉ

> *"Chantez Ištar, la plus noble des déesses... Elle est remplie de joie et revêtue d'amour, Parée de séduction, d'attirance et de charme... Elle tient en ses mains le sort de toutes choses... Ištar, qui peut donc égaler sa grandeur ?... Ses fonctions sont puissantes, éminentes et splendides. Elle, parmi les dieux, éminente est sa place... Elle est leur reine... femmes et hommes la révèrent... Elle siège parmi eux, comme Anu leur roi... Le roi, leur favori, aimé de leur cœur, Leur offre, avec magnificence, son pur sacrifice... De longues années de vie à Ammiditana,/Ištar a octroyé, elle lui a donné. Par son ordre, elle a soumis pour lui à ses pieds, les Quatre Régions [du monde]..."*
> **Hymne à la déesse akkadienne Ištar.**
> **Époque paléobabylonienne, règne d'Ammiditana de Babylone, 1683-1647 av. J.-C. Musée du Louvre, Antiquités orientales, AO 4479.**

> *"Muse redis les travaux de la blonde Vénus, déesse de Chypre : c'est elle qui fait éclore de tendres désirs dans le sein des dieux, qui soumet à ses lois les mortels, les oiseaux légers habitants de l'air, tous les monstres, et ceux du continent et ceux de la mer ; c'est elle, douce Vénus, couronnée de fleurs, c'est elle qui courbe sous ses travaux tout ce qui respire."*
> **Premier vers de l'*Hymne homérique à Aphrodite*.**

> *"Salut à Toi, Sekhmet la Puissante, Louange sans cesse pour ton beau visage, Déesse Auguste de la Maison-de-Ptah, Sekhmet Vénérable, Dame du ciel, Diadème de Rê, œil divin dans le Per-Ur, Diadème de*

Rê œil divin dans la Maison-Vénérable, Son Outo dans le palais, Son diadème dans la Barque-de-la-nuit, Sa compagne dans la Barque-du-jour. Puisse-t-elle faire qu'Apophis soit circonvenu Et qu'elle marche contre lui, après avoir saisi le javelot ; Sekhmet, la Grande, aimée de Ptah, Dame du Ciel, maîtresse du Double-Pays La Reine des Vénérables, la Dame de la Maison de Vie ! Accorde-moi une durée de vie parfaite, qui ne comporte pas de souffrance. Mon corps étant exempt de maux. Mon visage ouvert et mes oreilles percées. Sans que ma vie soit raccourcie. Que je sois glorifié comme un glorifié Auguste, Et loué comme Justifié !"
Invocation/Hymne à Sekhmet.

Comme toutes les divinités majeures de l'Antiquité, Aphrodite est parée de noms divers, d'épiclèses ou d'épithètes. Une des tâches qui nous incombera dans cet essai sera d'identifier les dieux de l'Olympe – et les autres ! – sous leurs différentes appellations. Certaines identifications seront évidentes, d'autres plus ardues à décortiquer. Il ne faudra jamais perdre de vue que les prosateurs et chroniqueurs du monde antique grec se sont succédés sur des siècles et que la superposition de récits contradictoires a apporté une certaine confusion – pour le moins ! – quant aux caractéristiques primordiales des dieux. Il est pourtant saisissant de retrouver aux quatre coins du bassin méditerranéen et de la région du croissant fertile (voire même au-delà) des avatars portant tous la marque d'une identité originale dont la source se perd dans les méandres du temps. Ainsi, Aphrodite (du grec ancien *Ἀφροδίτη / Aphrodítê*), la déesse grecque de la fécondité, de l'amour, du désir et de la beauté peut être identifiée (en Grèce antique) sous les traits de la déesse de l'enfantement Ilithye ou de l'Océanide Dioné que l'on donnait parfois comme la mère d'Aphrodite par Zeus – notamment chez Homère.[14] Chez les Romains, elle est Vénus ; chez les Étrusques Turan. Son origine est clairement orientale : elle dérive de la déesse appelée Inanna chez les Sumériens, Ištar chez les Akkadiens et Babyloniens.

Divinité poliade de la cité sumérienne d'Uruk, Inanna

---

[14] Homère, *Iliade*, Chant V, v. 363-373.

appartiendra à l'époque akkadienne à la triade des dieux planétaires sémitiques Sîn (Lune) / Šamaš (Soleil) / Ištar (Vénus).

À dire vrai, hormis les triades planétaires et les images de la triple-déesse (déjà évoquée dans le tome 1 mais dont nous révélerons la triple nature dans le présent essai) nous retrouvons plusieurs formes de trinités divines dans le monde antique dont voici un rapide aperçu :

Type indo-européen (trois frères / parents) :	Type pré-indo-européen (mère + deux enfant) :	Type égypto-nubien (couple + un fils) :
Zeus – Poséidon – Hadès (hellénique)	Léto – Artémis – Apollon (préhellénique)	Osiris – Isis – Horus
Odin – Thor – Freyr (germanique)	Déméter – Perséphone – Dionysos (préhellénique)	Khnum – Héket – Heka
Indra – Agni – Sûrya (védique)	Cérès – Libera – Liber (pré-romaine)	Ptah – Bastet/Sekhmet – Nefertum
Taranis – Ésus – Teutatès (celtique)		Amon – Mut – Khonsu
Jupiter – Mars – Minerve (romaine)		Banebdjedet – Hatméhyt – Harpocrate
Mithra – Ahriman – Varuna (iranienne)		Horus – Hathor – Harsomtus
An – Enlíl – Enki (sumérienne)		...

L'activité cultuelle et mythologique d'Inanna n'a jamais été égalée par aucune autre déesse du Moyen-Orient. Elle est l'incarnation furieuse de l'amour mais aussi symbole de conflits, de guerres – ses épiclèses mésopotamiennes de "Dame de la bataille et du combat", de "lionne" ou encore de "vache sauvage qui donne un coup de corne à l'ennemi" sont là pour le prouver. Elle est la "Reine du ciel", la "déesse des champs et les dépôts des dattes et les produits de l'agriculture et du pâturage" mais aussi la déesse protectrice des prostituées sacrées. Ses qualificatifs habituels sumériens de "Sacro-sainte" et de "Vierge" sont à comprendre non pas dans le sens de la virginité physique mais bien dans celui de la décision de ne jamais prendre d'époux. Aphrodite porte elle-même les épithètes évocatrices de *Pandemos*,[15] "incarnation de l'Amour vulgaire" mais encore de *Porné*, "protectrice des courtisanes". Elle est la première incarnation de la Grande-Déesse que nous étudions en détail dans cet essai. À ce titre, nous allons évoquer plus avant les cultes qui l'entouraient. Les cultes de la Grande-Déesse étaient caractérisés par plusieurs éléments qui se recoupaient : les statues, les titres, les symboles, ordre clérical composé de prêtres eunuques, la relation qui unit la déesse à son fils/amant, la mort de celui-ci et les lamentations qui rappellent chaque année cette mort, l'accouplement sacré (hiérogamie) et les coutumes sexuelles du temple, et nous le retrouvons dans des régions aussi éloignées dans le temps et dans l'espace que l'étaient Sumer, l'Égypte, la Grèce et enfin Rome. Nous verrons qu'à chaque fois, l'identité de la Déesse-Mère ou plutôt la Grande-Déesse – celle-ci étant tour à tour déesse fille, déesse épouse puis Déesse-Mère – s'adapte, ainsi que celle de son fils-amant ou frère-amant. Les symboles et astres de la Grande-Déesse nous rappellent ses différents rôles et domaines. Aux temps archaïques elle incarnait le Soleil, la Lune, Vénus et la Terre. Elle fut vénérée très tôt – dès le Paléolithique – dans des grottes mais aussi à ciel ouvert. Ses symboles animaliers étaient principalement un serpent, lorsque la déesse était de nature chtonienne, une vache[16] lorsqu'elle était sur terre et une colombe (ou l'oiseau en général) quand elle était d'envie ouranienne (ou éolienne). Un autre symbole est récurrent, celui de la double hache. Nous y reviendrons dans le dossier consacré à Dionysos. Inanna, puis Ištar, sa version akkadienne, après elle, fut si populaire qu'elle fédéra sur son nom nombre d'attributs, de symboles (lion, serpent, dragon, colombe, vache, veau, scorpion, conque, arc, utérus, arc-en-ciel, croissant et pleine Lune, palmier, grenade, étoile à huit branches…) et d'appellations. Elle était à ce point universellement révérée qu'on la figurait à l'occasion, non plus comme une femme mais, nantie d'une barbe, comme un homme ; traduisant par là sa nature virile au combat. À la période des rois d'Akkad, toutes les déesses étaient mises en équivalence avec elle. Inanna recevait

---

[15] Hérodote, *Histoire*, Livre I, 199.
[16] Les Sumériens ont établi un habile glissement sémantique concernant l'animal terrestre préféré de la Déesse-Mère. En effet, la vache sauvage était désignée par la valeur phonétique ÁMA, exact homophone de AMA qui elle désignait… la mère !

ainsi de nouveaux appellatifs évoquant certains aspects spécifiques. Dans un même texte, elle pouvait s'appeler : Baba, Bêlet-ili, Gula, Mullisu, Nanše, Ninkarrak, Ninsun, Nintinugga, Šeru'a et Zarpanitu.[17] Cette multiplicité identitaire et sa nature controversée étaient parfaitement acquises dans l'Antiquité même si cela peut nous paraître complètement abscons aujourd'hui.

***

Nepthys, en tant qu'assistante d'Isis lors de la résurrection de leur frère Osiris, est associée aux rites funéraires et à la mort. Elle symbolise ainsi l'obscurité, la nuit, l'invisible sans oublier la magie et l'art divinatoire, pratiques qu'elle partage avec sa sœur. Elle apparaissait aussi à l'instar d'Ilithye comme une déesse des accouchements. Parmi les épiclèses d'Aphrodite, nous trouvons − malgré ce qu'on pourrait penser d'une déesse de l'Amour − : *Epithymbia* ("celle des funérailles") ; *Mélaenis* ("la Noire") ; *Philopannyx* ("qui aime la nuit") ; *Scotia* ("la Sombre") ou encore *Tymborychos*, ("qui creuse les tombes"). Cette *sombre* liaison n'est pas fortuite ! Le nom Nephtys servait de qualificatif aux anciens Égyptiens pour désigner les femmes âgées. Pourtant c'est bien à Aphrodite que les Grecs ont assimilé la déesse Nephtys. Nikê (la Victoire) était également assimilée à la déesse égyptienne.[18] Cela met évidemment à mal la vision de Robert Graves quant aux rôles de la triple-déesse :[19] Nephtys dans son statut et ses fonctions devrait inévitablement représenter la marâtre, dernier tiers de la triple-déesse lunaire, pourtant elle fut associée à la femme nubile par les Grecs.[20] L'identification de Nephtys avec la déesse Anuket − déesse de la fécondité et de la luxure évoquée plus bas − renforcera sans doute son lien avec Aphrodite. La sœur d'Isis est enfin donnée pour une déesse festive dont les rites autorisaient la

---

[17] Jean Sadaka, *le Culte de la Grande Mère*, Éd. Mon Petit Éditeur, 2015, pages 17-18.
[18] Une audacieuse décomposition phonétique d'Aphrodite via l'Égyptien donnerait aaf(extraire, révéler)-rwDt(succès, réussite) : "celle qui révèle le succès".
[19] Rappelons que pour Robert Graves, la Triple-déesse représentait notamment les trois étapes de la vie de la femme : jeune fille (vierge), épouse (femme nubile) et vieille femme (marâtre).
[20] Plutarque, *Isis et Osiris*, chapitre XII.

consommation de bière.

Bien que, selon Homère, Aphrodite soit donc fille de Dioné et de Zeus, les récits les plus courants la disent née de l'écume de mer[21] issue la semence d'Ouranos émasculé par son fils Kronos. Étant, comme sa *sœur* Artémis-Isis et son protégé Apollon-Horus, associée à l'étoile du matin et du soir, tout indique que cet épisode décrit la naissance de la planète Vénus d'un point de vue cosmique. Nous y reviendrons longuement. Elle est, selon les mythes, l'épouse d'Héphaïstos (le forgeron des dieux) et maîtresse d'Arès (dieu de la destruction). Certaines traditions en font également la mère d'Éros[22] (Cupidon chez les Romains) comme nous l'avons vu plus haut. Avant de paraître hors de l'Océan, elle vivait dans ses profondeurs en compagnie de Néris, fils du dieu de la mer Nérée ; que nous identifierons plus bas à Poséïdon-Osiris. Le fils de ce dernier étant Apollon-Horus, cet épisode rejoint le tome 3 des *Chroniques* où Nepthys-Inanna veille dans les profondeurs du Gigal sur le jeune Horus.[23]

L'auteur des *Chroniques* nous décrit ainsi Nephtys, qui siège à la dixième place de l'assemblée divine des dieux régents de Dubkù-Uraš (la Terre) : "*Le contraste est frappant entre son aspect guerrier et celui de l'amour qu'elle semble vouloir incarner. Elle est à mi-chemin entre l'état de mère de l'humanité et celui de sainte joyeuse, mais emplie d'animalité.*"[24]

Ce caractère animal et furieux est parfaitement décrit dès les premiers écrits traitant de l'auguste déesse aux multiples visages :

> "*Innin aux Pouvoirs redoutables, toi qui répands la terreur*
> *En chevauchant ces grands Pouvoirs !*
> *Inanna qui brandis, par son manche sacré l'Ankara*
> *Dont le sang t'éclabousse !*

---

[21] Hésiode, *Théogonie*, 191-197 et suiv.
[22] Ibidem, 930-940.
[23] Anton Parks, *Chroniques du Ǧírkù tome 3, Le Réveil du Phénix*, Éd. Nouvelle Terre, 2010, page 78.
[24] Ibidem, page 59.

*Qui pulvérise les boucliers
Et soulèves ouragans et tempêtes !
Altière souveraine, Inanna,
Experte à déclencher les guerres,
Tu dévastes la terre et conquiers les pays
Par tes flèches à la longue portées !
Ici-bas et là-haut, tu as rugi comme un fauve,
Et frappé les populations !
Tel un aurochs gigantesque, tu t'es campée impatiente
D'attaquer les contrées hostiles !
Pareille à un formidable lion, de ta bouche écumante
Tu as anéanti adversaires et rebelles !*"[25]

L'association est, ici, évidente : Aphrodite est Inanna-Ištar / Nebet Hut-Nephtys respectivement chez les anciens Mésopotamiens et chez les Égyptiens. Le caractère principal d'Aphrodite est par ailleurs clairement indissociable de celui de ses dérivées du Moyen-Orient : elle est bien la déesse de l'Amour physique dans toute sa splendeur. Et c'est telle qu'elle est décrite par Anton Parks dès le tome 2 des *Chroniques du Ğírkù* où le personnage d'Inanna semble vouloir se mélanger avec tous les mâles l'environnant : dieux comme humains !

Elle est abusée dès son jeune âge par son ascendant Enlíl-Arès et entretient une éphémère relation avec Enki-Héphaïstos. Nous retrouvons ces rapports dans la mythologie grecque où Aphrodite est l'épouse légitime d'Héphaïstos qu'elle trompe régulièrement avec Arès. Jusqu'à ce qu'Hélios les découvre et que le mari trompé les emprisonne pour les exposer aux moqueries de leurs homologues olympiens. Aphrodite, fidèle à sa réputation, ne s'arrêta pas à ces deux amants-là. Elle fut ainsi fortement éprise d'un mortel qui entra dans la légende ; il s'agit d'Adonis (déité dont le nom serait basé sur l'hébreu *Adonaï* qui signifie "Seigneur", avatar du dieu-berger sumérien Dumuzi). Je ne reviendrai pas sur ce qui a déjà été écrit par Anton Parks sur le sujet. Il développe un long chapitre consacré à ce personnage dans

---

[25] Extrait du mythe *Victoire d'Inanna sur l'Ebiḫ*, lignes 1-10 (trad. Jean Bottéro).

le *Testament de la Vierge*.²⁶

Je ne peux que rejoindre son analyse faisant de Dumuzi une fusion d'Enki-Osiris et de Nergal-Horus, aimé respectivement puis simultanément par Ereškigal-Isis et Inanna-Nephtys, de la même façon qu'Adonis le sera de Perséphone et d'Aphrodite. Dumuzi est à la fois un berger/pasteur comme Apollon et un dieu de la fertilité comme Hadès-Dionysos. Il est l'un des rares dieux morts et ressuscités comme Osiris/Horus (ou Dionysos, encore lui). Là où je ne rejoins pas Parks est quant à l'identification des deux déesses sœurs. De mon point de vue Aphrodite est Inanna-Nephtys et non Ereškigal-Isis, comme il l'affirme. J'explique cette confusion de par le fait que les deux déités sont regardées comme des jumelles et que le mythe original a ainsi été altéré. Mais cela n'a que peu d'importance, les deux protagonistes des *Chroniques* sont si proches que ces confusions sont monnaie courante. Nous devrons nous y faire : ces héritières de la Mère des Origines sont, après tout, des sœurs génétiques ! Cette collusion est confirmée par l'Histoire : les cérémonies osiriennes adaptées à Adonis en Grèce et Rome antiques – les Adonies – furent reprises étape par étape. À la fin des rites dédiés à Osiris, l'on célébrait les deux sœurs Isis et Nephtys, en Grèce c'est Aphrodite, seule, qui reprit ces attributions. Cyrille d'Alexandrie témoigne qu'on figurait Aphrodite remontant des Enfers accompagnée d'Adonis déclenchant l'ivresse d'un chœur chantant les louanges du couple.²⁷ Les femmes d'Alexandrie jetaient ensuite à la mer des figurines verdoyantes d'Adonis, répliques presque à l'identique des "Osiris végétants", poupées osiriformes d'argile humide mêlée de graines que les Égyptiens déposaient sur leur lit, comme une promesse de résurrection de la vie végétale à l'image de celle d'Osiris.²⁸ Les Anciens associaient ainsi sans peine Osiris et Adonis.²⁹ Et Aphrodite de devenir ainsi la fusion de Nephtys et d'Isis.

---

²⁶ Anton Parks, *Le Testament de la Vierge*, Éd. Nouvelle Terre, 2009, pp. 348-357.
²⁷ Cyrille d'Alexandrie, *Sur Isaïe*, 18, 1-2.
²⁸ Théocrite, *Idylles*, XV, 143.
²⁹ Damascius, *Vie d'Isidore*, 106 ; Lucien de Samosate, *La déesse syrienne*, 7.

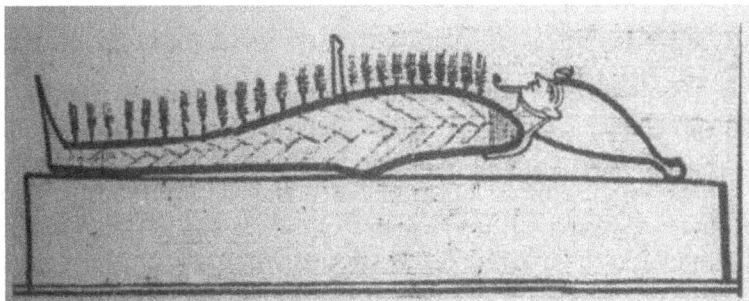

3ème vignette de la planche III issue du Papyrus Jumilhac *représentant une figurine d'Osiris végétant. Notez les épis qui jaillissent de son corps, figurant la renaissance de la Vie.*

Le récit légendaire sumérien à l'origine du mythe grec d'Adonis et d'Aphrodite est celui de Dumuzi et d'Inanna (ou Tammuz et Ištar chez les Babyloniens). Dumuzi-Tammuz est un roi-berger et dieu de la fertilité qui meurt, est emporté aux Enfers et ressuscite chaque printemps, servant d'allégorie aux cycles de vie et de mort de la végétation. Le retour sur Terre du dieu de la fertilité – au printemps – s'accompagnait du renouveau de la vie.

Les anciens rois mésopotamiens identifiés à Dumuzi s'unissaient rituellement à Inanna, par l'entremise de l'une de ses prêtresses, pour marquer le retour de la belle saison. Nous revenons plus bas sur ce Mariage Sacré liant les rois aux prêtresses, images de la déesse de l'amour et de la fécondité. Concluons cette parenthèse en précisant que le récit de Dumuzi-Adonis peut très bien être un conte allégorique du renouveau de la Nature au printemps mais pourrait tout autant décrire l'événement passé de la réincarnation d'un dieu ayant influencé toutes les anciennes cultures du bassin méditerranéen et du croissant fertile. La première explication prenant bien entendu le pas de la seconde qui ne manquerait pas d'être taxée d'hypothèse néo-évhémériste ! Est-il interdit d'envisager que ce récit englobe tout à la fois un épisode fantastique de notre passé et une légende allégorique ? Toujours est-il que la déesse est la seule responsable de la guérison et de la résurrection du jeune dieu dont dépend le renouveau de la nature ; elle est la source primordiale de la vie et de son renouvellement, alors que le jeune dieu est utilisé comme instrument dans ce processus.

***

En tant qu'incarnation de la planète Vénus, Aphrodite est surnommée *Urania* ("la céleste"), elle est vénérée sur les sommets à ciel ouvert et porte l'épithète de *Pasiphaé* ("celle qui luit pour tous") – une épithète qui affublera tout autant Artémis-Isis comme nous le verrons. Il arrive même qu'on lui donne pour attribut la foudre, comme à Zeus ou à Athéna, et qu'on la vénère à titre de divinité guerrière (à Sparte, Corinthe ou encore Cythère). On pouvait la qualifier alors d'*Androphanos* ("Tueuse d'hommes"). Le caractère belliciste de la déesse babylonienne n'apparaît pas clairement chez toutes les *Aphrodites* des cités-États de la Grèce antique – nous arriverons en revanche à le faire apparaître à la suite d'une série de subtils décodages. J'explique cela pour la simple et bonne raison qu'il était inconcevable dans l'esprit des fondateurs de la Démocratie qu'une créature aussi belle que suave ait pu s'adonner aux monstruosités de la guerre. Ce caractère semble avoir été partiellement déporté sur une autre divinité olympienne (Athéna). Il est évident que plus l'on creuse autour des récits et des caractéristiques des déesses Aphrodite, Athéna, Artémis et Héra (les quatre *Meshkenut* : Nephtys, Neith, Isis et Serkit ou accoucheuses divines ayant participé à la mise au monde d'Horus le Faucon) et plus l'on retrouve de troublants points communs. D'aucuns – à l'image de Robert Graves – prétendront qu'elles sont des images de la triple-déesse lunaire[30] à ses différentes phases : Athéna et Artémis représentant le premier tiers (ou la phase de la jeune fille), Aphrodite symbolisant la femme nubile du second tiers et enfin Héra étant la marâtre du dernier tiers. Cette interprétation est pertinente et ne peut être rejetée sans autre argument. Yves Dacosta, partisan d'une école moins rationalisante, quant à lui, suggère que ces nombreuses triades divines exprimeraient l'ambiguïté et l'imprévisibilité de la femme tantôt vierges douces ou féroces, mères tendres, amantes, marâtres… comparables à celles de la mort.[31] Il est toutefois pertinent de noter que ces quatre divinités possèdent leurs propres

---

[30] C'est notamment l'un des arguments majeurs que développe l'illustre Robert Graves dans ses fameux ouvrages *La Déesse Blanche* et *Les Mythes Grecs*.
[31] Yves Dacosta, *Initiations et Sociétés secrètes dans l'Antiquité gréco-romaine*, Éd. L'île verte Berg International, page 146.

champs d'action – bien que poreux et se superposant à l'occasion – évitant ainsi qu'on ne les assimile définitivement. Toutefois le démêlage des syncrétismes est plus qu'épineux... Pour vous donner une idée de la perméabilité des champs d'action de nos quatre déesses, voici une rapide image qui vaudra mille mots :

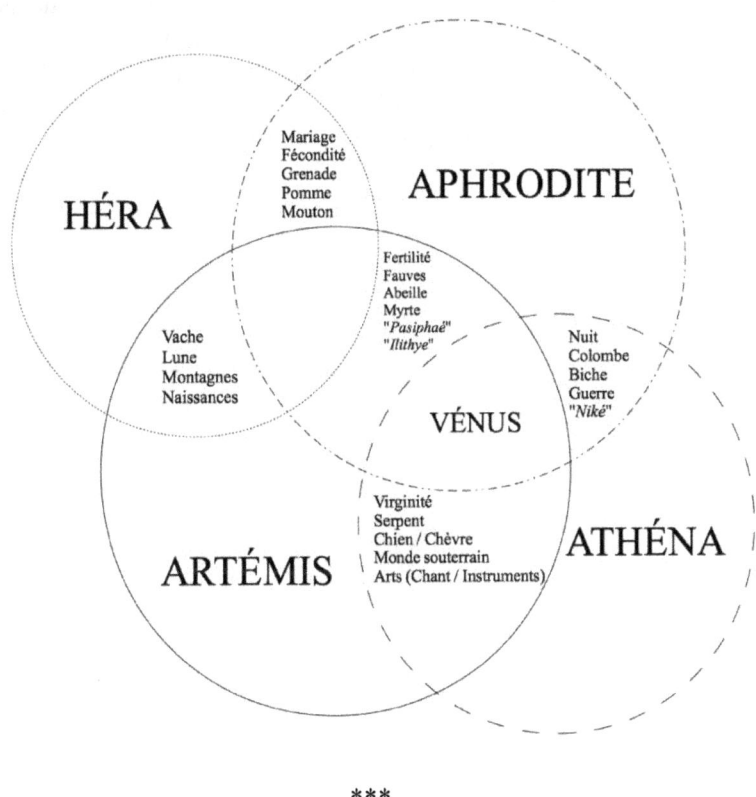

***

Nous allons tenter de confirmer le rôle d'Aphrodite via la décomposition de son nom à l'aide du langage matrice (l'étymologie de celui-ci n'étant pas arrêtée et ouvert à discussions, comme c'est souvent le cas pour les divinités grecques) :

ÁP/ÁB(vache)[32]-RU[33] (cadeau, faire un présent, donner)-DI(décision, décider), DI$_4$(petit, enfant)-TE(vie) : "la vache qui fait cadeau de la décision de vie ou la vache qui donne vie à l'enfant".

AP(ancêtre, père)-ḪU(oiseau)-RU(restaurer)-DI(décision, échapper, enlever)-TE(prendre, tenir) : "celle qui prend la décision de restaurer le père de l'oiseau (ou l'oiseau du père)".
AP(ancêtre, père)-ḪU(oiseau)-RU(restaurer)-DI(échapper, enlever)-TE(vie) : "celle qui restaure la vie enlevée du père de l'oiseau (ou l'oiseau du père)".

Aphrodite sur son cygne, médaillon d'un kylix à fond blanc du Peintre de Pistoxénos, vers 460 av. J.-C. Les symboles de la plante (de vie) et de l'oiseau la rapprochent de l'Inanna des Chroniques...

---

[32] Dans le sumérien et l'akkadien les consonnes sourdes, sonores et emphatiques ont tendance à se confondre. Un même cunéiforme peut répondre à différentes valeurs phonétiques. Par exemple, les translittérations AG, AK et AQ correspondent au même graphème (ou cunéiforme). C'est pourquoi nous réaliserons parfois des décompositions phonétiques où les consonnes se confondent. Ici nous avons le cas du "P" et du "B".

[33] Le "O" n'existe pas en sumérien. Il est usuellement remplacé par le "U".

Comme nous le verrons encore tout au long de cet essai, la connexion entre la Grèce avec l'Égypte antique est très nette. L'Aphrodite grecque trouve sa correspondance avec la Nephtys-Nebet Hut du Double-Pays.

Comme vous le savez certainement Nephtys faisait partie avec Isis, Serkit et Neith des quatre "pleureuses" divines qui ont ressuscité Osiris (tué par son frère Seth, d'où l'idée de "la vie enlevée" dans la décomposition) en Horus, le dieu vengeur égyptien qui viendra au monde dans le but de punir son oncle et laver l'honneur de son père. Nous retrouvons ces quatre prêtresses en l'image égyptienne d'Asebut (ou Asebet), terme désignant une forme multiple de la déesse de la flamme, représentée sous l'aspect de quatre déesses-hippopotames. Elles sont aussi certainement reflétées dans les quatre déesses personnifiant les supports de la voûte céleste : Touayt ("celle qui porte"), Ahayt ("celle qui se tient debout"), Fayt ("au bras viril") et Khyt ("celle qui soulève"). Pour les héritières de Nut, identifiée à la voûte céleste, quoi de plus normal ? Nephtys portait pour épithète *Merkhetès* (donné parfois comme un doublet de Nephtys, pleureuse et protectrice d'Osiris) et est citée dans les textes du temple de Denderah comme étant celle "*qui protège Celui qui s'éveille bien portant*"[34] ou "*qui repousse les ennemis de sa chapelle*".[35] "*Celui qui s'éveille bien portant*" étant Résudja épithète d'Orisis. Comme nous le pressentions, Nephtys et ses consœurs ont la responsabilité de veiller sur le dieu endormi et sa chapelle, sans oublier de soutenir le ciel...

La symbolique de la Vache Céleste est très répandue dans les mythes anciens – notamment en Égypte. Celle-ci est une figuration de la Déesse-Mère et par extension des prêtresses lui vouant un culte. Le Roi-Pharaon mis sur le Trône par une Vache Céleste devenait à son tour un Taureau du Ciel. Ce symbolisme se retrouve dans de nombreuses cultures et nous la retrouvons dans la codification du nom Aphrodite. Elle se trouvait bien être une Vache Céleste et, selon Anton Parks, la seconde âme sœur d'Osiris

---

[34] Denderah, VI, 84-5 -Chambre d'Osiris, [ouest n°1, C] in S. Cauville, *Denderah V-VI, Les Cryptes du temple d'Hathor vol. II*, Éd. Peeters Press, 2004, page 193.
[35] Ibidem.

(alias Enki chez les Sumériens). La première étant bien entendu son épouse divine : Isis. La Vache Céleste était tout autant une figuration de Nephtys que d'Isis-Hathor et leur sœur aînée Neith. Toutes trois récipiendaires des prérogatives de la Mère de Tout, Mut(1)-Gaïa(1).

Dans les *Chroniques*, Inanna-Ištar a en effet été créée artificiellement avec le matériel génétique de Sé'et. D'où un lien évident et continu avec sa sœur génétique. Pour rester en Égypte, Nepthys est donc regardée comme la déesse protectrice des morts, ayant aidé Isis à reconstituer les morceaux de leur frère Osiris. Elle est l'épouse officielle de Seth mais parfois considérée comme la maîtresse d'Osiris, nous rappelant le faux-pas d'Enki trompant sa bien-aimée Ereškigal-Isis avec Inanna. Elle se reflète chez une autre divinité mineure de la terre de Kemet : Anket ou Anuket,[36] "celle qui embrasse". Elle est une déesse qui préside à la crue du Nil et donc à la fertilité des sols. Sans surprise elle sera durant l'époque ptolémaïque associée à la sexualité et à la luxure. Elle est alors rattachée au coquillage cowrie dont la forme rappelle celui d'une vulve. Elle constituait la triade divine de l'île égyptienne d'Éléphantine avec Satis et Khnum-Osiris dont elle était la parèdre ; nous confirmant une fois de plus le lien amoureux unissant les âmes de Nephtys et du défunt Osiris.

***

Parlons rapidement du cygne,[37] volatile associé à Aphrodite. L'étymologie de cygne en latin est *cygnus* ;[38] en grec ancien cela nous donne *kúknos*.[39] Deux innocents mots qui, décryptés dans la

---

[36] Anuket peut bien entendu se décomposer avec le langage des dieux : AN(ciel)-ÚK(fureur)-ÈT(descendre), "la fureur qui descend du ciel".
[37] En sumérien cygne se disait UB-BÌ décomposable en UB$_4$(cavité)-BI(entendement), soit "celle de la cavité de l'entendement". Épithète tout autant attribuable à Nephtys qu'à Isis...
[38] Plusieurs décryptages sont réalisables : SIG$_{17}$(couleur jaune or)-NU$_{11}$(lumière)-UŠ(s'élever) : "la lumière couleur jaune or qui s'élève" ; SIG$_5$(être doux au goût)-NU$_{11}$(feu)-UŠ(sang), ÚŠ$_{11}$(magie) : "celle du feu sanglant ou magique doux au goût" ; SIG$_6$(beau)-NU(représentant)-ÚŠ$_{11}$(charme) : "la belle représentante du charme".
[39] Là encore nous avons une multitude de possibilités : KUG(brillant)-

langue des dieux, nous donnent à peu près la même définition : "la lumière couleur jaune or qui s'élève" ou "la lumière brillante qui s'élève". D'autres révélations vous attendent en note de bas de page concernant les rôles et attributs cachés – notamment son lien avec la planète Vénus et la sexualité sacrée – de la déesse de l'Amour. Dans les autres animaux consacrés à Aphrodite, nous trouvons la colombe. *Colombe* se traduit en sumérien par le vocable TUM_{12}-GUR_4. Le jeu de l'homophonie nous permet de décomposer ce terme en TUM(action, travail)-GUR_4(vulgaire), soit "le travail vulgaire". Dans l'Antiquité classique, la colombe était le symbole de la passion amoureuse. Le mot grec *Peristera* signifiant "colombe" est peut-être dérivé du sémitique *Perach Ištar*, littéralement "oiseau d'Ištar". Enfin, dans le bassin méditerranéen s'est développé le motif de deux colombes se désaltérant à la même coupe...[40] bouclant ainsi la boucle reliant la sexualité sacrée à Aphrodite et ses avatars. Enfin la colombe, de par sa robe, était associée à la clarté lunaire mais aussi à la paix, à la sagesse, à la douceur et à l'amour. Selon la tradition gnostique, Sophia, était représentée par une colombe dont on pensait qu'elle apportait sur Terre la lumière de la Mère céleste. La Lune, la mère céleste, la féminité... autant de symboles liés à la colombe que l'on peut rattacher à Inanna, Nephtys ou encore Aphrodite. Si le Soleil était l'astre de feu, de la sécheresse, du jour et de la masculinité, sa contrepartie nocturne symbolisait l'humidité, la féminité et était donnée comme la source de toutes les eaux.

Selon le décryptage du terme Aphrodite par l'Emeša, Inanna-Nephtys a bien directement pris la décision de ressusciter le dieu-

---

NU_{11}(lumière)-UŠ(s'élever) : "la lumière brillante qui s'élève" ; KUG(purifier, sacré)-NU_{11}(feu)-ÚŠ(sang), $ÚŠ_{11}$(magie) : "le feu magique (ou sanglant) qui purifie" ou "le feu magique et sacré" ; KÚ(nourriture, manger), KU_4(ouverture, laisser entrer, recueillir, transformer)-ÚG(fureur)-NU_{11}(feu)-ÚŠ(sang), $ÚŠ_{11}$(magie) : "consommer ou recueillir avec fureur le feu magique" ou "transformer le feu sanglant de la fureur". Autant de définitions qui nous rapprochent des prêtresses pratiquant la Sexualité Sacrée. Ce feu magique doux au goût nous rappelle invariablement l'Únamtila ("plante de la vie") des prêtresses Amašutum – et plus tard terriennes – consommée par les mâles lors des cérémonies sacrées apportant l'entendement du Féminin Sacré au profane.
[40] Philippe Seringe, *Les Symboles dans l'Art, dans la Religion et dans la vie de tous les jours*, Éd. Helios, 1988, page 138.

roi Osiris. Isis en est bien sûr l'initiatrice mais sans elle, le rituel magique de transfert de l'âme d'Osiris en Horus n'aurait pu s'accomplir. C'est pour se racheter de toutes ses actions en faveur du pouvoir Anunna-Ušumgal qu'elle décidera d'assister sa sœur. Elle subira pour cela le rituel égyptien de la Porte de la Mort décrit dans le mythe mésopotamien de la descente aux Enfers d'Inanna-Ištar.[41]

Cela nous met également en face d'un caractère secondaire assez présent chez Aphrodite, celui d'Artémis-Aset-Isis, comme vous le saviez. La décomposition précédente peut tout autant être attribuée à cette dernière, par exemple. Cependant cette association d'Isis à Aphrodite est tardive et on ne doit pas considérer la déesse de l'Amour des Grecs anciens comme un simple doublet de la génitrice d'Horus. Aphrodite est la déesse des accouchements sous l'identité d'Ilithye, comme Taouret l'était dans l'Égypte antique. Le nom de la déesse égyptienne est une épithète – signifiant "la Grande" – qui était tout autant attribuée à Isis qu'à Hathor, la nature "ištarienne" d'Isis. Hathor présidait comme Inanna à la vie sexuelle tant des hommes que des bêtes et incidemment à la fécondité ; on la surnommait "la maîtresse de la vulve". Hathor est l'un des nombreux aspects de cette déesse antique, aspects qui semblaient tous se réunir autour d'une seule personnalité de premier plan : Inanna chez les Sumériens, Isis chez les Égyptiens et Artémis chez les Grecs.

Toujours concernant la décomposition via l'Emeša, il semble que les Grecs aient retenu l'aspect comportemental non pas primitif (guerrière et amante sauvage) mais ultérieur – et plus proche d'eux – d'Inanna-Aphrodite, à savoir l'Amour (physique et spirituel). L'oiseau en question, vous l'aurez compris, pourrait bien être Heru-Horus (Marduk(2)-Nergal chez les Mésopotamiens) représenté à la fois en Faucon et en Phénix – qui renaît de ses cendres après sa propre mort – chez les anciens Égyptiens. Et le père du Faucon/Phénix étant Osiris, la notion de père de l'oiseau ou oiseau du père prend tout son sens. Rappelons aussi qu'ici est reprise la symbolique égyptienne de l'oiseau pour

---

[41] Anton Parks, *Le Testament de la Vierge*, op. cit., page 66.

représenter l'âme d'un défunt.

Mais nous pouvons pousser encore plus loin le rapprochement entre Aphrodite, Inanna et Nepthys. La déesse est omniprésente au sein des anciennes cultures orientales et indo-européennes. Elle apparaît sous les traits de Qetesh/Qadesh[42] chez les Perses, Allât/Al'Uzza[43] chez les Arabes, Kālī[44] chez les Hindous, Anat[45] chez les Canaanéens, Asherah[46] chez les anciens Hébreux ou

---

[42] QADESH peut se décomposer grâce au syllabaire suméro-akkadien en KA-DEŠ ou KÁ-DEŠ (les particules KA et KÁ ont sensiblement la même définition : "porte, ouverture, bouche") soit KA(bouche, ouverture)-DEŠ(unique) : "l'ouverture unique" ou "l'ouverture de l'unique". La particule DEŠ se rapproche sémantiquement du ǦEŠ/ǦIŠ sumérien dont le sens est "arbre" ou "pénis". KA-DEŠ deviendrait KA-ǦEŠ : "l'ouverture de l'Arbre" ou "la bouche pour le pénis". La symbolique de l'Arbre est largement développée dans le tome 1 des *Chroniques* (Anton Parks, *Chroniques du Ǧírkù tome 1, Le Secret des Étoiles Sombres*, Éd. Pahana Books, 2016). Celui-ci symbolise la prêtresse vouée au culte de la Déesse-Mère. Quant à la seconde définition de KA-ǦEŠ, elle nous renvoie au rôle des prêtresses d'Inanna. La majorité d'entre elles œuvrait dans les temples où elles pratiquaient la Sexualité Sacrée. Ces prêtresses symbolisaient l'image de la Grande-Déesse. Nous avons assimilé Nebet-Hut (Nephtys) à Ninanna (Inanna-Istar). Cette association est d'autant plus éclatante que l'on sait que Nebet-Hut signifie "déesse du temple", et que Nephtys est toujours représentée avec le symbole d'une coupe placée sur sa tête (Id., *Chroniques du Ǧírkù tome 2, Ádam Genisiš*, Éd. Nouvelle Terre, 2007, page 385). Dans l'Antiquité, les prêtresses étaient assimilées à des courtisanes parce qu'elles transmettaient la vigueur sacrée et la royauté de la Déesse-Mère (plante de la vie consommée durant les actes de sexualité sacrée et censée décupler l'entendement...) aux futurs rois et princes.

[43] Par un heureux "hasard", ALLAT peut se décoder également avec le langage matrice des dieux. AL(représentant, image)-LA(désir, jeunesse)-AT(puissant) : "la représentante du puissant désir". Sans commentaires. Nous verrons plus bas qu'Allât s'insère dans un principe de triple divinité Allât-Al'Uzza-Manat mélangeant les caractères et domaines d'action des trois sœurs d'Enki-Éa-Osiris : Inanna-Nephtys, Ereškigal-Isis et Dim'mege-Neith.

[44] Je reprends ici une décomposition élémentaire d'Anton Parks : KA-LI₉, "le témoignage scintillant" (Ibidem, page 377).

[45] AN-AT, "la puissance du Ciel". Même procédé.

[46] Penchons-nous rapidement sur le décodage de ASHERAH : ÁŠ(malédiction)-È(apparaître, devenir visible)-RA-AḪ(frapper sans arrêt), "la malédiction qui devient visible et frappe sans arrêt". Concernant cette déité extrêmement ancienne, Il semblerait selon certains spécialistes qu'elle ait été non moins que l'épouse de Yahweh en personne ! Loin d'être un détail, cette information nous permet encore d'assimiler cette déesse à Aphrodite-Ištar puisque Yahweh (An-Enlíl) est facilement identifiable à Zeus, dont elle a partagé la couche. Il existe en hébreu un mot similaire signifiant "arbre sacré" ou "poteau sacré". À ce titre la sulfureuse

encore Ashtart[47] chez les Phéniciens. Par delà les Océans, elle se retrouve dans la déité Coyolxauhqui, du panthéon aztèque.

Chez les Celtes on la retrouve sous les traits d'Aïfe et d'Aine, deux déesses liées à la beauté, à la fécondité, à la guerre et à la sexualité. Aïfe est un nom que portèrent différentes femmes mythiques. La plus célèbre d'entre elles est Aïfe la Magnifique, magicienne et guerrière éprouvée qui appartenait à un ordre initiatique spécialisé dans l'apprentissage de la guerre et de la sexualité auprès des jeunes hommes de bonne famille... Quant à Aine il s'agit aussi d'un patronyme désignant – semble-t-il – plusieurs personnages de la mythologie celte tellement les récits l'impliquant et ses attributions sont contradictoires. Tentons de résumer ce qu'en disait les légendes : elle était vue comme une fée (considérée parfois comme leur reine), passait pour être une déesse de l'amour et de la fertilité, était aussi vénérée comme la Morrigan (la Grande Reine ou Reine fantôme, déesse de la guerre et de la mort, dont les prédictions guidaient les guerriers avant la bataille[48]), était associée à l'astre lunaire et vénérée au solstice d'été faisant de cette figure divine la femme nubile, aspect intermédiaire de la triple déesse lunaire si chère à Robert Graves. Maintenant que les présentations sont faites, outre ce qui a déjà été évoqué et qui lie clairement Aife/Aine à notre Aphrodite, nous pouvons ajouter que Aine, comme Inanna dans les *Chroniques* se mélangeait sans complexe avec les dieux ou les mortels, qu'elle possédait une sœur jumelle nommée Grian dont les légendes se perdent dans la nuit des temps mais qui serait une obscure déesse de la Terre et de la lumière ou encore que son caractère volage n'avait d'égal que la terrible vengeance qu'elle exerçait sur ceux qui osaient lui nuire. Faisant ainsi écho à notre Nephtys (sous son aspect révolté et furieux, à la manière d'une Sekhmet) qui, pour

---

déité pouvait être indifféremment représentée en déesse ou en arbre.
[47] Achevons ce petit florilège des Inanna orientales par ASHTART. Encore une fois, le décodage est limpide : AŠ(unique)-TA(nature, caractère)-AR/ÁR(ardent, glorieux) : "l'unique au caractère ardent" ou "l'unique nature glorieuse". J'oserai une décomposition plus audacieuse : AŠ(unique)-TAR(fente), soit "l'unique fente" ou "la fente de l'unique". Décodage à rapprocher de celui de KA-DEŠ : "l'ouverture unique".
[48] C'était sous l'aspect d'une triple corneille qu'elle était figurée pour souligner son pouvoir oraculaire.

protéger le souverain du royaume d'Égypte, était capable d'incinérer les armées adverses avec son souffle de feu. Une réminiscence de la Nepthys de certaines légendes qui prétendent qu'au début de la création du monde, avec l'aide de Seth, elle semait le chaos et la destruction ? Contrairement à sa sœur Isis et son époux Osiris, qui eux civilisaient le monde et inculquaient la paix et l'amour.[49]

***

Si vous avez lu *Ádam Genisiš*, vous êtes au fait que la naissance de la déesse Vénus (le pendant romain d'Aphrodite) est la description de l'événement astronomique déclenchant l'expulsion de la planète – qui deviendra Vénus – dans le système solaire. Il est dit dans la mythologie que la déesse est née de l'écume de mer. Cette écume céleste est simplement de la ceinture d'astéroïdes entre Mars et Jupiter. "Cadavre" de la planète Mulge[50] dont la planète Vénus était le satellite. De par ses passages récurrents et cataclysmiques près de la Terre, cet astre est vu par les Anciens comme un "nouveau Soleil". Vénus-Aphrodite est donc associée directement à la naissance d'un nouveau Soleil.

Dans le mythe grec d'Hippomène, celui-ci et Atalante, punis par Aphrodite sont transformés par la déesse de l'Amour en deux lions qu'elle attellera à son char.[51] Ce symbole félin n'est pas un fait hasardeux. Aphrodite est parfois représentée assise sur un lion comme en atteste le médaillon ci-dessous retrouvé en Syrie. Ce char divin tiré par deux félins se retrouve dans les figurations de deux autres divinités majeures du panthéon hellénique, Cybèle et Rhéa.

---

[49] http://antikforever.com/Egypte/Dieux/nephtys.htm
[50] MUL-GE₆, "*L'astre noir*" litt. en sumérien. Planète située entre Mars et Jupiter il y a plus de 12 000 ans.
[51] Ovide, *Métamorphoses*, X, 681-704.

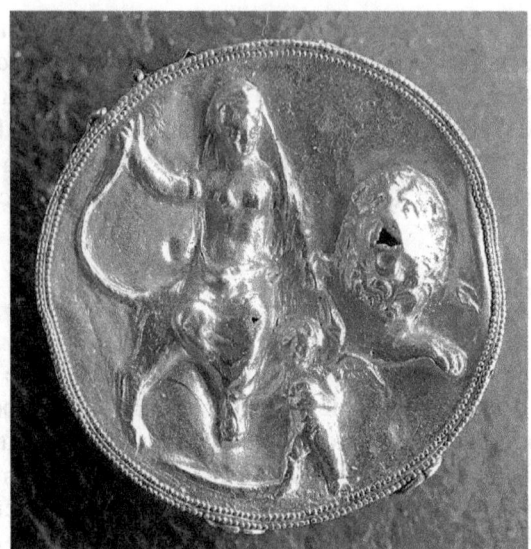

Médaillon représentant Aphrodite sur un lion et Éros. Œuvre grecque, IIIe siècle av. J.-C. Provenance : Amrit, Syrie. Comme souvent, elle est accompagnée de son fils Éros, le mignon petit dieu volant, qui décomposé phonétiquement avec l'Emeša donnerait ÉR-ÚŠ, "qui répand la destruction et la mort" !

Les Phéniciens représentaient parfois leur déesse Ashtart nue – comme Aphrodite et Inanna-Ištar – avec un visage de lionne avec une coiffe hathorique (de Hathor, déesse égyptienne que nous assimilerons plus loin à Isis-Artémis, la *sœur* de Nepthys-Inanna-Ištar). Dans les textes retrouvés à Ras Shamra (anciennement citée-royaume d'Ougarit, Syrie), Shalim[52] est l'étoile du soir. Il est dit que Shahar et Shalim sont associées à la déesse solaire et l'aident à recueillir du venin de serpent pour dissiper les gros nuages qui planent sur Terre. Qadesh, déesse perse de l'Amour et de la Guerre, est souvent figurée debout sur un lion dont l'emblème est une croix, symbole – notamment – de Vénus. La version arabe se retrouve chez Allât. Elle est la Grande-Déesse de la fécondité et de la guerre. On la représente accompagnée d'un lion. On retrouvait des vestiges liés à cette déesse à Palmyre en Syrie (qu'en reste-t-il

---

[52] SHALIM est décomposable avec le syllabaire suméro-akkadien comme suit : ŠÀ(cœur, abdomen) ou ŠA6(satisfaire)-LI(enflammer, briller)-IM(vent, tempête), soit "la tempête qui enflamme le cœur" ou "la tempête qui enflamme et satisfait".

aujourd'hui en 2017 ?). Elle apparaît sur des tessères et des stèles babyloniennes. On la représente souvent debout et armée, assise entre deux lions ou parfois dressée sur un lion comme à Hatra en Irak (voir illustrations suivantes).

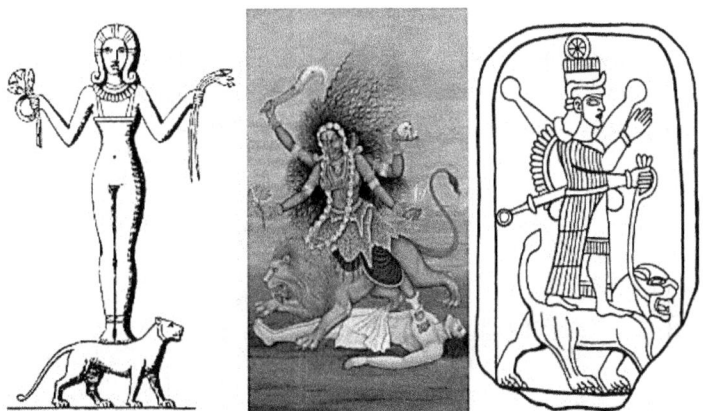

De gauche à droite : 1) Qadesh/Qetesh au Musée du Louvre (reproduction d'après la Stèle de Qadesh), 2) Le grand pouvoir cosmique de Kālī, 3) Représentation assyrienne d'une Ištar armée des pieds à la tête (reproduction d'une stèle de Tel Barsip, Syrie, VIIIe siècle av. J.-C.). Les symboles du lion, de l'amour et du nouveau Soleil "guerrier" se retrouvent dans toutes les cultures de par le monde et sont associés à cette déesse que j'assimile ici à Aphrodite/Athéna. Je vous épargne les dizaines de représentations des déesses Asherah, Anat, ou Ashtart elles-mêmes figurées debout sur des lions en tant que déesses anthropomorphiques ou sous forme d'arbres...

***

Chez les Aztèques, Coyolxauhqui est la déesse guerrière sœur de Huitzilopochtli qui a poussé ses frères à décapiter leur mère. Huitzilopochtli (symboliquement "le guerrier ressuscité") sortit armé du ventre de sa mère et tua ses frères, sa sœur et tous ceux qui avaient comploté contre sa mère. Cette naissance est "céleste" (c'est-à-dire astronomique) et quasiment identique à celle de la déesse guerrière hindoue Kālī : *"La mythologie de l'Inde nous raconte la même histoire avec la déesse Kālī dans le Devi Mahatmyam ("La gloire de la déesse"), constitué de 700 Slokas rédigés en 400 av. J.-C. Et rattaché au Markandeya Purana. Le récit narre les interventions de la Déesse-Mère (Durga) dans sa lutte contre les forces du mal qui affligent le monde. Irritée au plus* haut point par les démons Chanda et Munda prêts à l'attaquer, la déesse Durga, dénommée Ambika ("la mère"), s'assombrit pour riposter. Du devant de sa tête, généralement traduit par "son front", jaillit sa fille Kālī qui, comme Athéna, sort totalement armée pour affronter et mettre à mort les démons."[53]

Souvenons-nous que dans le tome 1 de *Quand les dieux foulaient la Terre*, nous signalions que dans la théogonie hourrite, c'est le dieu guerrier KA.ZAL qui naquit du crâne de Kumarbi.

De gauche à droite : 1) Tarot de Marseille. 2) Tarot égyptien. 3) Tarot de Thoth. Notez "l'Aphrodite n°3" qui chevauche un lion tout en tendant la main vers un Soleil de sang...

L'association de la planète Vénus à Inanna-Aphrodite est très clairement expliquée par Anton Parks dans ce passage du tome 2 des *Chroniques* : "*Lorsqu'on veut parler de la planète du point de vue strictement astronomique, on l'appelle Dilbat, mais la philosophie religieuse aime à confondre la planète Vénus et la déesse Ištar. An (le roi des dieux) invite les dieux à donner à Ninanna le nom "d'Ištar des étoiles" comme étant "la plus brillante d'entre eux". C'est Vénus qui montre la route des étoiles. Dilbat, en tant qu'Étoile du Soir, sera l'Ištar d'Uruk. Elle sera, en tant qu'Étoile du Matin, l'Ištar d'Akkad. La déesse elle-même chante le double aspect de sa nature : "C'est moi la reine du ciel, la déesse du crépuscule. C'est moi la reine du ciel, la déesse de l'aube". En*

---

[53] Anton Parks, *Ádam Genisiš*, op. cit., pp. 376-377.

l'identifiant ainsi à la planète qui brille et qui "est visible d'un bout à l'autre des contrées", il sera difficile de donner une meilleure description du caractère omniprésent de Ninanna (Inanna) dans l'univers. Sous cette forme, elle suscite l'admiration et la vénération des hommes, qui exaltent sa beauté. Déesse du soir, elle se consacrera au fait de favoriser l'amour et la volupté, mais aussi les rêves prémonitoires. Déesse du matin, elle présidera aux actions de guerre et de carnage."[54]

Cette représentation "ištarienne" de notre Aphrodite grecque se retrouve jusque dans l'exercice divinatoire du tarot. Les représentations de l'arcane XI ou VIII, la double définition de la force et de la luxure, dans les tarots de Marseille, égyptien et/ou de Thoth nous montrent une figure féminine sur ou à côté d'un lion. Parfois portant une peau de lion ou fusionnant avec les aspects physiques du félin comme pour l'avatar de Sekhmet dans le tarot égyptien. Selon certaines interprétations le lion de cette carte symbolise le Soleil faisant de la figuration de cet arcane une héroïne solaire.

Pour essayer de comprendre pourquoi le lion est associé à la sulfureuse déité de l'Amour et de la Guerre, je suis remonté à l'étymologie latine et à la traduction en ancien égyptien du mot. Le lion ou la lionne est un animal dangereux que les Égyptiens ont vénéré sous les traits de divers dieux et déesses, pour leur force. De nombreuses divinités égyptiennes ont été représentées sous l'aspect d'un lion, ou d'une lionne, ou sous l'aspect humain surmonté d'une tête de lion ou de lionne. Nous n'en ferons pas ici la liste exhaustive. Le plus souvent, le dieu ou la déesse ainsi représenté(e) incarne la puissance guerrière, dieu guerrier, ou déesse destructrice.[55] Il en était également ainsi dans les anciennes contrées des pays de Sumer et d'Akkad où le grand félidé représentait, avec le taureau, un symbole de toute puissance.

L'étymologie du mot lion renvoie au latin *leo* qui lui-même doit provenir du grec ancien λέων, *léôn*. Le *leo* latin peut se

---

[54] Ibidem, pp. 385-386.
[55] L'explication savante officielle fait de la divinité aux aspects léonins une personnification de la puissance dévorante du Soleil.

décomposer en LE$_9$(scintiller, briller, enflammer)-U$_3$(cris, hurlements, combat), Ú(puissance, puissant), U$_4$(lumière) soit "la lumière qui enflamme" ou "la puissance scintillante" voire "brillant au combat" ou enfin "le hurlement enflammé". L'Œil du Son égyptien (Vénus) n'est plus très loin…

Ruty (RWTY en égyptien), le double lion, gardien féroce de l'horizon. Papyrus d'Imenessouf, Musée du Louvre.

En ancien égyptien, le mot lion est translittéré en RW et se prononce phonétiquement "RO'U" ou "RU'U" parfaitement décodable encore une fois : RU(présent, cadeau, offrir, inviter)-U$_3$(cris, hurlements, combat), Ú(puissance, puissant), U$_4$(lumière) soit "ce qui invite au combat" ; "le présent lumineux" ; "le puissant invité".

Tout cela ne vous étonnera pas quand vous apprendrez que le nouveau Soleil ("Neb-Heru", le Seigneur Horus / la planète Vénus) et le symbole du lion sont largement représentés dans l'Égypte antique sous la forme de Ruty. Une paire de lions gardienne de la lumière de l'horizon, où avaient lieu chaque jour, au crépuscule et à l'aube, le coucher et surtout le lever du Soleil, des moments de transition redoutables où le sort de l'Univers était en jeu. Ruty est représenté sous l'apparence de deux lions dos à dos portant le signe hiéroglyphique de l'horizon (le Soleil se levant sur la vallée). Cette image, choisie comme sigle par l'Institut Français d'Archéologie Orientale du Caire, est très courante dans l'iconographie égyptienne. Nous ré-évoquerons la symbolique de Ruty lorsque nous évoquerons la naissance de Nergal-Utu-Šamaš dans le prochain chapitre.

Pour rappel, c'est à la faveur des passages de l'astre perturbateur (Neb-Heru / Neberu / Vénus) aux abords de la Terre qu'Heru-Horus organisait les attaques envers ses ennemis (le clan de son oncle Enlíl-Šeteš-Seth). Scélérats sur lesquels il finit par emporter la victoire afin de purifier la mémoire de son père (salie par Enlíl-Šeteš-Seth) et d'unifier le royaume de Kemet. Toutes les décompositions réalisées plus haut autour des étymologies du mot lion prennent donc un sens tout à fait séduisant et nous invitent à penser que la dénomination du royal félin a été soigneusement choisie – par le jeu de l'homophonie – pour coder ces informations.

Ruty peut également se décomposer avec l'Emeša en RU(restaurer)-TI(vie), "restaurer la vie". C'est dans son premier essai que Parks a assimilé à la fois le Sphinx et Ruty à la déesse Isis-Hathor. Le lion est donc bien un animal également consacré à la mère d'Horus. Dans le passage qui suit, l'auteur des *Chroniques* rattache également ce symbole à l'astre qui deviendra Vénus : "*L'astre brûlant prend différents aspects dans la mythologie égyptienne comme celui du Phénix, de l'œil d'Horus ou de Ra, de la Vache Céleste Hathor – dite "la lointaine" – ou encore de Sekhmet. La déesse égyptienne Sekhmet est une divinité reproduite avec un aspect de félidé. Elle est le double "agressif" de la déesse Hathor. L'apparence féline de Sekhmet s'explique de deux façons :*

1) Elle est en relation avec Ruty, le double lion de l'horizon qui symbolise l'hier et l'aujourd'hui, c'est-à-dire les anciens temps avant l'éclatement de la colline primordiale (Mulge) et le présent. Nous savons que de cet éclatement astral est née la planète qui sera plus tard nommée Vénus.

2) Sekhmet est la lionne mère et protectrice du roi. Elle abat les ennemis de l'Égypte. Son souffle embrasé lui vaut les épithètes de *"brûlante"* et *"puissante"*. *La racine de son nom, Sekhem, signifie d'ailleurs "puissance". Sa flamme a pour vocation de renouveler la vie par le feu et d'engendrer de puissantes inondations."*[56]

***

De façon "certainement" purement fortuite (sic), le mot sumérien pour désigner un lion est PIRIĞ ; homophone de PIRIĞ$_2$ et PIRIĞ$_3$ désignant respectivement quelque chose de brillant ou la lumière. Ce mot est décomposable en deux particules : PI(entendement), PI$_6$(déchirer en lambeaux), PI$_8$(déluge)-RIG$_5$(gardien du temple), RÌG(arme), soit "l'arme qui déchire en lambeaux", "l'arme diluvienne" ou "le gardien du temple de l'entendement" ! Ce n'est pas tout : la traduction de *lion* en assyro-babylonien est LĀBU qui une fois découpé en deux particules élémentaires nous gratifie d'un magnifique LÁ(porter, mettre en place)-BU$_4$(lumière) : "le porteur de lumière".[57]

***

Revenons aux actes de hiérogamie en évoquant notamment les cultes d'Inanna-Ištar pratiqués en ancienne Mésopotamie.

"Son temple à Babylone (celui d'Ištar : NDA) *s'appelait l'Eturkalama, la "maison qui est la bergerie du pays". Les cérémonies qui s'y déroulaient avaient une forte connotation érotique et semblaient plutôt liées à la prostitution sous ses formes sacrée et profane. L'entrée de la bergerie d'Inanna représentait l'entrée dans son utérus duquel toutes les choses vivantes commencent. Elle était marquée par une porte spéciale, une vulve symbolique qui était représentée par deux paquets de roseaux aux extrémités incurvées. Ce symbole a été souvent trouvé dans des temples, il représente donc symboliquement la porte d'Ishtar. La porte, vulve d'Ishtar, représente le passage vers la vie divine. Dans*

---

[56] Anton Parks, *Le Testament de la Vierge*, op. cit., pp. 207-208.
[57] Définition latine de Lucifer (de *Lux* "lumière" – *Ferre* "porter"), l'une des désignations romaines de la planète Vénus…

ce temple était pratiqué le mariage sacré, une hiérogamie. La hiérogamie est un terme qui vient du grec et qui signifie : "mariage sacré". Il s'agit de l'union sexuelle entre deux divinités. Lors des cérémonies de la fête du Nouvel An, le roi s'unissait avec une prêtresse qui représentait une déesse. Cet acte symbolisait la création et avait pour but d'apporter la prospérité au pays."[58]

Ce rite du Nouvel An, où le souverain était tenu "d'épouser" l'une des prêtresses d'Inanna-Ištar, afin d'assurer la fertilité des terres et la fécondité des femelles, fut d'abord un rite propre à Uruk ; il s'est ensuite généralisé vers la fin du IIIe millénaire. Ici le roi remplace le dieu Dumuzi du mythe, et l'union avec la prêtresse, représentante de la déesse, a lieu dans l'É-Anna, le temple dédié à Inanna-Ištar. Les festivités étaient très joyeuses et se déroulaient dans l'allégresse. Ces hymnes de mariage sacré ont pu influencer le Cantique des cantiques, qui présente de nombreux traits similaires. L'extrait de la chanson d'amour sumérienne qui suit traduit parfaitement le "parfum" de ce rituel et ses participants :

> *"Le roi va tête haute vers les saintes cuisses,*
> *Va tête haute vers les saintes cuisses d'Inanna !*
> *[Dumuzi] couche avec elle,*
> *Il se délecte de ses pures cuisses !"*[59]

La seule gravure suivante rassemble en une image tout ce qui a pu être décrypté plus haut au sujet d'Ištar-Aphrodite et son association avec les diverses thématiques abordées : l'amour et la sexualité sacrée, le lion et la destruction et enfin la planète Vénus.

---

[58] http://lettrealepouse.free.fr/breves/LAE4.htm
[59] Yitschark Sefati, *Love songs in Sumerian Literature : Critical Edition of the Dumuzi-Inanna Songs*, Éd. Eisenbrauns, 1998, page 105.

Fragment de vase assyrien. Date et origine incertaines.

Ce fragment de vase assyrien représente une porte d'Ištar dont les colonnes sont deux faisceaux de roseaux que la déité assyro-babylonienne arbore souvent. Cette "porte" est bien entendu une figuration symbolique de la vulve de la Prostituée Sacrée. Derrière les portes de son temple se pratiquait la sexualité sacrée dont les prêtresses-courtisanes de la sulfureuse déesse étaient expertes. Cette porte est protégée de part et d'autre par deux lions faisant face chacun d'entre eux à l'étoile du matin et l'étoile du soir ; la planète Vénus (que nous reconnaissons à ses huit branches) !

Nous verrons plus en détail dans le prochain protagoniste étudié pourquoi l'astre du matin et du soir est également parfois identifié à Heru-Horus / Marduk (2)-Nergal.

***

Enfin, Aphrodite comme son pendant mésopotamien Inanna-Ištar apparaît régulièrement accompagnée de caprinés : boucs et chèvres. Ces animaux soulignent la nature féconde et fertile des divinités auxquelles ils sont associés. C'est pourquoi que nous les retrouverons liés aux avatars d'Enki voire à ceux de An. Étymologiquement, *chèvre* provient du latin *caper :* KA(bouche)-BÉ(verser)-ÉR(répandre), soit "la bouche qui verse et répand". En grec ancien chèvre se dit *aïξ*, il peut se décomposer en A(source, eau)-I(germer, pousser)-ÍG(arroser) nous renvoyant là encore à des notions de fertilité du sol. Le sumérien pour désigner un bouc (UDU) nous renvoie aux mêmes idées : Ú(pâturages)-DU$_{10}$(favorable), "favorable aux pâturages". Mais les moutons et les boucs servaient aussi à désigner péjorativement l'humain primordial dans la bouche des dieux comme nous le rappelle l'akkadien IMMERU que l'on pourrait décomposer en IM(argileux)-ME(parole)-RU(présent, donner) soit "l'argileux doté de la parole".

L'association des caprinés avec les figurations démoniaques de Lucifer (Azazel, Satan, Belzébuth...) s'explique donc sous trois angles : Aphrodite, déesse de la luxure, avait pour animal fétiche un capriné ; Enki, le "*bouc émissaire*",[60] avait pour emblème le poisson-chèvre ; enfin Pan, dieu mi-homme mi-bouc, qui figurait tout ce qui représentait le paganisme fut démonisé à l'instar du mouvement préchrétien qu'il symbolisait.

Nous sommes une fois de plus en plein dans le symbolisme des anciens qui consistait à utiliser les caractéristiques de certains animaux et/ou le sens des valeurs phonétiques (mouvantes par le jeu de l'homophonie, vous l'aurez compris) des syllabes de leurs noms pour qualifier des personnages, des astres et marquer des événements ou des lieux. Ce "jeu" nous occupera donc tout au long de cet essai.

Le tableau ci-après – premier d'une longue série – tente de résumer le syncrétisme opéré autour de notre chère Aphrodite. Les éléments sont issus – dans ce cas de figure comme dans les tableaux à venir – tant des écrits mythologiques que des éléments apportés plus haut que des informations étayées dans les ouvrages d'Anton Parks. Disons ici une règle qui s'appliquera à tous les tableaux du même acabit : comme plusieurs personnages du même corpus mythologique sont mis côte à côte sous forme de protagoniste principal, secondaire, tertiaire..., nous mettrons entre

---

[60] Voir le dossier *Le bouc émissaire : Azazel et Umm el-Qaab* in *Le Testament de la Vierge*, op. cit., pp. 83-91.

parenthèses le nom du personnage concerné par l'attribut, le symbole ou le lien de parenté comparé avec ceux de leurs homologues d'un corpus différent. S'il s'agit du personnage principal qui est mis en comparaison – comme ici Aphrodite –, nous ne le préciserons pas, jugeant que le lecteur l'aura compris.

	Nephtys-Hathor-Anuket	Inanna-Ištar	Aphrodite-Vénus-Ilithye
Filiation / Parenté	a- Amante de Seth (=Enlil) b- Maîtresse d'Osiris c- Nourrice et amante d'Horus (Hathor)	a- Petite fille et amante éphémère d'Enlil* b- Maîtresse d'Enki-Sa'am* c- Nourrice et amante de Dumuzi-Tammuz	a- Maîtresse d'Arès-Mars b- Épouse légitime d'Hephaïstos c- Nourrice et amante d'Adonis
Attributs / Fonctions & Symboles	d- Accoucheuse divine e- "Nouveau Soleil" f- Amour physique et Luxure (Anuket) g- Déesse Jeune i- Immense beauté* j- Guerre et destruction k- "Gardienne du temple" m- Croix d'Ankh n- Symboles du milan et du faucon p- Préside aux cérémonies funéraires	d- Déesse de la fécondité et de la fertilité e- Lumière f- Amour physique / prostitution g- Déesse Jeune, volage et indomptable h- Nudité i- Immense beauté j- Guerre et destruction k- "Déesse du temple" l- Symbole du lion m- Les roseaux liés qui représentent la porte (vulve de la prostituée Ishtar) du temple d'Ishtar au cours du temps m- "Coupe" (vulve) / porte d'Ištar n- Colombe (Oiseau d'Ištar) o- Associée aux caprinés p- Déesse qui descend aux enfers, meurt et ressuscite	d- Déesse de l'enfantement (Ilithye) d- Déesse de la fécondité et de la fertilité e- Divinité "lumineuse" f- Amour physique / Déesse des courtisanes g- Déesse Jeune, volage et indomptable h- Nudité i- Immense beauté -j Guerre et destruction l- Symbole du lion m- Plante de la vie* m- "Coupe" (vulve) n- Cygne / Colombe o- Associée aux caprinés p- Qualifiée de sombre, de déesse de la Nuit

Tableau Aphrodite. * : *Élément avancé par les* Chroniques du Ğírkù.

Le caractère antinomique d'Aphrodite (Amour dans toutes ses composantes / nature guerrière) – qui est pourtant inévitable concernant Inanna – ne nous est donc pas apparu clairement par la simple étude mythologique. Il aura fallu user de subterfuges sémantiques et autres comparaisons audacieuses pour révéler la véritable nature de la figuration hellénique du Désir et de la Beauté.

Surprenant ? Vous n'êtes pas au bout de vos surprises ! Continuons... avec un personnage que nous venons d'évoquer mais sous un autre nom : Heru-Horus.

Chapitre II

Entre l'Ombre et la Lumière : Apollon

"Je n'oublierai point Apollon qui lance au loin ses flèches, Apollon qu'honorent les dieux quand il s'avance dans le palais de Zeus. Dès qu'il s'approche, dès qu'il tend son arc redoutable, toutes les divinités abandonnent leurs sièges. Léto seule reste aux côtés du roi de la foudre. Elle relache la corde ; elle ferme le carquois, de ses mains elle enlève l'arc des fortes épaules d'Apollon et le suspend, par une cheville d'or, à la colonne de son père. Puis elle le conduit sur un trône superbe. Zeus accueille son fils et lui présente le nectar dans une coupe d'or : tous les Immortels reprennent ensuite leurs places, et l'auguste Léto est fière d'avoir enfanté ce fils illustre qui porte un arc redoutable..."
Extrait de l'*Hymne homérique à Apollon*.

"Osiris ou le Soleil avait pour fils en Égypte la lumière ou Horus, Dieu du jour et du printemps, dont les Grecs firent leur bel Apollon. Nous observons seulement que son identité avec l'Apollon grec (...) a été reconnue par les plus anciens auteurs, et en particulier par Hérodote. (...)
Macrobe atteste également qu'Apollon qui est le même Dieu que le Soleil, s'appelait chez les Égyptiens Horus, dispensateur des heures et des saisons. Nous n'accumulerons point ici les témoignes pour établir une vérité théologique, qui n'est contestée par personne ; et nous verrons dans l'Horus égyptien le Dieu-lumière, le Dieu-jour, au moment de son plus bel empire, au printemps, lorsque la sérénité et l'ordre se rétablissent dans le monde sublunaire, qui se met alors en accord avec l'harmonie des cieux dont Apollon est le régulateur et le chef. (...) Horus était fils d'Osiris

> qui empruntait les cornes qui paraient sa tête, du signe céleste du taureau et qui était souvent peint sous l'emblème d'un bœuf doré..."
>
> C. F. Dupuis et P. R. Auguis,
> ***Origine de tous les cultes, ou Religion universelle,***
> Vol. 3, 1822, pp. 321-322.

> "Tu t'éveilles en paix, purifié, en paix
> Tu t'éveilles en paix, Horus de l'Est, en paix
> Tu t'éveilles en paix, Baï de l'Est, en paix
> Tu t'éveilles en paix, Horus de l'horizon, en paix
> Tu te couches dans la Barque de la Nuit
> Tu t'éveilles dans la Barque du Jour
> Car tu es celui qui toise les dieux Aucun dieu ne te toise."
>
> Extrait des ***Textes de la pyramide (1478-79) de Pépi Ier***VIe dynastie, vers 2460-2200 av. J.-C.

> "Nergal, Seigneur qui inspire le respect dans les Cieux et sur la Terre, qui resplendit à travers les territoires, engendré par votre père pour régner avec gloire sur les têtes noires. Les grands dieux Anunna, se blottissent les uns contre les autres devant votre grandeur et votre éclat."
>
> Extrait d'un ***Hymne à Nergal,***
> lignes 1 à 10 (AO 5388).

A pollon (en grec ancien Ἀπόλλων / *Apóllôn*), *"le plus grand de tous les dieux"* selon Homère préside à l'ordre juste, à la mesure, à la raison ; il est le dieu moral par excellence. Il est aussi la déité grecque des purifications et de la guérison.[61] Il pouvait par ailleurs tout autant diffuser les fléaux et les maladies que les soigner. Il est également connu comme *Phœbus* (assimilant plus tard le Titan Hélios, la personnification du Soleil), "le brillant", et devient à partir du Moyen Âge un dieu solaire.

Le dieu le plus vénéré de Grèce, avec Zeus, a pour sœur jumelle

---

[61] Ovide, *Les Remèdes à l'Amour (Invocation à Phébus).*

Artémis que nous rapprocherons plus bas d'Isis. Étant la réincarnation d'Osiris, amant et frère d'Isis, il se retrouve être également l'amant et le jumeau céleste de sa propre génitrice. Pas de surprise donc à voir Artémis et Apollon jumeaux. Les Grecs "oublièrent" juste de signaler qu'ils étaient amants…

La Nymphe (ou la chèvre) Amalthée nourrissant le jeune Zeus. Notez la protection apportée par les Curètes ou Corybantes (selon les traditions). Ici la petite enfance de Zeus a été calquée sur celle d'Horus et Amalthée joue bien entendu le rôle d'Isis. Reproduction d'une terre cuite crétoise.

Né sur l'île de Délos,[62] avec sa sœur jumelle de la Titanide Léto, sa mise au monde sera assistée par sa propre sœur, sortie de la matrice de Léto quelques minutes avant lui. Dans l'Égypte antique, Horus l'Enfant (ou le Jeune que nous appellerons familièrement le Faucon) naquit d'Isis qui échappa à la folie meurtrière de Seth, le

---

[62] Longtemps avant les Grecs, Delphes, l'un des plus fameux lieux de culte d'Apollon que l'on donnait parfois pour son lieu de naissance, présentait déjà des lieux sacrés : on y découvrit un sanctuaire-oracle vieux d'environ 4000 ans dans lequel on trouva un autel d'inspiration crétoise (ou anatolienne) dédié à une divinité taurine. Cela va sans dire qu'il s'agirait d'une préfiguration de Dionysos dont les liens avec Apollon ne cesseront d'apparaître. La Crète était aussi souvent présentée comme ayant vu naître le dieu de la lumière : l'île héberge plusieurs statues du dieu accompagné de son animal marin fétiche, le dauphin.

frère de feu son époux Osiris pour donner naissance à son fils posthume. Léto est donc un écho d'Isis en plus d'incarner un reflet de Nammu-Nuréa. Cette dernière est en effet la mère génétique d'Isis-Artémis selon les *Chroniques* et sa nature de Titanide la donne comme une divinité ancestrale. Léto possède donc le double aspect de Nammu et de Aset-Isis. Dans le tome 2 des travaux de Parks, Isis s'éclipse dans la grande pyramide de Gizeh pour donner la vie à Heru-Horus pendant que Seth-Enlíl mène un violent assaut à l'extérieur du site. Nous retrouvons des traces de cet événement dans la mythologie grecque où le récit dit que Léto doit fuir Python (envoyé par la jalouse Héra) pour mettre au monde ses deux enfants.

Cicéron parle de son côté d'une série d'Apollon dans laquelle l'un d'entre eux serait, selon lui, étant le fils d'Héphaïstos.[63] Ce dernier sera identifié à Osiris-Ptah dans notre étude, soit le géniteur post-mortem d'Horus le Jeune, équivalent égyptien d'Apollon. Cicéron poursuit en précisant que l'un des Apollon guerroya avec Zeus en personne, nous rappelant le combat opposant Horus et Seth, cette fois-ci. Enfin, dans la même source, l'homme d'État romain évoque le fait qu'Apollon serait né de la vierge Athéna, en partie identifiée à Isis...

Nous verrons que bien des étymologies de noms divins échappent aux déductions classiques. Pourquoi ? Certainement parce que ces noms ne sont pas d'origine grecque ou qu'ils sont plus anciens que la langue hellénique. Léto rentre dans cette catégorie (tout comme Apollon). Une étymologie la rapproche de λανθάνω / *lanthánô* ("échapper à la connaissance de") revenant à traduire Léto en "celle qui est cachée" ! La génitrice d'Apollon portait l'épithète *Nychia* accréditant la thèse "parksienne" d'une divinité de la Nuit, une déesse sombre. L'une des futures épouses du dieu de la lumière est d'ailleurs Coronis (qui donnera les mots corneille et corbeau). Dans la légende le corbeau est un animal divinatoire, compagnon d'Apollon. Lorsque Coronis trahit la confiance de ce dernier en s'unissant avec un mortel, Apollon est saisi par une vision – il est aussi devin – et blâme le corbeau de ne

---

[63] Cicéron, *De la nature des dieux*, III, 23.

pas l'avoir prévenu plus tôt. Pour punir le volatile habillé alors d'un plumage clair, il le change en couleur de la nuit. Ainsi le corbeau devint un oiseau aux ailes sombres. Nous verrons plus loin que Coronis est une image d'Isis, la sombre déesse égyptienne ailée. Horus est donc mis au monde par Isis assistée de sa sœur Nephtys. Neith et Serkit auraient également participé à la mise au monde de l'héritier d'Osiris.

Selon Hérodote, deux vierges hyperboréennes, Argé et Opis, vinrent à Délos au moment où Léto allait accoucher, apportant un tribut destiné à accélérer sa délivrance.[64] Léto, Ilithye, Argé et Opis portent ainsi à quatre, comme dans les mythes d'Égypte, le nombre de femmes présentes à la naissance du dieu solaire. Argé est aussi le nom d'une Nymphe crétoise, amante de Zeus, dont on prétendait qu'elle eut enfanté Dionysos, rôle dévolu d'ordinaire à Sémélé. Un lien de plus entre Apollon et le dieu de la végétation et du vin. Dans les *Chroniques du Ĝírkù*, la grande pyramide où naquit Horus était protégée par une technologie Abgal, formant un bouclier électromagnétique autour de la montagne artificielle. Nous retrouvons cet épisode figuré sur plusieurs peintures et gravures grecques (voir illustrations en début de chapitre). Il est ici question de la petite enfance de Zeus mais il paraît évident que l'iconographie centrale présente Isis et son enfant Horus ; les figurations des mères assises allaitant leur bébé remontant toutes originellement à l'Égypte antique et se rapportant à Isis-Hathor.

Ces représentations sont souvent marquées par la présence des Curètes ou Corybantes protégeant la mère et l'enfant à l'aide de leurs boucliers – outils possédant dans le cas des Curètes la double valeur de protection et de souveraineté.[65] Ces derniers ont des origines obscures même si l'on place d'ordinaire leur première apparition en Crète où ils veillaient sur le futur Roi des Cieux. Ils sont souvent confondus avec d'autres groupes de dieux considérés souvent comme inférieurs mais parfois aussi érigés au statut de Grands Dieux exclusivement masculins : les Cabires et les Dactyles. Notez que les Curètes (continuellement assimilables aux Corybantes) sont réputés avoir protégé exactement de la même

---

[64] Hérodote, *Histoire*, Livre IV, 33-35.
[65] Yves Dacosta, op. cit., page 15.

façon le jeune Dionysos (en partie image d'Horus-Apollon comme nous le verrons), à l'exception près que la mère est absente.

Qui sont donc ces Curètes-Corybantes, ces Cabires et ces Dactyles ? Ovide mentionne qu'ils sont "*nés de la pluie*"[66] ; sont-ils tombés du ciel ou nés de la Terre ? Il est exclu qu'il s'agisse des Anunna. Ils ne peuvent donc être que les Nungal-Igigi ou les Abgal. Leur nombre semble restreint : parfois trois, quatre voire sept, neuf et même dix pour les Dactyles. Nous avons déjà identifié les Nungal-Igigi chez les Géants voire les Hécatonchires. Il n'est pourtant pas impossible qu'ils se présentent sous un autre aspect. Ces mystérieuses confréries peuvent aussi très bien avoir évolué dans le temps et représenter des membres différents. Les Cabires sont très certainement les Apkallû-Abgal de la mythologie mésopotamienne comme nous l'évoquerons dans le chapitre *Héphaïstos*. Plusieurs indices nous le montreront. Les Curètes ont pu se confondre également aux Dactyles puisqu'ils passaient pour des héros civilisateurs, enseignant aux paysans l'élevage du bétail et des abeilles mais aussi les vertus civiques qui rendaient possible la vie sociale ; on les disait en outre, comme ce qu'il était dit des Cabires, inventeurs de la métallurgie du bronze.[67] Comme pour les Apkallû en ancienne Mésopotamie, des corporations bien réelles de Curètes humains se fondèrent autour du bassin méditerranéen sur la base de la communauté mythique des Curètes.

---

[66] Ovide, *Les Métamorphoses*, Livre IV.
[67] Yves Dacosta, op. cit., page 33.

*Horus/Harpocrate caché dans un fourré de papyrus des marécages du Delta du Nil sous la garde de Ouadjet (*Papyrus Jumilhac, planche II, 1ère vignette*).*

Cela est plus compliqué pour les autres groupes. Les Dactyles (terme signifiant littéralement "doigts" en grec ancien) sont souvent les progénitures de Titans (fils d'Hélios ou de Kronos), donc d'anciennes divinités. Leur appellation faisait dire aux chroniqueurs qu'ils étaient une dizaine, comme les doigts de la main. J'y verrai plutôt l'indication selon laquelle ils étaient doués de leurs mains. Confrérie plus itinérante que les Curètes, cantonnés en Crète, ils étaient exclusivement des gardiens de la Déesse-Mère sous ses différentes identités, le plus souvent Rhéa, Cybèle ou Déméter. Ils étaient de puissants sorciers ayant enseigné aux hommes la métallurgie du fer. Leur association aux sages Abgal est sans appel : leur nature pacifique n'ayant d'égal que leur talent dans tous les arts qu'ils dispensaient à des initiés triés sur le volet. Ces derniers passaient en outre pour être des guérisseurs. Est-ce que leur patronyme serait en lien une particularité comme des doigts palmés ? Peut-être, rien ne l'indique comme avec les Cabires. Les Dactyles ne versaient aucunement dans la violence contrairement à ce qu'on prétendait des Curètes-Corybantes.

Pour commencer, ces derniers étaient équipés d'épées et de boucliers. Ils ne s'en sont certainement pas uniquement servis pour faire du bruit et couvrir les pleurs de Zeus ou Dionysos enfants... Le dieu du vin a d'ailleurs engagé les Corybantes dans son armée pour guerroyer en Inde. Curètes dériverait du mot grec κοῦροι / koûroi signifiant "jeunes hommes" et il passerait pour être les fils d'Apollon selon le Pseudo-Apollodore.[68] Dans les *Hymnes orphiques* les Curètes sont à rapprocher du principe des vents et des tempêtes :

"*Kourètes bondissants, qui marchez armés, fiers de vos pieds, qui tourbillonnez, sauvages et prophétiques, joueurs de lyre, porteurs d'armes, vigilants, princes illustres, compagnons de la Mère sur les montagnes, Orgiophantes ! Venez, soyez favorables à nos supplications et toujours propices au bouvier.*"[69]

"*Kourètes retentissants du bruit de l'airain, vêtus des armes d'Arès, dieux ouraniens, terrestres, marins et très-riches, générateurs du souffle, conservateurs du splendide Kosmos, qui habitez la terre sacrée de Samothrakè, qui écartez les dangers loin de ceux qui parcourent la mer, qui, les premiers, avez enseigné les sacrifices aux hommes, immortels Kourètes vêtus des armes d'Arès, qui ébranlez Okéanos et la mer et les chênes, qui accourez sur la terre de vos pieds retentissants et rapides, qui resplendissez sous vos armes, toutes les bêtes féroces sont épouvantées à votre approche, et le tumulte et les clameurs montent dans l'Ouranos, et la poussière de leur fuite atteint les nuées, et toutes les fleurs se flétrissent sous leurs pieds. Daimôns immortels, qui faites vivre et qui détruisez, quand les dieux irrités se ruent contre les hommes, vous enlevez à ceux-ci les richesses et la vie elle-même ; le grand Pontos aux gouffres profonds s'emplit de gémissements, les chênes aux cimes élevées tombent déracinés, et l'Ekhô ouranien retentit du*

---

[68] Nous remarquons là une anomalie chronologique : si Apollon est père des Curètes et qu'il est lui-même fils de Zeus, les demi-dieux n'auraient pu d'aucune manière protéger la petite enfance du souverain de l'Olympe... n'étant pas nés eux-mêmes. En parler comme les fils d'Apollon revient ici à dire qu'ils en sont en fait ses *suivants*.

[69] *Hymnes Orphiques, Parfum des Kourètes*, XXX.

bruit de leur chute. Kourètes, Korybantes, rois puissants, qui commandez dans la Samothrakè, propres fils de Zeus, souffles immortels, qui nourrissez les ames, aériens, qui êtes nommés Gémeaux dans l'Olympos, qui exhalez une douce haleine, tranquilles, doux et tutélaires, qui alimentez les Saisons et faites germer les fruits, salut, ô Rois inspirateurs !"[70]

Ils sont donc associés à Apollon de par la lyre (l'instrument fétiche du dieu) et leurs dons prophétiques, à Artémis comme compagnons de la Mère sur les montagnes et ils n'ont rien de tendres prêtres ou d'observateurs des étoiles ! Ces *"princes illustres"*[71] sont vêtus des armes de la Guerre et parcourent la terre et les Océans pour combattre. Ils sont des *"souffles immortels"* qui interviennent lorsque *"les dieux se ruent contre les hommes"*. Il peut être utile de rappeler que le terme Shemsu (appellation des suivants d'Horus), décomposé en suméro-akkadien donne : SÈ-EM-SU signifiant "comme le parent tempête" ou "comme le corps de la tempête". Tous ces indices nous permettent sans l'ombre d'une hésitation de lier les Curètes-Corybantes aux Shemsu et à leurs héritiers (hybrides de Nungal et d'humains), les géants Neferu-Dogan se battant pour et avec Heru-Apollon contre les dieux hostiles aux hommes, les Anunna. Leur attribution guerrière est confirmée par la décomposition via le protosumérien (ou Emeša) de Κουρῆτες / Kourêtes (Curètes en grec ancien) : KUR(montagne, pays)-ET(force armée)-EŠ(nombreux), soit "les nombreuses forces armées du pays (ou des montagnes)" ; et de Κορύβαντες / Korúbantes (appelés Kurbantes en Phrygie) : KUR(atteindre, s'élever)-ÙB(tambour)-AN(ciel)-TÉŠ(vigueur) voire KUR(montagne, pays)-BAN(arc, archer)-TÉŠ(vigueur), soit "les vigoureux tambours qui atteignent le ciel" ou "les vigoureux archers du pays". Rappelons que les fraternités de Corybantes étaient vouées à la Grande-Déesse phrygienne Cybèle qu'ils célébraient en jouant du tambour. Ces trois décodages identifient à merveille nos chers Curètes-Corybantes, à la fois protecteurs, musiciens et guerriers. Dans le second hymne orphique est utilisé le terme *Daimôn* signifiant que les Curètes-Corybantes étaient

---

[70] *Hymnes Orphiques, Parfum des Kourètes, L'Encens*, XXXVII.
[71] Pour rappel, le terme sumérien NUNGAL signifie "grands princes" des vocables : NUN(prince)-GAL(grand).

donc des demi-dieux. Dans ce texte, il est donc certainement fait plus référence aux Neferu-Dogan (descendants de Nungal) que de Nungal, "dieux" à part entière. Un autre indice nous permettant d'affirmer que les Curètes-Corybantes désignent des dieux autant que des demi-dieux est l'affiliation au groupe des Curètes-Corybantes de Titans comme Anytos (frère de Kronos) ou de Géants comme Hoplodamos. Hésiode qualifiait ainsi les Curètes de Γίγαντες / Gigantes, littéralement "nés de la Terre". Le terme grec pour demi-dieux, Daimôn, trouve peut-être son origine dans le sumérien DALḪAMUN signifiant "tornade, tempête violente" mais aussi "révolte" et "émeute" ce qui, dans la langue des dieux, donne une idée assez juste de la vision que l'on avait des rejetons de femmes humaines et de certains "Anges déchus" (Nungal-Igigi). Les rôles, dans le domaine divin, de ces diverses confréries aux noms et origines diverses pourraient se résumer ainsi :

> Escorte d'une Déesse-Mère,
> Protection d'un dieu-enfant menacé dès sa naissance,
> Éducation du jeune dieu.

Mais revenons aux caractéristiques de notre Apollon.

***

Le frère d'Artémis est réputé être un dieu vindicatif prompt à la vengeance. Ses apparitions sont qualifiées de terrifiantes et le son de son arc impressionne les hommes ; quant à sa voix et ses flèches, elles grondent comme le tonnerre.[72] Malgré ses penchants pour la peur (qu'il inspire à ses ennemis) et la destruction (qui accompagne ses entreprises vengeresses), Callimaque, dans son *Hymne à Apollon*, lui prête un rôle de bâtisseur, de fondateur et législateur. Il est un ordonnateur et un civilisateur, diffusant l'ordre et la raison.[73] Son attitude punitive est accompagnée de traits de caractère belliqueux : Homère l'y décrit comme un dieu

---

[72] Lycophron, *Alexandra, Et Scolie* (5-7).
[73] Callimaque, *Hymnes*, IV, En l'honneur d'Apollon.

orgueilleux, emporté par ses sentiments et par la violence.⁷⁴

De l'ombre à la lumière, la figure ambigüe d'Apollon peut se rapprocher sans mal de son homologue égyptien comme le décrit ainsi Anton Parks dans le *Testament de la Vierge* : *"En Égypte ancienne, lorsque le Soleil se couchait à l'Occident, il était comme un astre mort assimilé à Osiris. Lors de son parcours nocturne, Osiris se transmutait progressivement en Horus et portait le nom hermétique de Ra'af ("Soleil noir"). Ra'af est le Soleil nocturne qui subit le cycle temporel des métamorphoses. Il est le Soleil qui passe sous l'horizon et qui traverse le monde des ténèbres. Ra'af est concrètement le nom secret qu'Osiris prend lorsqu'il a vaincu les ténèbres et qu'il atteint la lumière pour se transformer en Horus. Ra'af se traduit généralement de trois façons, qui sont : "Soleil de chair", "Soleil de terre" et "Soleil noir".*

- ➢ *"Soleil de chair" parce qu'Horus est issu des chairs de sa mère Isis, il est le premier "dieu" réincarné, officialisé comme tel dans l'idéologie très fermée des prêtres de l'Égypte ancienne.*
- ➢ *"Soleil de terre", du fait de sa traversée nocturne au cœur du monde des ténèbres. C'est en ce domaine que Ra'af doit combattre ses ennemis et ressortir vainqueur. Bien plus tard, ce rôle incombera à l'initié lors de son ultime initiation au cœur des souterrains de la Duat, sous le plateau de Gizeh.*
- ➢ *Et finalement "Soleil noir", parce que la terre d'Égypte dans laquelle Ra'af s'enfonce est noire ; la terre de Kemet ("Égypte") se traduit effectivement par "pays noir".*

*Après son parcours enténébré, lorsqu'il renaissait à l'Orient, Horus était le fils réincarné sous la forme de Heru-Khuti, "Horus de l'horizon". Ayant triomphé des ténèbres et de ses ennemis, Horus le vengeur, se présentait comme un nouveau Soleil."*⁷⁵

Daniel E. Gershenson voit en Apollon un dieu d'origine indo-européenne – cela ne nous surprend guère au vu de ses traits

---

⁷⁴ Homère, *Iliade*, chant I.
⁷⁵ Anton Parks, *Le Testament de la Vierge*, op. cit., pp. 160-161.

patriarcaux –, dont les attributs principaux seraient rassemblés dans l'expression *Apollon dieu-loup*. Cet auteur s'inscrit dans la lignée des travaux de Louis Gernet (*Dolon le loup*) et de Henri Jeanmaire (*Couroï et Curètes*).[76] L'ancienne civilisation germanique, durant l'âge de bronze, possédait des corporations guerrières d'hommes-loups dont certaines se seraient adonnées au cannibalisme. Ne retrouvons-nous pas cette information dans le mythe de Lycaon ? Ce roi d'Arcadie qui avait cinquante fils (soit l'effectif d'une confrérie humaine) offrit à Zeus, lors d'un repas fastueux, de la viande humaine. Découvrant l'horreur commise par son hôte, le Roi de l'Olympe le changea en loup. Rappelons qu'une louve avait nourri de son lait les jumeaux mythiques qui fondèrent Rome, Remus et Romulus, une façon d'exprimer qu'ils appartenaient à une confrérie des loups dont on sait qu'elles existaient en Italie aux premiers temps des Romains. Les prêtres-loups du mont Palatin étaient appelés Luperques.[77]

Il est aussi possible que les origines du fils de Léto remontent au peuple dorien (indo-européens) du Péloponnèse, lequel honorait un dieu nommé *Ἀπέλλων* / *Apéllôn*, protecteur des troupeaux et des communautés humaines.[78] Un loup protégeant les troupeaux... quelle ironie ! Nous retrouverons dans le protagoniste divin ces identités de pasteur et de berger qui sont reflétées chez Apollon. Rappelons ici qu'Horus (et par prolongement Pharaon, incarnation d'Horus) hérita de certains des symboles de son défunt géniteur comme son sceptre. Celui était composé de plusieurs emblèmes comme la croix d'Ankh, le fouet Nekhakha[79] – symbole de

---

[76] Daniel E. Gershenson, *Apollo the Wolf-god*, dans *Journal of Indo-European Studies*, Monograph No 8, 1991.
[77] Yves Dacosta, op. cit., page 40.
[78] Némésien, *Bucoliques*, I, 65 ; II, 55.
[79] Selon Roger Sabbah, ce fouet, serait bien plus ; il figurerait "*les trois principes fondateurs, la trinité à partir du Un, métaphore de la création de l'univers à partir d'un point unique. Peut-être le feu, l'air et la terre, créés à partie du Nun, le dieu de l'océan primordial que symbolise Osiris. Le sceptre d'Osiris ressemble étrangement au signe Mess de l'enfantement. Les "trois lumières", nées de la lumière primordiale, annoncent la venue du fils de Rê. Le signe Mess de l'enfantement est représenté par une sorte d'étoile, prolongée par trois branches, symbole de la trinité égyptienne, à l'image du sceptre d'Osiris. Avec Isis et Horus, Osiris forme la trinité chère aux Pharaons*" in *Les Secrets de la Bible*, Éd. Carnot, 2004, pp. 73-74.

domination et de contrôle – ou encore la crosse Heka, appelée aussi bâton de berger, figurant la puissance cosmique et royale. Ce bâton est celui avec lequel le dieu-berger guide son troupeau de mortels. Cette responsabilité incombera à Horus après la mort de l'amant-frère d'Isis. Heka personnifie parfois le fils de Ptah-Osiris voire celui de Khnum-Osiris, la mère du dieu étant Hékat, Menhit et parfois Neith, toutes identifiables à Isis. Le fameux bâton de berger, la crosse royale d'Osiris, finira-t-elle par désigner l'héritier légitime du premier dieu-roi du Double-Pays ? À n'en pas douter. L'autre emblème majeur du sceptre d'Osiris, légué à Horus, était le Nekhakha. Il représentait un outil agricole utilisé pour le battage des céréales – permettant de séparer les grains de l'épi –, le fléau. Ce fléau couplé à la crosse étaient de puissants symboles dans les mains d'un dieu, ils le désignaient comme le maître de l'agriculture et de l'élevage, agents essentiels de l'essor et du maintien de la civilisation et du mode de vie sédentaire au profit du nomadisme et de la barbarie.

Le théonyme Apéllôn ou Apollon provient à mon sens d'une figure plus ancienne et éloignée. Les Étrusques (vivant dans ce qui est aujourd'hui la Toscane italienne) honoraient un dieu équivalent, déité de la lumière et de la foudre, nommé Aplu, frère jumeau de la déesse lunaire Aritimi. Nous avons donc là une réplique parfaite de ce que l'on trouvait en Grèce. Nous pouvons cependant aller plus loin dans le temps et l'espace. *Aplu* est un terme babylonien signifiant "fils ou héritier de". Il est accolé le plus souvent au dieu Nergal, le dieu souterrain des fléaux et de la guerre, qui comme vous vous en souvenez certainement est la figuration mésopotamienne d'Horus-Apollon. Nous en reparlons dans les pages qui suivent. L'anthropologue Henry Lustig Lutz avait émis l'hypothèse selon laquelle Nergal était une déité égypto-libyenne ayant été adoptée par les habitants d'ancienne Mésopotamie. Il voyait en Nergal une figure pastorale et solaire rapprochable d'Horus. À la façon d'un Anton Parks du début du XXe siècle, il entreprit de décomposer phonétiquement Nergal avec l'égyptien donnant ainsi : nr(gardien, berger, pasteur)-gn(puissant, réputé), soit "le gardien réputé ou le puissant berger".[80]

Apollon est le dieu de la pureté et de la moralité par excellence. Il préfère les sacrifices où le sang n'est pas versé. Aux Thargélies,[81] les fêtes purificatives jouent un grand rôle. Toute justice criminelle étant liée à une purification, il est dans une certaine mesure le dieu de la justice ; à Athènes le polémarque (chef militaire) la rend dans le Lycée, près de la statue d'un loup. C'est qu'en effet le dieu pur est aussi un dieu puissant qui sait punir ses ennemis et protéger ses fidèles. On attribue à ses flèches invisibles, non seulement la peste, mais toute mort subite. Mais il est aussi le dieu qui secourt (*Epikourios*) et qui écarte les maux ou les dangers (*Alexikakos*). Il remplit une grande partie du rôle qu'on est généralement habitué à voir jouer au dieu suprême. Est-ce pour cela que la petite enfance de Zeus semble calquée sur celle du petit Horus-Apollon ? Il protège l'humain et les cités, non seulement contre les ennemis ou les fléaux, mais aussi contre la maladie en général ; il est un dieu médecin, *Apollon Oulios* : c'est lui qui a enseigné sa science à son propre fils Asclépios, qui finit par s'élever au rang de grand dieu et s'asseoir dans l'Olympe aux côtés de son protecteur et père.

***

Autre partisan de la mythologie comparée, l'illustre Bernard Sergent démontre clairement que la similitude de deux déités pourtant jusque là distinctes : l'Apollon grec et le Lug (écrit également sous la forme Lugh) des cycles mythologiques celtiques.[82] Apollon ne serait pas d'origine orientale mais gréco-celtique, et par-delà, indo-européenne – il en aurait toutes les caractéristiques viriles. Il remonterait donc au moins à la séparation des ancêtres des Celtes et des Grecs, au IVe millénaire av. J.-C., et il est arrivé "tout d'un bloc" en Grèce. Sergent est

---

[80] Jozef Jansenn, *Annual Egyptological Bibliography 1952-1956*, Éd. E. J. Brill, 1956, page 749.
[81] Les Thargélies, en grec ancien Θαργήλια, sont, dans la Grèce antique, une fête en l'honneur d'Apollon et d'Artémis célébrée les 6ème et 7ème jours du mois Thargélion, à Athènes et dans les cités ioniennes. Répliques des rites égyptiens en honneur d'Isis et d'Osiris-Horus ?
[82] Bernard Sergent, *Le livre des dieux : tome 2, Celtes et Grecs*, Éd. Payot, 2004.

catégorique sur ce point – et je le rejoins volontiers – : ce n'est pas une divinité composite ! Rien de plus certain s'il est bien l'*Aplu* babylonien, un certain "fils héritier"...

Lug(h) et Apollon sont des dieux lumineux, jeunes, beaux, grands. Ils disposent tous deux d'une puissance foudroyante, sont de très grands druides, des guerriers, des protecteurs des troupeaux, des maîtres des moissons, et plus étonnant, sont associés aux arbres – nous reviendrons sur la symbolique de l'arbre dans le chapitre *Dionysos*. Ce sont toutes deux des divinités des hauts lieux et des grosses pierres ; entendez par là des mégalithes. Ils appartiennent à cette petite caste de dieux polytechniciens maîtrisant tous les arts.

Par ailleurs, selon B. Sergent, le culte d'Apollon ne s'est fixé en Lycie qu'au IVe siècle. Auparavant, les Grecs ont pu établir des jeux de mots ou faire des confusions entre le nom de la Lycie (*Lukia* en grec) et les épithètes *Lukeios, Lukios, Lukêgenès* d'Apollon, qui se rapportent au loup (*lukos*[83] en grec ancien), l'un des attributs d'Apollon, ou à la lumière (*lukê*). Il serait *Lukê-genès*, comme le dit l'*Iliade*, parce qu'il serait "né de la lumière" et non pas "né en Lycie".

---

[83] Décodé rapidement phonétiquement avec le langage des dieux : LUḪ(purifier, nettoyer)-ÚŠ(mort, cadavre) : "celui qui purifie le cadavre" ou "celui qui nettoie le mort". Cela nous rappelle Anubis (Sabu), rejeton d'Osiris, dieu loup (Sabu désignant un loup en égyptien) et embaumeur qui selon les traditions égyptiennes se chargea de la momification d'Osiris. Selon Anton Parks, Sabu est l'association des particules sumériennes SÁ(guider) et BU₄(lumière). Le loup Sabu (Anubis) est bien entendu celui qui guide vers la lumière, ainsi que l'ouvreur des portes secrètes des textes égyptiens. Nous reparlerons d'Anubis dans le chapitre consacré à Hadès. Dans les *Textes des Pyramides*, l'on prête à Horus un rôle ritualiste : "*c'est Horus, qui a reçu l'ordre d'agir pour son père* [§ 261a]" ; *ton fils Horus a agi pour toi* [§ 257a] ; notamment le rite de l'Ouverture de la bouche : *sa bouche a été séparée par son fils Horus, son bien-aimé* [§ 179b ; cf. § 589b, 1330a, *2220c]". Il l'examine, c'est-à-dire qu'il veille à la recomposition de son nouveau corps [§ 580a, 587a, 589a], il joint ses membres [§ 617a, 635a] et le purifie [§ 841b]. D'autres décompositions de *Lukos* nous donnent : LUG(rassembler)-UŠ₅(moutons) : "celui qui rassemble les moutons" ou LÚ(êtres humains)-KÚŠ(s'inquiéter) : "celui qui s'inquiète pour les êtres humains".

Pièce de monnaie représentant le Dieu Apollon-Lug(h) équipé de son arme terrifiante (arc et flèches) et accompagné d'un loup qui baisse la tête en signe de soumission à la nouvelle autorité qu'il représente. Notez le siège sur lequel est assis le protagoniste que j'associe à Horus : il semble recouvert d'écailles... Apollon-Horus siège-t-il sur le trône laissé vacant par son géniteur disparu Enki-Éa-Osiris, "Celui de la maison de l'eau" (que nous associons plus bas à Hadès-Poséidon) ?

Daniel E. Gershenson enfonce le clou en mettant en avant le probable symbolisme de loup mythique rattaché à Apollon, lequel n'est autre que le vent considéré tant par ses vertus bénéfiques que destructrices. Les vents, comme Zéphyr le vent-loup, peuvent être favorables aux semences, mais sont aussi tenus pour issus des cavernes et cette origine souterraine les met en relation avec les Enfers, l'Hadès. Le vent est symboliquement ainsi le passage entre le Chaos et le Cosmos. Entre l'Univers non formé et le Monde matérialisé ou entre le désordre et l'ordre. Un "ordre" si cher à notre Apollon...

Nous avons là l'archétype parfait de Nergal-Horus : le dieu-vengeur, "né de la lumière" – l'âme d'Osiris-Enki et/ou l'éclatement de la colline primordiale de l'horizon, Mulge, l'astre assimilé au culte de la Déesse-Mère et par conséquent identifié à son dernier représentant sur Terre, Osiris.[84] Le dieu-loup qui guide les troupeaux et assiste les hommes. Un dieu bâtisseur, fondateur et purificateur. Le loup est un symbole qu'il n'est pas surprenant de retrouver associé à Apollon-Horus-Marduk-Nergal : les suivants d'Osiris appelés Shemsu (qui deviendront les suivants d'Heru) étaient assimilés à des loups.[85]

D'ailleurs Khentamentiu, un dieu assimilable à Osiris dont le nom signifie "le premier des Occidentaux" ou "la tête des Occidentaux", provient de l'A'amenptah, "le lieu grand et stable de Ptah" devenu l'Amenti,[86] l'Ouest égyptien c'est-à-dire l'Atlantide. C'est un dieu loup représenté sous la forme d'un chien noir. Horus étant la résurrection d'Osiris,[87] il semble logique que les Shemsu d'Osiris soient devenus ses suivants. Apollon-Horus était donc le Roi successeur qui dirigera les loups-Shemsu de son ascendant.

L'association d'Apollon à l'Astre du jour est tardive. C'est de par son aspect "lumineux" qu'il est rapproché du Soleil. Cet aspect est à considérer sous l'angle Horus = Vénus, puisque comme l'a largement développé Anton Parks dans son imposant dossier *Neb-Heru, l'étoile du Matin*,[88] la fameuse planète Neberu (ou Nibiru) n'est autre que Vénus. L'astre perturbateur qui est passé plusieurs fois près de la Terre déclenchant des cataclysmes d'ampleur

---

[84] Anton Parks, *Ádam Genisiš*, op. cit., pp. 398-399.
[85] Le vocable sumérien pour *loup* est UR-BAR-RA. Une heureuse "coïncidence" nous permet de décomposer ce mot en UR(guerrier, serviteur)-BÁR(roi, souverain)-RÁ(accompagner, suivre), soit "les guerriers/serviteurs qui accompagnent (ou suivent) le souverain". En égyptien, le terme *loup* est transllittéré en *wnS* et peut se prononcer "OUNES", qui décomposé en Emeša, nous donne UN(peuple)-EŠ(oindre), soit "le peuple de l'oint". Je rappelle que "l'oint" (*Yshu* en égyptien) était l'une des épithètes d'Horus in Anton Parks, Le *Testament de la Vierge*, op. cit., pp. 155-158.
[86] Lieu de résidence éternelle d'Osiris après son décès. Il y joue le rôle de juge des morts.
[87] En tant que réincarnation du premier être momifié (Osiris), Horus sera associé à la momification, à la putréfaction, la pourriture. Un attribut que l'on retrouve chez Apollon Pythien vainqueur du serpent de Delphes Δράκαινα / *drákayna* devenu Πυθώ / *Puthó* (Python), soit "la pourrissante", de l'état de sa dépouille après que le fils de Léto l'eût occis.
[88] Anton Parks, *Ádam Genisiš*, op. cit., page 317 et suivantes.

biblique. La naissance de Vénus (l'Horus céleste) était regardée comme celle d'un second Soleil par les Anciens. L'éclat de la lumineuse Vénus ne manquait pas de le rappeler à chacune de ses apparitions non loin de notre atmosphère. Rapprocher cette nature brillante d'Apollon, que nous associons nous-mêmes au Faucon[89] Horus, n'est donc pas si anodine. Pour rappel, la naissance de la comète qui deviendra Vénus alors expulsée de l'orbite de son "père" céleste Mulge (planète assimilée à Osiris, je le rappelle) correspond sur Terre à la naissance physique du petit Heru. Les passages ravageurs près de la Terre de l'astre sauvage seront associés avec les attaques majeures lancées par le fils d'Osiris contre son oncle Seth. Enfin lorsque Vénus se stabilisera à la place qui est la sienne aujourd'hui dans le système solaire, vers – 3000 av. J.-C., le règne d'Horus et ses suivants prendra fin à la faveur des (re)naissances historiques des grandes civilisations de la planète. L'identification par les populations humaines, du divin Faucon avec l'Astre du Matin et du Soir était ainsi actée.

"*Je suis le fils du Très-Haut, celui qui débuta la lignée divine des Suivants. Il s'appelle Usir (Osiris) ; son nom domine celui du Soleil, car il est le générateur-Aimé, alors que le Soleil n'est qu'un ferment vomi par le Générateur. Je suis la Lumière Ardente qui navigue dans la Ceinture et qui permet de juger du haut des cieux les actes de tous. Il s'appelle Usir (Osiris) ! Il est le germe du contenu de toutes les enveloppes charnelles. Son nom commande du haut des cieux aux Parcelles divines contenues dans les enveloppes charnelles. Le nom du Glorieux brillera éternellement dans l'infini. Il grandira chaque jour davantage sous le firmament étoilé. Je suis le Vengeur dans sa demeure Éternelle, qui justifie les âmes célestes, car je suis né du Père des deux cœurs. (Je suis)*

---

[89] En grec ancien, faucon se dit ἱέραξ que l'on peut découper phonétiquement en : I(triomphe)-E$_4$(progéniture)-RA(frapper)-AḪ(malveillant) : "le triomphe de la progéniture qui frappe les malveillants" ou plus simplement I(triompher)-ER(guider)-ÀḪ(étinceler). Nous avons ici la définition de la victoire du Faucon sur ses ennemis. Le rôle de guide de troupeaux (humains) ressort également... Dans les légendes grecques, Apollon portait les épithètes *Hekêbolos* ("qui frappe de loin)" et *Sauroctone* ("tueur de lézards"). En sumérien *faucon* se traduit en ŠÚR-DÙ décomposable en ŠÚR(furieux, être enragé, borné)-DU$_{14}$(combat), DU$_{12}$(être en colère), DU$_5$(fracasser), soit "le furieux fracasseur" ou "l'enragé au combat" voire "le borné en colère". Tout s'assemble !

le Vengeur Purifié, le fils de l'aîné : Heru-le-Divin, celui qui vengea son Père dans la double demeure. Il est le guide unificateur des âmes fratricides des deux cœurs. Mais la longue marche préparée par les jumelles Isis et Nephtys a abouti avec l'arrivée des Cadets."[90]

Sceau-cylindre mésopotamien (Sippar, 2300 av. J.-C.) présentant la naissance de Nergal (parfois identifié à Utu-Šamaš, dieu de la lumière solaire). C'est en présence d'Inanna-Ištar et d'Enki-Éa que le dieu vengeur émerge de la Colline de l'Horizon armé d'un sabre. À droite, Éa, "Celui de la maison de l'eau" est parfaitement identifié par les poissons et le taureau assis sous son genou. Il est Gugalanna, le "Grand Taureau du Ciel" et premier époux d'Ereškigal. Enfin l'oiseau qu'envoie Enki-Éa à la rencontre de son "fils" est simplement la figuration de son ame, revenue du fin fond de l'Univers pour s'incarner dans le dieu vengeur. Cette naissance d'un dieu-Soleil au centre de deux montagnes nous renvoie à l'illustration de Ruty figurant le Soleil s'élevant au milieu de deux lions accolés. Les Égyptiens disaient du grand félin qu'il y voyait aussi bien de jour que de nuit ; il rôdait aux confins des étendues désertiques où le Soleil "naissait" et "mourrait". C'est la raison pour laquelle, pense-t-on aujourd'hui, que l'on fit de la figure d'un double-lion le gardien des deux horizons, les deux fauves s'identifiant aux montagnes qui bornaient l'Occident et l'Orient, symbolisant l'Hier et le Demain. Comme le trajet de l'astre du jour le menait quotidiennement dans la gueule du lion d'Occident pour renaître au matin dans celle du lion d'Orient, le grand félin devint l'agent fondamental de rajeunissement de l'astre.

---

[90] *Livre des Morts égyptien*, chapitre 17, traduction par Albert Slosman, lignes 23-33.

Apollon était-il une divinité des vents ? Il semblerait. Dans la même veine qu'au-dessus, les passages de Vénus près de notre planète s'accompagnaient de tempêtes de vents et d'orages électromagnétiques. Nous retrouvons là deux caractéristiques attribuées à notre Horus-Apollon, puisque Vénus était le pendant céleste du protagoniste Horus sur Terre. Sans oublier que le jeune Faucon restait sur les champs de bataille un impitoyable adversaire notamment lors des combats aériens l'opposant à ses ennemis du clan de Seth. Dans la mythologie babylonienne Marduk est le maître des vents et des tempêtes grâce auxquels il terrasse la menaçante Tiamat. Cet attribut est plutôt une caractéristique majeure de Seth-Enlíl comme nous le verrons dans le chapitre *Arès*. Si Apollon est le vent, Arès est la tempête. Rappelons ici que Marduk fut un titre porté tour à tour par Seth-Enlíl (Marduk(1)) et par Horus-Nergal (Marduk(2)).

Le frère d'Artémis était donc bien une divinité tempétueuse et qui déclenchait des orages électromagnétiques (il possédait une "puissance foudroyante"). Ce rapport à la foudre se retrouvera dans le fils d'Odin, Thor, qu'Anton Parks a lui-même rapproché de Horus.[91] L'étrusque Aplu faisant le lien entre la divinité solaire qu'est Apollon et le dieu de la foudre que représente Thor. Cette puissance est la force de frappe d'Heru, ses grands druides et guerriers sont les Shemsu ou Nungal/Igigi, ses troupeaux ce sont *évidemment* les humains.

***

Thème développé par l'auteur des *Chroniques* dans le *Testament de la Vierge*, Horus est également la divinité infernale de l'ancienne Mésopotamie Nergal, époux de la Reine des Enfers Ereškigal.[92] De la même manière que l e s Mésopotamiens confondaient Nergal et Erra, les anciens Égyptiens amalgamaient Horus le Jeune (fils d'Isis) et Horus l'Aîné (fils de Nut). Nous

---

[91] Anton Parks, *Ádam Genisiš*, op. cit., pp. 428-429.
[92] Id., *Le Testament de la Vierge*, op. cit., pp. 215-221.

revenons plus bas aux raisons de cette assimilation. Mais il est intéressant de noter qu'aux pays de Kemet et de Kalam (ou d'Akkad), les deux individus souffraient du même imbroglio auprès des populations. Disons-le aussi tout de go : il apparaît nettement que les deux régions – Kemet et Kalam – étaient en guerre ; expliquant le fait que les divinités du pays de lumière comme Isis, Horus, Neith ou Her-Râ (Horus l'Aîné) soient considérées comme des personnages infernaux et diaboliques. Ils deviennent respectivement Ereškigal (déesse de l'Enfer), Nergal (époux de cette dernière), Lilitu/Lilith (démone bien connue !) et Erra (dieu des fléaux et des maladies) chez les anciens Mésopotamiens. La répartie est également applicable pour leurs ennemis.

Figure 1, d'après Anton Parks (tome 2, page 391) : "Figure mésopotamienne présentant un des aspects de Neberu, l'astre perturbateur généralement assimilé à Marduk, le fils d'Enki. Dans ce cas précis, l'étoile Neberu illumine les mondes tel un Soleil et se confond avec ce dernier. Cette pensée est conforme à celle des anciens Égyptiens qui voyaient en l'Étoile du Matin l'image du nouveau Soleil". Ce symbole est officiellement celui du dieu-Soleil Utu-Šamaš. Figure 2 : le signe cunéiforme archaïque sumérien DIB signifiant "colère divine" mais aussi "faire le tour de". Le "nouveau Soleil" des anciens, Vénus, résultait donc d'une "colère divine" et faisait le tour de... la Terre ? Toujours est-il que ce symbole évoque le Svastika, signe universellement répandu sur Terre représenté quasi uniformément sous l'aspect d'une croix à trois ou quatre branches en mouvement rotatif. Son omniprésence au sein d'anciennes sociétés aussi éloignées que celles de tribus amérindiennes (figures 3 et 4), de peuples d'Europe centrale comme ceux de la culture de Vinča (figure 5) ou encore de communautés d'Asie du Sud-

est (figure 7, Svastika japonais stylisé) démontre à la fois l'extrême ancienneté du symbole et sa transmission évidente par les migrations humaines. le Svastika représente certainement, selon l'hypothèse la plus répandue, l'astre du jour. Certaines figurations d'Apollon sont là pour le prouver : elles montrent le frère d'Artémis sur son char céleste avec un Svastika dessiné sur le torse ou sur les roues de son véhicule. Le cunéiforme DIB sumérien préfigure-t-il le Svastika ? À vous de juger. La figure 4 est intéressante au titre qu'elle est non seulement un Svastika mais encore que ses branches sont des serpents à plumes trahissant le lien entre le dieu Quetzalcoatl-Horus et Vénus. La figure 5 nous montre une pierre gravée remontant aux environs de 8000 ans av. J-C. Quant à la figure 6 elle est une peinture sur vase grecque du VIIe siècle av. J.-C. présentant une déesse ailée des bêtes sauvages, certainement Artémis, figurée avec la fameuse croix.

Nous retrouvons donc au pays de Kemet les mêmes protagonistes mais avec des valeurs et attributs bien opposés : Isis étant la Déesse-Mère égyptienne, protectrice des mères et enfants ; Horus le Vengeur et Horus l'Aîné sont les défenseurs du peuple égyptien et unificateurs du royaume ; quant à Neith elle était tout simplement la protectrice du pharaon (et de ses armées) et présidait à la Sagesse et la Justice. Précisons que chez les Sumériens, Utu (Šamaš[93] chez les Akkadiens), la lumière solaire, divinité de la justice et de la divination,[94] était dédoublé en la personne de Nergal, qui règne avec son épouse Ereškigal sur le Monde inférieur, selon la mythologie mésopotamienne (univers dont nous reparlerons dans le chapitre *Hadès*).[95] Les natures d'Utu-Šamaš et de Nergal se confondent dans ce court passage mythologique :

"(Et c'est) le champion, le taureau sorti du bosquet embaumé,
Le lion rugissant,
Utu le vaillant, le taureau bien campé
Qui fait avec orgueil montre de sa puissance,
Le père de la "Grande Cité" (NDA : le KIGAL, le Monde

---

[93] Šamaš avait pour épouse la déesse Aya qui présidait comme lui à la Justice chez les anciens Babyloniens. Cette dernière finira par être fusionnée avec Ištar.
[94] L'une des épithètes de Šamaš est GIŠ-NU$_{11}$ que l'on pourrait traduire en "la lumière victorieuse". Il est pertinent de révéler que le cunéiforme assyro-babylonien désignant la lumière (NU$_{11}$) peut également se translittérer en ŠIR servant à composer le mot "corbeau" (ŠIR-BUR). Et lien entre le Soleil, l'art divinatoire et le fameux volatile est ainsi confirmé.
[95] G. Contenau, *La civilisation d'Assur et de Babylone*, in *Revue de l'histoire des religions*, tome 141 n°1, 1952, page 93.

inférieur),
Le grand héraut de An le saint,
Le juge, celui qui rend les sentences
À la place des dieux,
Celui qui, adorné d'une barbe de lazulite,
Monte de l'horizon au ciel,
Utu, le fils de Ningal
(Qu')il (NDA : Enki) *préposa à (l'univers entier).*" [96]

Apollon présidait, lui aussi, aux arts divinatoires et de nombreuses confréries de devins comme les Bakides se réclamaient de lui. Étonnant de retrouver le dieu de la maladie et des Enfers associé à lumière et à la justice. N'oublions pas, cependant, qu'Apollon sous son aspect nocturne est le maître des épidémies et une divinité guerrière selon Homère. À ce titre le Nergal mésopotamien n'a rien à lui envier. Utu-Šamaš était dans la mythologie mésopotamienne le fils de Sîn, incarnation de l'astre lunaire. Si la légende locale collait aux mythes égyptiens, Sîn serait un avatar d'Osiris… Nous en avons la double confirmation : Sîn est comme Osiris le dieu lunaire par excellence d'une part et d'autre part son patronyme est composé des particules SU(connaissance) et EN(seigneur), faisant de Su-en (Sîn), un "Seigneur de la connaissance". Nous comprenons mieux pourquoi dans la totalité du monde antique, la Lune précédait le Soleil et en était l'astre géniteur !

---

[96] *Enki et l'Ordre du Monde*, lignes 372-379 (trad. Jean Bottéro).

Coupe attique à fond blanc, provenant d'une tombe (Musée de Delphes, Grèce). Apollon assis sur un siège (les pieds en forme de pattes de lion). De la main gauche, il touche les cordes de sa lyre, tandis que de l'autre main il offre une libation de vin avec sa phiale. L'oiseau noir, qui tient compagnie à Apollon, est peut-être un corbeau ou une corneille, qui rappelle le mythe des amours du dieu avec la belle Coronis (Corneille), fille du roi Phlégyas. 480-470 av. J.-C.

Détaillons à ce propos les divers liens que possède ce dernier avec Horus-Apollon et ses avatars. Pour commencer l'emblème principal de dieu mésopotamien de la pestilence est le coq, animal solaire que nous retrouvons comme l'un des nombreux attributs d'Apollon. Ensuite l'iconographie standard présente Nergal sous les traits d'un lion ou d'un homme tenant en main un sceptre surmonté de deux faces léonines. Le grand félidé est sans surprise un symbole de résurrection, de régénération, de renouvellement, ce qui renforce son lien à Nergal, doublet "ténébreux" du Soleil. Ce symbole animal est à mettre également au compte d'Horus-Apollon – en sus d'appartenir bien entendu à ses deux génitrices Isis-Artémis et Nepthys-Aphrodite. À Délos (île des Cyclades grecques), où accoucha Léto selon la légende, la splendide Terrasse des Lions est dédiée à Apollon et à sa sœur Artémis.

Notons qu'il existe aussi sur cette île la Maison des Dauphins, autre animal symbole d'Apollon comme nous le verrons. La divinité anatolienne Appaliunas (l'équivalent local d'Apollon) est le "père lion" ou "lion de père", selon certaines traductions de son patronyme. Outre le char de cygnes que nous évoquerons plus bas, Apollon use d'un autre moyen de transport aérien : le griffon, mélange chimérique d'un oiseau de proie et d'un lion. Même si le félin est surtout associé à son avatar guerrier Héraklès, Apollon est d'un point de vue astrologique le représentant par excellence du grand félin.

Horus n'est pas en reste, même si ses figurations léontocéphales sont rares, elles existent pourtant. Mais un autre avatar du fils d'Osiris vient forcer le trait, il s'agit de Nefertum.[97] Fils de Ptah-Osiris et de Sekhmet-Isis, il est souvent figuré sous les traits d'un homme à tête de lion, cette dernière surmontée du faucon "horusien". Il est à n'en pas douter un doublet d'Horus sous sa forme agressive. Nefertum est un dieu solaire, de la justice et de la guérison. Ce dernier partage d'ailleurs un symbole végétal avec Apollon, celui du lotus. Un autre dieu égyptien méconnu mérite que l'on s'y attarde. Il s'agit de Shed – dit "le Sauveur". Il est un dieu enfant, protecteur des animaux venimeux et de la couronne d'Égypte ; et par extension d'Osiris. Dans ses figurations, il partage la forme humaine de Nefertum : celle d'un enfant portant la mèche de l'enfance. À la Basse Époque, il est syncrétisé avec Horus l'Enfant et Harpocrate. Il est un dieu archer, comme Apollon. Astronomiquement, il est regardé comme un centaure (mi-homme mi-cheval) et équipé d'un arc et d'une flèche. Ce dieu-enfant se retrouve dans la mythologie grecque sous les traits du petit Éros, fils d'Aphrodite. Pour en finir avec les avatars égyptiens, notons qu'Horus se retrouve dans de nombreuses autres figures, parmi lesquelles :

> Montu, dieu solaire à tête de faucon associé à la guerre et aux

---

[97] Nous pourrions traduire Nefertum par Nfr(beauté)-tm(parachevé), soit "La beauté parachevée", un titre qui irait comme un gant au dieu grec de la Beauté... Une autre traduction nous donnerait Nfr(enfant)-tm(Univers), "L'enfant de l'Univers" nous rappelant que l'âme d'Horus a traversé le cosmos avant de venir s'incarner ?

armes dont le nom signifie "nomade",
- ➢ An-Her, divinité guerrière liée au Soleil figurée avec une tête de lion et vénérée aux côtés de Tefnut-Hathor,
- ➢ Resheph, d'origine cananéenne, c'est un dieu archer qui apporte le fléau mais soigne aussi les maladies. Il protège le pharaon et est figuré aux côtés de Min (alias Osiris) et de Qetesh (alias Isis-Hathor),
- ➢ Soped, qui veut dire "lumière de l'Orient" est un dieu guerrier, patron du Delta oriental. Sa tête est surmontée d'un triangle lumineux et permet à la lumière de l'Orient d'être présente ici-bas,
- ➢ Miysis, fils de Bastet-Isis, luttant auprès de Rê contre Apophis-Seth et dépeint sous les traits d'un lion.

Dans chaque cas de figure, nous retrouvons chez les avatars d'Horus un dieu sous l'aspect d'un bel enfant ou d'un guerrier/archer associé au lion et/ou au faucon à la nature ambivalente : lié à la protection, à la divination, à la lumière d'un côté ou à la guerre, aux fléaux, à la maladie pour son autre facette. En toute circonstance il est le fils unique d'une mère isiaque et d'un père osirien. Nous retrouvons quelques-unes de ces caractéristiques dans le dieu Éros / Cupidon, enfant d'Aphrodite, éternellement jeune et équipé d'un arc.

Pour en finir avec le lion, sachez qu'il existait en Égypte une divinité reprenant l'iconographie de Ruty précédemment évoqué dans le chapitre précédent et dont nous avions dit qu'il figurait à la fois Isis, Nephtys et Horus naissant. Ce dieu est Aker, une antique personnification des profondeurs de la Terre. À l'image de Ruty, il est composé de deux protomés de lions accolés dos à dos. Il est supposé avaler l'astre du jour le soir pour le recracher le matin. Il veille donc au séjour nocturne du Soleil dans le Séjour infernal. Il est une sentinelle redoutable du monde inférieur doublé d'un vaillant gardien des portes de l'Au-Delà. Il détruit Apophis et ses serviteurs afin de garantir le retour du jour.[98] Comment ne pas voir dans Aker, un reflet de Nergal, d'Horus ou d'Apollon ? Les deux aspects d'Horus le Jeune et d'Horus l'Aîné ressortent avec éclat de

---

[98] Jean Yoyotte, *Dictionnaire de la civilisation égyptienne*, Éd. Fernand Hazan, 1998, s.v. Lion, 150 c.

ces diverses identifications ; ils sont tout à la fois le Soleil diurne et le Soleil noir du monde inférieur.

Notons ensuite concernant Nergal que plusieurs cunéiformes assyro-babyloniens servent à désigner le fils d'Enki-Éa, et pas des moindres. Ces cunéiformes – que nous pourrions qualifier d'épithètes dans ce cas – sont, selon la règle qui était en vigueur, précédés du déterminatif DINGIR, un préfixe soulignant le caractère "divin" des valeurs phonétiques ou idéographiques concernées.

Le pictogramme sumérien archaïque ḪUŠ, désignant le fait d'être en colère ou furieux. Une tête de lion était ainsi utilisée pour faire passer cette idée.

Dans le désordre nous retrouvons GIR₄-KÙ, un habile jeu de mots – vous êtes maintenant au fait des surprises que nous réservent les manipulations homophoniques du langage sumérien – nous rappelant que seul Horus-Nergal était propriétaire d'un Ǧírkù ("Sainte Épée") sur la planète.[99] Le cunéiforme-épithète suivant désigne le *nom* du cristal vert attribué initialement par Nuréa-Nammu selon les *Chroniques*, UGUR (le vocable U-GUR désignant, lui, tout simplement une épée). Dans les *Textes des Pyramides*, le fils héritier d'Osiris porte par ailleurs l'épiclèse de "Horus, seigneur de la pierre verte".[100]

La troisième épithète, URI₃-GAL, nous indique que Nergal était le chef des gardiens (ou des protecteurs) voire un grand

---

[99] Anton Parks, *Le Réveil du Phénix*, op. cit., page 310.
[100] *Textes des Pyramides*, 457c.

protecteur lui-même, le vocable URI₃ signifiant "garder/protéger" et GAL renvoyant à une responsabilité sur un groupe ou un territoire ; signifiant aussi la grandeur. La quatrième appellation (NÈ-IRI₁₁-GAL) est basée sur un cunéiforme qui présente de nombreuses valeurs phonétiques dont NÈ ("force") à partir duquel NÈ-IRI₁₁-GAL est construit ; ce dernier peut se traduire en "la force de la grande région". Cette grande région étant le Kigal, le Séjour souterrain sur lequel régnait Nergal et son épouse Ereškigal. Ce même cunéiforme avait également pour valeur phonétique ÚG et signifiait "lion" ou "furieux". Ce qui nous confirme une fois de plus le lien entre le grand fauve et le dieu chtonien. Enfin, la dernière épithète, LÚ-ḪUŠ(-A) basée sur le cunéiforme LÚ ("humanité"), pourrait se transcrire en "la fureur de l'humanité" ! Nous voyons bien là que Nergal n'avait aucun grief contre l'humanité et, qu'au contraire, à l'instar de l'égyptien Horus il veillait sur les hommes et n'hésitait pas à brandir son épée sacrée, avant de fondre sur ses ennemis avec la férocité d'un lion. Notons que l'homophone sumérien NIR-GÁL désignait un héros ou un prince et qu'en y rajoutant la particule BÚR (signifiant "délivrer") nous donnant la phrase "le héros qui délivre", nous obtenons un homonyme pour "lézard" (NIR-GÁL-BÚR)... Les anciens dieux sont ainsi constamment ramenés à des serpents, des lézards ou des dragons.

Nous retrouvons aussi le dauphin comme animal attribué à Apollon (*Delphinios*). Il n'existe que deux autres divinités grecques auxquelles le mammifère marin est associé : Dionysos et Poséidon, les deux divinités olympiennes associées au principe humide. Nous comprenons vite pourquoi – au-delà du récit mythique – il en est ainsi. Les anciens prenaient les dauphins pour des poissons et le poisson était le signe par excellence des Kirišti ("les fils ardents de la vie" ou "les poissons de la vie et des étoiles" selon Anton Parks, le KIR sumérien désignant tout autant un poisson qu'un fils) selon les *Chroniques du Ğírkù*. Aussi, tant Enki-Osiris (alias Dionysos-Poséidon) qu'Heru (alias Horus-Nergal Apollon(1)) étaient vus par leurs semblables divins comme des "fils de la vie et des étoiles".

***

Outre le coq et le corbeau, un autre volatile est intimement lié au dieu de la raison juste et de la clairvoyance, il s'agit du cygne, dont la blancheur évoque la pureté du dieu et la blancheur de sa peau. Il partage ce symbole-oiseau avec sa tante et mère nourricière, Aphrodite-Nephtys-Inanna. Dans le récit mythologique, Zeus son père, que j'assimilerai (en partie uniquement, figure composite oblige) dans le dernier chapitre consacré aux Olympiens à Enki-Osiris offre à l'enfant de Léto un char tiré par les somptueux volatiles ainsi qu'une lyre. Nous avons vu dans le dossier précédent que le cygne "décrypté" nous renvoie clairement à un astre lumineux. Ce char permit donc au jeune Apollon de visiter la Terre entière et lui servira de véhicule pour sa retraite annuelle chez les Hyperboréens,[101] ce peuple mythique qui vivait *"au-delà du vent du nord"*. Il s'agissait vraisemblablement des ancêtres des Britanniques voire d'un autre nom pour qualifier les Celtes voire les mythiques Tuatha Dé Danann. Diodore de Sicile présente les Hyperboréens comme des adorateurs de Léto et d'Apollon ; ils vénéraient sans cesse ce dernier, lui ayant consacré un somptueux temple circulaire. Doit-on y voir les descriptions d'un Stonehenge ou d'un Avebury ?

La lyre est un attribut qui vaut, lui aussi, le détour. L'instrument symbolise l'inspiration, la poésie et l'harmonie. Autant de qualités que l'on retrouve chez Apollon. Pourtant l'instrument se retrouve tout autant dans les mains de Dionysos, moins versé dans les arts que le dieu de la lumière. Nous devinons le lien unissant ces deux divinités, Dionysos présentant lui-même des caractéristiques apolliniennes sur lesquelles nous nous attarderons. La plupart du temps, les deux fils de Zeus sont mis en opposition ; il se

---

[101] Le cygne était vénéré chez les Celtes au point que tuer l'animal signait l'arrêt de mort du chasseur ! Le volatile était l'emblème de l'Autre Monde de la mythologie celtique. Le monde d'où venait Apollon ? Il semblerait, puisque cette terre de légende a tout de l'Atlantide de Platon – et donc de l'Amenti égyptien –, ensemble d'îles de l'occident où règne la paix et où abonde la vie sous toutes ses formes. Domaine de jeunesse éternelle, ce lieu porte différents noms selon les régions : Avallon, Annwynn en Galles, Anaon en Armorique, Emain Ablach en Irlande. Sans surprise cette terre sacrée est liée aux Abîmes, thème largement abordé dans le chapitre consacré à Hadès. La tradition gaélique rapporte diverses appellations toutes plus suggestives les unes que les autres : la Terre des Pommiers ; la Grande Plaine ; l'Autre Monde ; ou encore le Pays sous les Vagues...

complètent pourtant parfois, comme le disait si bien Flacelière : "*Dionysos était l'autre face, nocturne, de la divinité suprême dont Apollon était la face diurne et lumineuse*".[102] Nous entrevoyons dans ce chapitre comme dans celui consacré à Dionysos que les deux déités possèdent chacune effectivement deux facettes distinctes. Précisons qu'à Delphes, sanctuaire d'Apollon, se trouvait le supposé tombeau de Dionysos et que du temps de Plutarque l'année cultuelle se découpait en deux périodes : trois mois étant consacrés au fils de Sémélé, neuf mois à celui de Léto. La promiscuité entre les deux divinités était à ce point évidente pour les Anciens qu'ils placèrent dans le saint des saints de Delphes, la tombe de Dionysos juste aux côtés de la majestueuse statue d'or d'Apollon ! D'un point de vue symbolique, la parabole est on ne peut plus explicite : la mort de Dionysos aurait entraîné l'apparition du dieu solaire vengeur... Soyons honnêtes, une interprétation initiatique / chamanique pourrait tout autant faire l'affaire en ce sens que la mort rituelle donne accès à un stade supérieur ; l'être qui renaît de cette "mort" possédant une puissance spirituelle plus élevée mais aussi d'une nature différente que celle dont il disposait jusqu'alors. Certains chercheurs comme Yves Dacosta pensent, à juste titre selon nous, qu'Apollon et Dionysos relèvent d'une identité unique d'un être divin suprême glorifiée par le rappel de l'épreuve initiatique qu'elle avait traversée.[103]

La lyre a autre chose à nous offrir. Pour commencer il semblerait que son élaboration ait été à l'origine pensée à partir d'un arc, celui-là même qu'Apollon utilise pour châtier ses adversaires. L'art l'emportant parfois sur l'arme avec le temps... D'un point de vue strictement étymologique *lyre* provient du grec ancien λύρα qui une fois décomposé avec les valeurs phonétiques du syllabaire suméro-akkadien nous offre LÚ(humanité), LU(faire paître, berger)-RÁ(accompagner, guider), "le berger qui accompagne" ou "le guide de l'humanité", des épithètes que l'on peut aisément attribuer tant à Apollon qu'à Dionysos, joueurs de lyre dans l'art pictural de la Grèce antique. λύρα peut enfin se décomposer phonétiquement avec l'ancien égyptien donnant rw(lion)-ra(Soleil), "le lion solaire". Enfin l'instrument était réputé

---

[102] Dans la notice du traité de Plutarque, *Sur l'E de Delphes*.
[103] Yves Dacosta, op. cit., page 84.

pour ses vertus surnaturelles : dans la légende d'Amphion, ce fils de Zeus bâtit avec son père, Zéthos, les fameux remparts de la cité de Thèbes à la seule force... de la mélodie de la lyre. Il lui suffisait d'en jouer pour que les pierres s'acheminent les unes après les autres et s'assemblent sur la muraille.[104]

Si le grand félin tourne bien autour de notre Apollon, ne retrouvons pas le fameux faucon d'Horus parmi ses volatiles. Pourtant les suivants du dieu solaire égyptien, les Shemsu-Heru (ou géants Neferu) qui se nommaient eux-mêmes Dogan, les "Faucons", apparaissent dans la mythologie grecque mettant même un pied dans la protohistoire. Le fils d'Osiris était allé les recruter dans leur contrée d'origine, les montagnes anatoliennes (Asie Mineure). C'est toujours en Anatolie que nous retrouverons plusieurs millénaires plus tard le roi Gygès – à rapprocher du terme *Gigas* (géant) décrypté dans le tome 1 – qui fonda la dynastie des Mermnades (le clan des Faucons) succédant au roi Candaule et accédant au trône de Lydie en assassinant ce dernier. Candaule était considéré comme le dernier des Héraclides, les descendants d'Héraklès, que j'assimilerai dans le tome 3 à Nergal-Horus. La jonction est ainsi faite entre les suivants-descendants d'Horus-Apollon et le clan des Faucons qui marquera le royaume lydien durant les VIIe et VIe siècles av. J.-C. scellant notamment une alliance avec le roi assyrien Assurbanipal pour faire face aux invasions cimmériennes qui ravageaient l'Anatolie. La légende prétend que c'est à cette époque que la Lydie transformait le système du troc par un système monétaire. Les premières pièces de monnaie frappées étant à l'effigie d'un... lion, figure absolue de puissance et de royauté. Plusieurs histoires content l'assassinat de Candaule et la prise de pouvoir par Gygès. La plus fantastique est celle de Platon. Le philosophe athénien prétend que Gygès était honnête homme et simple berger de Lydie. Après qu'un gros orage eut entraîné un affaissement de terrain, le jeune berger s'y engouffra pour découvrir un cheval de bronze d'une taille gigantesque. Celui-ci était flanqué de portes sur ses flancs ; une fois à l'intérieur il fit face au squelette d'un géant portant un anneau d'or. Il repartit de la mystérieuse caverne sans omettre de

---

[104] Ibidem, page 65.

s'accaparer la bague de la créature. Il remarquera par la suite qu'en tournant l'anneau autour de son doigt il pouvait se rendre invisible. Équipé de ce précieux artéfact, il se rendit au palais royal afin de séduire la femme de Candaule, finissant par ourdir un complot avec cette dernière. Il monta ainsi sur le trône après avoir tué le roi avec la complicité de la reine.[105] Ce sombre récit de Platon est une démonstration de l'immoralité immanente à l'homme de pouvoir qui, certain de ne pas être puni d'un acte délictuel, n'hésitera pas à le commettre. Refermons cette petite parenthèse philosophique !

De la victoire d'Horus sur son oncle Seth, on offrait au jeune Faucon des hécatombes d'ânes, animal symbolisant le dieu du Mal. Pindare nous parle d'une pratique équivalente chez les Hyperboréens en faveur d'Apollon.[106] À notre connaissance ce fait est unique dans l'histoire antique.

Enfin il convient de parler rapidement du laurier, cet arbuste qui intervient dans une des légendes afférentes à Apollon. Poursuivie par les ardeurs amoureuses du fils de Zeus – comme nombre de Nymphes et de mortelles ! –, la Nymphe Daphné, sur le point d'être rattrapée par le dieu fougueux implore l'aide de son père, le dieu fleuve Ladon (qui n'a rien à voir avec le gardien des pommes d'or du jardin des Hespérides). Celui-ci répond étrangement à sa requête en la métamorphosant en laurier. Par respect pour cet acte désespéré et en l'honneur de la Nymphe dont il était épris depuis longtemps, Apollon fera du laurier son arbre sacré. D'autres sources évoquent Daphné implorant Gaïa, dont elle était une prêtresse, qui la transporta aussitôt en Crète où elle devint Pasiphaé,[107] future génitrice du Minotaure. Gaïa laissant un laurier à l'emplacement de la disparition de Daphné.[108] Dès lors il portera sur les gravures antiques une couronne confectionnée à partir des branches de cet arbuste. Cette couronne symbolisant le triomphe

---

[105] Platon, *République*, II, 359b6-360b2, *L'Anneau de Gygès*.
[106] Pindare, *Xe Pythiques*, 50 et suiv.
[107] Pasiphaé – désignant sans ambiguïté l'astre lunaire – est une épithète portée tout autant par Artémis qu'Aphrodite nous laissant à penser qu'Apollon aurait ressenti un sentiment amoureux pour l'une de ses sœurs. Quant à Daphné, le nom se rapporte à celui de la déesse Daphoéné que l'on peut traduire littéralement par "la sanguinaire", soit Isis-Artémis-Aphrodite sous son aspect enragé de Sekhmet.
[108] Plutarque, *Agis*, 9.

et le génie. Elle conservera cette fonction durant des siècles durant couvrant le crâne de fameux empereurs tels Jules César ou Napoléon.

***

Si le rapprochement entre le Lug(h) celte et l'Apollon grec n'était pas anodin, les deux divinités ayant énormément en commun, l'on pourrait en dire autant pour une autre déité du panthéon celte : Bélénos. Parmi ses diverses appellations, nous retrouvons d'ailleurs l'un des titres désignant Horus dans l'ancienne Mésopotamie – où Marduk était souvent désigné par le théonyme de Bêl – : Bal ou Baal. Les domaines de Bélénos-Baal, comme Apollon, étaient la lumière, la santé, la jeunesse et la purification. Il était naturellement associé à la beauté et à l'harmonie, dans ce qu'on pouvait voir comme la face pacifiste de Lug(h). Avec ce dernier il composait la personnalité complète et ambigüe du fils d'Enki-Osiris.

Les armes de nos divers *Apollon*, bien qu'au premier abord notablement différentes, opèrent les mêmes actions et suscitent la même crainte. La fronde de Lug(h) était l'arc-en-ciel, et la Voie Lactée était appelée la Chaîne de Lug(h). Il possédait aussi une lance magique, appelée Areadbhar, qui avait une vie propre et était assoiffée de sang. Le dieu celte portait des épithètes l'assimilant sans hésitation à Apollon ; il est polytechnicien ou *Ildanach* ("doué dans tous les arts",) *Lamhfada* ("au long bras",) *Lonnbeimnech* ("l'attaquant féroce") ou encore *Maicnia* ("le jeune guerrier"). Lug(h) présidait à la victoire, à la protection et à la guérison. Il était le dieu de la clairvoyance et de la culture.

Parmi ses symboles nous retrouvons le chien, le loup, le corbeau et les serpents jumeaux (attributs de l'un des fils les plus réputés d'Apollon, Asclépios). Le père de Lug(h) est Cian – prononcé Kin –, KI-IN : "celui qui gouverne la Terre ou le Seigneur de la Terre" en Emeša, un franc synonyme d'ENKI ! Il était, selon certains récits, le forgeron de la tribu de Tuatha Dé Danann, l'équivalent celte des Shemsu-Neferu. Poursuivons : la génitrice du dieu celte est Ethniu ou Eithne, terme qui se rapproche de l'Athéné grecque, déesse qui possède certains traits d'Isis égyptienne comme nous le verrons.

L'épisode mythologique irlandais de la conception de Lug(h) se rapproche d'un événement majeur des *Chroniques* : la mise au monde du dieu de la lumière dans la pénombre d'un édifice de pierres. Ainsi retrouvons-nous Eithne séquestrée dans une tour par son propre père Balor (symbolisant le pouvoir patriarcal qui isole Isis dans la Grande Pyramide). Le chef des Fomoires (équivalents des Titans grecs), le dieu "*à l'œil démoniaque*", évite-t-il de la sorte une ancienne prophétie druidique de se réaliser : celle prédisant qu'il sera tué par son propre petit-fils – la fameuse malédiction des descendants renversant les ascendants. Avec l'aide magique de la fée Biróg,[109] Cian arrivera cependant à pénétrer la tour pour étreindre Eithne. De cette union naîtront des triplés qui seront enlevés par Balor et confiés à un messager dont la mission est de les noyer dans l'Océan. Un des frères tomba par accident sur le chemin et fut récupéré par Biróg qui le confia à son oncle Goibniu, frère de Cian et forgeron des Tuatha Dé Danann.[110] Nous retrouvons donc dans ce récit la séquestration de Sé'et-Isis par Balor-An le leader des Fomoires-Anunna ; la conception magique de Lug(h)-Horus avec l'aide la druidesse Biróg-Nephtys ; un père – dieu du Ciel – dont le nom pourrait signifier "Seigneur de la Terre" ; la présence de jumeaux en compagnie de Lug(h) qui sont peut-être ses futurs enfants. Cet épisode de la naissance de Lug(h) apparaît comme un récit mythologique récurrent. En effet, au sein de la mythologie grecque nous retrouvons un destin quasi équivalent touchant le héros Télèphe : le roi de Tégée, Aléos, fut averti par un oracle que l'un de ses fils serait tué par l'enfant de sa fille Augé. Celle-ci entra donc dans un ordre de prêtresses vouées à Athéna et fit vœu de chasteté. Lors d'un passage d'Héraklès dans le royaume, le vainqueur de l'Hydre de Lerne fut charmé par la beauté d'Augé. Il la séduisit et s'unit à elle. Lorsque

---

[109] Si Biróg est un reflet de la sœur d'Isis, Nephtys, son nom devrait ici se rapprocher de son rôle dans l'enfantement du dieu solaire Horus : BIs(offrir)-RU(cadeau, présent)-ÚG(lion, fureur, tempête), "celle qui offre le présent-tempête ou le cadeau-lion". Voilà la confirmation attendue.
[110] John O'Donovan, *Annala Rioghachta Éireann : Annals of the Kingdom of Ireland by the Four Masters Vol. 1*, 1856, pp. 18–21, note de bas de page S.

Aléos découvrit la tromperie de sa fille, il décida de la faire jeter dans la mer. Sur la route la menant à la mort, Augé accoucha de Télèphe. Le bourreau ne pouvant se résoudre à se débarrasser froidement de la mère et de son nouveau-né, il les laissa s'échapper. Le jeune enfant fut confié aux soins de bergers du mont Parthénion. Ce sont eux qui lui donnèrent son patronyme. Il finira par devenir roi de Teuthranie après avoir été adopté par le précédent roi Teuthras. L'histoire ne dit pas s'il finit par tuer l'un de ses oncles comme la prophétie l'annonçait. Un destin quasiment équivalent attend le petit Persée mais nous en reparlerons dans le prochain tome.

***

Cousine de la mythologie celte irlandaise, la mythologie germano-scandinave n'a pas non plus omis de rendre gloire à ses incarnations locales d'Horus-Apollon.

Ancienne amulette représentant Mjöllnir, l'arme foudroyante de Thor-Apollon. Notez la ressemblance du manche avec la tête d'un oiseau de proie...

Thor, fils d'Odin... Autre personnification d'Horus-Marduk-Nergal. Il est le dieu du tonnerre dans les mythologies germano-scandinaves (faisant écho en partie à l'Aplu étrusque). Il est l'un des dieux principaux du panthéon, et fut vénéré dans l'ensemble du monde germanique. Il ne faut pas pourtant pas voir Thor comme la divinité du ciel, des phénomènes météorologiques et cosmiques au contraire du Zeus grec, du Taranis celte ou de l'Indra des Védas hindous. Sa puissance de feu est assimilée à la foudre du maître de l'Olympe, son caractère guerrier peut être vu comme celle d'un Arès ou d'un Seth en furie. Pourtant leurs natures respectives diffèrent sur des points fondamentaux comme leur relation à l'humanité. Là où les célestes Zeus/Indra n'auront que faire du sort des mortels (Zeus allant même jusqu'à déclencher un déluge sur les hommes), où Arès ira jusqu'à massacrer des innocents, Apollon-Thor aura un rôle de guide, de protecteur, de civilisateur. On trouve différentes appellations du patronyme du fils d'Odin selon les régions : Þórr ou Þunarr en vieux norrois, Þunor en anglo-saxon, Þonar en frison occidental, Donar en vieux haut-allemand, du protogermanique þunrar qui signifient tonnerre.

Nous allons partir du vieux norrois – qui semble être l'étymologie la plus ancienne et donc la plus proche du langage matrice des anciens dieux – : Þunarr qui signifie Tonnerre, la force de la nature utilisée par Thor, quand ce dernier n'en est pas la personnification même, par l'intermédiaire son marteau Mjöllnir.

J'ai donc décomposé comme suit – plusieurs variantes sont possibles par le jeu de l'homophonie pour Þunarr : TUN-AR ou DUN$_4$-AR ou TUN-ÀR voire DUN$_4$-ÀR :

TUN(frapper)-AR(brillant, luisant) : "ce qui frappe en luisant (ou en brillant)", DUN$_4$(distorsion)-AR(brillant, luisant) : "ce qui brille en se distordant, TUN(frapper)-ÀR(broyer) : "ce qui frappe et qui broie (ou écrase)", TUN(frapper)-ÁR(gloire) : "la gloire qui détruit".

Tout cela rejoint à merveille l'action de Thor durant ses campagnes guerrières ! Mais l'on peut également y voir l'action de la foudre et du tonnerre.

Le marteau de Thor[111] (qui signifie "arme foudroyante de couleur blanche"[112]) qui est une arme aveuglante rappelle invariablement la lance magique de Lug(h), outil mortel à chaque coup et inséparable du Chaudron du Dagda rempli de sang, dans lequel il faut la plonger pour éviter qu'elle ne détruise tout autour d'elle. Zigzaguant dans le cieux, la lance scintillait de mille feux avant de venir frapper ses adversaires. Le lien avec Thor et son arme de destruction massive est plus que parlant. Souvenez-vous de l'arc d'Apollon dont les flèches terrifient les hommes et grondent comme le tonnerre... Dans *Ádam Genisiš*, Anton Parks identifie avec force détails Horus et le dieu maya Quetzalcóatl[113] et que le passage de ce dernier (identifié à Vénus) dans le ciel annonçait la venue de Tlaloc, dieu de la pluie et du tonnerre.[114] Enfin, Horus le jeune Faucon n'est pas en reste. Je vous laisse découvrir le passage suivant issu du *Livre du Disque Ailé* gravé sur les murs du temple d'Edfu et traduit de l'égyptien par Anton Parks : "*Alors le Faucon de l'Horizon navigua sur son bateau et débarqua à Thés-Heru (Edfu). Thot dit : "La Lumière des Serpents de l'Horizon a frappé l'ennemi en pleine face ? Qu'elle soit nommée Lumière des Serpents de l'Horizon à partir de ce jour.*" Et l'auteur de commenter ce passage de la façon suivante : "*Comme il est question à ce moment du vaisseau volant d'Horus, nous pouvons nous demander si les armes utilisées par ce dernier ne comporteraient pas un arsenal de missiles téléguidés. Nous savons aujourd'hui que ces armes ravageuses forment des traînés sinueuses (serpentines) dans le ciel et qu'elles brûlent absolument tout lorsqu'elles touchent leur cible... le pouvoir meurtrier employé par Horus projette une "force terrifiante" qui "rend sourd*

---

[111] Le jeu du décodage avec les valeurs phonétiques du syllabaire suméro-akkadien, nous en apprend un peu plus sur l'arme du fils d'Odin, Mjöllnir. Décomposé en MI-UL-NIR, cela nous donne MI_3(bataille)-UL(briller),UL_4(être rapide)-NIR(s'élever, vaincre, victorieux) soit "ce qui s'élève et brille dans la bataille" ou "ce qui vainc rapidement dans la bataille". Le décodage phonétique du fameux marteau peut également nous donner MI-UL-NI-IR : MI_6(agir, se comporter)-UL(briller)-NÍ(force, violence, crainte, atrocité)-IR_{10}(apporter, répandre) soit "l'action brillante qui répand les atrocités et la violence"...

[112] François-Xavier Dillmann, *L'Edda*, Éd. Gallimard, coll. "L'Aube des peuples", 1991.

[113] Anton Parks, *Ádam Genisiš*, op. cit., pp. 345, 386-387, 394, 396, 404-409, 413, 416-418, 425, 436, 438, 441-443.

[114] Ibidem, page 394.

et aveugle".[115]

Il n'y a qu'un pas pour voir dans ces "*missiles téléguidés*" lancés depuis le Disque Ailé d'Horus, les flèches terrifiantes d'Apollon, les salves foudroyantes de Thor ou encore la lance magique enflammée de Lug(h). Des armes assourdissantes, aveuglantes, frappant pour tuer et serpentant dans le ciel... Dans ce contexte j'associe aisément l'arc argenté d'Apollon ainsi que le *Mjöllnir* de Thor – qui, il faut bien l'avouer s'apparente plus à la forme d'un avion qu'à celle d'un marteau – au Disque Ailé d'Horus : le vaisseau volant qui permet d'envoyer des flèches-missiles lors des attaques aériennes. Quant au char de Thor, celui-ci est tiré par deux boucs. Nous avons vu plus haut que les étymologies du nom *bouc* renvoyaient à des allusions de puissances fertilisantes associées Vénus-Aphrodite. Mais l'animal peut aussi désigner toute autre chose, en akkadien, par exemple, *bouc* se dit TURĀḪU qui pourrait se décoder ainsi : TUR(jeune)-Á(force, pouvoir)-ḪU(oiseau), "le pouvoir du jeune oiseau". Là encore, nous sommes directement renvoyés à l'une des caractéristiques de notre protagoniste vengeur !

Autre point commun entre le Lug(h) celtique et le Heru des *Chroniques* : l'acceptation de ces derniers au sein de leurs assemblées divines respectives. Ce même épisode s'est déroulé tant pour Lug(h) (qui n'est pas admis d'emblée chez les dieux ; il lui faudra pour cela surmonter une initiation pour être incorporé à la société divine)[116] que pour Heru qui n'est pas reconnu comme fils légitime d'Asar-Osiris-Enki.[117] Ce n'est qu'après le jugement de Seth qu'Horus sera définitivement accepté comme légitime héritier d'Osiris comme nous le rappelle ce grand hymne à Osiris :

"[Isis] allaite l'enfant dans la solitude d'un lieu inconnu, l'intronise, son bras devenu fort, dans la Grande Salle de

---

[115] E.VI, 128,6 – 130,4 du *Livre du Disque Ailé* (gravure du temple d'Edfu – Égypte) et commentaires de l'auteur dans Anton Parks, *La Dernière Marche des Dieux*, Éd. Pahana Books, 2013, pp. 95-96.
[116] Jean Haudry, *Juno Moneta : Aux sources de la monnaie*, Éd. Arché Milano, 2002, pp. 82-83.
[117] Anton Parks, *Le Réveil du Phénix*, op. cit., pp. 158-163.

Geb.
Alors l'Enéade est pleinement en joie ! "Bienvenu ! fils d'Osiris ! Horus au cœur ferme, justifié, fils d'Isis, héritier d'Osiris !"
Le tribunal de justice est réuni pour lui ; l'Ennéade, le Seigneur Universel lui-même.
Les Seigneurs de Justice se sont ralliés à elle, voici qu'ils se détournent de l'injustice eux qui siègent dans la Grande Salle de Geb,
pour donner la fonction royale à son possesseur, la royauté à qui elle revient de droit.
On trouve que la voix d'Horus est juste. (...)
On a livré au fils d'Isis son ennemi qui a succombé à sa force.
On a fait du mal à l'adversaire. Celui qui attaque le fort, son malheur l'atteint ! Le fils d'Isis a défendu son père.
Son nom devient sacré et bienfaisant.
Le respect s'est reposé en sa place, la révérence est rétablie selon ses propres lois. (...)
Le pays est pacifié sous l'autorité de son seigneur.
La justice est établie pour son Seigneur, on tourne le dos à l'injustice."[118]

Nous verrons dans le tome 3 de *Quand les dieux foulaient la Terre* comment Horus met fin aux actions malveillantes de son oncle Seth.

Évoquons rapidement une autre figure majeure de la mythologie nordique reprenant quelques caractéristiques d'Apollon, je veux bien sûr parler de Baldr.[119] Dieu de la jeunesse, de la beauté et de la lumière, il a tout des traits bénéfiques du fils de Léto. Il est l'époux de la déesse Nanna (Inanna ?) et fils d'Odin-Zeus. Baldr, aimé de tous mais jalousé seulement de Loki – tel Horus l'est de Seth –, fut tué d'une flèche par Höd, le dieu aveugle

---

[118] *Grand hymne à Osiris du Louvre* (extraits).
[119] Aucune étymologie satisfaisante n'a été donnée concernant Baldr. Voyons ce que le protosumérien peut nous dire au sujet du dieu nordique de la lumière : BAL(ennemis, traverser)-DAR(trancher, briser), DAR₄(obscurité), "celui qui traverse l'obscurité" ou "celui qui brise les ennemis".

dont la main fut guidée par le perfide frère de Thor. Tandis que l'Univers entier pleure sa disparition, Baldr arrivera au Monde des morts alors que Loki sera puni de son crime. Le décès du dieu de la lumière précipitera la bataille du Ragnarök qui verra périr la majorité des humains, des géants et des dieux.

***

La décomposition du terme du théonyme Apollon avec le langage secret des dieux n'apporterait rien de concret sachant que le mot provient certainement du *Aplu* babylonien s'étant décliné en *Aplu* étrusque, en *Appelon* dorien et en *Apóllôn* grec.[120] Le dieu hourrite (rappel : peuple de l'âge de Bronze occupant le nord de l'ancienne Mésopotamie, sud-est de l'Anatolie) Aplu – déité apportant ou protégeant des fléaux – finira d'ailleurs d'asseoir la connexion entre Nergal et Apollon. Pour rappel cette appellation est exclusivement associée à Nergal et désigne le fils, l'héritier. Dans les textes babyloniens, celui d'Enlíl puisque Nergal (syncrétisé avec Ninurta, le véritable enfant d'Enlíl) est faussement regardé comme le rejeton du grand Šàtam. Les *Chroniques* nous disent toute autre chose... Il est le fils du créateur de l'humanité, Enki-Éa, reflet de Prométhée (notamment) chez les Grecs. Certaines sources mésopotamiennes attestent malgré tout cet élément faisant de Nergal un rejeton d'Éa.[121] Le Zeus père d'Apollon est un cas à part dans le sens où le régent de l'Olympe est une figure composite rassemblant Enlíl, Enki et An(u). En ce sens, il peut tout autant être Zeus-Enlíl père d'Apollon-Nergal comme Zeus-Enki-Osiris père d'Horus-Apollon. Le récipiendaire du statut royal d'Osiris, devenant également celui que décident de suivre les Shemsu – "comme le corps de la tempête".[122] Cet aspect tempétueux n'est pas étranger au rapprochement de notre personnage avec l'astre perturbateur Neberu-Vénus (L'Horus Céleste) qui déclenchait des cataclysmes à chaque passage près de la Terre. Les Hittites, quant à eux, honoraient Apulunas, une

---

[120] Tentons toutefois une rapide décomposition : AP(père)-ULLU₂(celui qui tient les rênes), soit "celui qui tient les rênes du père". Pour l'héritier légitime du trône d'Osiris, quoi de plus normal ?
[121] Mythe mésopotamien de *Nergal et Ereškigal*, tablette IV, ligne 30.
[122] Anton Parks, *Ádam Genisiš*, op. cit., pp. 428-429.

divinité virile et lumineuse gardienne de portes. Ce qui ne peut être une coïncidence fortuite.

Je n'ai pas oublié Lug(h), son pendant celtique. La décomposition de Lug(h) en suméro-akkadien semble assez simple puisque mono-syllabique : LUG (unifier, rassembler) : "celui qui unifie ou qui rassemble". Voire :

LUḪ (purifier, nettoyer) : "celui qui purifie ou le purificateur".

Mais nous pourrions aussi bien découper Lug en : LÚ(humanité)-ÚG(fureur) : "la fureur de l'humanité" !

Heru-Marduk-Nergal a effectivement dans les récits de Parks unifié le royaume du Double-Pays et rassemblé les Shemsu (guerriers) et Urshu (forgerons) de son défunt père et d'Her-Râ sous son égide. Je ne reviendrai pas sur l'aspect purificateur déjà évoqué à maintes reprises. Il n'est donc pas absurde de considérer l'association Lug(h) ↔ Apollon effectuée par certains chercheurs et notamment Bernard Sergent.

Les informations concernant la divinité mésopotamienne Marduk (surnommé AMAR(veau)-UTU(Soleil) soit le "veau solaire" par les Akkadiens et considéré comme le fils d'Éa) sont très fragmentaires et contradictoires. Cela s'explique par le fait que Marduk n'est pas un nom mais un titre ; il désigne le souverain exécutif du texte de loi appelé Mardukù.[123] Vous l'aurez compris, nombre de théonymes peuvent se ranger dans la rubrique des épithètes, ce qui facilita les assimilations et autres syncrétismes dans temps anciens. Horus, en tant que rejeton de la Vache divine Isis/Hathor et du Grand Taureau Céleste Osiris peut être assimilé lui aussi à un veau divin, lumineux. Quant à Apollon, rien ne le lie aux bovidés contrairement à Lugh qui est pour sa part figuré de temps à autre avec des cornes de taureau.

Le titre de Marduk a été porté à deux reprises dans l'histoire consécutivement par le félon Enlíl-Šeteš-Seth puis par Heru, fils

---

[123] Anton Parks, *Le Secret des Étoiles Sombres*, op. cit., page 125 et suiv.

d'Enki-Osiris. Heru devenu Marduk aura bien entendu un comportement bien différent de celui du despote du pays de Kalam envers les LÚ / Á-DAM (humains / bétail). D'où les incohérences comportementales constatées et inexplicables par l'assyriologie conventionnelle.

***

Enfin, le grand absent de cette absorption hellénique est bien sûr Hé-er / Her-Râ ou Horus L'Ancien (Rê). Partager le même patronyme que celui du jeune Heru lui aura valu sa disparition pure et simple du panthéon grec. Ce qui est bien dommage. Il aura été longtemps le garant du trône et de la sécurité de l'Amenti (Atlantide) et de Kemet (Égypte) après la disparition du père du jeune faucon (Horus fils d'Isis). Et malgré la compétition dans laquelle il s'était lancé avec le fils d'Asar-Osiris pour la possession du trône d'Égypte, il n'en demeurera pas moins un fidèle allié. Certaines traces particulières persistent : par exemple Apollon est dit avoir grandi de façon accélérée, devenant homme en quelques semaines ; Parks a décrit le même phénomène concernant Her-Râ, créé par le génie génétique de Nuréa-Nammu.

Cette dissolution a certainement été facilitée par une forte ressemblance de caractère et d'aptitude au combat ; quasiment similaires. Les deux Horus étaient en effet réputés pour être belliqueux, impulsifs et d'impitoyables combattants ! Enfin, l'association d'Horus l'Ancien au Soleil (Rê ou Râ), épithète attribuée par les anciens Égyptiens certainement suite à une bataille mémorable contre le serpent Seth,[124] n'aura pas manqué d'ajouter un peu plus de confusion entre nos deux acteurs. Le cœur des hommes a cependant penché vers la personnalité du jeune Faucon, plus proche d'eux ; à tel point qu'ils en firent en toute région de l'Europe leur divinité tutélaire, protectrice et solaire. Nous retrouverons cette assimilation Her-Râ/Horus, Erra/Nergal dans le protagoniste Héraklès qui mélange lui aussi les caractéristiques des deux Horus, divinité solaire et civilisatrice. L'opération de scission/fusion des déités a encore œuvré. La

---

[124] Id., *La Dernière Marche des Dieux*, op. cit., page 58.

dispersion des cultes dans le temps et l'espace – rappelons qu'à ces époques reculées, les communications entre les différentes peuplades humaines étaient souvent sporadiques –, accompagnée de la volonté des prosateurs et poètes d'imprimer leur marque personnelle nous impose aujourd'hui à emprunter un labyrinthe digne de celui de Thésée et du Minotaure.

Anton Parks fait correctement la distinction entre les dieux sumériens des ténèbres Erra et Nergal (syncrétisés par les Akkadiens) tout en expliquant que l'amalgame les unissant frappa tout autant les deux Horus égyptiens.[125] En ancienne Mésopotamie, il existait deux divinités chtoniennes secondaires surnommées "les divins jumeaux" : Lugalirra et Meslamtaea.[126] Les experts s'accordent sur le fait qu'ils sont des épithètes respectivement d'Erra et de Nergal. Ce motif gémellaire, ou tout du moins de dieux allant par paire, se retrouve à travers toutes les mythologies indo-européennes. Rien qu'en ancienne Mésopotamie, plusieurs dyades de protagonistes divins, sans être explicitement qualifiées de "jumeaux", sans parfois même être liées "biologiquement", en remplissent toutefois certaines caractéristiques et symboliques. Ainsi rangerons-nous dans cette catégorie :

- Enkidu et Gilgameš,
- Dumuzi et Ningišzida,
- Lulal et Latarak,
- Girra et Nušku... qui présentent à la fois des attributions guerrières, combatives mais encore un rôle de protecteurs ou gardiens de portes, qu'elles fussent inférieures ou célestes – elles sont souvent les premières avant d'être les secondes –, physiques ou immatérielles. Ils sont donnés enfin pour guérisseurs, médecins, sauveurs.

Ce thème des frères jumeaux divins a également marqué la Grèce et le Rome antiques. De nombreuses paires ou couples fraternels hantent les mythes les plus archaïques comme les

---

[125] Id., *Le Testament de la Vierge*, op. cit., pp. 214-221
[126] http://oracc.museum.upenn.edu/amgg/listofdeities/lugalirraandmeslamtaea/

classiques, parmi les plus fameux nous pourrions évoquer :
- Prométhée et Épiméthée,
- Héraklès et Iphiclès,
- Thésée et Pirithoos,
- Castor et Pollux, les célèbres Dioscures.
Et, présentant un destin plus funeste,
- Atrée et Thyeste ("prototypes" d'Abel et Caïn),
- Remus et Romulus.

Ces deux derniers couples ne nous intéressent pas outre mesure mais il s'agit d'en dire qu'ils sortent du cadre commun aux héros, demi-dieux ou dieux secourables et solidaires l'un envers l'autre. Ils présenteront, au contraire, des traits moraux plus que douteux (jalousie, orgueil, fratricide...). Les trois premiers couples seront traités en leur temps dans cette série d'essais. Quant aux Dioscures, ils appartiennent à un archétype indo-européen de jumeaux célestes, bénéfiques aux hommes que l'on retrouve chez les Ashvin dans les textes védiques du Ṛgveda. Ceux-ci sont des symboles du Soleil levant, dieux protecteurs, guérisseurs et civilisateurs. Ils se rapprochent en ce sens des rôles que l'on attend d'un Apollon voire d'un Orphée... donc d'un Horus ! Les Ashvin sont comme les Dioscures des dresseurs de chevaux. En revanche, contrairement à leurs homologues de l'Inde antique, les fils de Zeus – lesquels sont présentés comme guérisseurs et secourables – participent auprès des hommes aux équipées guerrières.

À l'instar de Dumuzi et Ningišzida ou encore de Erra et Nergal, Castor et Pollux poursuivront leur (après)vie dans le monde des ombres, Homère nous précisant à ce propos :

"*Ils restent vivants tous les deux sous la terre féconde ; Cependant, même là en-bas, Zeus les comble d'honneurs ;*
De deux jours l'un, ils sont vivants et morts à tour de rôle Et sont gratifiés des mêmes honneurs que les dieux."[127]

---

[127] Homère, *Odyssée*, XI, 301-304.

Dumuzi et Ningišzida, divinités majeures du Kigal avant de garder les portes célestes d'Anu, se reflètent adéquatement dans les deux protégés de Zeus. Les Dioscures, à la façon d'un Dumuzi, alterneront remontées et descentes vers et depuis le monde des vivants. Ces gardiens des portes, protecteurs des entrées des mondes divins ne vous rappellent-ils pas le dieu égyptien à double figuration léonine Aker, que nous avons assimilé à Horus un peu plus haut ? Lui aussi est le gardien des portes de l'Au-delà et est attaché au monde souterrain dont il est une sentinelle. Il existait en Sicile une paire de frères divins associés au monde inférieur, les Palici. Ils passaient pour être les fils d'Héphaïstos et de la Nymphe Aetna.[128] Bouclons la boucle en évoquant la divinité mésopotamienne MAŠ.TAB.BA, les "jumeaux", laquelle était donnée pour être une déité archère protectrice des populations humaines.

Résumons. Il existe dans beaucoup de corpus mythologiques une ou plusieurs divinités doubles, issues d'un dieu céleste et/ou de la lumière (Anu, Enlíl, Zeus, Héphaïstos, Sūrya pour les Ashvin). Ces jumeaux divins ou semi-divins sont liés à la fois au monde inférieur et à la sphère céleste ; ils sont les sentinelles des accès aux domaines divins. Ils garantissent dans certains cas l'équilibre même de l'Univers de par leurs passages cycliques du monde inférieur au monde des vivants. On les invoque comme guérisseurs, exorcistes et protecteurs des foyers, des familles, des hommes. Ils veillent sur les âmes, les corps, les esprits. Leurs qualifications martiales (ils sont souvent cavaliers et archers) sont doublées de traits civilisateurs : ils enseignent le domptage des chevaux, l'agriculture, l'élevage. Ils débarrassent les royaumes de bêtes féroces et dangereuses ou de bandits non moins nuisibles aux autochtones et aux voyageurs. Parfois ils ne sont ni secourables ni bénéfiques, comme c'est le cas de Nergal et d'Erra lesquels répandent conflits et fléaux sur leur passage.

Sous leur identité respective de Meslamtaea et Lugalirra, Nergal et Erra sont malgré tout invoqués comme entités

---

[128] Aetna sonne familièrement à nos oreilles. Il est assez proche d'Athéné ou d'Eithne, deux déesses respectivement grecque et celte aux liens évidents avec Isis comme nous l'avons vu et continuerons de le voir.

prophylactiques. Recourir à l'aide de démons et/ou d'êtres malveillants était assez courant dans l'Antiquité ; leur nature nauséabonde étant réputée faire fuir tout autre agresseur qu'eux-mêmes. Les protections personnelles étaient portées, par ceux souhaitant se prémunir des forces maléfiques, sous différentes formes comme sur des amulettes. Sur l'une d'entre elles, retrouvée en ancienne Mésopotamie et datant de la seconde moitié du VIIe siècle av. J.-C., l'on peut y lire :

"*Mašmaš, jumeau, défenseur, qui arrête la poitrine du Malin, Par Marduk, dieu du Ciel et de la Terre, qu'il soit maudit. Que le dieu maudit ne s'approche pas ! Conjuration.*"[129]

Il est ici certainement question de Lugalirra. L'illustration figurant sur cette amulette présente deux hommes proches l'un de l'autre dont le rôle protecteur ne présente aucun doute : leur main gauche brandit une masse d'arme, la main droite une double-hache. Nous retrouvons bien là la représentation des jumeaux divins joints dans leur lutte contre l'ennemi et gardiens de la personne confiée à leur garde. Ce motif gémellaire récurrent traduirait selon nous tout à la fois :

- le lien unissant les deux Horus, Nergal et Erra,
- la mission du père (Enki-Osiris) prolongée par le fils (Nergal-Horus),
- la nature ambigüe d'Apollon-Horus, civilisateur, ordonnateur mais aussi guerrier vengeur,
- l'étoile du Matin (Faucon) et l'étoile du Soir (Phénix[130]),
- le Soleil "diurne" et le Soleil "nocturne", c'est-à-dire lorsqu'il traverse le monde inférieur.[131]

---

[129] J.D. Beazly, *The Lewis House Collection of Ancient Gems*, Éd. Oxford, 1920, page 34.
[130] Le Phénix est un oiseau légendaire renaissant de ses cendres, version grecque du Benou héliopolitain lui-même identifié à un héron. Le héron est ainsi associé au Soleil dans les mythes d'Égypte. Apollon possède le héron parmi ses animaux fétiches.
[131] L'association de Vénus et du Soleil pourrait simplement s'expliquer par le biais de la mécanique céleste : à la disparition (ou mort) quotidienne du Soleil, Vénus scintille la première, au Soleil levant (ou résurrection) Vénus est la dernière étoile

***

Cette paire divine préfigurait sans aucun doute les premiers rois de l'Antiquité dans leurs fonctions et statuts. En effet, avant les invasions indo-européennes, il était acquis et nous l'avons évoqué dans le tome 1, que le Féminin Sacré dominait sans partage sur le Vieux Continent. À cette époque le rôle de monarque était peu enviable. Si dans le culte de la Mère Universelle, le pouvoir religieux, était régenté par des collèges de prêtresses conduits par une grande révérende, le pouvoir exécutif, lui, incombait toujours à un homme (choisi à l'extérieur de la tribu par la grande prêtresse). Le malheureux, à l'inverse des rois helléniques, ne pouvait se prévaloir d'un règne confortable ; il était tout bonnement sacrifié au beau milieu de la belle saison ! Ses fonctions étaient alors relevées par un intendant, un substitut, un "*taniste*" comme l'appelait Robert Graves.[132] Le règne de ce dernier s'étalait sur une même période de temps : sa vie était prise en fin d'année, au milieu de l'hiver. Et le cycle de succession pouvait reprendre, un roi pour la saison estivale, un pour la saison froide. Tour à tour sacrifiés tous les six mois. Il fallut que les invasions indo-européennes débutent pour que cette pratique soit mise à mal et finisse aux oubliettes de l'Histoire. Voici un rapide schéma présentant l'évolution du statut du roi sacré en Grèce antique de la période préhellénique aux invasions doriennes. Notez que les évolutions décrites n'ont pas été précisément datées, l'échelle de temps est donc purement approximative.

à s'éteindre.
[132] De "Tanisterie", système de succession monarchique pratiqué notamment chez les Celtes et consistant à choisir un nouveau roi parmi les parents collatéraux de celui-ci plutôt que parmi les descendants.

		ROI SACRÉ SACRIFIÉ AU MILIEU DE L'ANNÉE (ÉTÉ)	TANISTE SACRIFIÉ EN FIN D'ANNÉE (HIVER)	
ÉPOQUE PRÉHELLÉNIQUE				
INVASIONS IONIENNES		ROI SACRÉ SACRIFIÉ TOUS LES ANS (13 MOIS LUNAIRES)	TANISTE SACRIFIÉ EN FIN D'ANNÉE (HIVER)	
INVASIONS ACHÉENNES	T E M P S	SACRIFICE DU ROI SACRÉ PASSE DE 13 MOIS À 100 LUNAISONS VÉRITABLE SACRIFICE REMPLACÉ PAR SIMULACRE DE MORT DU ROI. UN ENFANT SERVAIT ALORS DE VICTIME SUBSTITUTIVE SUBSTITUTION DE L'ENFANT PAR UN ANIMAL	RÈGNE SIMULTANÉ DES DEUX ROIS AVEC PARTAGE DE L'ANNÉE OU DU TERRITOIRE	
INVASIONS DORIENNES		LES SACRIFICES PASSENT À 325 LUNAISONS SOIT 19 ANS PLUS DE SACRIFICE DE ROIS OU DE VICTIMES SUBSTITUTIVES QU'ELLES SOIENT HUMAINES OU ANIMALES		

Dans la mythologie grecque, deux frères jumeaux – Proétos et Acrisios – s'affrontent dès leur naissance pour la souveraineté de l'Argolide.[133] Selon Robert Graves le mythe d'Acrisios et Proetos : *"raconte la fondation d'un double royaume argien : au lieu que le roi meure au milieu de l'été chaque année et que son alter ego lui succède pour le restant de la période annuelle, chacun d'eux régnait à tour de rôle pendant quarante-neuf ou cinquante mois – c'est-à-dire pendant la moitié d'une Grande Année. Ce royaume fut, par la suite, divisé, semble-t-il, en deux parties et des co-rois gouvernaient conjointement durant une Grande Année entière. La conception selon laquelle l'esprit lumineux de l'année ascendante et son frère jumeau, l'esprit obscur de l'année descendante, sont perpétuellement en lutte, se retrouve aussi bien dans les mythologies celtique et palestinienne que dans les mythologies grecque et latine."*[134]

---

[133] Pseudo-Apollodore, *Bibliothèque*, Livre II, 2, 2.
[134] Robert Graves, *Les Mythes grecs*, Éd. Le Livre de Poche, 2011, page 381.

Parmi les autres jumeaux (ou dyades mâles non jumelles) mythiques célèbres, nous pourrions citer Ahriman (l'esprit démoniaque) et Ohrmazd ou Ahura Mazdâ (le Bien incarné) qui dans le zoroastrisme et le mazdéisme figurent deux esprits jumeaux issus du dieu primitif Zurvan. Ils sont dans ce cas des échos des non moins fameux Enlíl et Enki ou Seth et Osiris-Ptah, frères ennemis à l'origine de la création des hommes et – cela est souvent synonyme – des animaux. Quasiment le même schéma se détache des mythes dogons d'Afrique occidentale où une entité néfaste appelée Chacal s'oppose à son frère (entité grégaire) : Nommo. Nous pourrions aussi mettre en avant les associations frères-sœurs telles celles unissant Osiris et Isis… Bref ! La question gémellaire est loin d'être réglée et ne doit pas nous détourner de notre but premier. Nous résumerons la situation comme suit.

Types / Régions	Frères / Jumeaux	Dyades masculines	Frères et sœurs / Jumeaux
Ancienne Mésopotamie	Laḫmu et Laḫamu Anšar et Kišar Lugalirra et Meslamtaea	Enkidu et Gilgameš Dumuzi et Ningišzida Girra et Nušku Enki et Enlíl	Geštinanna et Dumuzi Ištar et Šamaš Ereškigal et Šamaš
Égypte	Osiris et Seth	Horus l'Aîné et Horus Aker Ruty	Tefnut et Shu Nut et Geb Isis et Osiris Nepthys et Seth
Grèce	Prométhée et Épiméthée Héraklès et Iphiklès Castor et Pollux	Thésée et Pirithoos Atrée et Thyeste Ulysse et Diomède Achille et Patrocle Oreste et Pylade	Artémis et Apollon

Selon Anton Parks, Heru et Isis attendaient des jumeaux à la fin du tome 3 des *Chroniques*. Nous verrons dans le tome 3 ce qu'il peut en être dit à travers le filtre des mythologies mondiales.

Comme pour Aphrodite, le tableau ci-dessous synthétise tous les rapprochements qui nous semblent pertinents de signaler afin de prouver l'unique identité qui se dissimule derrière ces diverses déités séparées par les lieux et les âges. Présentement avec Apollon, Horus, Marduk-Bêl et Lug(h) – voire le Thor de la mythologie germano-scandinave.

Vous êtes peut-être encore en train de douter de notre méthode et de nos conclusions ? Attardons-nous donc cette fois avec l'ennemi direct d'Heru-Horus, à savoir Seth, le frère d'Osiris. J'ai clairement identifié Enlíl-Šeteš-Seth à Arès, le dieu grec de la guerre ou plutôt... de la destruction comme nous allons le voir.

	Horus-Heru-Nefertum-Shed	Nergal-Marduk(2)-Utu-Šamaš	Apollon-Lug(h)-Thor-Aplu
Filiation / Parenté	a- Réincarnation d'Osiris b- Amant-Jumeau d'Isis c- Père de Amset, Hâpi, Duamutef, et Qebehsenuf	a- Fils d'Enki-Êa (Marduk(1)/Nergal) b- Amant d'Ereškigal (Nergal) c- Père de Kettu et Mēšaru (Utu-Šamaš)	a- Fils de Zeus (Zeus(3)=Osiris) b- Jumeau d'Artémis (=Isis)* et de Coronis c- Père d'Aristée et d'Asclépios
Attributs / Fonctions & Symboles	d- "Nouveau Soleil" e- Figure de berger (héritage d'Osiris) f- Personnalité emportée et virulente g- Jeunesse h- Seigneur terrifiant (=NEB-HERU)* i- Accompagné de Shemsu, Urshu et Mesentiu (Guerriers, Sages et Forgerons)* j- Associé à la Putréfaction (Momies) k- Dieu Archer (Shed / Resheph) l- Maladie et guérison m- Loup (suivants d'Osiris devenus suivants d'Heru)* n- Lion (Nefertum/Horus) o- Faucon / Héron p- Veau, fils de la Vache céleste Isis et du Taureau du Ciel Asar-Osiris. q- Hécatombe d'ânes r- Disque ailé s- Incarne l'ordre et l'harmonie t- Justice u- Vengeur v- Protecteur du peuple égyptien	d- Lumière / divinité du Soleil e- Figure de berger (Nergal) f- Vent/Tempête g- Jeunesse (Marduk) h- Puissance terrifiante (Marduk/Nergal) i- Maître des Sebittu (Erra) k- Arc et Flêches (Marduk/Nergal) l- Maladie et guérison (Nergal/Erra) n- Lion (Nergal) o- Coq p- "Veau solaire" / Cornes de bovidé (Marduk) r- Disque solaire (Utu-Šamaš) s- Bâtisseur, fondateur, et législateur (Marduk) t- Justice et Divination u- Vengeur* v- Protecteur du peuple (Marduk)	d- Divinité "lumineuse" e- Figure de berger f- Divinité tempétueuse g- Jeunesse h- Puissance foudroyante i- Accompagné de druides (Lug) / "Père" des Curètes-Corybantes (Apollon) j- Associé à la pourriture (Apollon Pythien) k- Dieu Archer l- Maladie et guérison m- Loup n- Lion / Griffon o- Coq / Cygne / Corbeau / Héron p- Cornes de bovidé (Lug) q- Hécatombe d'ânes r- Projectiles divers et char céleste s- Bâtisseur, fondateur, et législateur t- Justice et Divination u- Vengeur v- Protecteur des troupeaux/hommes

Tableau Apollon. * : Élément avancé par les Chroniques du Ğírkù.

CHAPITRE III

ARÈS OU L'EMPREINTE DE LA DESTRUCTION

"Enlíl, la tornade rugissante qui subjugue le pays entier, le déluge ascendant qui ne peut être affronté, songea à ce qui devait être détruit en retour du saccage de son bien-aimé Ekur (...) Enlíl fit sortir des montagnes ceux qui ne ressemblent à aucun autre peuple, qui ne font pas partie du Pays (de Sumer), les Gutis, un peuple qui n'a pas de morale, qui a un esprit humain mais des instincts canins et des traits simiesques. Comme des oiseaux ils ont fondu sur le sol en grandes nuées. À cause d'Enlíl, ils ont étendu leurs bras sur la plaine comme un filet pour animaux. Rien n'échappait à leur étreinte, personne ne se soustrayait à leur prise."
Extrait de la *Malédiction d'Akkad*, version paléobabylonienne, l. 149-16116.

"Roi ! Lumière resplendissante et souveraine ! Ninurta ! Le premier ! Doté d'une énergie sans pareille ! Toi qui, seul, saccageas la Montagne ! Ô Cataclysme ! "Python" tenace qui jettes sur la contrée rebelle ! Champion toujours prêt à en découdre avec vigueur ! Seigneur au bras puissant, propre à brandir l'Arme fatale qui fauche comme épis les têtes des mutins !"
Extrait du mythe sumérien *Ninurta et les Pierres*, lignes 1-6.

"Et d'Arès, briseur de boucliers, Kythéréia conçut Phobos et Deimos, Dieux violents, qui dispersent les phalanges des guerriers, dans la guerre horrible, et accompagnent Arès destructeur des cités."
Hésiode, *Théogonie*, v. 930.

> *"Je suis (Seth) un Homme d'un million de coudées, dont le nom est "jour de malheur"*. *Pour ce qui est du jour de naissance ou de conception, il n'y a aucune naissance et les arbres ne porteront aucun fruit."*
>
> **Extrait du *Papyrus magique de Turin*.**

Disons-le tout de suite, il y a un caractère secondaire assez fort qui ressort d'Arès. Le caractère principal comme je l'ai déjà évoqué le rapproche de Enlíl-Marduk(1) / Šeteš-Seth-Apophys(2), l'ennemi juré de Sa'am-Nudímmud-Enki-Éa / Ptah-Asar-Osiris. Cependant l'approche indéniablement guerrière du personnage fait du dieu grec de la Guerre une fusion quasi parfaite de Seth-Enlíl et de son rejeton, Maš-Ninurta : le bras armé d'Enlíl et le chef des troupes Anunna. Enlíl n'allant que sporadiquement au combat, c'était son fils qui était en charge des principales opérations militaires. Est-il étonnant de retrouver le nom de Maš dans l'équivalent romain du dieu Arès, à savoir Mars ?

Enlíl (litt. le "Seigneur du vent ou du souffle" en sumérien) donnait les ordres. Maš les exécutait. La finalité de l'action sinistrement accomplie a certainement poussé les Anciens à fusionner les deux divinités, qui étaient pourtant bien distinctes. Arès reprend à la fois la nature quasi exclusivement belliciste d'un Ninurta ainsi que le caractère pleutre (mais arrogant) d'Enlíl, pourtant présenté comme "le plus vaillant des dieux",[135] qui se cachait à longueur de récits mythologiques derrière diverses déités propres à se débarrasser de dangers menaçant la société divine et sa propre existence – là où Ninurta n'hésitait pas à se jeter dans la bataille. Ainsi Enlíl envoie-t-il Marduk se débarrasser de Tiamat et son armée monstrueuse dans l'*Enūma Eliš*, est terrifié par l'Asakku dans *Ninurta et les Pierres*, est paralysé par Anzû dans le mythe éponyme face auquel il dépêche plusieurs champions successifs (tous se dérobant les uns à la suite des autres) : Adad, Girru puis Šara avant que Ninurta (encore lui), après ces couardes défections, ne vienne relever le gant.

Il est à noter que les divinités nuisibles aux hommes de l'époque

---

[135] *Le Mythe d'Anzû*, ligne 22.

sont celles qui ont le plus tendance à être assimilées les unes aux autres. Quant à celles qui ont guidé et assisté nos ancêtres, c'est l'action inverse qui s'est produite : le scindage ou les fragmentations multiples. À croire que la présence continue et prolongée dans le temps (sur plusieurs générations humaines tout de même) de ces "dieux" favorables aux populations humaines a facilité la dissociation de ceux-ci en personnages différents et étrangers. Quand, dans le même temps, les Anciens fuyaient le courroux des "mauvais dieux" qui leur apportaient malheur et destruction. Ils n'étaient certainement donc pas enclins à réaliser l'antinomie existante et, de par leurs prises de distance avec ces dieux malsains, en sont même venus à les fusionner les uns aux autres.

Arès est le fils direct de Zeus et d'Héra. Nous verrons plus loin que Zeus est assimilable à Enlíl-An mais aussi à Enki-Osiris. Et c'est bien ce dernier qui a donné vie à Arès-Enlíl dans les *Chroniques*. Les liens de filiation sont doublement respectés dans la mythologie grecque puisque Maš est aussi le fils d'Enlíl. La décomposition via l'Emeša du théonyme Arès est sans appel : ÁR(broyer)-EŠ(nombre, multitude) : "celui qui broie en nombre ou qui broie la multitude". Elle nous rappelle le nom de l'arme hypostasiée de Ninurta, Šarur dont la traduction exacte nous donne ŠÁR.ÙR : "qui écrase ou fauche par milliers". Une autre étymologie d'Arès nous renvoie au terme Areus : Á(puissance, force)-RE$_7$(apporter, aller, venir)-ÚŠ(mort, sang, destruction) : "la force qui apporte la mort et le sang ou la puissance qui vient détruire".

Nous avons ici la définition parfaite du dieu de la Guerre sauvage qui est craint auprès des populations humaines.

***

Comme nous l'avons vu plus haut, Arès-Enlíl était le compagnon éphémère de la femme adultère d'Héphaïstos, Aphrodite. La légende nous dit que de cette union seraient nés deux rejetons : Phobos (la Crainte) et Deimos (la Terreur). Des enfants portant bien leur théonyme ! Les autres progénitures du dieu de la

Destruction sont tout simplement considérées comme des criminels ou des fous. Il part souvent guerroyer aux côtés de sa sœur Eris[136] (la Discorde). Son nom désigne toute forme de mort violente, et plus particulièrement la peste. La guerre est surnommée "*danse d'Arès*" dans les épopées. Eschyle voyait en lui le "*dieu des larmes*"...[137]

Haï tant par les dieux que par les hommes[138] il est surnommé Ἐννάλιος / *Enyalios*, "le furieux" par le peuple grec et traditionnellement interprété comme un dérivé du mot *tueur*, ἀναίρης / *anaïrês*. Ses épithètes laissent peu de doute sur sa personnalité : "insatiable de guerres", "assailleur de remparts", "destructeur de cités", "pourfendeur de boucliers", "meurtrier", "buveur de sang", "porteur de dépouilles", "fléau des hommes"[139]. Il rejoint ainsi le caractère impétueux, violent voire despotique des mythes mésopotamiens décrivant le dieu tyrannique Enlíl.

Seth n'a rien à envier à ses avatars, il est un dieu violent, impatient, irascible ; pour compléter le tableau c'est un violeur de déesses : il tente d'abuser en vain d'Isis mais parvint à ses fins avec Anat et Ouadjet. Le gendre rêvé ! Enlíl n'est pas non plus en reste de ce côté :

"*Pourtant, en la limpide voie d'eau, Ninlíl prit son bain, en la limpide voie d'eau, et elle se promena le long du Canal Princier ! Et le seigneur au regard luisant, jeta les yeux sur elle ! Le Grand-Mont* (NDA : épithète courante d'Enlíl), *le vénérable Enlíl, au regard luisant, jeta les yeux sur elle ! Le Pasteur Enlíl qui arrête les destinées, au regard luisant, jeta les yeux sur elle ! "Je veux te pénétrer !" lui disait le seigneur. Mais elle refusait (...)*

"*Cette jouvencelle si avenante, si rayonnante – cette Ninlíl, si avenante, si rayonnante, nul ne l'a encore pénétrée, nul ne l'a baisée !" Le page* (NDA : Nuska, cité plus haut dans le texte),

---

[136] Décomposable en ÉR(lamentations)-IŠ(ardent) : "les ardentes lamentations".
[137] Eschyle, *Les Suppliantes*, v. 681.
[138] Homère, *Iliade*, V, v. 890-891.
[139] Louis Séchan et Pierre Lévêque, *Les Grandes Divinités de la Grèce*, Éd. Armand Colin, 1990, page 243.

alors, procura à son maître une façon de barque, lui remit comme l'amarre d'un bateau et lui amena comme un grand canot. Et le roi, faufilé dans la cannaie, pénétra et baisa Ninlíl -Le vénérable Enlíl, faufilé dans la cannaie, pénétra et baisa Ninlíl."[140]

Arès offre peu de récits d'où il ne ressort pas pitoyable ou méprisé : il est moqué[141] par l'assemblée des dieux lorsqu'il est capturé aux côtés de l'adultère Aphrodite, finit enfermé dans une jarre pendant plusieurs mois suite au meurtre d'Adonis, battu à deux reprises en duel singulier – qu'il aura provoqué – par le demi-dieu Héraklès lors de la prise de Pylos[142] par le fils d'Alcmène, puis blessé durant la guerre de Troie par le mortel Diomède[143]...

Sous les traits de Marduk(1), dans l'ancienne Mésopotamie, il avait pour compagne la déesse Zarpanitu (ou Ṣarpanitu), divinité protectrice des femmes enceintes que nous assimilons assez aisément à Ninmaḫ-Ninḫursaǧ / Serkit / Héra. Ninurta avait lui pour mère Ninlíl-Ninmaḫ qui prendra le nom de Ninḫursaǧ dans le mythe sumérien *Ninurta et les Pierres*.[144] Enlíl était bien, selon les *Chroniques du Ǧírkù*, le compagnon attesté de Ninmaḫ que nous comparerons plus bas à Héra, l'épouse de Zeus (fusion de An et Enlíl). Là encore les liens de parenté semblent avoir été à peu près conservés chez les anciens Mésopotamiens. Comme pour Horus-Marduk(2), Marduk(1) est aussi le fils d'Enki-Éa dont il est le clone génétique – et donc le *frère* tout autant que la créature – et de Damkina (Nammu-Nuréa). Nous retrouvons le lien de parenté attesté par la mythologie égyptienne faisant de Seth (l'Enlíl égyptien) le fils de Nut et le frère d'Osiris. Et, comme il est décrit dans les *Chroniques*, le désamour d'Enlíl pour son frère Enki n'a d'égal que la jalousie et la haine qu'éprouve Seth pour Osiris. Dans l'ancienne Égypte, le serpent Seth était souvent représenté avec une tête de Sha.[145] Chez les anciens Babyloniens, Marduk était

---

[140] Mythe sumérien d'*Enlíl et Ninlíl*, lignes 22-47.
[141] De même Indra, dans la littérature védique (notamment le *Rāmāyaṇa* et les *Purāṇas*), est sujet aux sortilèges, brimades et autres vexations de la part de nombre de dieux et de mortels.
[142] Hésiode, *Le Bouclier d'Héraklès*, v. 359 et suiv.
[143] Homère, *Iliade*, V, v. 846-857.
[144] *Ninurta et les Pierres*, lignes 368-369.
[145] Le Sha (ou animal de Seth) est un animal dont la nature (et l'existence même)

décrit comme un dragon. Animal visiblement représenté sur les façades des portes du temple d'Ištar à Babylone. C'est sous cette forme qu'il chassa et détruisit la Déesse Tiamat.[146]

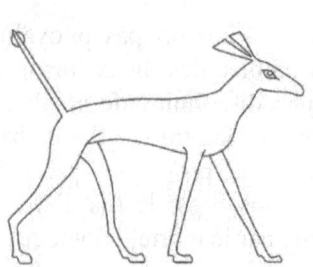

À gauche, la représentation artistique moderne d'un Sha (animal du Seth égyptien). À droite, la gravure du dragon Marduk sur les portes du temple d'Ištar à Babylone.

Dans les *Chroniques*, Anton Parks nous familiarise avec cet étrange renard, ce chacal ou chien du désert que l'on retrouve dans de nombreux mythes de par le monde et qui n'est autre qu'Enlíl.[147] Le dieu guerrier égyptien Seth était souvent dépeint sous l'aspect d'un être de grande stature et d'allure athlétique. Sa peau est rouge – on le nomme d'ailleurs le "dieu rouge" – et ses yeux sont clairs. Aussi cette couleur est celle de prédilection d'Arès chez les Grecs anciens et de son pendant romain, Mars. Association ici toute faite avec la planète au sol et à l'atmosphère ocre… Il est ici pertinent de préciser que selon les *Chroniques*, Enlíl a longtemps séjourné sur la planète rouge et y a même séquestré Sé'et qui deviendra – notamment – Artémis chez les Grecs. Est-ce que la couleur de l'astre en question est en lien avec cette couleur indifféremment associée à Seth et Arès ? L'explication la plus plausible étant que

---

est controversée. Il a le corps vraisemblablement d'un canidé maigre, avec une tête tantôt interprétée comme étant celle d'un lévrier, d'un oryctérope, d'un salawa (un chien sauvage d'Égypte), d'un lycaon, d'un porc, d'une antilope, d'un okapi, d'une girafe, d'un animal non-identifié qui a disparu depuis ou d'une création chimérique purement mythologique. Il semblerait pourtant que l'animal ayant servi de référent zoologique pour l'animal séthien soit l'oryctérope tant pour son apparence que pour comportement. Voir : Bernard Mathieu, *Seth polymorphe : le rival, le vaincu, l'auxiliaire*, ENIM 4, 2011, page 138.
[146] Anton Parks, *Ádam Genisiš*, op. cit., page 81.
[147] Ibidem, page 78.

la couleur rouge soulignait la nature colérique et belliciste des diverses déités de la destruction.

Comme dans l'histoire relatée dans les *Chronique du Ğírkù* et plus récemment dans *La Dernière Marche des Dieux*, où Enlíl-Marduk(1) / Šeteš-Seth est vaincu à plusieurs reprises par Horus le jeune, Horus l'Ancien et leurs troupes, Arès provoque deux fois en duel Héraklès – que j'identifie plus bas au jeune Faucon – et par deux fois se retrouve défait.[148] Dans la mythologie égyptienne, bien que cela se présente généralement sous forme de courts épisodes épars,[149] reconstitués artificiellement en un récit complet afin de donner un fil conducteur cohérent, la querelle opposant Seth aux deux Horus est décrite avec nombre détails. Le texte le plus complet sur la question se trouve sur le papyrus *Chester Beatty I* et se nomme *Les Aventures d'Horus et Seth*. Dans cet ensemble de récits, Seth souhaite prendre le trône d'Osiris dont il se juge légitime héritier et, pour cela, défie à plusieurs reprises Horus l'Ancien, Isis et Horus fils d'Isis qu'il cherche à éliminer peu de temps après sa naissance. Le perfide Seth use de nombreux subterfuges afin de discréditer le fils d'Isis qui réclame l'héritage de son défunt géniteur. Un procès s'ouvre mettant en scène la majorité des dieux de l'Ennéade.

---

[148] Pseudo-Hésiode, *Bouclier d'Héraklès*, 357–367 ; 424–466.
[149] L'on retrouvera la rivalité entre Seth et Horus fils d'Isis dans de nombreux documents tels les *Textes des Sarcophages*, le *Livre des Morts* ou encore le *papyrus Jumilhac*.

Gravure sur pierre présentant Loki enchaîné, retrouvée à Kirkby Stephen (nord de l'Angleterre) à la fin du Xe siècle.

Après plusieurs décades divines, d'infinis témoignages et défis, Horus est officiellement reconnu comme successeur d'Osiris et souverain du Double-Pays. Seth, condamné par le tribunal divin, fut fermement ligoté (épisode que nous retrouverons dans la mythologie nordique où Loki est attaché à un rocher par les autres dieux[150]) à un piquet avant que Rê ne le détache et ne l'enjoigne à rejoindre sa barque solaire afin de le protéger des assauts quotidiens d'Apophis. Homère nous dépeint un épisode quasi similaire dans l'*Iliade* dans lequel Arès, en punition du meurtre d'Adonis, est enfermé dans une jarre pendant treize mois avant d'être libéré par Hermès.[151] Dans le même corpus, la légende veut que le premier procès ait eu lieu au sein de la société divine ; Arès en étant l'acteur de premier plan. Il fut accusé du meurtre d'Halirrhotios, fils de Poséidon que Robert Graves juge être une épithète de Poséidon lui-même.[152] Le meurtre ayant eu lieu sur une colline, le procès sera tenu sur le lieu même du forfait d'Arès à la

---

[150] De même dans les récits mythologiques de la Perse, le dieu du Mal, Ahriman, est enchaîné au mont Demavend, volcan de la chaîne de l'Elbourz par Ahura Mazdâ le dieu du Bien.
[151] Homère, *Iliade*, V, 385-391.
[152] Robert Graves, op. cit., page 115.

demande de Poséidon auprès de Zeus. Cette colline deviendra l'Aréopage (Ἄρειος πάγος / Áreios págos), la bien nommée "colline d'Arès". Dans la mythologie sumérienne, Enlíl, en qualité de violeur de déesse est banni temporairement de la cité dont il est la divinité tutélaire :

> *"Enlíl, un jour, arpentait le Kiur,*
> *Et tandis qu'il arpentait le Kiur,*
> *Les grands dieux – cinquante au total –,*
> *Plus les dieux – sept en tout – qui arrêtent les destinées,*
> *Le firent appréhender en plein Kiur,*
> *"Enlíl (lui dirent-ils), ô violenteur, quitte la ville ! –*
> *Quitte la ville, ô Nunnamnir, violenteur !"*
> *Enlíl, obtempérant à la décision prise –*
> *Enlíl se mit en route."*[153]

Les excès de violence du dieu de l'air est un problème pour la communauté divine qui condamne les actions du "*violenteur*" en la bannissant de la ville (de Nippur).

Protégeant Rê, le frère assassin d'Osiris deviendra en Égypte "celui qui hurle dans le ciel", portant les attributs non seulement de dieu du désert et de la sécheresse (par opposition à Osiris, président à la fertilité des sols) mais aussi depuis lors de dieu des tempêtes et des orages. Dans le *Réveil du Phénix*, son nom dans l'assemblée des dieux est Gep-Ura'a, "le roi de la tempête", l'incarnation de la guerre et du chaos. Ses symboles et attributs étaient la force, le pouvoir, la domination, la lance et le fouet. Gep-Ura'a était l'instrument de la justice divine de Atum-Râ (An).[154] Dans la mythologie égyptienne, Seth sera, avec ses partisans, assimilé aux pluies destructrices s'abattant sur l'Égypte face auxquelles Horus sous sa forme léonine luttera avec acharnement :

> "*Je suis le lion qui repousse les rebelles, le grand veilleur qui garde l'endroit de Celui qui l'a créé, qui détruit celui qui vient contre lui avec de mauvaises intentions. Je suis le grand*

---

[153] *Enlíl et Ninlíl*, lignes 54-63.
[154] Anton Parks, *Le Réveil du Phénix*, op. cit., pp. 58-59.

gardien qui fait passer l'eau de pluie et qui la rejette à terre, lorsque l'averse est dispersée, qui avale la tempête, le jour de l'orage, lorsque Celui-là (NDA : désignation de Seth) *vient pour faire le mal. Je suis le puissant lion aux dents aigües, le furibond aux yeux de cornaline, qui mange les portions de viande, qui boit du sang, qui est satisfait du sang, qui fend les ventres, qui arrache les foies, qui craque les os des confédérés du Pervers (Seth), qui augmente le carnage parmi les ennemis du Faucon (Horus), et qui les écorche. Battez en retraite, ô ennemis, mort aux malfaiteurs !*"[155]

D'autres récits contradictoires rapportent qu'à l'issue du procès, Seth servit de victime sacrificielle. Osiris, dieu de la fertilité et "Grand Taureau Céleste", abattu par Seth méritait que l'on répare cet acte odieux et que l'équilibre universel soit restauré. C'est pourquoi il fut décidé de changer Seth en taureau avant de la sacrifier en punition de son geste meurtrier et de ses actions malveillantes envers la famille d'Osiris. Horus porta logiquement le coup fatal qui acheva son oncle :

"*Ô mon père Osiris, j'ai frappé pour toi celui qui t'avait frappé ! J'ai renversé celui qui t'avait renversé !
J'ai tué pour toi comme un taureau d'abattage celui qui t'avait tué !
Je lui ai tranché la tête, je lui ai tranché la queue, je lui ai tranché bras et jambes !*"[156]

Après quoi les morceaux débités du corps du félon furent partagés entre les dieux et Horus placé sur le trône de son géniteur. Il est fort probable que cette victoire sur Seth par Horus répond à celles d'Héraklès sur Arès ou d'Apollon sur Python. Marduk et Enlíl quant à eux ne semblent pas, dans la mythologie d'ancienne Mésopotamie, avoir connu pareille défaite face à un Horus local qu'il eût été Nergal, Utu-Šamaš ou Gilgameš. Ce dernier a par contre eu à en découdre avec un champion d'Enlíl, Ḫumbaba.[157]

---

[155] Edfu IV, 130, 5-7 et 111, 11-14 (traduction de C. De Witt).
[156] *Textes des Pyramides*, formule 580, §1544-1545.
[157] Certains exégètes (Karel van der Toorn, Bob Becking & Pieter Willem van der Horst, *Dictionary of Deities and Demons in the Bible*, Éd. Wm. B. Eerdmans

Ce démon était le gardien de la forêt de cèdres entourant le domaine des dieux. Ḫumbaba,[158] ce n'était pas un "tendre" :

*"Le démon, le gardien de la forêt des Cèdres ?
Son cri est épouvantable. Sa bouche, c'est du feu.
Son haleine propage la mort.
Il entend tous les bruits de la forêt, même à six cents kilomètres.
Qui donc pourrait y pénétrer ?
C'est le dieu Enlil qui l'a posté là, à l'entrée de sa Forêt, pour garder les cèdres et terrifier les hommes.
Personne ne peut y pénétrer, sans être aussitôt paralysé."*[159]

Gilgameš, et son fidèle compagnon, Enkidu entreprennent de démontrer leur valeur héroïque en défiant le gardien de la forêt. Ce démon supposé invincible succombera sous les coups du héros mésopotamien. Cette injure à la société divine ne restera pas impunie ; un autre adversaire sera lancé à la poursuite des deux hommes, maudits à jamais pour leur action. Mais cela est une autre histoire…[160]

Un autre récit de la mythologie grecque pourrait reprendre le supplice de Seth infligé par Horus, il s'agit du châtiment de Lycurgue, l'un des plus grands ennemis de Dionysos dans la mythologie. Ce roi de Thrace voulut interdire le culte de Dionysos sur ses terres ; on dit ailleurs qu'il interdit le passage du jeune dieu et de son armée en route pour l'Inde. Il fit prisonnier les Bacchantes et les membres du thiase de Dionysos, tandis que ce

---

Publishing Co., 1999, pp. 432-433) ont suggéré que Ḫumbaba avait pour origine Ḫumban le dieu élamite le plus élevé du panthéon élamite, et équivalent d'Enlíl localement. Ḫumban était associé au sumérogramme en forme de trident GAL signifiant "Maître de". Nous reparlerons de ce signe mais sachez que Parks fait du trident l'emblème d'Enlíl.

[158] Ḫumbaba est classiquement traduisible depuis le sumérien en ḪUM(écraser, broyer)-BAB(ennemi, étranger)-A(génitif) : "le broyeur d'ennemis" ou "celui qui écrase les étrangers", définitions très proches des décompositions d'Arès et d'Indra comme nous le verrons.

[159] *Gilgamesh*, texte intégral, adapté par M. Laffon d'après la traduction de Jean Bottéro, ClassicoCollège, Éd. Belin Gallimard, 2009, page 20.

[160] *L'Épopée de Gilgameš*, tablette V.

dernier se réfugia auprès de Thétis, une Néréide.[161] Recouvrant ses esprits, Dionysos reprit le chemin de la Thrace. Pendant ce temps les dieux frappèrent Lycurgue de folie, celui-ci découpera son fils à la hache pensant tailler un pied de vigne. Arrivé en Thrace, Dionysos constata que la stérilité s'était abattue sur la région. La cause était toute désignée : Lycurgue. Dionysos fit atteler le souverain par son peuple à quatre chevaux qui l'écartelèrent. D'autres sources prétendent que c'est Dionysos lui-même qui exécuta la sentence. La fécondité revint ainsi sur le pays débarrassé de son tyran.

Comme pour Išthar-Aphrodite que j'ai facilement assimilé à Kālī, nous permettant de valider l'omniprésence de nos divinités au sein des cultures indo-européennes, Arès a son équivalent védique. Il s'agit du dieu de la guerre, de l'orage et du Soleil : Indra.[162] Fils de la Terre-Mère (Pṛthivī) et du Ciel-Père (Dyauṣ Pitā) – comme Arès l'est d'Héra et de Zeus –, c'est une déité jeune au cheveux rouges dont la puissance physique n'a d'égal que son agilité au combat ; il accomplit des exploits légendaires relatés dans le Ṛgveda. Il est souvent escorté par des Maruts, jeunes guerriers et dieux du vent que nous pouvons assimiler aux Anunna – dont la racine sanskrite (*Mar*) servira de base au Mars des Romains. Enfin Indra a pour jumeau Agni (largement évoqué dans le tome 2 des *Chroniques*[163]), divinité dont la naissance est associée à celle de l'Astre du Matin et du Soir... L'un de ses principaux exploits est l'assassinat (grâce à la foudre et à son arc-en-ciel magique) du serpent-Dragon Vṛtrá responsable de la sécheresse. Un épisode que nous retrouvons à la fois chez les anciens Mésopotamiens avec un Marduk pourfendeur du serpent Tiamat par l'entremise des mêmes armes que celles d'Indra ; mais aussi dans la mythologie protogermanique avec Thor qui tue le serpent de mer géant Jörmungand de ses éclairs et enfin avec Apollon chez les Grecs qui élimine le monstrueux serpent Python

---

[161] Homère, *Iliade*, VI, v. 130-140.
[162] Les étymologies du nom d'Indra sont très discutées et aucune ne semble fédérer les spécialistes. De notre côté, nous allons nous aider de la langue matrice pour décomposer ainsi l'identification indienne d'Arès-Enlíl : IN(seigneur)-DAR(fracasser, mettre en morceaux)-Á(force), soit "le seigneur à la force fracassante" voire IN(seigneur)-DARA₄(rouge), "le seigneur rouge".
[163] Anton Parks, *Ádam Genisiš*, op. cit., pp. 428-429.

de son arc et ses flèches. Dans les quatre cas de figure, séparés par les siècles – voire des millénaires –, les peuples et les distances, nous avons la représentation d'une divinité guerrière armée d'un arc et de flèches et/ou de la foudre qui pourfend un serpent-dragon monstrueux... Coïncidence ? Voyons cela.

Nombre d'entre vous auront certainement remarqué la quasi-similitude entre cet acte de bravoure et le combat épique opposant le dieu égyptien de la destruction et du chaos, Seth, au serpent Apophis. Événement pratiquement similaire à l'affrontement entre Zeus et de la créature chimérique géante apparentée à un dragon à plusieurs têtes, Typhon, dont nous avons évoqué la lutte dans le tome 1. Pourquoi cet épisode se retrouve dispersé dans autant de mythes cosmologiques impliquant des camps qui semblent, selon notre grille de lecture "parksienne", par la force des choses, antinomiques ? Nous tentons de répondre à cette question dans la suite de chapitre.

Cette divinité des orages et de la guerre trouve son pendant chez les anciens Mésopotamiens dans la divinité Iškur / Adad. Ce dernier reprend en effet quasiment toutes les caractéristiques d'Indra à quelques détails près. Les champs d'action d'Iškur-Indra ayant été en Grèce antique répartis en deux personnages surnaturels : Zeus héritera du pouvoir sur les affaires célestes quand Arès exercera son emprise dans les domaines guerriers. Nous désignerons dès lors Enlíl sous l'appellation Arès(1) et Zeus(2), tandis que Maš-Ninurta sera Arès(2) et An Zeus(1). On prêtait à Ninurta la mise au point de l'irrigation au sein de la terre de Kalam – il était l'inventeur de la charrue –, celle-ci ayant ouvert la voie à une agriculture florissante.[164] Curieusement dans *Ninurta et les Pierres*, le seul réseau fluvial débloqué par le fils d'Enlíl après avoir maté la rébellion de la Montagne est le Tigre (ligne 340 s.) ; est-ce à dire qu'il fut *creusé* avant l'Euphrate ? Le *Poème du Supersage* nous éclaire à ce sujet :

"*Les Igigi d'excaver les cours d'eau*
Et d'ouvrir les canaux qui vivifient la terre.

---

[164] *Ninurta et les Pierres*, lignes 333-335 ; lignes 705-709.

*Ainsi creusèrent-ils le cours du Tigre,
Et, après, celui de L'Euphrate.*''[165]

Dans la Rome antique, le dieu Mars était selon Caton l'Ancien invoqué par les éleveurs et les agriculteurs pour la protection et l'abondance des têtes de bétail et des récoltes.[166]

    Chez les Celtes, le dieu qui reprend le mieux la fonction d'Arès-Enlíl serait Balor, le roi des Fomoires (nom local des Anunna) déjà évoqué dans le chapitre *Aphrodite* et dans le tome 1. Selon une légende il vola la vache magique de Cian et la garda enfermée sur une île hors de portée de son propriétaire. La vache en question serait bien entendu une image d'Isis et Cian, comme nous l'avons vu, un avatar d'Osiris. Ce récit décrit peut-être l'épisode de la séquestration de Sé'et, la future Isis, par Enlíl, loin des bras de son aimé Enki-Osiris-Cian. Balor finira décapité lors de la seconde bataille légendaire de Mag Tuired par le fils de Cian et d'Eithne, le fameux Lug(h). Est-ce à dire que An – clairement assimilable à Balor – sera défait par Heru-Lug(h) lors de cette série d'affrontements légendaires ?

***

Comme expliqué dans le chapitre précédent centré sur Apollon, un événement particulier a été utilisé ou "récupéré" afin de bâtir l'histoire fondatrice de plusieurs protagonistes de différentes mythologies. Cet épisode est celui de la traque d'un serpent-dragon monstrueux et immortel par une divinité solaire et/ou céleste qui finira par tuer ladite créature à l'aide d'arc/flèches et du tonnerre. La particularité de cet acte courageux (ou présenté comme tel) est qu'il semble être le fait d'intervenants aux buts et destinées parfaitement opposés. Nous avons d'un côté le clan patriarcal des Anunna-Ušumgal représenté par Zeus (An / Atum-Rê) et Arès (Enlíl-Marduk(1) / Šeteš-Seth-Apophys(2)) et de l'autre les partisans du culte de la Déesse-Mère auquel adhère Apollon (Nergal-Marduk(2) / Horus). Dans l'illustration ci-dessous, le clan

---

[165] *Poème du Supersage*, lignes 23-26.
[166] Caton l'Ancien, *Sur l'Agriculture*, 83.

de l'ombre est représenté par la ligne du haut et l'illustration en bas à gauche : Seth l'Égyptien, Marduk le Sumérien, Zeus le Grec et Indra l'Indien. Les deux dernières figurations sont deux avatars d'Horus : Apollon le Grec et enfin Thor le Nordique.

Malgré cela je suis persuadé que ces diverses représentations décrivent un seul et même événement. Originellement, la description la plus ancienne est celle de Marduk pourfendant le serpent Tiamat, divinité des Eaux primordiales et du Chaos. Elle serait la source de tout ce qui existe : humain comme divin. Dans les *Chroniques*, ce protagoniste est clairement identifié : c'est la Reine suprême des Gina'abul. Le fait gravé sur les sceaux-cylindres sumériens et akkadiens correspond à la lutte céleste – au sein du système solaire – entre les forces de Tiamata et les rebelles Anunna-Ušumgal emmenés par An-Zeus. C'est Enlíl-Arès-Marduk(1) qui viendra à bout de cette bataille en abattant le vaisseau de la Reine. Les plus anciennes descriptions de cet événement restent fidèles quant à l'association des protagonistes avec leurs représentations du moment. Historiquement, les Sumériens puis les Babyloniens attribuent ce fait de guerre à Marduk(1), soit l'épithète d'Enlíl au moment des faits. L'équivalent égyptien du félon mésopotamien, Seth, est à son tour correctement rattaché au rôle qui a été le sien. Le détail du récit égyptien veut même qu'il protège la barque céleste d'Amon-Rê, c'est-à-dire An-Zeus. L'époux d'Héra que j'assimile à la fusion d'An – Zeus(1) – et d'Enlíl – Zeus(2) –, vient à bout de Tiamata sous la forme du chimérique Typhon,[167] dans un récit qui nous vient du fond des âges ; c'est effectivement l'une des plus anciennes aventures du dieu du Ciel de la mythologie hellénique. Enfin Indra terrasse le dragon Vṛtrá libérant ainsi les eaux du ciel.

---

[167] Décrit comme possédant cent têtes de dragons. Détail qui revient sur certaines figurations akkadiennes de Tiamat, possédant quant à elle de multiples têtes de serpent. Cela nous renvoie également à l'Hydre de Lerne, créature immortelle terrifiante à plusieurs têtes que doit tuer un certain Héraklès que j'associe, rappelons-le, à Horus dans le tome 3 de *Quand les dieux foulaient la Terre...*

Ligne du haut, de gauche à droite :
1) Seth défait le serpent Apophis de sa lance pour protéger le parcours d'Amon-Rê (An-Zeus), vignette du Livre des Morts *égyptien.*
2) Marduk-Enlíl pourfend le serpent Tiamat de ses éclairs (Impression d'un sceau-cylindre assyrien daté de 912-612 avant J.-C.).
3) Zeus vainc Typhon à l'aide de la foudre source :
https ://mythologica.fr/grec/typhon.htm).
Ligne du bas, de gauche à droite :
4) Indra élimine Vṛtrá à l'aide de son arc-en-ciel magique et de la foudre (source : https ://asturiense.blogspot.fr/2011/12/quien-es-el-dios-teleno-indra-y-el.html).
5) Apollon tue le dragon Python de ses flèches terrifiantes (Gravure de Johann Wilhelm Baur, Apollon Contre Le Python, Circa 1641).
6) Thor écrase Jörmungand par la puissance de son marteau.

Pourquoi donc cet "incident" majeur a-t-il été récupéré par les anciens conteurs et mis au compte d'Horus (Apollon et Thor) et donc à un membre du camp adverse de celui d'Enlíl et d'An ? Pour une raison assez simple : l'évolution des cultes dominants. Cette épopée ancestrale a longtemps symbolisé la victoire des "dieux" – comprenez ceux qui se considéraient comme tels, les Anunna – sur le chaos, la Reine des Gina'abul. Le Chaos est dans l'esprit des Anciens la figuration des Origines de la Vie, de la Source d'où provenait, au bout souvent d'un combat acharné, l'ordre et la civilisation (voir le chapitre II du tome 1). Quoi de mieux alors pour évoquer Tiamata, prêtresse de la vie du plus haut niveau qui soit, et créatrice de multiples formes de vie ? Le chaos est aussi ce qui a été apporté dans le système solaire lorsque les forces de Tiamata ont poursuivi les Anunna à travers l'Univers. Encore une fois, le sens des symboles est multiple. Les Anunna étant la puissance "divine" ayant dominé Uraš pendant des millénaires, on a inculqué aux hommes à voir dans cette action la téméraire victoire de l'Ordre sur la Chaos, par l'entremise de ses émissaires : An le créateur des dieux et la créature de sa progéniture, Enlíl. Ce mythe fondateur a très certainement ensuite servi de référence à des générations humaines pour glorifier la puissance du divin.

Puis Horus vint au monde. Avec la ferme volonté de châtier les faux dieux, responsables de la propagation des religions et des cultes patriarcaux idolâtrant An et ses complices. L'inversion de la domination religieuse mondiale pouvait débuter. Il y a bien sûr toujours eu des partisans de toutes les chapelles qui ont perduré de la haute Antiquité jusqu'à notre époque, certaines cités-États ou contrées étant tantôt dominées par un patriarcat primaire tantôt soumis au culte de la Grande-Déesse. Mais les influences plus récentes nous présentent comme principal acteur de cet acte de bravoure, le fils d'Isis et d'Osiris : Horus-Apollon. Nous pourrions y voir là une forme de manipulation "magique" consistant à s'accaparer l'*énergie* d'une action en inversant ou, du moins, en détournant les symboles qui y sont associés. Ainsi l'énergie de la dévotion patriarcale liée à cet événement serait récupérée par les partisans du Féminin Sacré. Cela expliquerait assez bien pourquoi le meurtre du Serpent-Chaos céleste Tiamat-Apophis-Typhon-Vṛtrá, anciennement attribué au clan Anunna-Ušumgal (via Marduk(1)/Enlíl-Seth-Zeus-Indra), a été octroyé dans les contes et légendes plus près de nous dans le temps (et/ou dans des régions du monde soumis au culte de la Déesse-Mère), au jeune Faucon Horus. Passé du côté de la lumière, cet événement décrit un serpent-dragon monstrueux sous les traits de Python-Jörmungand vaincu respectivement par les avatars d'Horus grec et germano-scandinave : Apollon/Thor. Notez que cette aventure a été "recyclée" pour couvrir les actes valeureux d'un autre héros de la mythologie qui nous intéresse ici : c'est la légende d'Héraklès et de l'Hydre de Lerne. Nous y reviendrons.

Il est enfin probable que cet acte de bravoure divin ait été mis au compte d'un avatar de nature différente de celle de la divinité d'origine, afin d'accroître sa notoriété en dotant son *curriculum vitae* de compétences acquises par d'autres candidats des sphères célestes. Ainsi le geste – original – retentissant de Marduk put enjoliver, s'il en eut toutefois besoin, le parcours d'Apollon par la main ou la voix de quelque mythographe ou prosateur soucieux de glorifier son dieu fétiche... Toujours est-il que Tiamat tient le mauvais rôle et demeurera dans nos esprits une créature "démoniaque" associée au chaos ou à la menace de l'ordre établi.

Notons enfin que chez les peuples de l'Antiquité, la victoire sur un ennemi s'accompagnait du transfert des caractéristiques et savoir-faire du vaincu vers le vainqueur. Cette pratique fut sans surprise adoptée par certaines organisations religieuses comme sous l'Empire Romain, dans la vallée d'Aricie à Nemi – cité vouée au culte de Diane-Artémis. Le prétendant au sacerdoce du sanctuaire d'Aricie devait, chaque année, tuer son prédécesseur, le *Rex Nemorensis*, afin de s'approprier les pouvoirs magiques de son devancier.[168] C'est ainsi qu'après sa victoire sur Apophis-Tiamata, Seth prit parfois l'apparence d'Apophis lui-même – comme dans les textes égyptiens d'Edfu traduits par Anton Parks.[169] Devenant à son tour victime d'une Bastet-Isis déterminée à le décapiter ! Il en ira de même pour Marduk(1)-Enlíl qui se verra figuré en dragon suite à son triomphe contre Tiamat. Est-ce le même phénomène qui est à l'œuvre ici ? Apollon-Horus récupère-t-il naturellement les exploits de l'ennemi qu'il a vaincu ?

Restons dans le nord de l'Europe et comparons Enlíl au dieu Loki. Arès serait Loki ? Tout porte à le croire. Il est le fils d'Odin (Enki-Éa-Osiris) et demi-frère de Thor-Apollon-Horus. Filiation correcte. L'étymologie de son nom est une fois encore problématique. Plusieurs sources primaires désignent Loki sous le nom de Loptr.[170] En vieux norrois *loptr* signifie "air" ou "vent". Cela nous renvoie de nouveau à la définition du "Seigneur du Souffle ou du Vent" d'Enlíl. Loki[171] est roublard et de nature

---

[168] Catherine Salles, *Quand les dieux parlaient aux hommes*, Éd. Tallandier, 2003, page 156.
[169] Anton Parks, *La Dernière Marche des Dieux*, op. cit., page 63.
[170] Dans les poèmes eddiques *Lokasenna* 6, 19, *Hyndluljóð* 41, *Fjölsvinnsmál* 26, les poèmes scaldiques *Haustlöng* 8 et *Þórsdrápa* 1, et au chapitre 32 de la *Gylfaginning*.
[171] Selon notre habituel procédé, nous pouvons décomposer Loki en LÙ(déranger, trouble)-KI(terre, partout) : "celui qui trouble la Terre" ou "celui qui dérange

changeante ; quasiment semblable au dieu égyptien Seth, lui-même décrit comme ambitieux, comploteur, manipulateur, quand il n'est pas tout simplement réduit à un assassin. Détesté par les hommes et les dieux – comme Arès en Grèce – il participe directement ou indirectement : au meurtre de Baldr, à l'enlèvement d'Idun, au vol du collier des Brísingar et autres faits peu glorieux. En permanent conflit avec son demi-frère Thor, il finira par être capturé et supplicié par les autres dieux de l'assemblée céleste. Là encore, l'histoire rejoint la mythologie égyptienne et celle des *Chroniques*...

***

L'omniprésence des flèches ou de lance, de l'arc ou le marteau et des éclairs s'explique par la ressemblance existante autour des armes de "pouvoir céleste". Comme nous l'avons vu plus haut, dans le sous-chapitre consacré à Apollon, l'arc (Indra/Apollon) et le marteau (Thor) représentent dans ce cas de figure un appareil volant de combat. Les flèches (Indra/Apollon), la lance (Seth/Lugh) et la foudre (Marduk-Enlíl/Zeus/Indra/Thor) figurent des projectiles téléguidés comme des missiles qui serpentent dans le ciel. Les deux camps Gina'abul opposés utilisant les mêmes armes aériennes pour s'affronter, il n'est guère étonnant de retrouver ce genre d'assimilation dans nos mythes et légendes. Enfin, la disparité apparente des armes utilisées s'explique principalement par les différences culturelles des prosateurs dépeignant le mythe : les chasseurs de l'Inde ancestrale et de la Grèce antique utilisaient un arc et des flèches, les Celtes pratiquaient le jeté de lance, quant aux Vikings, leurs marteaux leur servaient aussi lors de leurs campagnes guerrières... D'où le rattachement d'instruments de guerre connus par eux à ceux, inconnus, utilisés par les dieux à des époques défiant la mémoire humaine.

Les animaux attribués à Arès sont généralement le vautour et le sanglier. Plus rarement le chien, qui dérive certainement d'une

---

partout". L'étymologie de Loki pourrait également être apparentée au vieux norrois *lúka,* décodable en LÙ(déranger, trouble)-KA$_s$(renard) : "le renard qui dérange". Et la figure du renard-chacal de réapparaître où l'on s'y attend le moins !

association avec le renard ou le chacal comme nous l'avons vu plus haut. Creusons un petit peu de ce côté-là : *vautour* en akkadien se dit ANZÛ. Le même mot est utilisé pour nommer l'aigle. C'est un synonyme du sumérien IM.DUGUD. Ce terme se retrouve souvent dans les *Chroniques du Ǧírkù*. Les Imdugud sont en effet les progénitures de deux engeances célestes : les Kingú albinos et les félidés Urmah. Ils sont en conflit avec les Anunna dès leur arrivée sur Terre. C'est pourquoi Ninurta-Maš, le fils d'Enlíl et de Ninmaḫ, partira en campagne guerrière afin de les éliminer jusqu'au dernier.

Le mot *sanglier*, en sumérien, SIGGA, pourrait se déchiffrer de la façon suivante : SIG_3(souffle, frapper, endommager, séisme), SIG_{10}(placer)-GA_6(porter, souffrir), "celui qui porte le souffle" ou "celui qui place la souffrance". Dans la langue d'Arès, le sanglier se traduit par κάπρος qui peut se décomposer phonétiquement en KA_5(renard)-BUR_2(libérer, relâcher)-$UŠ_{11}$(poison), soit "le renard qui libère le poison". Rappelons que c'est sous l'apparence d'un sanglier qu'Arès prit la vie d'Adonis, l'amant mortel d'Aphrodite et que le cochon était une façon péjorative de figurer Seth en Égypte ancienne – c'est sous l'apparence d'un porc noir que ce dernier déroba l'œil gauche d'Horus.[172] L'on retrouve à Sumer – dans deux textes liturgiques – un Enlíl déclaré responsable de la mort prématurée de Damu-Dumuzi, amant d'Inanna.[173]

Sous leur forme guerrière, Seth comme Enlíl arborent tous l'arme fétiche du dieu grec de la guerre, celle de tous les protoguerriers indo-européens : la lance. Enfin Zeus, comme Enlíl et Indra[174] sont les instigateurs de déluges ravageant l'humanité qui n'en fait qu'à sa tête et semble vouloir défier les dieux. Nous reviendrons sur les mythes majeurs de création et de destruction des hommes dès le début du tome 3. Notons simplement que l'association Enlíl-Marduk est parfois évidente dans les textes,

---

[172] Nadine Guilhou et Janice Peyré, *La Mythologie Égyptienne*, Éd. Poche Marabout, 2014, page 112.
[173] Charles Penglase, *Greek Myths and Mesopotamia : Parallels and Influence in the Homeric Hymns and Hesiod*, Éd. Routledge, 1997, Inanna 20.
[174] Alan Dundes, *The Flood Myth*, Éd. University of California Press, 1988, pp. 311-312.

ainsi dans l'*Enūma Eliš*, nous pouvons lire au sujet de Marduk :

"Celui qui, de son Arme "Déluge", a vaincu les fauteurs-de-trouble et sauvé de leur grande-détresse les dieux, ses pères !"[175]

Nous savons et le répéterons au chapitre II du tome 3 que le grand Déluge des religions mésopotamiennes n'avait qu'un seul commanditaire, Enlíl.

Si Arès ne fit l'objet d'aucun culte particulier sur les territoires grecs, il n'en fut pas de même pour Enlíl-Marduk et Seth. Chacun de leur côté les dieux mésopotamiens et égyptiens jouiront d'une réputation enviable – quoique discutable – auprès de certains groupes d'humains partisans. On verra même en Égypte des Pharaons aux patronymes inspirés de celui du frère maudit d'Osiris (Séthy, Sethnakht…) ou bien encore une tentative, sous la IIe dynastie, de réconciliation des dieux ennemis Horus et Seth par les adeptes de ce dernier – à n'en pas douter. L'interprétation officielle voulant que cette union des deux anciens partisans à la succession d'Osiris ait été une volonté royale de pacification, de réconciliation entre le nord et le sud du pays.[176]

À gauche : Enlíl accompagné de sa parèdre Ninmaḫ-Ninḫursaǧ (agrandissement d'un sceau-cylindre d'argile M2734 du Musée de Damas en provenance de la ville de Mari). À droite : le dieu grec Arès en armes (vase Francois, Musée

---

[175] *Enūma Eliš*, tablette VI, lignes 125-126.
[176] Peter A. Clayton, *Chronique des Pharaons*, Éd. Casterman, 1995, page 224.

archéologique de Florence, env. 570 av. J.-C.). Comme Seth chez les Égyptiens, ces deux divinités s'équipent de la lance pour partir en guerre. La même arme, selon Anton Parks, aurait été utilisée par Enlíl-Seth pour transpercer le corps d'Enki-Osiris avant de le laisser pour mort à Abydos *(voir* Le Réveil du Phénix, *op. cit., page 179).*

De prime abord les conflits entre Enki et Enlíl ne sont pas aussi évidents que ceux opposant Osiris/Horus et Seth ou Arès et Héraklès. Pourtant un poème va nous apporter la preuve de la férocité qui animait le préféré de An à l'encontre du souverain de l'Apsû, il s'agit du poème des *Lamentations sur Eridu*. Eridu était la ville mésopotamienne dont Enki était la divinité tutélaire. Les lamentations en question font suite à la destruction de la ville – et rien de moins que le pays entier de Sumer ! – par un certain "Seigneur du souffle"... Il existait jusque là huit versions, toutes sévèrement endommagées, dudit poème. Une neuvième tablette a récemment été traduite en anglais – traduite ici en français par votre serviteur – et apporte les informations exclusives qui vont suivre. Le texte est lui-même parsemé de cassures mais qui n'entravent en rien se compréhension globale. Le poème se développe sur trois fragments rattachés les uns aux autres sous les noms de CBS2189, CBS2227 et CBS2297a. Laissons la parole à Damgalnunna (la Nammu-Nuréa des *Chroniques*), ici l'épouse d'Enki, qui l'informe depuis Sumer de la destruction de sa Sainte cité ainsi que du pays entier. Ce dernier semble être dans son Abzu/Apsû lorsque se produit la dévastation et s'en trouve fort contrarié : "*Ô mon foyer, propice à gouverner,* (…)

"*Ô mon foyer, propice à gouverner,* (…)
[…] commença à gémir […]
[…] il a détr[uit] votre cité. […]la mai[son].
[…] il a détr[uit] le foyer de] En[ki]
[…] il a sai[si] leurs mains.
[…] les rites princiers […] (…)
Mon […], l'éternel seigneur des grands dieux.
[Sei]gneur Enlíl, seigneur de toutes les contrées,
Observait malignement [Sum]er, qu'il dévastait de sa tempête diluvienne. [Il détruisit Kiur], la grande place
(…)
["Seigneur Enki, q]ui avez v[u] [une telle destruction de

*votre cité d'Eridu]
Q[ui avez vu] un tel malheur [depuis le Saint Abzu, votre demeure]'' (...)
[Enki R]oi de l'Abzu
[se sen]tit affligé, se [s]entit angois[sé]. [Aux] mots de son épouse, Il com[men]ca lui-même à se lamenter, (...)
"Mon R[oi], vous ne devez pas vous sentir affligé, vous ne devez pas être ango[issé]!''*[177]

Nous relisons partout la même trame scénaristique : un conflit fratricide entre un dieu moral, bienfaisant, civilisateur, maître des techniques, enseignant de l'humanité primordiale et/ou purificateur du Monde de ses éléments sauvages et barbares d'un côté (Enki – Osiris/Horus – Héraklès/Dionysos – Thor/Baldr) ; et de l'autre (Enlíl – Seth – Arès/Lycurgue – Loki) une déité fourbe, manipulatrice et pleutre mais belliciste, traitant l'humanité comme du bétail, de la chair à canon, aux ordres d'un dieu suprême de l'atmosphère auquel il rend compte mais un dieu défait par son frère ou le fils de son frère – que ce soit sur le plan idéologique ou physique.

Résumons à présent les données concernant Enlíl-Ninurta, Seth et Arès dans le tableau ci-après :

---

[177] *Lamentations pour Eridu*, kirugu 6, lignes 1-18 ; kirugu 7, lignes 1-8.

	Šeteš-Seth-Apophis(1)	Enlíl-Marduk(1)	Arès(1)-Zeus(2)
Filiation / Parenté	a- Fils de Geb b- Frère d'Osiris et Oncle d'Horus c- Époux de Nephtys	a- Fils d'Enki-Éa (Marduk) / Petit-fils d'Anu b- Frère d'Enki-Éa (=Osiris) et Oncle de Marduk(2) (=Horus)* c- Amant d'Inanna	a- Fils de Zeus et d'Héra (Arès) b- Arès, frère d'Héphaïstos (=Enki-Osiris) et demi-frère d'Apollon c- Amant d'Aphrodite (Arès)
Attributs / Fonctions & Symboles	d- Dieu violent, présomptueux et irascible e- Chaos et destruction f- Couleur Rouge g- Vaincu (et parfois tué/démembré) par Horus h- Symbole guerrier de la lance i- Symbole animal du Shâ / Chacal j- Symbole animal du cochon k- Représentant du vent du désert l- Craint par les hommes m- Puni par les autres dieux de l'Ennéade, attaché à un arbre à l'issu du procès l'opposant à Horus n- Tueur du dragon Apophis(1) o- Assassin du Taureau du Ciel, Osiris	d- Dieu violent, présomptueux et irascible e- Guerre et destruction f- Planète Mars* g- Ḫumbaba tué par Gilgameš (Enlíl) h- Symbole guerrier de la lance (Enlíl) i- Symbole animal du Dragon / Renard k- Représentant du vent / souffle (Enlíl) l- Craint par les hommes m- Puni pour sa violence par la société divine et expulsé de sa ville de Nippur (Enlíl) n- Tueur du dragon Tiamat (Marduk) o- Assassin du dieu-Taureau Dumuzi (Enlíl)	d- Dieu violent, présomptueux et irascible e- Guerre et destruction (Arès) f- Couleur Rouge (Arès) g- Vaincu par Héraklès (Arès) h- Symbole guerrier de la lance (Arès) i- Symbole animal du Chien (Arès) j- Symbole animal du sanglier (Arès) k- Dieu de l'Atmosphère (Zeus(2)) l- Craint par les hommes m- Puni/moqué par les autres dieux de l'Olympe, enfermé par des mortels (Arès) n- Tueur du dragon Typhon (Zeus(2)) o- Assassin d'Adonis et de Halirrhotios/Poséidon (Arès)

Tableau Arès. * : *Élément avancé par les* Chroniques du Ǧírkù.

Chapitre IV

Artémis, Reine de la Nuit et de la Nature

*"Hécate des Voies, je t'invoque
Dame charmante de la croisée des chemins,
Dame au Manteau de safran,
Dame sépulcrale célébrant les mystères bacchanales
Parmi les esprits des morts.
Fille de Perses, amante de la solitude
Qui se réjouie parmi les cerfs
La Nocturne, Dame des Chiens
Reine invincible.
Celle des cris de la Bête
Celle sans ceinture, à l'aspect irrésistible.
Celle qui conduit les taureaux
Gardienne des clés de l'univers entier,
Maîtresse, Guide, nourricière pour les enfants
Aventurière des montagnes
Je te prie, jeune Dame, d'être présente lors de nos rites initiatiques Toujours bienfaitrice au-delà du Boukolos"*.
Hymne orphique à Hécate.

*"Parce que je suis la première et la dernière
Je suis la vénérée et la méprisée
Je suis la prostituée et la sainte
Je suis l'épouse et la vierge
Je suis la mère et la fille
Je suis les bras de ma mère
Je suis la stérile et mes enfants sont innombrables
Je suis la bien mariée et la célibataire
Je suis celle qui donne le jour et celle qui n'a jamais procréé*

> *Je suis la consolation des douleurs de l'enfantement*
> *Je suis l'épouse et l'époux*
> *Et c'est mon homme qui m'a créée*
> *Je suis la mère de mon père*
> *Je suis la sœur de mon mari*
> *Et il est mon fils rejeté*
> *Respectez-moi toujours*
> *Car je suis la scandaleuse et la magnifique (...)"*
>
> **Extraits du poème exhortatoire Le Tonnerre,**
> **L'Esprit Parfait, retrouvé parmi les manuscrits de Nag Hammadi en 1945, rédigé en grec ancien aux environs du IVe s. av. J.-C.**
> **(traduction de George W. MacRae).[178]**

Âme-sœur, compagne puis mère d'Apollon-Horus / Osiris, Sé'et-Ereškigal / Aset Isis-Hator est, notamment, assimilable chez les Grecs à la déesse Artémis. Aucune autre divinité que la sœur d'Apollon n'offrait une plus grande variété de cultes et n'a motivé plus d'explications et d'hypothèses. Le théonyme *Artémis* a été donné à des divinités tout à fait dissemblables, même en nous en tenant à la principale, à l'Artémis dorienne ou hellénique, ce n'est pas sans raison que Callimaque l'appelle *polyônymos*.[179] Polyonyme, est également une épithète souvent attribuée à Isis[180] ; la déesse étant affublée de nombre d'épiclèses durant l'époque ptolémaïque. Isis et Artémis servaient certainement à désigner la ou les descendantes de la Grande-Déesse primordiale (Nuréa) au même titre que Brigitt dans la mythologie irlandaise se référait à la Déesse-Mère aux multiples visages : Eithne, Aïfé, Aine, Morrigan, Boann... Dans l'assemblée divine des *Chroniques du Ğírkù*, Isis-Aset possédait notamment les attributs et symboles suivants : la réflexion, la Mère divine (sombre et lumineuse à la fois), le trône, la vulve, la fertilité, l'incarnation, la mort.[181] Autant d'attributs que nous retrouverons dans les incarnations mythologiques de notre Isis-Aset, comme

---

[178] L'oratrice est selon les interprétations Isis ou un des aspects de Sophia dont Isis est une des représentantes.
[179] "Qui possède plusieurs noms", en latin.
[180] André Barucq et François Daumas, *Hymnes et Prières de l'Égypte ancienne*, Éd. Les Éditions du Cerf, 1980, page 199.
[181] Anton Parks, *Le Réveil du Phénix*, op. cit., pp. 56-57.

nous le verrons tout au long de ce chapitre volumineux.

Première déesse chtonienne que nous abordons dans cet essai, Artémis est comme toutes les divinités rattachées à la Terre et aux mondes souterrains, souvent accompagnée d'animaux sauvages ou fusionnée à des éléments de la Nature – quand elle ne personnifie pas tout simplement la Nature elle-même. Hathor, en Égypte, a depuis toujours été identifiée au monde souterrain jouant le rôle de déesse psychopompe (accompagnant les morts dans leur ultime demeure). Ce lien à la Terre-Mère (incarnation cosmique du Féminin Sacré) couplé à sa parenté avec son chasseur de frère l'ont transformée pour l'éternité en traqueuse de gibier parcourant de nuit les bois à la faveur de la douce lumière de l'astre lunaire. Artémis fut portant à l'origine une Déesse-Mère du pouvoir matriarcal pré-indo-européen. Avec les invasions patriarcales aryennes (protoGrecs : Mycéniens, Achéens, Doriens…), elle fut transformée en vierge farouche (non mariée et anti-mariage), chasseresse qui tue de ses flèches les hommes qui osent la surprendre nue baignant dans les lacs des bois comme nous la présente le mythe d'Actéon.[182] Le récit prend place dans les bois de Cithéron, où Actéon fils d'Aristée, chasseur hors pair surprit Artémis et ses suivantes/prêtresses qui se baignaient nues dans l'onde claire de la source Parthenius située dans une grotte. Vexée d'avoir été aperçue dans son intimité, elle métamorphosa le pauvre Actéon en cerf ; celui-ci sera poursuivi et réduit en pièces par sa propre meute de chiens.[183] Cette histoire a tout d'une allégorie préventive : le profane sera sévèrement châtié s'il lève le voile des Mystères de la Déesse. Nous voyons dans ce récit qu'Artémis est aussi à l'aise avec la magie de la métamorphose que l'est sa répartie égyptienne Isis. Comme son frère Apollon, elle est également protectrice des troupeaux. Hathor et Isis prenaient les formes des animaux les plus divers, mais toujours en lien avec ceux de la Grande-Déesse : vache, serpent, lionne ou encore oiseaux.

La grande majorité des mythographes font donc d'Artémis une divinité lunaire proche parente de Séléné, d'Hécate,[184] de Bendis –

---

[182] https://matricien.org/matriarcat-religion/paganisme/artemis/
[183] Ovide, *Les Métamorphoses*, III, 138-252.
[184] Contrairement aux allégations courantes relatives au théonyme d'Hécate, nous

divinités qu'elle a absorbées au fil du temps – ; avec lesquelles elle constituerait la fameuse triple-déesse lunaire, l'Hécate aux trois visages dont nous allons reparler. Léto, sa mère, est parfois considérée comme une personnification de la nuit et Apollon, du Soleil ; Artémis devient, par extension, la Lune[185] – on la qualifie de *Pasiphaê* ("visible par tous"). Elle porte presque aussi souvent une torche que l'arc, d'où l'épithète de *Sélasphoros*. Ce serait ainsi une déesse de la lumière ; on trouve quelquefois le croissant lunaire dans ses attributs. Par ce caractère lunaire s'expliqueraient aisément, dans les idées de l'Antiquité, l'influence d'Artémis sur la naissance[186] (elle est alors associée, comme sa demi-sœur Aphrodite, à la déesse Ilithye), son association avec Apollon envisagé comme dieu solaire, et son caractère de pureté sereine ; productrice de la rosée : Parks nous révèle que l'une des épithètes égyptiennes d'Hathor est *Ari-Mau-Ad(j)*, "la compagne qui est comme la rosée".[187] Elle serait devenue sans mal la déesse des eaux, de la végétation et par conséquent de la fertilité, de la fécondité. Sa plante fétiche était le myrte, que l'on qualifiait dans l'Antiquité de symbole des amoureux. En Grèce, le myrte ou plante d'Aphrodite, était un signe de désir mais aussi de pouvoir.[188] Callimaque, la qualifie de "*déesse aux mille demeures, déesse aux mille cités*".

Isis était, au sud de la Méditerranée, tout autant cette déesse

---

prendrons le parti que le nom de la déesse proviendrait de l'égyptien. Hékat (ou Héket) était la parèdre divine de Khnum le dieu-potier ayant créé l'humanité (toute ressemblance avec Enki étant purement fortuite), quant à l'homophone HqAt, il désigne la souveraineté, le pouvoir ; ce qui, bien évidemment, est en lien étroit avec le personnage qui nous occupe présentement.

[185] La Lune apparaît en général comme la sœur ou le frère. Ainsi au Japon, le dieu Izanagi fait sortir de son œil gauche la déesse du Soleil Amaterasu (dont nous reparlerons) et de son œil droit le dieu de la Lune Tsukiyomi. Au Pérou, Manco Cápac est le frère et l'époux de Mama Oello, la Lune. Il en va de même pour les dieux des mythes nordiques Freyr et Freyja, respectivement divinités solaire et lunaire des Scandinaves.

[186] "*Les prêtresses d'Isis-Hathor facilitaient tout phénomène de naissance et jouaient un rôle de marraine*" nous confie Anton Parks dans *Le Testament de la Vierge*, op. cit., page 60.

[187] Ibidem.

[188] Claude Meslay, Marie-Françoise Delarozière, *Herbier méditerranéen*, Éd. Édisud, 2007, page 85.

lunaire, présidant à la fertilité et maîtrisant la Nature qui aura tant inspiré les Grecs et leurs prédécesseurs. Elle était la douce magicienne qui, sous l'aspect d'un volatile, fit renaître l'âme de son époux tout autant que la lionne furieuse qui défendait son fils Horus des attaques de Seth ; qui se transformait en terrible Sekhmet lorsqu'elle endossait l'identité d'Hathor – déjà évoquée comme un reflet d'Aphrodite. Isis était la mère symbolique de Pharaon, celui-ci étant durant sa vie une incarnation d'Horus ; devenant un *Osiris* après sa mort. Pharaon était sans surprise l'époux symbolique d'Hathor, elle-même épouse d'Horus dans la sphère divine. Artémis avait à l'occasion un caractère vindicatif et, à l'image de son frère, s'accordait quelques aventures vengeresses. Ces traits de caractère ne sont pas étrangers à la Sé'et des *Chroniques* d'Anton Parks, laquelle pouvait rentrer dans de noires colères. Mais ce qui la rapproche de la nature meurtrière de la Sekhmet égyptienne est bien entendu son lien avec le passage de l'Œil de Rê ou la Lointaine (Vénus) – autres dénominations d'Hathor-Sekhmet. Pour les anciens du Double-Pays, cette fureur s'étant abattue sur la Terre à plusieurs reprises était la conséquence du meurtre d'Osiris par Seth. Ce qui, en toute légitimité, du moins dans leur esprit, s'apparentait à l'état d'esprit de l'épouse-sœur du défunt dieu de la fertilité. Bien entendu qu'elle – et sa sœur Nephtys – s'étaient lamentées, bien entendu qu'elles avaient effectué les rites funéraires dans les règles de l'art lui garantissant une vie éternelle dans l'Autre Monde, le Monde inférieur sur lequel il exercerait à présent son autorité. Venait ensuite le temps de la réparation et du châtiment : Horus en serait l'arme et Isis la commanditaire. Sous son identité d'Hathor elle serait la figuration céleste de la vengeance (Œil de Rê) tandis qu'Horus le Faucon, son fils et amant, en représenterait l'instrument terrestre. Leurs associations respectives avec l'Astre du matin et du soir étaient actées.

Le fait que les prêtresses des cités sur lesquelles Artémis exerce son pouvoir s'exprimaient en langue barbare semble démontrer la présence sinon archaïque du moins pré-indo-européenne de la déesse sur ce qui deviendra les territoires grecs. Les prêtresses d'Artemis, mais plus généralement des Mystères (Rhéa, Déméter, Koré/Perséphone), étaient nommées *Melissai* ("les Abeilles"), terme issu de *meli*, le miel, transmis au latin *mellis*, *melittus* ("assaisonné de miel", qui a donné le nom de l'île de Malte, par exemple). *Meli* provient peut-être de l'égyptien *Meri* (*Mri*), épithète d'Isis signifiant "bien aimé(é)". Pour rappel, le "L" n'existe pas en égyptien. Une approche plus aventureuse pourrait faire venir le terme *Melissai* de l'égyptien. Meli (ou Meri) est "la Bien-Aimée", épithète d'Isis. La particule sAi signifie quant à elle "être satisfait, être rassasié" ; les vocables sA et i traduisent respectivement un groupe, une compagnie et le fait de s'exprimer. *Melissai* proviendrait alors de Mri-sAi, "qui satisfait la Bien-Aimée" ou Mri-sA-i "les émissaires/mandataires de la Bien-Aimée".

Meri-Isis est la Reine du royaume d'Égypte de toute éternité. Son assimilation à la montagne/pyramide nous est rappelée par l'expression phonétique *Mer-Yi* (*Mr-Yi*) : "pyramide de l'existence".[189] D'autre part, comme nous le verrons en détail dans la partie consacrée à Dionysos, l'abeille est un symbole sacré, de royauté chez les Égyptiens primordiaux. C'est un emblème associé à pharaon ; le miel était l'exclusivité de ce dernier et de ses grands prêtres. Le pharaon étant la représentation, l'incarnation du souverain suprême, Horus (dont Meri-Isis est la génitrice), nous comprenons mieux pourquoi ce miel revêtait un caractère sacerdotal associé aux suivantes des avatars gréco-romains de la Reine du trône. Il existait en Grèce une antique déesse-abeille que l'on pense être une forme de maîtresse des animaux, en Phrygie c'est la déesse Cybèle, autre écho d'Isis, qui est regardée comme la reine des abeilles. Tel l'abeille mâle qui féconde la femelle et meurt par la perte de ses organes génitaux dans le corps de celle-ci après accouplement, le mythique Attis fils et prétendant de Cybèle, mourut par amour pour elle après s'être castré – sans espoir d'un amour réciproque. Les abeilles sont un symbole de vie, de lumière, de résurrection mais aussi de sacrifice impliquant des taureaux ou des lions des entrailles desquels elles étaient censées naître selon les Anciens ; nous les retrouverons ainsi sans surprise associées à Osiris un peu plus bas. Elles le sont déjà par leur étymologie : *abeille* provient du provençal *abelha*, du latin *apicula* lui-même

---

[189] Anton Parks, *Le Testament de la Vierge*, op. cit., pp. 120-121.

issu de l'égyptien *Apis*, du nom du dieu-taureau sacrifié du Pays des Deux Terres, aspect d'Osiris-Ptah.

Comme précisé dans le chapitre *Apollon*, à peine née, Artémis se convertit en sage-femme pour aider sa mère à accoucher de son frère jumeau Apollon.[190] Détail pour le moins surprenant pour cette future déesse vierge et farouche ! Dans la Rome antique, Diane, dès l'origine semblait patronner les *primera* c'est-à-dire les "commencements". L'équivalent local d'Artémis, avec qui elle fut rapidement syncrétisée, présidait aux enfantements, à la procréation.

Nous pouvons ainsi aisément fondre Léto dans le protagoniste d'Artémis-Isis. Au moment de la naissance d'Apollon, la mère (Léto) se "transforme" en sœur ou, plus précisément, en âme-sœur ou âme-jumelle. Léto peut d'ailleurs se traduire avec le langage matrice en LE$_9$(briller)-TU(mettre au monde) : "la brillante mise au monde". Une autre décomposition nous permet de rapprocher cette naissance à la mort d'Osiris et donc à la mise au monde de son fils, Horus. En effet, LE(cèdre)-TU(naître), nous donne "né du cèdre". Dans l'un des mythes osiriens, le cercueil d'Osiris fut incorporé au tronc d'un cèdre. Celui-ci fut ensuite coupé puis taillé en forme de pilier Djed. Isis, finissant par retrouver cette colonne après maintes péripéties, en extraya le corps de son époux afin de s'unir avec et ainsi enfanter Horus. La particule sumérienne LE/LI a aussi pour définition "genévrier", l'un des végétaux associés à Apollon. Autre indice rapprochant l'avatar Apollon d'Horus, la naissance de celui-ci a lieu au pied d'une montagne. La montagne est la figuration par excellence de la pyramide ; dont Isis est la maîtresse.[191] Rappelons aussi qu'un homophone du *Meri* égyptien, *Mer-Yi* veut dire "Pyramide de l'existence".[192] Lieu sacré dans lequel elle enfantera le petit Horus, cette "montagne" se nomme Kynthios dans la mythologie grecque. Décomposé avec notre méthode habituelle, cela nous offre KI(lieu)-IN(seigneur)-TI(vie)-UŠ$_8$(fondation), UŠ(supporter, maintenir), ÚS(amarrer) soit "le lieu où s'amarre la vie du seigneur" ou "le lieu de fondation de vie

---

[190] Pseudo-Apollodore, *Bibliothèque*, I, 4, 1.
[191] Anton Parks, *Le Testament de la Vierge*, op. cit., page 242.
[192] Id., *Le Réveil du Phénix*, op. cit., page 51.

du seigneur" et enfin "le lieu qui supporte la vie du seigneur". Tout cela nous renvoie à la grande pyramide d'Égypte où la conception d'Horus a eu lieu.

Redisons que l'une des épithètes d'Artémis est Ilithye ("l'accoucheuse") qui est justifiée par l'épisode la naissance de son frère jumeau. Cepedant Ilithye peut être regardée comme une divinité à part entière, fille de Zeus et d'Héra. Elle assista d'ailleurs à la naissance d'Athéna. Ce faisceau d'indices nous permet de mettre une identité sur cette déité ; il s'agit bien entendu de Aphrodite-Nephtys. Et comme avec les deux lionnes égyptiennes mères et protectrices du jeune Faucon Horus, nous retrouvons à la naissance d'Apollon : Artémis-Isis et Ilithye-Nephtys ! Outre la Grande Pyramide, Isis est aussi immortalisée dans la pierre au travers du Sphinx de Gizeh, le fameux Šešep Anki ; protecteur du Pays de Lumière (Kemet) et du saint plateau. Son regard pointe vers le pays ennemi de l'Est : Kalam. Anton Parks précise que : *"l'on retrouve dans l'égyptien Shesep Ankh, qui est le nom du Sphinx de Gizeh et dont la définition égyptienne donne "image vivante". Nous allons appréhender ici l'un des plus grands secrets de l'égyptologie, celui qui concerne la nature originelle du Sphinx du plateau de Gizeh. Il s'agit une fois encore d'un terme d'origine sumérienne qui se décompose en ŠÈŠ ("pleurer", "se lamenter") EP (ou IB = URAŠ, "la déesse primordiale" ou "la Terre") et AN-KI ("Ciel et Terre" ou "Univers"). Ceci nous donne donc ŠÈŠ-EP AN-KI, "la Déesse (Primordiale) du Ciel et de la Terre qui se lamente". Il ne peut s'agir que de la déesse Isis ! Plus récemment, le Sphinx a porté le nom de Herakhti, "Horus de l'horizon", parfaite manifestation du lever du dieu-soleil, celle du roi qui remplace les fonctions de sa mère divine."*[193] En sumérien, Sphinx se dit ÁB-ZA-ZA. Sa décomposition stricte exprime bien une "vache qui produit beaucoup de bruit". Cela est conforme à la mythologie égyptienne qui assimile Isis à Hathor-Shekmet. Et Parks de nous confirmer ce que nous retrouverons plus loin chez Artémis-Hécate : "*Isis-Hathor* (est assimilée) *à la déesse léontocéphale Sekhmet, "la puissante", gardienne des seuils secrets de la Duat inférieure dont le siège est dissimulé sous le*

---

[193] Ibidem, page 52.

plateau de Gizeh. Sekhmet est regardée comme une déesse dévastatrice responsable de plusieurs fléaux importants. Ce côté agressif et combatif d'Isis est en relation avec le grand déluge évoqué à la fin du tome 2 (vers 10.000 av. J.-C), l'époque de la mort d'Enki-Osiris (...)"[194]

***

Une fois de plus, le patronyme de la sœur d'Apollon a une origine incertaine. Aidons-nous encore de l'Emeša pour tenter d'y voir plus clair : HAR(âme, corps)-TE₆(porter)-MÌ(être)-IŠ(ardent) : "celle qui porte le corps et l'âme de l'être ardent" voire ÁR(gloire, glorifier)-TIM(piquet d'amarrage)-IŠ(étoiles) : "le glorieux piquet d'amarrage des étoiles". Une autre approche plus audacieuse nous est apparue : AR(brillant)-TE(flèche)-MI(femme)-IŠ(montagne) : "la femme des montagnes aux flèches brillantes".

La première décomposition nous conforte dans notre idée selon laquelle Artémis est Isis d'une part, mais également qu'elle incarne la propre mère de son *frère* Apollon : Léto. Pour les décompositions suivantes, nous sommes là en plein symbolisme. L'Artémis égyptienne se transforme effectivement en piquet d'amarrage lors de la reproduction des rituels sacrés de résurrection de l'âme d'Osiris. Cela afin que celle-ci ne se perde pas les limbes du cosmos et arrive à sa destination finale : le corps du petit Horus.[195] Dans cet extrait du texte égyptien des *Lamentations d'Isis et de Nephtys*, Osiris est appelé par sa sœur et épouse à rentrer dans un nouveau corps :

''Viens à ta demeure, viens à ta demeure, ô dieu An ![196]
Viens à ta demeure ! Tes ennemis ne sont plus.

---

[194] Id., *Ádam Genisiš*, op. cit., page 334.
[195] Ce An n'a rien à voir avec l'An(u) des anciens Mésopotamiens. Il est dans ce cas la figure légendaire à l'origine du peuple Anou, issu de Nubie, s'étant installé dans le sud de l'Égypte durant l'époque pré-dynastique.
[196] Ce An n'a rien à voir avec l'An (u) des anciens Mésopotamiens. Il est dans ce cas la figure légendaire à l'origine du peuple Anou, issu de Nubie, s'étant installé dans le sud de l'Égypte durant l'époque pré-dynastique.

> *Ô excellent souverain, viens à ta demeure !*
> *Regarde-moi. Je suis ta sœur qui t'aime.*
> *Ne t'arrête pas loin de moi, ô bel adolescent.*
> *Viens à ta demeure* (NDA : ici la demeure peut aussi bien passer pour l'utérus d'Isis), *vite, vite.*
> *Ne m'apercois-tu pas ?*
> *Mon cœur est dans l'amertume à cause de toi ;*
> *Mes yeux te cherchent. Je te cherche pour te voir. (...)*
> *Ne te sépare pas de moi.*
> *Les dieux et les hommes [tournent] leurs faces vers toi pour te pleurer tous à la fois,*
> *depuis qu'ils me voient poussant des plaintes jusqu'au haut du ciel ;*
> *Et tu n'entends pas ma voix.*
> *Je suis ta sœur qui t'aime sur la terre ; personne d'autre ne t'a aimé plus que moi, (ta) sœur, (ta) sœur.*"[197]

    La déesse Isis est tout à la fois la représentation de la montagne (ou du monticule sacré / de la pyramide) et la montagne personnifiée. Est-il étonnant de retrouver Artémis associée aux montagnes ? D'autant que, comme nous l'avons vu au-dessus, la naissance de son frère-amant Apollon-Horus a lieu au pied d'une montagne-pyramide. Un culte lié à Artémis en faisait la déesse des montagnes. Elle possédait aussi un arc et des flèches d'argent,[198] comme son frère Apollon. Il est rare de ne pas voir la déesse dépeinte équipée de son arc et accompagnée de ses animaux fétiches. Cet accessoire ressort du décodage. Ces flèches brillantes pourraient tout aussi bien représenter ce lien céleste qui unit Isis-Artémis à Osiris/Horus-Apollon, son âme jumelle et frère.

    La subordination du Soleil à la Lune (déjà évoquée plus haut) nous est confirmée par Robert Graves : "*La subordination du Soleil à la Lune jusqu'au moment où Apollon usurpa la place d'Hélios, lui retirant ainsi toute réalité physique, est un des traits remarquables de la mythologie grecque primitive. (...) Le nombre des têtes de bétail des troupeaux d'Hélios* (NDA : le dieu possédait sept troupeaux de bœufs et sept troupeaux de brebis à la belle

---

[197] Callimaque, *Hymnes, À Artémis*, III, 81-85.
[198] Robert Graves, op. cit., page 255.

toison, de cinquante têtes chacun) *rappelle sa subordination à la Grande Déesse ; c'est en effet le nombre de jours que comportent douze lunaisons complètes (...). C'est aussi un multiple des nombres de la Lune : cinquante et sept. Les soi-disant filles d'Hélios sont en réalité des prêtresses de la Lune – les vaches étant des animaux lunaires et non solaires dans la mythologie primitive européenne ; la mère d'Hélios Euryphaessa aux-yeux-de-vache, n'est autre que la déeese-Lune elle-même. L'allégorie du char solaire traversant le ciel est hellénique mais Nilsson a montré que les cultes de clan ancestraux, même de la Grèce classique, étaient réglés sur la Lune seule – comme l'était l'agriculture dans la Béotie d'Hésiode. Une bague en or de Tirynthe et une autre bague provenant de l'Acropole de Mycènes prouvent que la déesse contrôlait à la fois la Lune et le Soleil qui sont placés au-dessus de sa tête.*"[199]

Un arc d'argent qui évoque bien entendu un croissant de Lune, autre attribut majeur de la déesse grecque. Cette Lune dont on sait qu'elle est l'astre principal du culte de la Déesse-Mère sur Terre et dont Isis-Artémis est l'ultime représentante. Cela nous renvoie aussi à la coupe féminine qui reçoit le principe masculin dans l'interprétation psychanalytique de la résurrection d'Osiris en Horus, dans le corps d'Isis-Aset. La Lune était un élément capital pour les premiers agriculteurs de la préhistoire.[200] C'est d'ailleurs certainement avec la sédentarisation de certaines populations (du moins en Europe) que l'astre lunaire prit une importance considérable au point que la Déesse-Mère sera progressivement célébrée plus souvent de nuit dans des lieux à ciel ouvert, qu'à l'intérieur de grottes sombres et humides – images du "ventre-royaume" de la Terre-Mère. Nous ne retrouvons pas de rôle agraire chez Artémis bien qu'ils soient présents chez Isis en tant que déesse de la fertilité. Cette attribution incombera à Déméter chez

---

[199] En témoigne peut-être cette étonnante découverte : celle d'un calendrier lunaire vieux de 10 000 ans. Il a été mis à jour par une équipe de l'université de Birmingham dans le nord de l'Écosse, à Warren Field dans l'Aberdeenshire. Il est formé de douze fosses alignées en forme d'arc, selon le journal *The Scotsman*, représentant les mois et les phases lunaires. Source : http://www.lexpress.fr/actualite/sciences/archeologie-le-plus-vieux-calendrier-du-monde-decouvert-en-ecosse_1266994.html
[200]

les Grecs, divinité bâtie en partie sur l'Isis égyptienne comme nous le verrons. L'Athéna hellénique se verra également confier des missions agricoles dans ses premières fonctions, mais elle les délaissa progressivement au profit de la mère de Koré-Perséphone. Achevons le tableau en rajoutant que l'un des attributs de la déesse est un buste atteint de polymastie (anomalie anatomique caractérisant les mammifères possédant davantage de mamelles que leur espèce n'en dispose traditionnellement). Si la présence, sur les sculptures d'Artémis – d'Éphèse –, de plusieurs rangées de seins n'est pas là pour représenter le caractère hautement maternel et féminin de la divinité grecque, quelle est leur fonction ?

Représentation classique de la divinité Hécate. Le triple aspect de la divinité chtonienne est récurrent. Il symbolise son statut de lien entre le Séjour souterrain (ou les Abysses aquatiques), la Terre et le Ciel. Cela fait d'elle la déesse des carrefours. L'on peut y voir également les trois phases de la lune (complétées par ses avatars Artémis et Sélénée) ou encore les cycles de l'évolution humaine, voire de la Nature en général (naissance, vie, mort). Associée à la face sombre de la lune, on lui sacrifie des agneaux ou

des chiens noirs. En ces occasions, on lui offre aussi du miel. Certains chercheurs supposent que la triplication d'un aspect d'une divinité servait à magnifier cette dernière.

***

Comme Athéna et Hestia, Artémis est une déesse vierge. Cette association à la virginité n'est pas du tout anodine comme vous vous en doutiez et, si vous vous souvenez du tome 1 des *Chroniques du Ĝírkù*, ce statut de vierge immortelle est un attribut de Nammu-Nut (Hestia / Déméter dans notre étude), la mère de Sé'et-Isis à laquelle elle cédera sa place... Durant l'intronisation divine suivie par Sa'am-Nudímmud-Osiris et emmenée par plusieurs "*sombres des étoiles*" ou prêtresses de la vie dont Sé'et-Isis, Sa'am deviendra symboliquement le fils de la Déesse-Mère. Il adoptera également le statut de "*Taureau sauvage*" ou "*Taureau du Ciel*" de par son union sacrée avec la DINGIR (litt. "Vache Céleste" en sumérien) Nammu-Nut.

Les papyrus égyptiens et tablettes mésopotamiennes attestent avec précision que les différentes déesses de l'Égypte antique et d'ancienne Mésopotamie – assimilées à ces fameuses Vaches Célestes – transmettaient aux rois leurs pouvoirs divins en ayant des rapports sexuels avec eux. Le roi était invité à partager l'énergie vitale de la déesse dans le lit nuptial sacré où il obtenait l'immortalité et devenait ainsi un Taureau du Ciel. Ces rites se pratiquaient aussi bien à Sumer, en Égypte qu'en Grèce classique.[201] Rappelez-vous le rite de hiérogamie unissant le roi de Sumer (prenant l'identité de Dumuzi) et d'une prêtresse d'Inanna (incarnant la déesse le temps de la cérémonie) – chapitre *Aphrodite*. Vous avez donc saisi jusque là que les définitions des prêtresses (les Amašutum et leurs suivantes terrestres) vouées au culte de la Déesse-Mère au service de la Source Originelle – dont elles sont les représentantes voire les incarnations mêmes – sont multiples : Arbres, Vaches célestes ou Vaches Mères, Araignées, Étoiles Sombres ou Sombres des Étoiles. Elles fournissent aux futurs rois et princes de leur peuple l'entendement et les pouvoirs

---

[201] Anton Parks, *Le Secret des Étoiles Sombres*, op. cit., page 297.

de la Déesse-Mère en les nourrissant de leur Plante de la Vie ou de leur Lait divin. Ainsi lorsqu'il est question de personnages en rapport avec des arbres ou des bovins et de leurs fruits, plantes, productions ou sécrétions, vous saurez à quel type de caste vous aurez à faire.

Le caractère "*sombre*" des étoiles se retrouve dans la couleur de peau des Artémis d'Éphèse, trahissant du même coup leur nature chtonienne.[202] Ces fameuses Artémis noires semblent être les protovierges noires européennes ; survivance des cultes païens matriarcaux du bassin méditerranéen, du moins, sinon de toutes les cultures pré-indo-européennes. La plupart de ces Vierges noires sont liées à des rites de fertilité, de fécondité ou de sexualité. Ce ne sont pas là les attributs ordinaires de Marie, la Vierge des Chrétiens. Comment concilier le statut de Vierge éternelle de Marie – puisqu'il s'agit bien entendu de la mère du Christ – avec les attributs de fécondité et de sexualité qui étaient associés à son modèle ? Difficile problématique pour l'Église Catholique... Ces Vierges noires portent presque toujours une couronne : considérées comme des "Reines du Ciel", elles sont associées à des représentations de la Lune ou des étoiles. Il s'agit d'une pratique qui nous ramène à l'ère préchrétienne et qui perpétue les cultes païens des divinités féminines. Ces "Maîtresses du Monde" sont donc mises "hors circuit" par l'Église dès qu'elle le peut sans trop choquer les populations locales, toujours plus attachées aux Vierges qu'à la fréquentation des messes. Depuis le XIXe siècle, beaucoup de ces Vierges noires ont été remplacées par des représentations plus conformes au modèle marial. Quand elles n'ont pas été, tout simplement, repeintes... en blanc ! Les grandes cathédrales étaient les temples de cette déesse. Entre 1170 et 1270, pas moins de quatre-vingt-quatre cathédrales dédiées à Notre-Dame et cinq cents églises seront édifiées à sa gloire. La plus grande partie de ces monuments seront bâtis sur des sites déjà consacrés par la présence d'une statue de Madone, le plus souvent noire et généralement pré-chrétienne. La cathédrale de Chartres est un sanctuaire dédié à la Vierge bien avant l'introduction du christianisme en Gaule. Au-dessus de Chartres, à Mignières, se

---

[202] Pausanias IV, 31, 8 ; VII, 2, 7.

trouve une église dont l'autel est dédié Trois Maries : Marie-Jacobé, Marie-Madeleine et Marie-Salomé ; une résilience de la Triple-Déesse ?

Cette *Virgo Paritura* que les druides ont vénérée à l'emplacement même de la crypte de la cathédrale de Chartres (actuelle), dans une grotte, est appelée "Notre Dame de Sous-Terre", l'image de la Mère universelle, la Déesse des Commencements, celle "sur le point d'enfanter" le monde, vers laquelle se dresse l'humanité entière, celle enfin que les Chrétiens ont fini par identifier à l'Immaculée Conception. Chartres est située au centre de la Beauce, recouverte autrefois par une forêt immense, la forêt des Carnutes, qui, selon Jules César, abritait le plus grand sanctuaire de toute la Gaule, sanctuaire où les druides venaient célébrer, une fois l'an, de très secrètes liturgies. Ce qui est sûr, en tout cas, c'est qu'il existe une filiation évidente entre le culte druidique de la Déesse-Mère et le culte de la Vierge Marie, culte lié lui-même aux représentations dites de la Vierge Noire.[203] L'un des derniers bastions connus en France dédiés à la Grande-Déesse apparaît en l'Abbaye Royale de Fontevraud dans la région de l'Anjou. "Temple" unique par sa mixité homme/femme, il l'est plus encore, sans doute, par le fait qu'elle fut dirigée par trente-six abbesses successives issues de la plus haute noblesse ; cette lignée ne fut stoppée que par décision des acteurs de la Révolution Française !

Une "Dame de Sous-Terre", protoVierge noire des Chrétiens d'Europe et vraisemblablement identifiée à Artémis, adulée par les druides soit la plus haute instance spirituelle du peuple celte qui domina l'Europe durant des siècles ? Faut-il donc voir dans les Celtes un peuple voué au culte de la Déesse-Mère ? À n'en pas douter, du moins au début de leur domination sur le Vieux Continent. Dans tous les cas, nous avons là une Artémis chtonienne dans toute sa splendeur : symbole de fécondité et de vie sauvage sur et sous la Terre. Plus haut nous avons parlé du lien entre Artémis et Hécate. Homère, dans son *Hymne à Déméter*, déclare que seule la déesse Hécate s'aperçoit de l'enlèvement de

---

[203] https://matricien.org/vierge-noire/

Koré. Elle décide de partir aux Enfers afin de retrouver la fille de Déméter et finit par se muer symboliquement en Koré. Elle deviendra Perséphone – avec laquelle elle était souvent identifiée –, la parèdre d'Hadès et se dotera pour l'occasion d'un féroce appétit sexuel, tout comme Ereškigal son pendant mésopotamien.[204] Quelle meilleure candidate locale que Perséphone pour reprendre le rôle de la Reine de l'Irkalla, les Enfers suméro-akkadiens ?

Hadès n'apparaît dans quasiment aucun récit mythique. Il donne son nom à son royaume inférieur, complète l'inévitable triade fraternelle indo-européenne (accompagnant Zeus et Poséidon), et enfin il sert de prétexte à la présence de Perséphone aux Enfers. Hormis cela, il est un dieu absent. En qualité de souveraine du monde souterrain, Hécate portera les épithètes de *Chtonia* ("souterraine") ou encore *Nerteron prytanis* ("prytane des Enfers"). Elle est la fille d'Astéria (sœur de Léto),[205] parfois fille de Léto. Elle est aussi donnée, comme Perséphone, pour la fille de Déméter et de Zeus.[206] Hécate représentait selon certains avec Artémis et Perséphone trois noms différents d'une même déesse, d'un même astre, la Lune. Elle préside également aux processus incantatoires et aux enchantements en tant que divinité de la magie. Ereškigal était elle-même associée aux arts magiques et divinatoires. Hécate est également reconnue comme une déité vengeresse et terrible. L'animal principal consacré à Hécate est le serpent, symbole suprême de la renaissance et de l'immortalité au regard du principe naturel de renouvellement de la peau. Elle porte aléatoirement des torches – comme Artémis[207] –, des épées, des pommes, des coupes, des gâteaux en forme de croissants, des clefs et ses fameux serpents. Sa tête est ornée de la haute tiare ronde l'associant aux Déesses-Mères. Ces aspects de divinité du monde inférieur et à peau noire se retrouvent dans les attributs d'Isis, déesse égyptienne à la peau sombre/noire et parèdre d'Osiris, dieu

---

[204] Shlomo Giora Shoham, *Le sexe comme appat*, Éd. Âge d'Homme, 1990, page 77.
[205] Hésiode, *Théogonie*, 404 ; Pseudo-Apollodore, *Bibliothèque*, Livre II, 8.
[206] Scoliaste de Théocrite.
[207] Le symbolisme de la Statue de la Liberté (New York, USA) est ici flagrant.

du royaume des morts. C'est également le statut d'Ereškigal,[208] son pendant suméro-akkadien, déesse du Séjour infernal des Mésopotamiens. En outre, nous verrons plus loin qu'Artémis a un doublet en rapport aux Univers souterrains en la personne de Koré, la parèdre d'Hadès, régent suprême des Enfers que j'associe à Enki-Éa-Osiris.

Si l'on retrace les liens familiaux d'Ereškigal, tout cela s'accorde : elle est la sœur aînée d'Inanna (Aphrodite) avec laquelle elle partage les Mystères de la Sexualité Sacrée. Son époux est Nergal (fils d'Enki-Éa), assimilé plus haut à notre Apollon-Horus. Nergal est parfois confondu avec la divinité Gugalanna[209] – assassiné selon le mythe de la *Descente aux Enfers d'Inanna*[210] –, considéré comme le premier époux de la déesse infernale ; faisant de sa parèdre la compagne d'un taureau ! Elle est parfois vue comme la sœur jumelle d'Enki, dans ce cas elle est la fille de An et de Nammu. Sa filiation avec Nuréa-Léto est actée sous une identité différente, celle de Ninlíl-Sud, une des premières compagnes d'Enlíl – plutôt l'une des premières victimes de son appétit sexuel débridé. Bien que portant des théonymes différents, l'identification de Ninlíl et de Sud est validée dans le mythe sumérien *Le mariage de Sud*.[211] Ninlíl-Sud était la fille de Nidaba (ou Nisaba), très ancienne déesse des céréales et de la connaissance rapprochable de la Mut des Égyptiens et de la Déméter des Grecs. Dans *Le mariage de Sud*, Nidaba porte la dénomination d'Aruru, l'un des noms de la Grande-Déesse des Sumériens.[212] Anton Parks a, dans *Eden*, quant à lui parfaitement assimilé Nidaba à Mamítu-Nuréa.[213]

---

[208] Litt. "la Souveraine de la grande terre ou du grand lieu" en sumérien. Ce "grand lieu", KIGAL en sumérien, est le GIGAL égyptien soit le royaume souterrain qui gît sous le plateau Gizeh.
[209] Litt. "le Grand Taureau du Ciel" en sumérien. L'association avec Enki-Osiris est ici toute faite.
[210] Mythe sumérien de la *Descente aux Enfers d'Inanna*, lignes 85-86.
[211] *Le mariage de Sud*, lignes 170-171 : "*Désormais, Sud, le roi étant Enlíl, Ninlíl sera la reine : Une divinité sans gloire a maintenant un nom illustre !*" (trad. Jean Bottéro).
[212] Ibidem, ligne 146.
[213] Anton Parks, *Eden*, Éd. Nouvelle Terre, 2011, pp. 236-240.

On donnait à Ninlíl-Sud deux enfants, deux garçons : Nergal et Sîn, que je rapproche sans mal de Horus et d'Osiris. Le premier étant la réincarnation du second, cette descendance tombe sous le sens. On la prétend parfois mère de Ninazu et de Ningišzida, deux célèbres figures mythologiques que nous rapprocherons plus bas d'Enki-Osiris et de Nergal-Horus. Ninlíl-Sud se verra affublée d'autres théonymes validant le fait que ceux-ci se rapprochaient de titres, d'épithètes plus que de noms propres. Elle est appelée Ašnan, déesse de l'agriculture et de la fertilité – comme Nidaba – et Nintu, déesse de la procréation – comme Ninmaḫ.[214] Tout cela faisant de l'épouse d'Enlíl une identification locale idéale d'Isis. Il faut aussi signaler la présence éparse d'une déesse nommée Ninki, qui ne semble être qu'une épithète d'Ereškigal, désignant donc Sé'et-Isis-Artémis. Sud portait parmi ses nombreuses épithètes celle de "*Reine des Cieux et de la Terre*" et "*Souveraine des territoires*", un titre que porterait sans mal l'Hécate des Grecs.

En Grèce et sur ses territoires, nous retrouvons cette dernière sous d'autres théonymes : Déméter, Cybèle ou encore Rhéa. Comme expliqué dans le tome 1, Isis serait Déméter(2) / Rhéa(3) et Cybèle. Plusieurs éléments nous permettent de distinguer les différentes Déméter et Rhéa ; quant à Cybèle, elle ne semble être qu'une appellation phrygienne de la Grande-Déesse – un doublet de Rhéa si l'on veut. Plusieurs de ces déesses ont été assimilées par syncrétisme : Artémis et Cybèle, Rhéa et Cybèle, Rhéa et Cérès, Déméter et Isis…etc. Un simple surnom phrygien était donné en commun à Déméter, Rhéa et Cybèle, unissant dans l'esprit des Anciens ces trois déesses : Amma.[215] Rappelons qu'en sumérien, le vocable AMA désignait la mère. Il serait vain d'expliquer le cheminement des Anciens dans ces opérations syncrétiques. Il suffit de comprendre que c'est de par ses fonctions et domaines d'action qu'une divinité est syncrétisée à une autre. Ainsi les Grandes-Déesses ou Déesses-Mères, associée à la Terre, la Vie sauvage, à la fertilité et à la connaissance, sont associées tout naturellement. Dans *L'Âne d'Or*, Apulée dépeint à merveille et non sans un certain lyrisme suranné, cette Dame Nature aux

---

[214] *Le mariage de Sud*, lignes 153-160.
[215] Joseph Fr. Michaud et Louis Gabriel Michaud, *Biographie universelle, ancienne et moderne*, Volume 53, Éd. L.-G. Michaud, 1832, page 177.

multiples visages et appellations :

"*Je suis la Nature, Mère de toutes choses, Maîtresse des éléments, Principe originel des siècles, divinité suprême, Reine des Manes, la Première entre les habitants du Ciel, Type Universel des dieux et des déesses. L'Empyrée et ses voûtes lumineuses, la mer et ses brises salubres, l'Enfer et ses silencieux chaos, obéissent à mes lois : puissance unique adorée sous autant d'aspects, de formes, de cultes et de noms qu'il y a de peuples sur la terre. Pour la race primitive des Phrygiens, je suis la déesse de Pessinonte et la mère des dieux ; le peuple autochtone de l'Attique me nomme Minerve Cécropienne. Je suis Vénus Paphienne pour les insulaires de Chypre, Diane Dictynne pour les Crétois aux flèches inévitables. Dans les trois langues de Sicile, j'ai nom Proserpine Stygienne, Cérès Antique à Éleusis. Les uns m'invoquent sous celui de Junon, les autres sous celui de Bellone. Je suis Hécate ici, là je suis Rhamnusie. Mais les peuples d'Éthiopie, de l'Ariane et de l'antique et docte Égypte, contrées que le Soleil favorise de ses rayons naissants, seuls me rendent mon culte propre, et me donnent mon vrai nom de déesse Isis.*"[216]

Ces syncrétismes tardifs ne font, d'après nous, que recoudre les mailles d'un tissu original – une identité divine première éclatée – déchiré par le temps. Dans le cas des déesses, cela est plus complexe en ce ses qu'il y a une notion d'héritage, de legs. Ainsi Déméter livre, par exemple, ses fonctions divines à sa fille Koré-Perséphone. Bien que leur statut et leur filiation devraient les voir figurer à des fonctions honorifiques, Cybèle et Rhéa sont pourtant impliquées dans certains mythes que l'on attribuerait d'ordinaire à des divinités de deuxième ou troisième génération. Ainsi Cybèle est aimée de son fils Attis, qui meurt et ressuscite à la façon d'un Dionysos-Osiris, expliquant son rapprochement d'avec Isis. Dionysos est guéri de sa folie par Rhéa qui l'initie à ses Mystères tandis qu'Isis soigne son fils Horus des blessures de scorpions. Cybèle-Rhéa et Isis semblent étroitement liées. Quant aux liens unissant la sœur d'Osiris et Déméter, nous en reparlerons dans le

---

[216] Apulée, *L'Âne d'Or*, Le livre d'Isis, XI, 5, 1.

dossier idoine.

***

Aux yeux des anciens Mésopotamiens, Ereškigal est une divinité invisible qui ne foule jamais la Terre (Hécate était elle-même surnommée "*la Distante*"). Peu étonnant quand on sait au travers des *Chroniques* qu'une fois ressuscitée par son amant Sa'am-Osiris, Sé'et-Isis passa le plus clair de son temps entre l'A'amenptah et le pays de Kemet. En Égypte, Isis régulièrement représentée sous les traits d'une femme portant les cornes de la vache enserrant un globe lunaire, quand elle n'est pas tout simplement dépeinte en Vache divine, l'associant à ses sœurs célestes Hathor ou Neith, elles-mêmes dépeintes sous ces formes. Au pays de Kalam, la vache est le symbole de l'astre lunaire et de l'abondance. Les Sumériens représentaient la Lune avec deux cornes. Ils disaient que reflet de l'astre nocturne était le jet de lait de la vache lunaire. Pleine, la Lune figurait une vache féconde. La déesse de la fécondité était la Grande Vache des Mésopotamiens.[217] Dans les mythes relatifs à l'Artémis taurique (presqu'île de Crimée en Mer Noire), syncrétisée dans cette région à notre déesse lunaire Hécate, des traditions grecques qui se rapportaient à d'anciennes divinités de la nature se sont confondues avec les mythes et le culte des divinités asiatiques, dont les symboles étaient au ciel la Lune, et sur la terre la vache.

Sceau-cylindre mésopotamien (2000-1600 av. J.-C.) représentant Ereškigal. Notez les deux niveaux d'existence : celui des vivants et celui des morts (souterrain). La déesse des Enfers semble faire le lien entre les deux mondes. Sa coiffe à triple-corne trahit son immense importance au sein de la société divine.

---

[217] Sabine Jourdain, *Les Mythologies*, Éd. Eyrolles, 2006, page 19.

Elle porte en outre les attributs d'un rapace qui l'associent en particulier à "l'oiseau aux ailes sombres" Isis et à la Grande-Déesse en général.

Le caractère ambigu d'Artémis à la fois chasseresse et protectrice des animaux sauvages a longtemps posé problème aux hellénistes. Elle doit à n'en pas douter être la première Πότνια Θηρῶν / *Potnia Theron* ("Maîtresse des animaux"), comme la qualifie Homère,[218] une divinité féminine maîtrisant des animaux sauvages. Comme pour d'autres divinités, elle a été dépouillée de nombre de ses attributs, afin de correspondre aux canons dominants athéniens. C'est pourquoi nous retrouvons aux quatre coins du bassin méditerranéen des Artémis aux caractéristiques aussi variées que complémentaires. Il y a fort à parier qu'elle était originellement toutes ces Artémis à la fois. Une divinité entière, le modèle féminin dans toute sa splendeur ou témoignant des aspects changeants de la nature féminine : mère, sœur, amante, prude, guerrière, prostituée, prêtresse, chasseresse, sainte.[219] Ces diverses facettes se retrouvent en Égypte chez son sosie Isis qui, sous ses différents avatars – Hathor, Sekhmet et Bastet (notamment) –, déploie un éventail de natures singulières.

Sceau-cylindre sumérien (3000 av. J.-C.) figurant une antique Maîtresse des animaux ayant sans doute donné lieu à certains traits d'Artémis. Nous retrouvons et c'est un classique – des fauves, des bovins et des serpents, soit quelques-uns des animaux

---

[218] Homère, *Iliade*, Chant XXI, 470.
[219] Callimaque, *Hymnes, À Artémis*, III, 119 et suiv.

> *les plus couramment associés à la Déesse-Mère. Cette figure ne vous est pas étrangère, elle ressemble à s'y méprendre à certaines représentations d'Inanna et plus tard de Gilgameš. Que la divinité soit debout sur des bêtes féroces et/ou qu'elles en saisissent par la gorge de ses mains nues, le message est le même ; nous avons affaire à une Dominatrice de la Nature qui, de fait, en domine les composantes les plus farouches. D'abord féminine, cette figure sera masculinisée avec l'instauration des sociétés patriarcales devenant alors l'illustration du pouvoir du roi sacré sur l'Univers – du moins sur sa dimension spatiale.*

Ces multiples facettes de la même divinité nous rappellent invariablement la triple représentation de la déesse Hécate. Elle préside aux naissances sous le nom d'*Artémis Lochia* et finit par absorber les divinités qui jouent le même rôle dans toutes les régions de la Grèce antique, comme sa sœur Ilithye et bien entendu Hécate. Elle veillera ensuite sur la jeunesse de l'enfant.[220] Isis-Aset, en tant que magicienne ayant ramené Osiris à la vie, est-elle aussi une divinité guérisseuse et protectrice des enfants. Les malades portaient parfois des amulettes à son effigie. Comme dit plus haut, Artémis est associée à une autre déesse lunaire : Bendis, déesse thrace, dont Hécate est certainement un doublet. Hérodote déjà l'assimile à Artémis ; on l'appelle *Artémis Bendeia*, Hécate Bendis, fille de l'Hadès. Hadès étant Osiris comme vous le savez, nous retrouvons encore un lien de parenté Artémis-Isis / Hadès-Osiris. Le tragique grec originaire d'Éleusis, Eschyle, confond si bien Hécate et Artémis qu'il fait de celle-ci une fille de Déméter (ce qu'on disait d'Hécate). Selon l'interprétation "parksienne", Eschyle a visé juste avec son arbre généalogique : Déméter(1)-Nammu-Nut est bien la mère génétique d'Artémis-Ereškigal-Isis. Cette dernière était adorée à Lemnos, où on l'appelait la Grande-Déesse ; elle se confondit en particulier avec l'Artémis tauropole : par ses fêtes d'un caractère orgiastique, par son association avec le Dionysos Sabazius, elle représente une transition entre l'Artémis grecque et les Artémis asiatiques. Dionysos étant également un avatar d'Osiris comme nous allons le voir plus bas, et l'une des divinités chtoniennes par excellence, il n'est plus étonnant de constater ce nouveau lien.

---

[220] Diodore, V, 73, 5.

***

Parmi les animaux qui sont consacrés à la fille de Léto, nous trouvons l'ours,[221] la tortue ou le lion (ou la panthère).[222] Elle étendait sa souveraineté sur les animaux domestiques comme le cheval ou les bovidés. Il est pertinent de révéler ici que la déesse celte des forêts et du gibier se nomme Artio et que son attribut majeur est l'ours. Le nom celte de l'ours est *arth* ou *arthe*, latinisé e n *artos*, similaire au même mot grec *arctos*.[223] Le nom d'Artio dérive donc d'un radical commun à toutes les langues celtiques : *art*, signifiant *ours* en langue gauloise. On peut rapprocher cette racine de celle du nom de la déesse grecque Artémis, adorée elle aussi comme déesse-ourse.[224] Comme pour cette dernière, la déesse Artio exigeait de ses suivantes et prêtresses une chasteté rituelle.[225]

Ours se dit DÌM-ŠÁḪ en sumérien. Décomposé, ce mot nous révèle un délicieux DÍM(créer, fabriquer, façonner)-ŠÀ(corps), ŠA6(favorable)-ÀḪ(briller), AḪ₅(force), soit "fabriquer le corps brillant" ou "façonner la force favorable". La tortue, symbole du civilisateur Enki en ancienne Mésopotamie, se dit NÍ-BÚN-NA en sumérien. Sa décomposition est sans appel : NÍ(puissance)-BUN(insuffler)-NA(homme) soit "celui (ou celle) qui insuffle la puissance dans l'homme". Dans les *Chroniques* tant Enki que son épouse Ninki-Isis-Artémis participent à l'émancipation des hommes vis-à-vis des faux "dieux" en leur transmettant les moyens d'acquérir une indépendance complète.

Pour ce qui est du symbole du lion, c'est un attribut déjà évoqué et qui rappelle la "puissance lumineuse", tour à tour destructrice et

---

[221] Pour les fêtes de la déesse, dans la région d'Athènes, les jeunes filles se déguisaient en ourses.
[222] Élien, *La Nature des Animaux*, X, 35.
[223] Traduisible en "le foyer de l'âme", une fois décomposé phonétiquement avec notre méthode habituelle. Ce "foyer" peut se rapprocher de "la maison de Horus", traduction littérale du théonyme égyptien Hathor, avatar d'Isis…
[224] Chez les Celtes, l'ours jouait le rôle du lion d'Afrique et d'Asie. C'était un symbole de puissance et de royauté ; animal sans prédateur mais doté par les hommes d'un caractère noble puisqu'il n'attaquait jamais sans raison.
[225] http://www.arbre-celtique.com/encyclopedie/artio-3413.htm

bienfaisante, que l'on peut astronomiquement associer indifféremment au Soleil ou à Vénus. Comme nous l'avons vu dans le chapitre *Aphrodite*, le félin est un symbole que se partagent les deux sœurs qui ont participé à la naissance du nouveau Soleil. La théologie égyptienne nous présente le Jeune Faucon entouré des deux déesses félines : Ouadjet et Bastet,[226] images respectives de Nephtys-Aphrodite-Ilithye et d'Isis-Artémis. Ruty en est la figuration la plus magistrale : les deux déesses de l'enfantement sous leur forme léonine protègent l'émergence du "Neb-Heru", le Seigneur Horus – à la fois céleste et terrestre. Cette triple incarnation de Vénus (Horus-Apollon et ses deux génitrices) porte un nom : l'Œil de Rê ou la Lointaine. Nous comprenons à présent pourquoi dans les différents cultes ancestraux, les avatars d'Aphrodite, Artémis et Apollon sont indifféremment associés : au Soleil ou à la lumière, à la planète Vénus, au lion et à la double nature bienfaisante/malfaisante de cet ensemble ! Le lion d'Artémis se retrouve chez Hécate. Les plus récentes figurations de la déesse infernale nous présentent un personnage tricéphale sur un seul corps de femme avec une tête de lion, une tête de chien et une tête de cheval.[227] Le chien est également un emblème d'Artémis lorsqu'elle est dépeinte en chasseresse. Ce chien, je l'assimile au loup d'Apollon-Horus, symbole des suivants du souverain du royaume d'Égypte. Ces loups ou chiens noirs accompagnent régulièrement la déesse Hécate dans les hymnes et les poèmes. Rappelons que le patron des embaumeurs égyptiens, le dieu Anubis – le fils posthume d'Osiris –, qui préside aux cérémonies funéraires est également représenté comme un chien noir. Il était le rejeton de la relation adultère entre Nephtys et l'époux d'Isis. Cette dernière le prit sous sa coupe comme fils adoptif. Si comme nous le verrons, le dieu égyptien Khnum – créateur des hommes sur son tour de potier – était un aspect d'Osiris et que sa parèdre était Hékat (ou Héket), il y a de fortes chances que celle-ci soit une image d'Isis. Hékat soufflait la vie aux pantins d'argile de Khnum, elle était une déesse de la magie et de la fertilité. Attributs qu'on retrouve chez Isis. La Sumérienne

---

[226] Jean-Yves Carrez-Maratray, *les Avatars de l'Œil de Rê, Dossier pour la Science, L'Égypte à la croisée des Mondes*, Dossier n°80, Juillet-Septembre 2013, page 100.
[227] Animal symboliquement souvent associé à la lune et aux éléments de l'air et de l'eau. Nous y reviendrons dans le chapitre consacré à Poséidon.

Ninlíl, que nous assimilons à Sé'et-Isis, dont le théonyme peut se traduire en "déesse du souffle" se rapproche des fonctions d'Hékat en ce sens qu'elle était aussi Nintu, la "déesse de la mise au monde". Hécate et Hékat sont-elles le même protagoniste divin ? Tout porte à le croire : magie, monde souterrain, canidés sombres... les rôles et attributs communs ne manquent pas.

Le terme pour désigner le lion en sumérien est URMAḪ qui signifie "grand chien" par l'association des deux particules UR (chien) et MAḪ (grand). Curieux rapport qu'établissaient les anciens Mésopotamiens entre le chien et le lion ; et que nous retrouvons dans la figuration de la déesse Hécate. Cette dernière est aussi occasionnellement représentée avec des jambes serpentines, voire accompagnée de trois chiens – noirs bien entendu. Ces trois chiens nous renvoient à Cerbère, le chien tricéphale qui garde l'entrée des Enfers. Les molosses servaient sans doute à effrayer tous ceux cherchant à s'approcher trop près de la déesse infernale – ou de ses secrets, voir le mythe d'Actéon –, déjà terrible sans ses familiers. Le poète grec Théocrite, entérinant la fusion d'Hécate et d'Artémis, finira par dire de cette dernière qu'elle était " *capable de remuer les portes d'acier des Enfers*", confirmant les attributs magiques et les fonctions psychopompes de la sœur d'Apollon.[228]

Artémis est enfin parfois figurée à la manière d'Isis et d'Ereškigal comme une déesse ailée. La sœur d'Osiris s'est illustrée dans la mythologie égyptienne en s'accouplant sous la forme d'un milan (rapace aux ailes sombres) avec le corps reconstitué de son frère. Une autre déesse "aux ailes sombres" s'est tristement exposée dans la mythologie, il s'agit du corpus grec cette fois-ci et nous parlons bien sûr de Coronis. Mise enceinte par Apollon mais craignant d'être abandonnée par celui-ci, Coronis,[229] fille de Phlégias, roi des Lapithes, prit pour amant Ischys,[230] fils

---

[228] Théocrite, *La Magicienne*, v. 33-34.
[229] Décodable en KUR(pays)-U₄(lumière)-NI(celle)-IŠ(montagne), IŠ₇(étoile), soit "celle de la montagne du pays de lumière" ou "l'étoile du pays de lumière". Belle épithète, d'Isis-Artémis !
[230] Le nom "Ischys" est très proche du mot grec *Ichthys* qui signifie "poisson". Ce même *Ichthys* a servi d'acronyme pour désigner Jésus Christ : *Ἰησοῦς Χριστός*,

d'Elatos.[231] Découvrant la tromperie de son aimée, Apollon décida de la transpercer de ses flèches mais regretta dans l'instant son geste lorsque Coronis poussa son dernier souffle dans ses bras. Avant que l'enveloppe charnelle de son amour ne soit la proie des flammes du bûcher funéraire, Apollon extirpa son enfant à naître – Asclépios – du ventre de Coronis.[232] L'oiseau oraculaire d'Apollon n'ayant pas pu prévenir le dieu de la lumière de cette tromperie vit sa robe blanche être changée en plumage noir par le frère d'Artémis. Coronis sera à jamais liée au corbeau, l'étymologie du second s'appuyant sur le nom de la première.

Figuration classique d'une des nombreuses Artémis ailées qualifiées de "Maîtresses des animaux". Cratère attique à figures noires du Musée archéologique de Florence (vase Francois)

Θεοῦ Υἱός, Σωτήρ, (*Iēsous Christos, Theou Yios, Sōtēr*), soit "Jésus-Christ, Fils de Dieu, Sauveur". Depuis la lecture du *Testament de la Vierge*, nous savons pourquoi le Christ est associé au poisson. Nous n'y reviendrons pas. Constatons seulement que le couple Ischys/Coronis figure à merveille les jumeaux célestes Osiris et Isis.
[231] Si Ischys est le poisson ardent de la vie Enki-Osiris, alors son père doit être An-Zeus. Vérifions ce que l'Emeša peut nous révéler sur Elatos : EL(élevé, ciel)-AT(puissance paternelle)-ÚS(supporter), soit "la puissance paternelle qui supporte le Ciel".
[232] Ovide, *Les Métamorphoses*, II, v. 531.

env. 570 av. J.-C.

L'Égyptienne Isis fut donc scindée en deux dans ses rapports au Greco-Romain Apollon, Isis-sœur devenant Artémis et Isis-épouse (Hathor) devenant Coronis. Existe-t-il d'autre version de ce mythe dans lequel un *Apollon* tuerait son aimée ? Dans le récit égyptien des *Aventures d'Horus et Seth*, durant le fameux procès opposant les deux candidats à la succession d'Osiris au trône d'Égypte, ces derniers se lancèrent un défi à l'issue tragique. Ils devaient mesurer leur force respective lors d'une joute aquatique dans le Nil sous la forme d'hippopotames. Afin d'aider son fils à la victoire, Isis lança dans l'eau un harpon magique qui se planta dans les flancs de Seth. Le perfide frère d'Osiris implora sa sœur de détacher son harpon en lui rappelant leur indéfectible lien familial. Isis céda à ses sentiments et libéra Seth de sa souffrance. Furieux de la décision de sa génitrice, Horus se métamorphosa en fauve et sans hésiter bondit hors du Nil pour la décapiter. Il saisit ensuite sa tête et grimpa "*la montagne*" (la pyramide ?) tandis que le corps d'Isis se changea en pierre. Rê s'aperçut de la présence de cette femme sans tête et en avertit le dieu de la Connaissance Thot. Ce dernier reconnut Isis et lui plaça une tête de vache afin qu'elle retrouve sa dignité.[233] Plutarque nous conte peu ou prou la même histoire :

"*Un grand combat se livra ; il dura plusieurs jours et se termina par la victoire d'Horus.* Typhon (NDA : Seth pour Plutarque) *garrotté fut remis entre les mains d'Isis. Mais la déesse ne le fit point périr ; elle le délia et lui rendit la liberté. Horus en conçut une indignation excessive ; et, portant la main sur sa mère, il arracha le bandeau royal qu'elle avait sur la tête. Hermès* (NDA : Thot) *alors, pour remplacer ce bandeau, la coiffa d'un casque à tête de vache.*"[234]

Dans le *papyrus Jumilhac*[235] c'est un avatar d'Horus, le dieu faucon Anty, qui décapite Hathor mais le récit est globalement le même. Une déesse ailée sans tête existe également sans la

---

[233] *Les aventures d'Horus et Seth* dans le *Papyrus Chester Beatty I*.
[234] Plutarque, *Isis et Osiris*, extrait du paragraphe 19.
[235] *Papyrus Jumilhac*, IX, 1 et XII, 22.

mythologie grecque, il s'agit de Nikê. Personnification de la Victoire, elle est souvent figurée dans la main d'Athéna ou de Zeus. Elle sert d'épithète aux deux sœurs d'Artémis, Athéna et Aphrodite (dont on sait qu'elles portent elles aussi des attributs d'Isis) quand elles se préparent aux équipées guerrières. Dans le cas de Nikê comme celui d'Isis-Hathor, la guerre semble être le dénominateur commun à l'absence de tête. Citons aussi le cas de Io, la Nymphe grecque, amante passagère de Zeus changée en vache blanche sur ordre d'Héra, que le Roi des Cieux continuera de fréquenter sous l'apparence d'un taureau. Elle croisa un jour la route de Prométhée qui lui prophétisa qu'elle deviendrait l'ancêtre d'un grand héros, Héraklès. Plusieurs éléments nous permettent ici de relier Io à Isis : sa transformation en vache, l'accouplement divin d'avec un taureau céleste (acte évident de hiérogamie Osiris-Isis), Héraklès – écho d'Horus – comme descendance. Il existe un autre cas évocateur dans la mythologie hellénique, celui du héros Persée. Dans un épisode bien connu du corpus grec, le jeune Persée – copie d'Héraklès – décapite une déesse-serpent, Méduse.[236] L'étymologie de son nom Μέδουσα / Médousa, provient du grec ancien μέδω / médô, signifiant "régner, diriger" ; ses parents sont Gaïa et Pontos, ce qui laisse à penser qu'elle est une antique déité ayant exercé une souveraineté sur un quelconque domaine. Pour rappel, nous avions rapproché, dans le chapitre III du tome 1, Gaïa de Nammu-Nuréa (Gaïa(3)) et Pontos des Abgal, deux liens de filiations validés par les *Chroniques*. Les attributs ophidiens de Méduse renvoient évidemment à sa nature chtonienne. Souvenez-vous également que le vocable égyptien HqAt (qui a certainement donné le grec Hécate) désigne le pouvoir, la souveraineté ; Hécate, comme Méduse, était parfois figurée la tête ornée de serpents. Les deux déesses possédaient une triple nature, symbolisées par les trois faces d'Hécate et les trois Gorgones auxquelles appartenait Méduse. Les plus anciennes figurations de Méduse la dépeignent en être surnaturel mi-femme mi-cheval. Elle ressemble ainsi à la Déméter de Philagie, cité d'Arcadie, représentée avec une tête de jument, sa crinière composée de serpents. À n'en pas douter, Déméter(2), Méduse et Hécate sont des reflets de la même déesse qui régnait sur et sous terre. La tête de Méduse était enfermée dans une besace appelée Kibisis. Ce terme a tout lieu de provenir de

---

[236] Pindare, *Pythique*, XII, 286a.

l'égyptien : ki(crier, hurler)-ib(volonté, souhaiter)-ISIS, soit "la volonté de hurler d'Isis". Quoi de plus légitime après une décapitation en règle ? Enfin, à la manière de Nikê, les Gorgones étaient figurées comme des déesses munies d'ailes d'or. Nous nous retrouvons donc avec une déesse chtonienne, équipée d'ailes, la tête ornée de serpent (mais détachée de son corps par Persée) qui selon son étymologie était une souveraine ; une déesse de la victoire sans tête elle-même munie d'ailes et, ce n'est pas tout, un couple uni par la déesse Athéna : la tête de Méduse finit au choix sur l'armure de la fille préférée de Zeus ou sur son égide,[237] cette dernière tenant sur la paume de sa main la Victoire figurée en Nikê ! Un cas de plus se rapprochant de la décapitation d'Isis par Horus ? N'en doutons plus.

On a retrouvé, dans la grotte préhistorique d'Otzelaïa (signifiant "le plateau des loups" en basque), la statuette d'une femme, dont la tête est cassée (vontairement ou non ?) et au pied de laquelle se trouve un homme en posture d'imploration. Ici la Déesse-Mère porte le nom d'Amaïa. Son époux, selon les légendes locales, divinité de l'orage et de la pluie, se nomme Sugaar (nom formé à partir de *sugéa* signifiant "serpent"). La Grande-Déesse porte admirablement bien son théonyme puisque décomposé par le protosumérien, Amaïa nous donne AMA(mère)-IA(vénérer, révérer), soit "la Mère vénérée" ! Amaïa porte d'autres appellations en basque parmi lesquelles Mari, un écho de l'épithète égyptienne Meri (bien-aimée) attribuée à Isis ? Tout porte à croire que les Basques s'étaient inspirés d'autres sources, la figuration de Sugaar, époux de Mari, renvoyant à l'image bien connue de la croix horienne dont la symbolique a été traitée dans le dossier *Apollon*. La décomposition de Sugaar via notre méthode habituelle va nous donner une identité plus claire de cette antique déité : SÚ(connaissance, savoir), SU(corps), SU_4(grandir, multiplier)-GAR(placer, poser, mettre), GAR_6(prince), soit "le prince qui multiplie" ou "le corps du prince" ou "celui qui place la connaissance" voire "le Prince des savoirs". De bien belles épithètes d'Enki-Osiris ! Rappelons que "le Prince" était une épithète courante d'Enki-Éa dans la littérature mésopotamienne.[238]

---

[237] Pseudo-Apollodore, *Bibliothèque*, II, 4, 3.
[238] Jean Bottéro, *Lorsque les dieux faisaient l'homme*, Éd. Gallimard, 1989, page

L'époux d'Amaïa-Mari, le grand Serpent des Basques, serait donc un astucieux mélange d'Enki-Osiris et de Nergal-Horus.

Symbole du dieu basque Suugar, époux de Mari (représentation moderne par Josu Goñi). La croix d'Horus-Marduk ou Svastika se retrouve encore à des endroits inattendus. Précisément en des lieux où l'on retrouvera des figurations de Grandes-Déesses décapitées...

Toujours en Europe, dans la zone balkano-danubienne, foyer civilisationnel d'importance considérable, s'est développée au Néolithique la culture dite de Tisza. Appartenant à cette antique culture, l'habitat Szegvár-Tüzköves (localisé dans l'actuelle Roumanie) nous a livré de somptueuses représentations de certains des plus anciens dieux anthropomorphes du Vieux Continent. Parmi certaines sculptures nous retrouvons un couple homme/femme semblant figurer le couple divin originel ; l'épouse a ceci de particulier que sa tête est... coupée nette.

258.

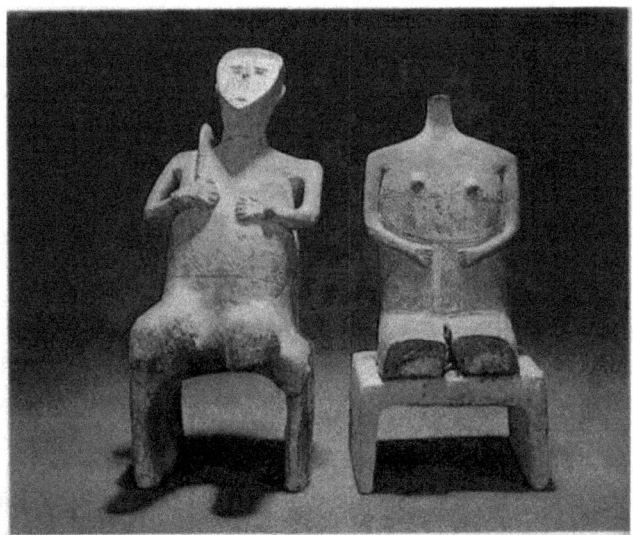

Sculptures retrouvées dans l'habitat Szegvár-Tüzköves (actuelle Roumanie) et datant du Néolithique. Le couple divin ici représenté nous montre une déesse sans tête. Un motif figuratif récurrent qui, rappelons-le, n'était point accidentel : les têtes des déesses étaient volontairement retirées.

De même l'on peut admirer au Musée archéologique de Lavalette des statues de la Vénus de Malte retrouvées sur le site de Haġar Qim au sud de l'île de Malte. Datée de près de 4000 ans av. J.-C., la culture à l'origine des constructions cyclopéennes déterrées sur place présente une évidente orientation matriarcale. De même a-t-on trouvé à Hal Tarxien, autre site néolithique maltais (centre-est de l'île), une imposante déesse de la fertilité accroupie qui dépassait originellement les deux mètres de hauteur. Les sculptures des déesses maltaises ont ceci de particulier que leurs têtes ont été intentionnellement retirées de leur buste.

Enfin nous allons temporairement quitter nos régions habituelles pour aller jusqu'en Inde. Dans le sud du pays, la tradition orale fait état d'un récit mythologique, aux détails variants selon les orateurs, que l'on penserait provenir d'Égypte. L'histoire nous conte qu'un ermite nommé Jamadagni – considéré comme l'un des sept Rishi, grands sages de l'Inde dont nous reparlerons –, possédant une Vache céleste réalisant tous les vœux, reçut en son sanctuaire le roi local, Kàrttavirya, de retour d'une expédition de chasse. Le roi voulut s'emparer de la Vache à la fécondité illimitée mais celle-ci s'échappa en s'envolant dans les airs. Enragé, le souverain décida de punir sévèrement son hôte en lui infligeant vingt et une blessures. Yellamma, l'épouse éplorée de feu Jamadagni, est désemparée et en appelle à son fils Paraśurāma.

Ce dernier est le résultat d'une fécondation extraordinaire. Un jour le roi Kàrttavirya se baignant dans une rivière aperçut Yellamma sur une berge ; sa beauté le captiva à ce point que sa semence se répandit involontairement dans l'eau. Peu de temps après en se baignant Yellamma fut fécondée par la semence du roi. Paraśurāma naquit, sans père, neuf mois plus tard. Un autre récit présente une version différente de la naissance de Paraśurāma. Un jour Yellamma demanda quelques graines à sa servante Mātaṅgī, puis de l'eau pour les faire bouillir. N'ayant pas de récipient la déesse versa l'eau dans la paume de la main de Yellamma. L'eau commença à frissonner et durant neuf mois elle bouillit sans discontinuer. De cette ébullition naquit Paraśurāma. Notons que Mātaṅgī est, selon les sources, présentée comme la servante et/ou comme la sœur de Yellamma. Elle est une déesse guerrière qui protège Yellamma mais également la patronne des courtisanes. Elle est sans surprise associée à l'impureté et à la mort, mais on l'invoquait aussi lorsque l'on voulait débutter une famille et protéger la grossesse des femmes. Certaines de ses figurations la présentent en arme sur le dos d'un tigre validant son évidente ressemblance avec l'Inanna sumérienne ou la Netphys égyptienne. Malgré tout Paraśurāma est pourtant généralement considéré comme le fils de Yellamma[239] et Jamdagni.[240] Reprenons notre récit : à la vue de la dépouille de son *père*, Paraśurāma est pris par la fureur. Il jure de débarrasser le monde des Kṣatriya[241] (castes dirigeantes de l'Inde) et pour se faire il parcourt pas moins de vingt et une fois la terre pour décimer princes et rois ! À l'issue de sa mission, il retourna à l'ermitage familial afin d'accomplir les rites funéraires de son père à la suite de quoi Jamadagni revint à la vie par l'action soit de son père Ṛcīka, soit par celle de Paraśurāma lui-même. Un autre récit prend place après cela ; l'on n'a point réussi en dépit d'efforts répétés à retrouver localement l'intégralité des séquences du mythe entier original ce qui explique les bribes narratives mises bout à bout.

Yellamma est donc mariée à Jamadagni et chaque jour elle doit se rendre à la rivière Malaprabha afin de rapporter à son époux un récipient rempli d'eau. La vie s'écoule paisiblement et le couple a quatre enfants dont Paraśurāma. Un jour, surprenant les ébats érotiques du roi Kàrttavirya dans la rivière, Yellamma perdit la notion du temps et rentra en oubliant de porter l'eau de la rivière à Jamadagni. L'ascète rentra dans une colère folle et maudit son épouse : elle perdit sa beauté naturelle et fut chassée de l'ermitage.

---

[239] Yellamma est révérée dans tout le sud de l'Inde par ses dévots sous l'appellation de "*Mère de l'Univers*" ou "*Mère de Tout*". Elle porte un autre nom selon les régions et les récits : Reṇukā. Au Sri Lanka, Reṇukā était une déesse mineure de la mort et de la destruction. On pense aujourd'hui que Reṇukā, Yellamma et Mātaṅgī sont différents aspects d'une même déesse originelle. Durant les célébrations du Nouvel An (les *Holi* appelées aussi "fête des couleurs") Yellamma est évoquée par la formule "Yellamma, tu donnes ton lait en abondance", ce qui l'assimilerait clairement à la Vache céleste du récit mythologique. Le protosumérien nous le confirme, Yellamma appelée aussi Ellai Amma pourrait se décoder en EL(être élevé, divinité)-ÁMA(vache), AMA(mère), soit "la vache élevée (ou du ciel)" ou "la divinité mère". Reṇukā pourrait se décomposer en RE₇(porter)-NU(image)-GA(lait), "à l'image de celle qui porte le lait". À l'instar d'Isis et d'Inanna, Yellamma était sans surprise une déesse de la fertilité.

[240] Jamadagni peut parfaitement se déchiffrer via le protosumérien (nous confirmant que le protagoniste en question est un reflet local d'Enki-Osiris) : ZA₄(prince)-MA(établir, placer)-DA(armer, protéger)-ĜI₆(noir, être noir), ĜI₇(civilisé) soit "le Prince qui établit, arme et protège les noirs civilisés". Ces êtres noirs sont bien entendu les membres de l'humanité primordiale de type négroïde.

[241] Provenant de la racine sanskrite *kshi*, "régner, gouverner" que l'on pourrait décoder via le langage matrice en "ceux qui possèdent la Terre". Il s'agit là bien entendu des Anunna.

Après un parcours laborieux et une vie de renoncement, Yellamma recouvra son charme corporel. Elle retourna donc voir Jamadagni afin qu'il la reprenne. Dépité de voir sa malédiction envolée, l'ascète ordonna à ses quatre fils de décapiter leur mère. Tous s'y refusèrent – le père les anéantit un à un pour les punir – excepté Paraśurāma qui lui ôta la tête dans l'instant. Pour récompenser son fils, Jamadagni lui offrit deux vœux. Paraśurāma décida de ramener ses frères à la vie et de ressusciter sa génitrice sur le corps de laquelle il replaça la tête. Une autre source précise qu'il décapita par accident sa mère en même temps que Mātaṅgī et qu'il inversa leurs têtes ; il est aussi dit que la tête de Yellamma fut consumée par Jamadagni, Paraśurāma[242] décida alors de décapiter Mātaṅgī et d'utiliser sa tête pour *recapiter* sa mère. C'est en effet rarement la tête originale de Yellamma que Paraśurāma remet sur son buste.[243] Signalons que dans la légende d'Agamemnon, ce dernier, assassiné par son épouse Clytemnestre et son amant Égisthe, sera vengé par son fils Oreste. Dans le chapitre II du tome 3, nous verrons dans Oreste un avatar d'Horus et détaillerons plus avant le sort funeste du roi d'Argos. La vengeance d'Oreste sur sa mère verra ce dernier décapiter sa génitrice,[244] à l'instar de l'indien Paraśurāma.

Par où commencer ? Les similitudes entre les récits d'Inde et d'Égypte sont si proches que nous pourrions en superposer certains motifs :

---

[242] Le dieu matricide est figuré dans ses temples soit comme un être léontocéphale tenant dans une main une hache et de l'autre un luth, soit comme un enfant marqué de l'innocence juvénile. Les références à Horus et Apollon sont ici évidentes.
[243] Jackie Assayag, *La colère de la déesse décapitée. Traditions, cultes et pouvoir dans le sud de l'Inde*, Éditions du CNRS, 1992.
[244] Hygin, *Fables*, 119.

Égypte	Inde
1. Couple central formé d'un dieu lunaire, Osiris, et d'une déesse-vache de la fertilité, Isis.	1. Couple central formé d'un dieu aux attributs lunaires, Jamadagni, et d'une déesse-vache de la fertilité Yellamma-Reṇukā.
2. Quatre enfants naissent d'Horus et d'Isis.	2. Quatre enfants naissent de Jamadagni et Yellamma.
3. Osiris est violemment assassiné par Seth.	3. Jamadagni est violemment assassiné par Kàrttavirya.
4. Horus naît d'une fécondation post-mortem, sans accouplement véritable.	4. Paraśurāma est issu d'une fécondation extraordinaire sans père.
5. Horus venge la mort de son père en massacrant les partisans de Seth.	5. Paraśurāma effectue vingt et une fois le tour de la terre (soit le nombre de blessures infligées à son père) pour punir les assassins de Jamadagni.
6. Osiris est ressuscité par ses deux sœurs Isis et Nephtys dans le corps d'Horus. Nephtys est une divinité funéraire aux attributs guerriers mais présidant aussi à la sexualité.	6. Jamadagni revient à la vie grâce à son père ou Paraśurāma. Yellamma et Mātaṅgī sont deux sœurs, dont l'une s'est mise au service de l'autre. Mātaṅgī est une déesse de la fécondité et de la destruction.
7. Horus, sur un excès de colère, décapite Isis et remplace sa tête par celle d'une vache.	7. Paraśurāma décapite Yellamma mais la *recapite* avec la tête d'une autre femme (généralement celle de Mātaṅgī).

Tout cela ne peut que nous inciter à suggérer une transmission de récits via migration humaine voire des contacts ponctuels ou répétés entre population d'Égypte et d'Inde dans l'Antiquité (routes marchandes ?). À notre connaissance il n'y a pas de mythe(s) équivalent(s) dans les régions intermédiaires entre ces deux zones géographiques ce qui laisse à penser que cette histoire aurait pu être transmise par quelque envahisseur étant passé par l'une et l'autre des régions. Vers 1785 av. J-C., l'Égypte a connu une invasion rapide et violente, celle des Hyksos, une population eurasiatique à classer probablement dans la souche indo-européenne. Moins d'un siècle plus tard, l'Inde fut à son tour envahie par des guerriers à la peau claire et aux mœurs brutales et agressives ; ils seront appelés Aryas. Les dieux bellicistes tels Indra, vénérés localement à partir de cette période, proviennent des croyances de ces peuplades indo-européennes. Quant aux Hyksos, les Égyptiens disaient d'eux qu'ils avaient Seth pour seule idole. Ces invasions sont-elles en lien et les conquérants de l'Égypte antique ont-ils embarqué avec eux dans leurs campagnes de guerre asiatiques les plus fameux récits des Deux Terres, à présent sous leur commandement ? Cela n'est que pure supposition mais permettrait d'expliquer la présence de ces deux mythes si proches dans leur structure, sans présence intermédiaire, dans deux régions aussi éloignées.

Devons-nous en conclure qu'après le récit de la mort d'Heru sous l'identité de Baldr et de celle de Seth démembré par Horus, Isis serait décapitée par son fils ? Seuls les tomes suivants des *Chroniques du Gírkù* pourront répondre à cette question !

***

Les différents objets portés par la déesse Hécate sont autant d'attributs que nous pouvons lui associer. Nous ne reviendrons pas sur le croissant de Lune qui orne sa(ses) tête(s) ou qu'elle tient en main sous l'aspect de gâteaux. Le serpent intervient sous trois formes : tenu en main(s), remplaçant ses jambes ou bien figurant de chaque côté de son corps. Pour rappel, le symbole nous renvoie tout autant au caractère chtonien de l'avatar d'Artémis qu'à l'idée de renouvellement des cycles de la nature et par extension à l'immortalité. C'est aussi un signe qui représente la connaissance au sens large du terme ; et la médecine en particulier.[245] Hécate porte aussi des coupes ou des vases et des sabres. La coupe est un emblème que nous retrouvons souvent associé à Inanna-Ištar qui préside aux arts de la Sexualité Sacrée, nous ne reviendrons pas sur sa signification. Les sabres expriment le caractère sinon assassin

---

[245] Il était d'ailleurs considéré en Égypte antique que les guérisseurs étaient les seuls qui pouvaient s'approcher des serpents.

du moins rebelle de la divinité. Tout comme Sekhmet[246] (déesse-lionne égyptienne souvent dépeinte équipée de sabres) représente le sentiment de rage et de révolte de la douce Hathor ou Bastet (déesse-chatte égyptienne). Sekhmet est d'ailleurs reconnue comme la divinité des maladies, des fléaux comme des guérisons au même titre qu'Artémis en Grèce antique et qu'Ereškigal en ancienne Mésopotamie. Les caractéristiques de Bastet quasi similaires à ceux de la sœur aimée d'Osiris – féminité, fécondité, fertilité, bienveillance, arts – se retrouvant également chez Hathor, identifiée parfois comme la mère puis l'amante d'Horus. Comme Artémis elle veille sur la grossesse des femmes. Hathor était la vache céleste des Égyptiens, "*temple d'Horus*", maison du pain pour la bouche de l'homme. Le lait d'Hathor était le pain du corps même de la déesse. L'avatar d'Isis est par ailleurs clairement assimilé à la Lune. Identifiée au Monde souterrain, elle est la divinité de l'Ouest, la "*Grande Dame de l'Occident*" – comprenez l'Amenti –, accueillant les morts dans leur nouveau royaume.[247] Les Grecs assimilèrent sans peine Hathor à leur Aphrodite puisque le doublet d'Isis présidait notamment à l'amour et à la beauté. En réalité elle peut tout autant comme nous le constatons représenter une facette d'Isis comme être identifiée à une déité à part entière (Inanna-Ištar pour ne pas la nommer). Nous avons vu qu'Horus était l'équivalent égyptien du héros mésopotamien Gilgameš. Ce dernier avait pour mère Ninsun (ou Ninsuna) traduisible en "*Dame ou déesse-vache sauvage*" ; elle est surnommée la "*Grande Reine*". Le parallèle avec Hathor-Isis est ici évident !

Les trois déesses Isis, Hathor et Bastet partagent de nombreux autres attributs comme le disque solaire, le sistre (un instrument sacré uniquement joué par les prêtresses), le signe de la vie Ânkh ou encore l'Uræus (le cobra dressé qui orne le front des pharaons). En outre Bastet/Sekhmet a pour parèdre le dieu forgeron égyptien, Ptah assimilé dans les travaux de Parks à une épithète d'Osiris. Encore un lien la rapprochant d'Isis. La triple représentation Isis/Bastet, Hathor et Sekhmet nous renvoie à notre Hécate

---

[246] Via notre méthode habituelle, nous pouvons décomposer Sekhmet en SÈG(frapper)-MÈ(combat)-ET(force) soit "la frappante force de combat".
[247] Lorna Oakes, *The Illustrated Encyclopedia of Pyramids, Temples and Tombs of Ancient Egypt*, Éd. Southwater, 2006, p. 157-159.

tricéphale équipée de ses accessoires/attributs. Isis/Bastet figure de douceur et de fécondité, des Mystères et de la magie, peut être associée au symbole des torches "hécatiennes" qui sont la lumière qui illumine l'inconscient pour y révéler ses secrets. De ces torches, elle guide ceux et celles qui vivent la quête des mystères. C'est cette lumière qui les aide à comprendre les Mystères. Ces torches sont également la lumière lunaire qui éclaire la nuit. Hathor, qui exprime les notions d'amour, de féminité et de festivités mais aussi de maîtresse nourricière est à rapprocher aux symboles de la coupe, des pommes et des clefs. La coupe, le vase et la pomme sont des allégories de "*la plante de la Vie*" déjà évoquées plus haut. La pomme n'a pas encore été associée à l'Únamtila mais nous en parlerons lorsqu'il sera question du Jardin des Hespérides dans le tome 3.

De gauche à droite : 1) Figuration égyptienne classique d'Isis sous la forme d'une vache céleste et protectrice. 2) Le Pharaon Thoutmosis III est allaité par la déesse Isis qui a pris la forme de l'arbre sacré (sycomore) pourvu d'un sein et d'un bras (Thèbes, tombe de Thoutmosis III 18è dynastie). 3) La Déesse-Vache Hathor, nourrissant le Pharaon.

Quant aux clefs, elle ouvre les portes de l'Ouest, l'Amenti ou le domaine des dieux égyptiens, dont Hathor est la maîtresse. Ces clefs ouvrent pour Hécate les trois royaumes : le ciel, la terre et la mer (ou le monde souterrain jusqu'où elle étend son empire, comme Hathor). Isis elle aussi était supposée régner sur l'intégralité de l'Univers :

> "*Isis a mis au monde son fils Horus*
> *en roi sur le trône de son père. (...)*

*La déesse qui s'est produite au commencement
a rempli le ciel et la terre de sa perfection :
Diadème de Celui-qui-brille-en-or,
Auguste de son Seigneur
résidant dans l'appartement divin
Souveraine des dieux du ciel,
Régente des dieux de la terre,
Fauconne aussi des dieux de la Duat* (NDA : le Séjour inférieur selon la religion égyptienne), *Reine qui s'empare de la fonction royale grace à ses plans (...) Puissante, Maîtresse du pays
Maîtresse de la Nubie,
Reine de Haute et Basse-Égypte,
Isis, vénérable, Mère divine, faite régente,
Dame de Philæ, régente de Senmout,
vénérable, puissante, Maîtresse des dieux,
dont le nom est distingué parmi les déesses.* ''[248]

Enfin les sabres de la vengeresse Hécate sont à rapprocher de la nature guerrière et ravageuse de Sekhmet. Un point de détail nous permet de relier à travers le temps et l'espace, le comportement sanguinaire de la facette colérique d'Isis-Artémis à l'arme de destruction de sa progéniture Horus-Apollon-Lug(h). En effet, selon la légende, afin d'éviter que Sekhmet – assoiffée de sang – ne tue tous les humains autour d'elle, le dieu Rê dut lui faire préparer un breuvage spécial de bière coloré de rouge pour apaiser sa soif de sang dans l'ivresse. De cette façon, elle est transformée en... Hathor. Cet épisode nous rappelle que l'arme mortelle d'Apollon-Lug(h) devait être plongée dans le Chaudron du Dagda rempli de sang, pour éviter qu'elle ne détruise toute vie autour d'elle.

Les serpents qui ceinturent Hécate (et qui servaient parfois à figurer Hathor) ou qu'elle tient dans ses mains peuvent être rapprochés de tous les caractères d'Isis-Artémis : la nature intimement chtonienne, l'immortalité par la renaissance et la

---

[248] Extrait d'un *Hymne à Isis* gravé dans le mammisi (les mammisi étaient de petites chapelles consacrées aux Mystères de la naissance divine d'Horus) de l'île de Philæ.

connaissance de la vie et de la mort et par extension des maladies et des guérisons. Les prêtres de Sekhmet étaient d'ailleurs réputés comme spécialistes de la médecine. N'oublions pas enfin que le serpent était, dans l'Antiquité et de par le monde entier, le symbole par excellence de la royauté.

Hécate, hormis ses attributs et son théonyme aux évidentes sonorités égyptiennes, a peut-être une autre connexion avec le Double-Pays. Nous avons évoqué l'une de ses figurations classiques, celle d'une femme tricéphale. Si Hécate est une facette d'Artémis et qu'Artémis est un reflet d'Isis, tout porte à croire qu'Hathor et Hécate sont liées. Il existait des gravures d'Hathor à quatre faces dépeignant, selon Parks, les quatre Meskhenut (accoucheuses divines) ayant participé à la naissance d'Horus : Nephtys, Neith, Serkit et bien entendu Isis.[249] Hécate pourrait complètement personnifier ces Hathor aux multiples visages. Les différents attributs arborés par la déesse infernale n'en auraient que plus de sens : ils mettraient en rapport chacune des Meskhenut avec ce personnage central que Zeus lui-même craignait et respectait.[250]

Notre regard se porte enfin sur une dernière figure du panthéon mythologique égyptien : Mut. Cette déesse universelle traitée plus avant dans le chapitre consacré à Déméter comporte des caractéristiques la rapprochant de notre Hécate-Hékat. Ainsi est-elle une déesse démiurgique (de tous les pouvoirs) mais aussi une déesse funéraire liée au Monde inférieur – sans oublier une figure solaire propre à diffuser la fertilité sur Double-Pays. Mais ce qui rapproche le plus Mut de notre chère Hécate est sa représentation dans l'iconographie locale : Mut est figurée comme une déesse tricéphale. Elle possède une tête de lion, une tête humaine et une tête de vautour. Le chapitre concerné du *Livre des Morts* égyptien nous en tient le propos suivant :

"Aucun dieu n'advient en dessus d'elle, celle à la magie grandiose dans la barque des millions, celle aux apparitions

---

[249] Anton Parks, *Le Testament de la Vierge*, op. cit., page 253.
[250] Hésiode, *Théogonie*, 420 et suiv.

prestigieuses dans la place du silence, mère de Pachaky, épouse royale du lion Heky, manifestation de la dame de la tombe, Mut, qui est dans l'horizon du ciel, celle qui est apaisée, celle qui est aimée, celle qui agresse. Le chaos et la paix sont dans son poing."[251]

Tout est dit dans cette simple citation ; Hécate-Mut-Isis est la Triple-Déesse à la fois apaisée (sous sa forme d'Isis/Bastet), aimée (sous son aspect hathorique) et qui agresse (sous l'apparence de Sekhmet). Ses deux facettes principales étant résumées au fait qu'elle possède dans son poing le chaos et la paix !

Cette triple divinité trouve écho dans une déesse vénérée par les anciens Arabes polythéistes dans le monde préislamique en général et plus particulièrement à Palmyre (antique cité-État située à 200 km au nord-est de Damas (Syrie) malheureusement aujourd'hui ravagée par des actes terroristes sans nom). Découpée en trois personnalités distinctes – nommées les trois sœurs d'Allah dans le Coran –, il s'avère pourtant qu'elle représentait une même et unique entité. Cette déité est Allât-Al-Uzza-Manat. Allât, souvent dépeinte avec un lion à ses côtés, est réputée être la maîtresse des animaux sauvages – comme Artémis – et est assimilée à une déesse vierge de la guerre et de la sagesse. Son assimilation avec Athéna chez les Hellènes se fera naturellement du fait qu'elle reprend les mêmes fonctions et attributs. Elle est une Déesse-Mère ou une Reine du Ciel, au même titre qu'Isis en Égypte ou Inanna à Sumer, et a prétendument donné naissance à tous les autres dieux. Président aux cérémonies de mariage, elle protège les femmes enceintes et veille sur les enfants en bas âges. Son principal symbole est le croissant de Lune. Allât est un autre nom pour Allatu, la version sémitique de l'Ereškigal sumérienne.[252] La boucle est bouclée : Ereškigal rejoint définitivement Hécate et sa triple facette mystérieuse ! Al-Uzza, quant à elle représente la part "ištarienne" de cette triple-divinité : assimilée à la planète Vénus, elle préside à l'amour et à la sexualité. Al-Uzza est également une déité de la fertilité des

---

[251] *Livre des Morts*, chapitre 164, § 2.
[252] Stanley Arthur Cook, *The religion of ancient Palestine in the light of archaeology*, Éd. Oxford Univ. Press, 1930, page 122.

cultures, des troupeaux et des hommes. Manat, enfin, était la déesse de la mort et du destin, mais aussi de la justice et de l'équité ; traits rapprochables de Perséphone-Hécate.[253]

Notre Artémis-Hécate-Isis-Allât se présente (comme Mut citée dans le *Livre des Morts*) globalement sous deux natures assez distinctes : puissance bienfaisante et créatrice ; ou bien vengeresse et assassine. Une dichotomie déjà rencontrée dans la personnalité et les actes de son "frère" Apollon-Horus. Elle est bien à l'image de l'Œil de Rê (ou la Lointaine), pendant céleste de notre déesse Artémis, dont l'outil de vengeance terrestre est sa propre progéniture. Nous retrouvons une autre dichotomie dans la personnalité de notre Artémis-Isis qui, dans l'esprit des Anciens, ne pouvait prétendre être tout à la fois déesse de la maternité (ou déesse-mère) et déesse de l'amour (ou déesse-épouse). Il existait donc cette séparation d'une seule déité en deux protagonistes complémentaires : une déesse-mère et une déesse-fille ; cette dernière demeurant sous les traits d'une vierge éternelle. Ces deux déesses ayant été ou appelées à devenir des épouses divines, leurs destins semblent se superposer.[254] C'est notre analyse du lien Léto-Artémis. Je n'irai pas jusque-là en évoquant Déméter et sa fille Koré-Perséphone mais l'analogie pourrait être pertinente. D'un point de vue contemporain, la rationalité perd pied quant aux liens unissant les protagonistes d'un récit et l'accumulation d'attributs incompatibles les uns avec les autres (ce qui pour les Anciens ne semblait poser aucun problème). Notre Artémis et ses avatars en sont la plus flagrante représentation : une déesse-mère peut épouser un dieu-fils, la déesse-fille peut être simultanément une déesse-mère tout en restant vierge… etc. Nous reviendrons en détail sur ces unions dans les chapitres *Déméter* et *Dionysos*. De notre côté, cette notion de "virginité" – comme nous l'avons vu en début de ce dossier – n'entre pas en conflit avec la possibilité d'enfanter ou de pratiquer la Sexualité Sacrée.

---

[253] Sources :
http://www.aly-abbara.com/voyages_personnels/syrie/Palmyre/page/Allat_lion.php &
http://www.thaliatook.com/AMGG/arabtriple.html
[254] Yves Dacosta, op. cit., page 18.

La triple divinité arabe Allat / Al-Uzza / Manat. Notez à gauche, l'apparence d'Allat qui reprend les attributs de Sekhmet : le sabre et le lion.

En conclusion nous pouvons dire que la déesse Hécate résume à merveille la complexité de la nature profonde de la Déesse-Mère ou Grande-Déesse. Elle est une déesse au triple visage, chacun d'entre eux pouvant représenter – dans une sorte de mise en abîme – un aspect particulier de la déesse voire une personnalité divine propre, possédant à son tour plusieurs facettes (une triple facette ?). La grille de lecture des *Chroniques* nous dirait que Mamítu-Nammu-Nuréa est une image de la Grande-Déesse qui se reflète dans ses trois "filles" Dim'mege-Athéna, Ereškigal-Artémis et Inanna-Aphrodite. Elles-mêmes pouvant posséder le visage de chacune de ses "sœurs". Elles-mêmes étant les récipiendaires du statut de Grande-Déesse hérité de leur "mère" ; qui l'aura à son tour hérité de sa génitrice. Un statut qui échouera comme vous vous en doutez sur les épaules de la compagne d'Enki-Osiris. Les figurations d'Allât-Al-Uzza-Manat associent les déesses non pas uniquement à la Lune mais aussi au Soleil et à Vénus, émèchant au passage l'hypothèse de la triple-déesse lunaire, largement développée par Robert Graves. Hypothèse tentant de rationaliser à l'extrême les visages triples des Déesses-Mères ou Reines du Ciel en les associant aux phases de la Lune ; les confondant aux cycles de vie de la femme. Nous constatons que les choses sont plus floues et touchent à bien des domaines qui échappent à notre pensée moderne. C'est pourquoi l'on retrouvera, notamment, une nature isiaque non seulement dans Artémis et Aphrodite, mais également dans la fille préférée de Zeus : Athéna.

Concluons ce dossier par un délicieux *Hymne à Hathor* qui résume à merveille la complexité de l'analyse des aspects de la Grande-Déesse :

> "*Jubilation vers toi ô dorée -uræus du Maître Suprême...*
> *Mystère qui sort de Rê qui forme les animaux en les*
> *modelant à sa guise et façonne les hommes...*
> *Ô Mère, Ô Lumineuse qui repousse les ténèbres, qui éclaire*
> *toute créature de ses rayons...*
> *Salut à toi Ô Grande aux nombreux noms :*
> *Ô toi de qui sortent les dieux en ce tien nom de Mut-Isis*
> *Ô fille de Rê en ce sien nom de Tefnut !*
> *Ô Neith qui apparaît dans sa barque en ce sien nom de*
> *Mut !*
> *Ô Mère vénérable qui dompte ses adversaires en ce sien*
> *nom de Nekhbet !*
> *Ô toi la sublime qui triomphe de ses ennemis en ce sien nom*
> *de Sekhmet !*
> *C'est la Dorée, la Maîtresse, la dame de l'ivresse, celle de*
> *la musique, celle de la danse,*
> *Celle des jeunes femmes que les hommes acclament parce*
> *qu'ils l'aiment !...*
> *Le ciel est en fête, la terre est en joie, le Chateau d'Horus en*
> *jubilation !*"

Comme à notre habitude, nous allons résumer nos différents rapprochements dans le tableau ci-dessous avant d'aborder une divinité assez complexe du point de la mythologie comparée, à savoir la sœur d'Enki et d'Ereškigal : Dim'mege appelée aussi Lilti ou Lilitu chez les anciens Mésopotamiens.

LES DOUZE DIEUX DE L'OLYMPE

	Aset-Isis-Hathor (+Bastet / Sekhmet)	Ereškigal-Ninlíl-Sud-Nintu-Allatu-Ninsun	Artémis-Hécate-Coronis-Perséphone-Io
Filiation / Parenté	a- Fille de Geb et Nout b- Sœur d'Osiris et de Neith* c- Sœur de Nephtys d- Amante d'Osiris e- Mère et amante d'Horus (Hathor)	a- Fille de Nidaba (Ninlíl-Sud) ou de Nammu (Ereškigal) b- Sœur d'Enki-Éa (Ereškigal) et Dim'mege (= Neith)* c- Sœur d'Inanna-Ištar d- Amante de Gugalanna (Ereškigal) e- Amante de Nergal (Ereškigal), mère de Gilgameš (Ninsun)	a- Fille Léto (Artémis) ou Déméter (Hécate) b- Sœur d'Apollon et d'Athéna (= Neith*) (Artémis) c- Sœur d'Aphrodite d- Amante d'Hadès (Perséphone) e- Mère (et amante*) d'Apollon (Coronis)
Attributs / Fonctions & Symboles	f- Féminité et Fécondité g- Maîtresse du monde souterrain (GIGAL) h- Magie, Mystères, maladies/guérisons i- Protectrice des enfants j- Divinité lunaire k- "La Lointaine" (Hathor) l- Déesse Vierge m- Vache du Ciel n- Déesse "sombre" o- Déesse-Mère p- Chien noir : Anubis q- Symbole léonin (Sekhmet) r- Associée à la pyramide s- Déesse ailée t- Triple nature (Bastet/Hathor/Sekhmet) u- Tuée par son amant Horus (Isis)	f- Féminité et Fécondité (Ninlíl-Sud) g- Maîtresse du monde souterrain (KIGAL) h- Magie et arts divinatoires, maladies/guérisons i- Préside aux naissances (Nintu) j- Associée à la Lune (Ereškigal) k- Divinité invisible (Ereškigal) m- Vache du Ciel (épouse de Gugalanna), "déesse-vache sauvage" (Ninsun) n- Déesse des ombres (Ereškigal) o- Déesse-Mère (Nintu) s- Déesse ailée (Ereškigal) t- Triple nature (Allatu)	f- Féminité et Fécondité g- Maîtresse du monde souterrain (Hécate-Perséphone) h- Préside aux incantations et rituels magiques (Hécate) i- Protectrice des enfants (Artémis) j- Divinité lunaire k- Divinité distante (Hécate) l- Déesse Vierge m- Déesse Vache (Io), domine les bovidés (Artémis) n- Déesse "noire" o- Grande-Déesse p- Chien noir (Hécate) q- Symbole léonin (Hécate) r- Associée à la montagne (Artémis) s- Déesse ailée (Artémis/Coronis) t- Triple nature (Hécate) u- Tuée par son amant Apollon (Coronis)

Tableau Artémis. * : *Élément avancé par les* Chroniques du Ǧírkù.

CHAPITRE V

ATHÉNA, CRAINTE ET RESPECTÉE

> *"Je chante d'abord Pallas Athéna, la glorieuse Déesse aux yeux pers dont l'intelligence est vaste et le cœur indomptable, la Vierge vénérée qui protège les cités, la vaillante Tritogène que Zeus enfanta seul dans son auguste chef, armée d'un harnois guerrier tout étincelant d'or : un saint respect possédait tous les Immortels qui la virent lorsque devant Zeus qui porte l'égide, elle jaillit impétueusement de sa tête immortelle, en brandissant un javelot aigu. Le grand Olympe vibra terriblement sous le poids de la forte Déesse aux yeux pers ; la terre d'alentour poussa un cri déchirant ; la mer alors fut ébranlée et gonfla de sombres vagues, puis l'onde amère s'arrêta soudain ; le fils radieux d'Hypérion* (NDA : le Soleil), *pendant un long temps, arrêta ses chevaux rapides, et attendit que la Vierge Pallas Athéna eût ôté de ses épaules immortelles l'armure divine ; et le prudent Zeus se réjouit."*
>
> **Hymne homérique à Athéna, 1-18.**

Divinité ô combien complexe à cerner, l'Athéna des Grecs que j'assimile aisément à Dim'mege-Lilti-Lilith / Neith (grâce aux révélations d'Anton Parks), ne va pourtant pas nous rendre la tâche facile ! Elle est un personnage composite comme les Anciens savaient si bien les créer. Comme vous le savez, l'empire d'Alexandre Le Grand s'étendait de la Macédoine jusqu'à la vallée de l'Indus en passant par la Perse ; avec quelques colonies africaines. Le brassage culturel a été intense. En ont résulté des importations et intégrations – plus ou moins heureuses – de nombreuses déités exotiques. À l'occasion de certains brassages, ont été empruntés ou superposés sinon des identités clairement distinctes du moins une bonne partie d'attributs particuliers. Athéna présidait à la guerre et à la sagesse. Contrairement à son pendant masculin – Arès – qui, lui, savourait les actions bellicistes, la fille de Zeus n'allait guerroyer qu'en cas d'ultime nécessité. Sa naissance – décrite ci-dessus par Homère – est à mettre au compte d'un épisode cosmique dont nous avons déjà débattu plus haut ; à savoir l'expulsion de Vénus de l'orbite de Mulge. Anton Parks en a également discuté dans la quatrième partie de son deuxième essai.[255] Il en rediscutera dans *La Dernière Marche des Dieux* où il entérinera le fait que le rejeton céleste de Mulge (MUL-GE$_6$, litt. "l'Astre sombre" en sumérien), sera nommé en Égypte l'Œil de Rê ou l'Œil du Son. Dans d'autres textes, il est l'Horus céleste ou Neb-Heru (le Neberu/Nibiru des textes babyloniens). Chez les Chaldéens, Mulge sera vu comme un "*Maître des Enfers*" – à la manière d'un Enki-Osiris sur Terre – et son fils était nommé Nindar (NIN-DAR, litt. "le Seigneur qui fracasse" en sumérien), soit une figuration terrestre d'Horus-Nergal, virulent guerrier que Parks décrit plus avant : "*Nin-dar incarne le Soleil nocturne, le Soleil dissimulé dans le monde inférieur pendant la moitié de sa course. Il est l'équivalent du Soleil Noir, nom donné à Osiris après sa mort et aussi à sa prolongation, son fils réincarné en lui-même : Horus.*"[256] Rappelons que dans le chapitre *Apollon* nous avions dit que le vocable pour *faucon* en sumérien était ŠÚR-DÙ que j'ai déchiffré en ŠÚR(furieux, être enragé, borné)-DU$_{14}$(combat), DU$_{12}$(être en colère), DU$_5$(fracasser), soit "le furieux fracasseur" ou "l'enragé au combat" voire "le borné en colère".

Cette mise au monde ainsi que le caractère guerrier de la divinité sont deux éléments qui auraient éventuellement "glissé" de Vénus-Aphrodite vers Athéna. Originellement attribuables à l'Ištar akkadienne, pendant terrestre de la comète-planète Vénus. Une légende vraisemblablement plus ancienne présente toutefois les choses de manière différente. Cette version, qui remonterait aux premiers habitants de la Grèce, fait d'Athéna une ancienne déesse de l'Éclair et de l'Orage, née en Libye. Trois Nymphes habillées de peaux de chèvre la découvrirent près du lac Tritonis et la

---

[255] Anton Parks, *Ádam Genisiš*, op. cit., page 375.
[256] Id., *La Dernière Marche des Dieux*, op. cit., pp. 114-117.

nourrirent. C'est du nom du lac auprès duquel elle fut trouvée qu'Athéna tiendrait son nom de Tritogeneia, "Fille des Eaux". Si l'on assimile la déesse des Eaux primordiales à Tiamata,[257] par extension, Athéna-Lilti-Neith serait la "fille" de Tiamata. Dans les *Chroniques*, elle est la plus ancienne fille de Mamítu-Nammu-Nut, elle-même fille de Tiamata. La filiation exacte n'est pas très loin... Cependant, l'épiclèse Tritogeneia renverrait, comme Aphrodite-Vénus, à une naissance depuis "*l'écume de mer*" céleste laissée par le "cadavre" de l'astre Mulge. Pourquoi associer la naissance de Vénus au protagoniste Dim'mege ? Simplement parce que la naissance de la comète qui deviendra Vénus est intimement liée au caractère guerrier de cette dernière. Aussi comme cette nature guerrière d'Inanna-Ištar (assimilation terrestre partielle de Vénus) n'a pas été associée à son avatar hellénique, Aphrodite, mais a été transférée à Athéna, c'est celle-ci qui hérite du mythe d'une naissance du front de Zeus-Jupiter (soit la planète qui existait devant Jupiter) ou de l'Océan céleste (vestiges de l'astre Mulge). Athena a d'ailleurs été décomposé en Emeša par Anton Parks en AD(cri)-EN(seigneur)-A(père), soit "le cri du seigneur-père". Reprenant à la fois le mythe de la naissance de la déesse qui pousse un cri terrible en sortant de la tête de Zeus et le son impressionnant produit par Vénus lors de ses passages près de la Terre selon les anciennes traditions (Œil du Son).

Dans son célèbre *Mondes en Collision*, Velikovsky, traite largement des conséquences de la traversée de Vénus dans le système solaire dans l'Antiquité au travers de l'analyse de divers récits mythologiques. Afin de rester dans la thématique de cet essai, il cite ici un passage de l'*Iliade* d'Homère : "*Athénê pousse des cris belliqueux... Les Immortels, descendus de leurs demeures fortunées, enflamment ainsi les deux armées au combat, et, affranchis de tout obstacle, versent parmi elles une rage dévorante. Le maître des cieux et des hommes tonne du plus haut des cieux avec un bruit formidable ; Poséidon ébranle la terre immense jusqu'au sommet des montagnes. Le mont Ida, avec ses sources nombreuses, les tours de Troie, et les vaisseaux des Grecs s'agitent et tremblent. Le roi des Ombres, Hadès, épouvanté...*

---

[257] TI-AMATA signifie "mer" ou "Océan", litt. en sumérien.

craint que Poséidon, ouvrant la terre ébranlée, ne découvre aux dieux et aux hommes ses demeures... tel est le tumulte qui s'élève aux combats des divinités."[258]

Dans la légende, Athéna ne naît pas *ex nihilo* du crâne de son père Zeus. Elle a pour mère Métis (personnification ou abstraction de la Sagesse et de l'Intelligence), première épouse du dieu des dieux. Une prophétie prédit que celle-ci est appelée à le détrôner un jour prochain ; il décide donc d'avaler sa femme pour s'en débarrasser ! Au terme de la grossesse, Athéna surgit de la tête de son géniteur.[259] Nous pouvons identifier la mère de la déesse de la Guerre à l'aide du langage matrice : Métis – partant du principe qu'elle est le lieu de séjour d'Athéna avant sa "naissance" – peut se décomposer en ME(décret divin)-TIŠ(tous, ensemble, intégralité), soit "le lieu de tous les décrets divins". Si l'on se réfère aux *Chroniques*, le lieu de dépôt du Mardukù (le texte de loi des décrets divins qui s'applique à la Terre) est la planète Mulge, dont Mulge-Tab/Nibiru (Vénus) est le satellite. D'un point de vue astronomique, nous pouvons donc assimiler Métis (la mère d'Athéna) à ce qui constitue de nos jours la ceinture d'astéroïdes entre Mars et Jupiter : Mulge. Détail amusant : dans l'iconographie, Métis est souvent dépeinte comme un petit personnage dissimulé, par exemple sous le siège de Zeus... Athéna a enfin ceci de commun avec Aphrodite-Ištar, qu'elle est la favorite de Zeus-An dans la mythologie hellénique.

Maintenant que nous avons largement évoqué la naissance d'Athéna, dressons à présent son portrait exhaustif. Sagesse et Guerre ne sont pas ses seules attributions. Elle personnifie l'intelligence sous tous ses aspects et préside aux activités matérielles (domestiques comme agricoles ou militaires). Elle est accessoirement la déité poliade de la cité-État d'Athènes – à laquelle elle donne son nom – et la figure protectrice d'un certain nombre de héros (dont Héraklès). Elle veille aussi sur la santé des

---

[258] Immanuel Velikovsky, *Mondes en collision*, Ed. Le Jardin des Livres, 2003, pp. 166-167.
[259] Dans le tome 3 de *Quand les dieux foulaient la Terre*, nous reviendrons sur la surprenante nature génésique du crâne selon les croyances de peuples aussi éloignés que les Celtes, les Égyptiens ou encore les Grecs de l'Antiquité.

hommes. Il n'est pas anodin que les sages grecs aient revêtu Athéna d'attributs guerriers : la guerre est omniprésente dans le monde des cités grecques ; la sagesse implique que la cité soit protégée non seulement spirituellement, mais aussi physiquement. Athéna, par son côté guerrier représente davantage l'art de bien se protéger et de prévoir les combats à venir, que l'art du combat lui-même, incarné par Arès dans sa sauvagerie meurtrière. Athéna incarne l'aspect plus ordonné de la guerre, la guerre qui obéit à des règles, celle qui se fait en certains lieux, à certaines périodes, et entre les citoyens.[260] Ses attributs sont la lance, le casque et l'égide. Son animal consacré est la chouette. Nombre de ses figurations la montrent tenant Nikê, personnification de la Victoire.[261] Comme nous l'avons vu juste au-dessus dans l'étude d'Artémis, certains traits de la déesse arabe Allât, la rapprochent d'Athéna, faisant de cette dernière une figure singulièrement hétéroclite. Le nom d'Athéna proviendrait-il de l'antique déesse ouest-sémitique Anat, Reine du Ciel ? Anat était la sœur de Baal, dieu de l'orage assimilé à Horus-Nergal par Anton Parks. Ou bien Athéna possède-t-elle un lien avec la déesse irlandaise Eithne, mère-épouse de Lug(h) voire Ariadne, la célèbre épouse de Dionysos (toutes deux des échos d'Isis) dont nous reparlerons dans le dossier *ad hoc* ? Tout cela rajoutant un peu plus de confusion à notre tableau. Pour ma part, cette assimilation est exagérée et une fois de plus provoquée par l'absence d'étymologie certaine du nom ionien Ἀθήνη / Athếnê à l'origine d'Athéna. La langue des dieux va nous permettre d'y voir plus clair AT(puissance)-ḪE(mêler)-NE₄(peur, respect), soit "la puissance qui mêle la peur et le respect" voire A(source)-TE(vie)-NE₄(peur, respect), "la source de vie crainte et respectée". Nous avons là une belle définition de l'incarnation de la déesse dite de la Guerre et de la Sagesse !

Dans l'œuvre de Parks, elle correspond à Dim'mege, Reine de l'Abzu de la Terre et souveraine des Ama'argi – souche d'Amašutum à la peau très sombre et possédant une queue à l'inverse de leurs sœurs. Cette caste de prêtresses maîtrise autant

---

[260] http://fr.wikipedia.org/wiki/Ath%C3%A9na
[261] Décodable en langage des dieux en NI(crainte, respect)-KE(terre), soit "crainte et respectée sur Terre".

la science et la technique des Siensišár ou Uzumúa²⁶² (matrices artificielles) que l'art du combat rapproché. Intelligence et guerre : deux attributs de notre Athéna. Partageant le même lien de parenté qu'Enki-Osiris et Ereškigal-Isis, elle peut être considérée comme leur sœur ; à l'instar de l'Athéna grecque demi-sœur d'Apollon et d'Artémis. Ayant des vues sur son frère Sa'am-Enki – devenu par la force des choses le souverain des Abzu de toutes les colonies Gina'abul –, Dim'mege finit par obtenir de lui la force du Níama ; après avoir cédé à ses avances et partagé sa couche royale.²⁶³ Parmi les prérogatives du Mardukù, il est imposé aux Amašutum – et par extension aux Ama'argi – de subvenir aux besoins des Anunna. Ces dernières iront jusqu'à modifier le climat de la planète pour la rendre plus vivable aux renégats par l'entremise de leur savante technologie. La Reine de l'Abzu soulagera également les Nungal qui creusaient le Tigre et l'Euphrate par la cession d'Albarzil (perforeuses mécaniques). Elle participera avec Enki à la transformation génétique du prototype d'humanoïde Homo Erectus vers l'Homo Sapiens. Elle élèvera Sabu (Anubis) et Hé'er (Horus l'Aîné) au cœur de son royaume souterrain. Enfin elle aura eu un rôle déterminant, par le soutien de ses Ama'argi, lors du conflit opposant Heru et les Anunna. Comme nous l'avons montré plus haut, le conflit Kemet-Kalam a conduit les érudits de l'ancienne Mésopotamie à classer les forces d'Osiris dans le camp des ennemis démoniaques de Sumer. Ainsi comme Nergal-Apollon et Erra-Her-Râ, pour le moins déconsidérés, Dim'mege a été purement et simplement reléguée au rang de... démon !

---

[262] Le terme sumérien UZU.MÚ.A (litt. "ce qui fait pousser la chair" en sumérien) n'apparaît que dans les récits mythologiques à portée anthropogonique comme *Le récit bilingue de la création de l'Homme* à la ligne 18 ou encore *L'invention de la Houe et l'origine des hommes*, lignes 6 et 18-19. L'auteur de *Lorsque les dieux faisaient l'homme* traduit généralement Uzumúa en "Fabrique-chair", voir Jean Bottéro, op. cit., page 506.
[263] Cet épisode se retrouve dans la mythologie grecque dans lequel Héphaïstos (avatar d'Enki-Osiris) tente de violer la déesse de la justice. La semence du dieu des forges finira sur la cuisse d'Athéna qui la jettera au sol. Naîtra de la Terre Érichthonios, mi-homme mi-serpent qui deviendra l'un des premiers rois d'Athènes.

De gauche à droite : 1) Neith, la déesse de la Justice égyptienne. 2) Statue d'Athéna en tenue guerrière et accompagnée d'un serpent (Athéna Giustiniani, Musée du Vatican). 3) Sculpture de bronze d'Athéna portant sa fameuse chouette (env. 460-450 av. J.-C., Metropolitan Museum, New York). 4) Gravure d'argile mésopotamienne de la "Reine de la Nuit" généralement associée à Lilitu (haut-relief en terre cuite, époque paléobabylonienne). Notez les deux chouettes de chaque côté de cette dernière.

La première correspondance que nous pouvons établir tient au fait qu'à la fois Athéna et Lilitu-Dim'mege sont associées à l'idée de déesses-oiseau. Les apparitions de Lilith dans la mythologie mésopotamienne sont rarissimes pour ne pas dire inexistantes. À dire vrai nous n'avons retrouvé qu'une seule tablette où un personnage surnaturel pourrait s'apparenter à la célèbre Lilith des religions du Livre. Elle apparaît sous la dénomination KI-SIKIL-LIL-LÀ ("la jeune femme aérienne") et la culture populaire en a fait la démone-sœur d'Ève. L'épisode mythologique en question est celui de *Gilgameš et l'Arbre Huluppu*, présent dans l'Épopée du dit-héros civilisateur.[264] Anton Parks a décrypté ce mythe comme la tentative de prise de pouvoir de l'engeance patriarcale Anunna-Ušumgal – par l'entremise d'Inanna – sur la maîtresse de l'Abzu, Dim'mege. Nous pourrions plus pragmatiquement y déceler la description de la conquête (du moins une tentative) d'un territoire voisin par les partisans du culte de la Reine du Ciel et divinité poliade d'Uruk, "envoyée" (symboliquement) de concert par Anu et Enlíl, assistée du civilisateur patenté Gilgameš, inévitable clé de l'expansion de la culture suméro-akkadienne.[265]

---

[264] *Épopée de Gilgamesh*, Gilgamesh, Enkidu et le Kur, Tablette XII.
[265] Voir à ce propos l'étude comparative *Inanna/Humanav – Gilgamesh/Gil[il]Kecməsi, Une Histoire du Haut-Karabakh* par Marc-Olivier Rondu, 2015. Une étude que tout un chacun peut télécharger librement et

Je vous laisse ici découvrir un rapide aperçu de cet épisode et vous faire votre propre opinion sur le sujet :

"Un arbre, un arbre Huluppu, un arbre,
Sur la rive pure de l'Euphrate a été planté,
Et l'Euphrate était sa source,
Le Vent du Sud l'arracha à sa base, arracha sa couronne feuillage, L'Euphrate l'emporta dans ses flots,
Une femme se précipita sur les mots d'Anu,
Se précipita sur les mots d'Enlíl
Elle le saisit dans ses mains et l'apporta à Uruk,
Dans le Jardin pur d'Inanna il doit être apporté,
La femme le planta et le dressa à ses pieds,
Quand pourrais-je en faire un trône sacré et m'y asseoir ?
demanda-t-elle en le regardant ?
Quand pourrais-je en faire un lit dans lequel je pourrais m'allonger ? demanda-t-elle en le regardant ?
L'arbre devint grand mais elle ne put le couper, il aboie,
À sa base, le serpent qui ne connaît pas de charme s'est fait un nid,
Dans son feuillage l'oiseau Zu y a installé ses petits,
En son centre, une jeune femme en hauteur a construit sa maison,
La servante qui ne crie jamais, celle qui réjouit tous les cœurs,
La pure Inanna, comment elle pleure !
De la manière dont elle s'adressa à lui,
De la manière son frère, le héros Gilgameš, se teint devant elle,
Une armure aussi lourde que 50 mines il portait à sa taille,
(...)
Sa hache de sept talents et sept mines qu'il tenait dans sa main,
À sa base il frappa le serpent qui ne connait pas de charme,
Dans sa couronne, l'oiseau Zu prit ses petits,

---

gratuitement via le lien Internet (www.acedemia.eu) ci-après : https://www.academia.edu/12510329/INANNA_Hunanav_GILGAMESH_Gil_li_Ke%C3%A7m%C9%99si._An_ancient_history_of_Karabagh_Une_histoire_antique_du_Haut_Karabagh

Et les emporta dans la montagne,
En son sein, la jeune fille aérienne détruisit sa maison,
Et s'enfuit dans une région désertique,
Il arracha l'arbre de sa base, il arracha sa couronne,
Les fils de sa cité qui l'accompagnaient coupèrent sa couronne,
Il en donna à la pure Inanna pour son trône,
Il en donna pour son lit,
Lui, de sa base il en fit un pukku
De sa couronne il en fit un mikkû.''

***

Dans l'illustration ci-dessus, nous voyons clairement que les deux déités sont liées par le symbole de la chouette, notamment. Le mot chouette possède deux vocables en sumérien. Le premier, NINNA, qui une fois décomposé avec notre technique habituelle nous donne : NIN(reine, souveraine)-A(eaux), NA(humanité), soit "la reine des Eaux", comprenez par là les Abysses, ou "la souveraine de l'humanité". Intéressant, vu que Dim'mege est comme vous le savez la Reine de l'Abzu terrestre et que Lilitu en akkadien signifie "démon" – qui, par définition, vit aux Enfers. La "souveraine de l'humanité" nous renvoit à la nature isiaque d'Athéna dont les attributions la rapprochent inexorablement de la sœur d'Osiris. Le serpent est souvent présent dans les figurations d'Athéna nous précisant discrètement le caractère chtonien de la déesse ; caractère évidemment non reconnu officiellement mais validé par les *Chroniques*. Le second vocable pour désigner la chouette est DÚR-DÚR-BA-UG$_7$ que l'on pourrait traduire en DÚR(déposer)-DÚR(résidence, séjour)-BA$_7$(âme)-UG$_7$(mort), soit "qui dépose les âmes au séjour des morts". Rappelons qu'au même titre que le chien-loup (cf. Anubis), le cheval (cf. Hécate, Déméter) ou le corbeau (cf. Odin, Lugh-Apollon), la chouette était regardée comme un animal psychopompe. Le mot chouette s'écrit γλαύξ en grec ancien et peut se décomposer phonétiquement en GÚ(pays)-LÁ(entrer, connaître, s'occuper de)-UG$_4$(mort) qui nous offre les possibilités suivantes : "celle qui connaît le pays des morts" ou "celle qui entre dans le pays des morts" voire "celle qui s'occupe du pays des morts". En tant que Souveraine des Abysses, nous n'en attendions pas moins ! Il est pertinent que la chouette ait été choisie comme l'animal consacré d'Athéna-Dim'mege. C'est l'oiseau de nuit par excellence ; se disant *noctuam* en latin par exemple. Nous rappelant une fois de plus à la double nature "sombre" de notre protagoniste : régnante du Monde souterrain (donc des morts selon les anciennes traditions) et "*étoile sombre*" (Ama'argi à la peau foncée).

Monde souterrain, Reine du Ciel, attributs animaux du serpent ou d'un rapace, nature posée mais aussi guerrière... autant d'éléments rapprochant Athéna de ses "cousines" Isis ou Inanna. Ce n'est pas tout. On peut la rapprocher d'Isis également par l'entremise de la mise au monde extraordinaire de son fils Érichthonios. Cet épisode se retrouve, notamment, dans la bibliothèque du Pseudo-Apollodore, dans lequel Héphaïstos (avatar d'Enki-Osiris), visité par la chaste déesse de la guerre venant se faire forger des armes dans son atelier, tente de violer la fille préférée de Zeus. Se défendant corps et biens contre le dieu boiteux, la déesse reçut malgré tout la semence du dieu des forges sur sa cuisse ; qu'elle essuiera avec un morceau de coton avant de le jeter au sol. Naîtra de la Terre Érichthonios, mi-homme mi-serpent qui deviendra l'un des premiers rois d'Athènes. L'enfant sera confiée par Athéna à la garde des trois filles du premier roi mythique d'Athènes, Cécrops.[266] Nous retrouvons là des éléments liés à la naissance d'Horus, fils d'Isis : une fécondation sans véritable accouplement et la présence de trois mères-nourrices complétant le quatuor des Meshkenut égyptiennes : Nephtys, Neith et Serkit. Sans parler du fait qu'Érichthonios deviendra l'un des rois les plus fameux de la Cité athénienne. La virginité supposée de la divinité poliade d'Athènes symbolisait pour ses habitants l'inviolabilité de leur cité. Ainsi les mythes de ses viols par Poséidon et/ou Héphaïstos auraient été tus. Elle aurait pourtant été donnée notamment pour mère d'Apollon par Héphaïstos nous donnant un beau recoupement avec la grande trinité de mythologie égyptienne – qu'on ne citera plus.[267] L'Athéna archaïque aurait également présidé à la nature sauvage et aux travaux agricoles faisant de la déesse un trait d'union entre Artémis et Koré/Déméter.

---

[266] Pseudo-Apollodore, Livre III, 14, 6.
[267] Robert Graves, op. cit., page 158.

À l'origine, toutes ces déesses n'en formaient peut-être qu'une seule... Graves nous confirme, une fois de plus, sinon que les frontières entre les premières déesses étaient plus poreuses dans les temps archaïques qu'à l'époque classique, du moins valide-t-il notre assertion précédente quant à l'unité première supposée des déités féminines : "*La déesse Athéna (...) n'était pas, à l'origine, considérée comme une jeune fille ; le héros mort avait été, en effet, à la fois son fils et son amant* (NDA : caractéristique récurrente des Grandes-Déesses, voir le chapitre *Dionysos*). *On lui donna le nom de "Coronis" à cause du corbeau oraculaire ou de la corneille et celui d'"Hygie" à cause des guérisons qu'elle opérait. (...) Athéna, donnant à Asclépios* (NDA : voir le chapitre *Hadès*) *et à Érichthonios le sang de la Gorgone, indique que les rites de guérison en usage dans ce culte constituaient un secret gardé par des prêtresses et il en coûtait la vie de vouloir le connaître – la tête de la Gorgone est un avertissement formel donné aux curieux.*" L'auteur précise enfin plus loin que Artémis "*était, à l'origine, la même déesse qu'Athéna*".[268] Athéna aurait ainsi regroupé sous son théonyme nombre de déesses aux attributions diverses : Coronis, Hygie[269] ou encore Artémis – autant de reflets locaux de la grande Isis.

La déesse vierge se rapproche également de sa sœur Artémis par le mythe de Tirésias (copie quasi conforme du mythe d'Actéon, les deux récits ayant sans doute une origine commune). Athéna, comme la sœur d'Apollon, ne supporte pas le regard d'un homme sur elle. Un jour qu'elle se baignait en compagnie de Chariclô, une Nymphe thébaine, elle fut surprise dans sa complète nudité par un adolescent, Tirésias. Pour le punir de son impiété, elle frappa le jeune homme de cécité. À la différence d'Artémis qui scella définitivement le sort d'Actéon, Athéna prit peine des lamentations de Chariclô qui, convaincue du geste innocent de Tirésias, lui fit donner par la déesse aux yeux pers un bâton de cornouiller à l'aide duquel il put se déplacer comme s'il y voyait de nouveau. Il lui fut

---

[268] Ibidem, pp. 283-284.
[269] Du grec ancien Ὑγεία / *Hugeía* que l'on peut traduire par le suméro-akkadien en ḪU(oiseau)-GE$_6$(sombre)-IA(révéré, vénéré), soit "l'oiseau sombre révéré ou vénéré". Encore un rappel à l'égyptienne Isis, la sombre déesse ailée du Double-Pays.

accordé également le don de prophétie. Enfin sachez que le lieu le plus vénéré à Athènes durant l'Antiquité n'était pas le célèbre Parthénon, mais l'Érechthéion qui regroupait dans un même sanctuaire plusieurs chapelles : une dédiée à Athéna (bien entendu) mais également une destinée aux offrandes à Poséidon et la dernière consacrée à Érechthée, sixième roi légendaire d'Athènes – à ne pas confondre avec Érichthonios. Une forme de triade "à l'égyptienne" ? Poséidon a certainement été introduit dans les cultes locaux suite aux invasions ioniennes, mêlant ainsi dans la pratique religieuse athénienne les dogmes matrilinéaires et les divinités indo-européennes. La présence de la divinité patriarcale Poséidon dans la cité athénienne se traduit par le mythe de la dispute entre le Souverain des Eaux et la déesse guerrière pour le patronage de la région de l'Attique et par extension d'Athènes. C'est pourquoi il est célébré auprès d'Athéna pendant les fêtes des Skrophories. En parallèle, la déesse est honorée par d'autres cérémonies où elle est associée à Dionysos (durant les Oschophories, à la période des vendanges au mois d'octobre) et à Héphaïstos (lors des Chalkeia, au mois de novembre). La diversité des cérémonies reflète la variété des attributions de la fille préférée de Zeus.[270] En tant que déesse de la sagesse, de l'intelligence, des artisans et associée aux rites agraires, quoi de plus normal que de la voir parader avec certains des plus fameux avatars d'Enki-Osiris !

***

En parallèle des attributs guerriers habituels d'Athéna, nous retrouvons une arme un peu atypique : l'égide. D'une puissance fabuleuse, elle servait autant à se défendre qu'à attaquer. Originellement attribuée à Zeus qui la prêtait régulièrement à sa fille Athéna, elle est tantôt fabriquée à partir du pelage de la chèvre Amalthée tantôt faite de la peau de la Gorgone Méduse voire de celle du géant Pallas tuée par la déesse lors de la Gigantomachie. Dans les descriptions qui en sont faites, l'égide serait une espèce de cuirasse en peau (de chèvre) et frangée de serpent.[271] Elle permet à la divinité de la guerre – ou à son père – d'être "*porté(e)*

---

[270] Catherine Salles, op. cit., page 129.
[271] *Iliade*, Chant V, v. 738-742.

par les vents", d'amonceler des nuages, déclencher la foudre... L'auteur Calvert Watkins soutient que l'égide grecque est un emprunt à la littérature hittite, dans laquelle il est souvent fait allusion à un sac en peau de mouton ou de chèvre qui contient des allégories du bien-être.[272] L'égide est rentrée dans le langage courant comme définition d'une protection ou d'un renfort. Étymologiquement le mot égide trouve sa racine dans le grec αἰγίς qui se traduit littéralement par "peau de chèvre". Regardons de plus près ce que le langage matrice peut nous révéler : le terme αἰγίς est phonétiquement découpable en trois particules Á(force, pouvoir)-I(maîtriser, triompher)-ĞIŠ(phénomènes naturels, arbres), soit "la force qui maîtrise les phénomènes naturels" ou "le pouvoir triomphant des arbres". Nous avons là pas moins que la description de la science des Ama'argi mise en application. Comme dit plus haut, c'est grâce à la technologie de cette caste Amašutum que le clan Anunna-Ušumgal a modifié le climat de la planète. Mais, au-delà de cette application, il est bien entendu possible de se servir de ces forces géoclimatiques pour des usages, disons, moins pacifiques. Il est par exemple évoqué – depuis le tome 2 des *Chroniques* – à multiples reprises l'usage des piliers d'énergie électromagnétiques (dits piliers Djed en Égypte). Il ne serait pas étonnant qu'un tel pouvoir ait été également utilisé par des belligérants (des deux camps opposés) ; ce qui est resté gravé dans la mémoire des Grecs anciens ou plutôt dans les traditions qu'ils auraient importées d'Afrique du Nord (Égypte) et/ou d'Asie Mineure (Anatolie/Assyrie). Vous aurez noté que par deux fois, l'épithète Pallas a été attribuée Athéna. Cette qualification n'est pas clairement définie et les mythographes en appellent à différentes traditions pour la justifier. Du point de vue de la langue matrice, nous pouvons décoder de la façon suivante cette épiclèse : PALA$_2$(vêtements divins)-AŠ(unique) : "à l'unique vêtement divin" ; PA(accorder, apporter)-LA(félicité, santé)-ÁŠ(vœux) : "qui accorde les vœux et apporte la félicité (ou la santé)" voire PALA(insurrection)-AŠ$_5$(araignée) : "de l'insurrection des araignées". Nous retrouvons tout à la fois la trace de l'égide en tant que vêtement divin à usage guerrier, le rôle de protectrice de héros et enfin cette révolte des araignées nous renvoie au soulèvement

---

[272] Calvert Watkins, *A Distant Anatolian Echo in Pindar : The Origine of the Aegis Again*, Éd. Harvard Studies in Classical Philology, vol. 100, 2000, pp. 1-14.

des Ama'argi/Amašutum contre le pouvoir Anunna-Ušumgal. Pour rappel, l'araignée est l'un des symboles de la Déesse-Mère et par extension de ses représentantes terrestres – les prêtresses Gina'abul et humaines.[273] L'arachnide est indissociable d'Athéna. La déesse est la patronne de toutes les femmes qui filent, tissent et brodent. Elle est l'ouvrière divine qui fabriqua avec talent sur la robe de mariage d'Héra et qui apprit à Pandore, la première femme, à tisser des étoffes aux mille couleurs. Jalouse et orgueilleuse, Athéna perdit un duel de haute-couture face à Arachné de Colophon, fille d'un teinturier de Lydie, qui avait – pauvre malheureuse – lancé un défi à la déesse des artisans. De rage, Athéna déchira la splendide tapisserie d'Arachné qui, de désespoir, chercha à se pendre. Mais avant qu'elle ne puisse commettre l'irréparable, la jalouse perdante, prise de remords, la changea en araignée ; Arachné continuera ainsi à tisser indéfiniment sa toile.[274]

***

Nous sommes arrivés à parler assez longuement d'Athéna sans évoquer son avatar égyptien : Neith ! Et pourtant. Pourtant comme vous allez le voir, il n'y a quasiment aucune distinction entre les deux divinités. Platon (philosophe et mathématicien grec, 427-346 av. J.-C.), dans le *Timée*, identifia Neith à la déesse grecque Athéna, avec un autre nom, mais historiquement, les deux divinités ne partagent pas les mêmes origines. Malgré cela, certains mythographes prétendent qu'Athéna est à l'origine la divinité libyenne tutélaire Neith. Lorsqu'une forte communauté libyenne s'établit en Grèce, ces derniers n'auraient eu d'autres choix que de composer avec cette nouvelle déesse venue d'Afrique – étant donné que, selon Hérodote, la plupart des dieux grecs furent importés d'Égypte – en lui donnant une place majeure. Ils en auraient donc fait la fille préférée du dieu des dieux, Zeus. Le défi n'est donc pas de trouver les points de convergence mais serait au contraire d'énumérer ce qui sépare les deux déités ! Neith est une très ancienne déesse de la ville de Saïs (Basse -Égypte) qui couvre tous les attributs d'Athéna : vierge et guerrière (dans le sens de protectrice du Pharaon), préside aux arts techniques/domestiques

---

[273] Anton Parks, *Le Secret des Étoiles Sombres*, op. cit., pp. 198-199.
[274] Ovide, *Les Métamorphoses*, Livre VI, 1-145.

(elle inventa le tissage) et la sagesse, associée aux Eaux primordiales de la Création (son nom égyptien signifiant également "eau"), elle préside à l'intelligence, à la science, à la justice et à l'ordre. Et tandis qu'Athéna adopta Érichthonios – mi-homme mi-serpent –, le fils d'Héphaïstos et de la Terre, Neith adopta Sobek – le dieu crocodile. Neith se confond parfois avec Nut et on la donne également pour génitrice de Rê. Plus tardivement elle sera syncrétisée avec Isis, faisant d'elle, notamment, l'épouse de Khnum à Esna ou la contrepartie de Ptah à Memphis. Rappelons que les dieux aquatiques Khnum et Sobek ainsi que le démiurge Ptah sont autant de divinités que l'on rapproche d'Osiris. À cet effet, elle deviendra donc à mesure que le temps la rend plus proche de l'Histoire, une déesse de la végétation, une Déesse-Mère et enfin une Créatrice androgyne possédant même un phallus !

Les animaux de Neith sont le crocodile, le serpent et le lion. Nous savons que ces deux derniers figurent respectivement la connaissance/sagesse et la puissance/noblesse. Ce sont deux attributs que nous pouvons aisément fondre dans le caractère de la divinité égyptienne. Beaucoup de spécialistes pensent aujourd'hui que Neith peut correspondre à la déesse Tanit (ou Ta-Nit)[275] qui fut très vénérée en Afrique du Nord par les Berbères et existant depuis les débuts de l'écriture – et par les premiers Carthaginois. Cette déesse fut aussi reprise par les Phéniciens. Elle fut également une déesse funéraire et on pensait que Neith restait sur les corps des morts avec les bandages lors de l'embaumement. Elle était également en charge de la restauration des âmes, et leur offrait du pain et de l'eau après leur long voyage du monde des vivants.[276]

Athéna possédait donc la triple identité de Neith-Lilitu (Athéna(1)), d'Isis-Ereškigal-Sud (Athéna(2)) et de Nephtys-Inanna (Athéna(3)) partageant avec elles pêle-mêle la naissance, certains récits et une bonne partie des attributions divines. Il est

---

[275] Officiellement traduit de l'égyptien en ''du pays de Nit'' mais déchiffrable avec le langage matrice en TA6(négliger, ne pas prêter attention à)-NIT(A)(hommes) : ''celle à laquelle les hommes ne prêtent pas attention''. Pour une déesse vouée à la chasteté éternelle, c'est la moindre des choses !
[276] Dominique Mallet, *Le culte de Neit à Saïs*, Ernest Leroux, Paris, 1988.

LES DOUZE DIEUX DE L'OLYMPE

inutile de dresser plus avant les ressemblances entre les deux divinités. Elles sont quasiment des doublets. Cependant le manque d'éléments factuels rapprochant Athéna-Neith d'un équivalent divin d'ancienne Mésopotamie est éloquent et ne nous permet pas de dresser une comparaison solide avec une identité locale ; qu'elle soit Lilith ou un autre personnage surnaturel. Résumons comme à l'accoutumée nos rapprochements dans le tableau suivant, avant de nous attaquer à l'un des plus imposants dossiers de cet essai (celui traitant de la Grande-Déesse Déméter) :

	Neith	Dim'mege-Lilti-Lilith	Athéna
Filiation / Parenté	a- Née des eaux primordiales	a- Fille de Tiamata*	a- Née de Métis et de la tête de Zeus
			a- Variante : Née près de du lac de Tritonis
		b- Sœur d'Enki-Éa (=Osiris) et d'Ereškigal (=Isis)*	b- Demi-sœur d'Apollon et d'Artémis
	c- Mère adoptive de Sobek	c- Mère adoptive d'Heru et d'Her-Râ*	c- Mère adoptive d'Érichthonios
Attributs / Fonctions & Symboles	d- Déesse Vierge		d- Déesse Vierge
	e- Guerre et Sagesse		e- Guerre et Sagesse
	f- Préside aux arts techniques et domestiques	f- Maîtrise des technologies Ama'argi*	f- Préside aux arts techniques et domestiques
	g- Ordre et Justice		g- Ordre et Justice
	h- Science et Intelligence		h- Science et Intelligence
		i- Symbole animal de la chouette	i- Symbole animal de la chouette
	j- Symbole animal du serpent		j- Symbole animal du serpent

Tableau Athéna. * : *Élément avancé par les* Chroniques du Ğírkù.

CHAPITRE VI

GRANDE-DÉESSE DE LA TERRE, DE LA FERTILITÉ ET DE LA CONNAISSANCE : DÉMÉTER

"*Déméter à la belle couronne ne résiste point à ces paroles ; elle rend la fécondité aux campagnes : la terre se couvre de feuillages et de fleurs ; la déesse enseigne aux rois-chefs de la justice, à Triptolème, à Dioclès, écuyer labile, au courageux Eumolpe, à Céléos, pasteur des peuples, le ministère sacré de ses autels ; elle confie à Triptolème, à Polyxène, à Dorlè les Mystères sacrés qu'il n'est permis ni de pénétrer ni de révéler : la crainte des dieux doit retenir notre voix.*

Heureux celui des mortels qui fut témoin de ces Mystères ; mais celui qui n'est point initié, qui ne prend point part aux rites sacrés, ne jouira point d'une aussi belle destinée, même après sa mort, dans le royaume des ténèbres.

Déméter ayant accompli ses desseins, les deux divinités remontèrent dans l'Olympe et se mêlèrent à l'assemblée des Immortels. Là, environnées d'une sainte vénération, elles habitent auprès du formidable Zeus. Heureux entre tous les mortels celui qu'elles chérissent : elles envoient pour le visiter dans ses demeures le dieu Hadès, qui distribue la richesse aux faibles humains.

Auguste déesse des saisons, puissante Déméter, qui nous comblez de présents, vous qui régnez dans la ville d'Éleusis, à Paros et sur la pierreuse Antrone ; et vous, sa fille, belle Perséphoné, soyez favorables à ma voix, daignez m'accorder une vie heureuse ! Je ne vous oublierai pas et je vais dire un autre chant."

Hymne homérique à Déméter.

> *"À la Dame des Pouvoirs divins autonomes,
> supérieurement digne de glorification :
> À Nidaba, la Sainte Femme, Très-Sage et partout
> éminente, à celle qui détient l'auguste tablette où sont
> consignées prérogatives des rois et des pontifes,
> À celle qu'émis le Saint-monticule (NDA : le fameux
> Dukù – DU$_6$-KÙ – ou lieu d'origine des grands dieux),
> Enki avait dotée d'une superlative intelligence !
> Gloire à Nidaba ! À la femme, à l'Étoile qui, dans
> l'Apsû, contenta à merveille le Prince (NDA : épithète
> d'Enki) !
> À la Dame du Savoir, qui distribue le bonheur ! La
> seule apte à gouverner, le Réceptacle de savoir et de
> prudence ! (…)
> La Reine qui prend soin des têtes-noires (NDA :
> désignation de l'humanité primordiale), qui sait parler
> comme il faut aux humains !"*[277]
>
> **Extrait du mythe sumérien Lugal.E**
> **(ou Ninurta et les Pierres)**
> **lignes 710-724 (trad. Jean Bottéro).**

Déesse des blés et des moissons – et, incidemment de l'agriculture –, Déméter s'écrit en grec ancien *Δημήτηρ / Dêmétêr* qui dérive de *Γῆ Μήτηρ / Gẽ Métêr*, "la Terre-Mère" ou de *Δημομήτηρ / Dêmométêr*, "la Mère de la Terre", de *δῆμος / dẽmos*, "la terre", "le pays". Elle est fortement rattachée à la planète tant par ses dénominations que par ses attributions. Déesse-Mère par excellence, elle est également en lien avec la fécondité et le mariage. Chez les Grecs, le premier signe de civilisation passait par la connaissance de l'agriculture ; c'est en ce sens que Déméter préside à l'organisation et à l'ordre social. Notre grille de lecture nous permet de la rapprocher du rôle de Nammu-Mamítu-Damkina-Nuréa / Nut. Rappelons l'ordre de succession des protagonistes féminines des *Chroniques du Ǧírkù* en lien avec

---

[277] Nous avons dans cette courte glorification à Nidaba tous les éléments permettant de relier la déesse à l'*"Étoile Sombre"* Nammu-Nuréa des *Chroniques du Ǧírkù*. Elle est la gardienne des tablettes sacrées (le Mardukù), préside à la connaissance et aux savoirs, prend soin des têtes-noires et *"satisfait"* Enki dans son Apsû – nous indiquant qu'elle a pu être son amante provisoire. Même le Dukù – le *"saint monticule"* –, lieu de création des grands dieux, est cité dans ce passage !

la Terre :

- Pištéš → Auru(0) ? / Ki(0) ? → Mut(0) ? → Gaïa(0) ?
- Barbélú → Aruru(1) / Ki(1) → Mut(1) → Gaïa(1)
- Tiamata → Tiamat / Ki(2) → Naunet / Mut(2) → Gaïa(2) / Rhéa
- Nuréa → Nammu / Damkina / Aruru(2) / Nidaba → Mut(3) / Nut → Gaïa(3) / Rhéa(2) / Déméter(1)
- Sé'et → Ninki / Ereškigal / Ninlíl-Sud → Isis → Artémis / Hécate / Perséphone / Déméter(2) / Rhéa(3)

Notons qu'il est logique que chaque nouvelle héritière s'approprie, en parallèle des prérogatives et fonctions de ses devancières, les titres de ses ancêtres en complément d'une nouvelle appellation pour la distinguer clairement – d'où l'inévitable accumulation de théonymes. Pour plus de limpidité ne sont pas évoquées ici Inanna-Nephtys-Aprodite et Lilitu-Neith-Athéna(1), les deux autres héritières (en parallèle d'Ereškigal-Isis-Artémis) de Nuréa complétant la triade des "filles de la terre" comme les appelons dans cette série d'essais. En toute logique elles compléteraient l'image de la Triple-Déesse lunaire dont Déméter(1) forme l'ensemble.

Déméter(1)-Nuréa est donc, selon notre point de vue, également (en partie) la Gaïa des anciens Grecs, dont elle revêt quasiment le même aspect, celui de Dame Nature, ou de Terre Mère soit la grande nourrice-créatrice des dieux et des hommes. Gaïa provient du grec ancien : *Γαῖα / Gaîa* ou *Γαῖη / Gaîê*, ou *Gê* (du grec ancien : *Γῆ / Gẽ*, "la terre"). La même particule sert à bâtir les noms des deux Déesse-Mères Déméter et Gaïa : *Gê*. Syllabe provenant du KI sumérien désignant la Terre ? Nous retrouvons phonétiquement cette syllabe dans le nom du dieu égyptien de la Terre, Geb. Il est l'époux de la déesse du ciel, Nut. Anton Parks associe Geb à Osiris-Enki.[278] C'est en partie exact, il en reprend la majorité des statuts et attributs. Pour ma part j'y vois aussi un *alter*

---

[278] Anton Parks, *Le Réveil du Phénix*, op. cit., page 62.

ego de Nut, un parèdre légitime justifiant la descendance divine de la déesse céleste égyptienne. Geb et Nut ne formeraient donc qu'une seule et même entité. La sémantique étant parfois implacable, je vais prouver mes affirmations de ce pas.

Gẽ Métêr (nom en grec ancien de Déméter) peut se décomposer grâce au syllabaire divin (ou protosumérien) comme suit : GE_6(sombre, être noir)-ME(charge, responsabilité)-TE(vie)-ÉR(répandre, guider) : "la sombre en charge de répandre (ou de guider) la vie". Autre possible étymologie de Déméter, *Dêmométêr* : DÉ(arroser)-MÚ(faire pousser, apparaître, restaurer)-ME(charge, responsabilité)-TE(vie)-ÉR(répandre, guider) : "en charge de répandre, arroser et faire pousser la vie". Deux définitions de Déméter(1)-Gaïa(3)-Nuréa. Attardons-nous un instant sur le terme *dêmos*, signifiant "terre". Si nous le décomposons en langage matrice, cela va nous donner ceci : DE(façonner, former), $DE_{2,6}$(apporter, transporter)-MUŠ(serpent, reptile) : "où les serpents ont été façonnés (ou transportés)" nous rappelant que les Mušidim, ancêtres des Gina'abul, ont élu domicile dans le système solaire (et notamment la Terre) à leur arrivée dans notre galaxie.[279] Une autre décomposition nous renvoie à cette idée : celle du mot *Cosmos* (qui définit l'univers ordonné, soit le système solaire dans un référentiel héliocentrique) en KÙ(saint)-$UŠ_8$(lieu de fondation)-MUŠ(serpents) ou $KUŠ_7$(dévastation)-MUŠ(serpents), soit "le saint lieu de fondation des serpents" ou "le lieu de dévastation des serpents" ! Le *Livre de Nuréa* nous informe en effet que le système solaire ne fut pas épargné de la folie destructrice des Mušidim à l'époque de leur règne. Enfin Déméter pourrait trouver son étymologie dans une autre décomposition inattendue. Nous avons déjà évoqué le personnage de Dumuzi qui a été décliné en Tammuz (Akkad), en Adonis (Syrie), en Dionysos (Grèce) ou encore en Attis (Phrygie). Dumuzi semble être bâti sur un dieu plus ancien, Damu, "fils" en sumérien. Nous verrons dans le prochain chapitre que Damu a été recherché par sa mère et/ou sa sœur dans le monde souterrain après avoir fait voile pour le domaine d'Ereškigal, faisant écho à la recherche de Koré par Déméter. Voici la décomposition en

---

[279] Id., *Le Livre de Nuréa, Chroniques du Ğírkù tome 0, Le Livre de Nuréa*, Éd. Pahana Books, 2014.

question : DAMU(fils)-TÙR(hutte de naissance, allégorie d'un temple), soit "la hutte de naissance (ou le temple) du fils" ; définition qui n'est pas sans nous rappeler la traduction stricte d'Hathor, "le temple d'Horus". Si comme nous le verrons, Damu ressuscité est bien Horus, tout s'assemble et *Déméter* proviendrait de *Damutùr* (l'un des théonymes de la mère de Damu est Duttur, lui-même proche phonétiquement de Déméter). Duttur, déesse des troupeaux, est mère de Dumuzi mais aussi de Geštinanna, une déesse de la vigne que l'on rapprochera aisément d'Isis et dont le statut d'épouse de Dumuzi ressortira comme une évidence. Bien entendu toutes les voyelles diffèrent mais cela est une constante lorsqu'un terme passe d'une région géographique à une autre. Ainsi le terme védique *pra math* signifiant "voler" est à rapprocher du grec ancien Προμηθεύς / *Promêtheús* du nom du dieu ayant volé le feu aux dieux pour le léguer aux hommes ou encore du souverain de la mythologie hindoue *Prtihu* qui aurait apporté l'élevage et l'agriculture aux hommes (donc le "feu" – le savoir – divin). Le nom *Gaïa* est bâti sur la syllabe *Gê*, signifiant également "terre". Cette ressemblance de *Gê* avec la particule sumérienne GE_6 est troublante. La Terre est associée avec le fait d'être "sombre". La "sombre" par excellence, dans les *Chroniques*, est Nuréa. Dans l'assemblée divine des Gina'abul, elle était la déesse des abysses, l'arbre de pouvoir, incarnant les origines du monde (ses racines) et l'aspect féminin de la Source.[280] Elle est la planificatrice, l'"*Étoile Sombre*" Amašutum en charge d'assurer le développement de la vie sur Terre reprenant, sans le savoir alors, la mission de son ascendante Barbélú-Gaïa(1). D'autres particules suméro-akkadiennes se rapprochent du *Gê* grec comme GE(établir quelque chose comme propriété de quelqu'un) ou GE_2(fille). La Terre est bien féminine, elle l'a toujours été et dans toutes les cultures du monde. Elle est bien la Terre-Mère bienfaisante, lieu où dès l'origine la vie a été implantée dans sa plus grande diversité. La propriété de la planète a toujours été celle des planificateurs au service de la Source Unique. Jusqu'à ce que le clan Anunna-Ušumgal y débarque... Gaïa est également décodable tel quel : GA(lait)-IA_5(donner) ou GA_6(apporter)-I(triomphe)-A(source), soit "donner son lait" ou "apporter le triomphe de la Source". Ce don de lait nous renvoie au caractère fondamentalement maternel

---

[280] Id. *Le Réveil du Phénix*, op. cit., page 61-62.

et nourricier de la divinité, quant au "triomphe de la Source", il nous rappelle que Gaïa est bien une émissaire planificatrice. Nidaba, la Déméter sumérienne dont nous reparlons plus bas, avait pour épithète NAGA, que l'on pourrait décoder en NA(humanité)-GA(lait), soit "le lait de l'humanité". Nut, la mère d'Isis et d'Osiris, était une déesse nourricière apportant son lait tant aux dieux qu'aux mortels, ainsi s'adresse-t-elle au roi Kenamon :

"*Je ferai que tu sois nourri de mon lait afin que tu revives. Que ton cœur soit rafraîchi pour un temps infini.*"[281]

Nut partageait avec Déméter l'aspect symbolique d'une truie blanche allaitant ses petits, image archaïque de mère nourricière. Mais l'animal, réputé manger ses petits, figurait également une certaine forme de cruauté.[282]

La Déesse-Mère était ainsi capable de créer la beauté harmonieuse, mais également apte à faire resurgir le chaos originel. Elle est l'image de la vie mais également de la mort. Dans la pensée antique, les défunts retournaient dans le ventre fécond de la Terre, là où ils pourraient être ramenés à une vie nouvelle – il était aussi cru que cette destination était la lune. Comme nous le verrons dans le chapitre I du tome 3, beaucoup d'anthropogonies présentent un homme primordial sortant de terre comme un végétal. Où est le dieu Geb dans tout cela ? Le vocable sumérien EB est un synonyme d'URAŠ, signifiant "Terre". Geb est donc découpable en GE(établir quelque chose comme propriété de quelqu'un), GE$_2$(fille), GE$_6$(sombre)-EB(Terre), soit "celle qui établit la Terre comme propriété de quelqu'un" ou "la fille/sombre de la Terre". Geb reprend ainsi le rôle précis de Nut décrit dans les *Chroniques* ! Ils sont le même protagoniste scindé en deux époux divins, frère et sœur, comme souvent. Il est intéressant de noter que dans quasiment toutes les traditions la Terre est un principe féminin et le Ciel est un principe masculin. Exception faite pour l'Égypte antique. Nous avons à présent peut-être une explication à

---

[281] René Lachaud, *Magie et initiation en Égypte pharaonique*, Éd. Dangles, 1995, page 249.
[282] Nadine Guilhou et Janice Peyré, *La Mythologie Égyptienne*, Éd. Poche Marabout, 2014, pp. 388-389.

cet élément atypique. Selon Parks, si Nut était une image du Ciel étoilé c'est parce que Nuréa-Nammu-Nut avait trouvé la mort dans l'espace au moment de l'explosion de Mulge, la planète des planificateurs au sein du système solaire.

***

Les mythographes s'accordent à dire que Gaïa et Déméter sont deux divinités bien distinctes, l'une se référant à une puissance tellurique, à l'élément, associée à la Création et l'autre présidant exclusivement aux travaux agricoles, aux terres arables. Et ils ont en partie raison : Gaïa est Mère de Tout, dieux et hommes. Alors que Déméter n'est qu'une fille de Titans, et donc petite fille de Gaïa. L'on pourrait également définir l'antagonisme entre Gaïa et Déméter comme suit : la première serait la terre sombre, sauvage, primaire, funéraire et chtonienne tandis que la seconde serait la terre arable, féconde et ordonnée. Les deux domaines empiétant inévitablement l'un sur l'autre. Gaïa est à rapprocher des vénérations universelles des Déesses-Mères du Néolithique – les fameuses *Vénus*. Une religion sans culte ni hiérarchie pour dire le dogme. Elle serait ainsi à l'origine des sociétés matriarcales de cette période de notre préhistoire ; progressivement remplacée par le patriarcat des nomades indo-européens se sédentarisant dans toutes les régions envahies par eux et imposant progressivement leur panthéon, leur langue et leurs mœurs.

Cependant, très tôt, voire dès les origines, la Grande-Déesse est accompagnée d'un principe mâle, équivalent anthropomorphique, ophidien, taurin, végétal, époux et/ou fils – ou tout cela à la fois. Ce pendant masculin lui permet d'être fécondée cycliquement afin que la Nature "revienne à la vie". Et cycliquement, ce mâle (Adonis / Attis / Dionysos / Osiris / Damu / Dumuzi / Tammuz) tel un arbre perdant ses feuilles ou un épi de blé fauché pour être consommé/stocké, "meurt" en hiver pour renaître au printemps. Le sacrifice du roi sacré des anciens temps (pré-indo-européens) tient-il son origine dans ces mythes ?

Comme de nombreuses Déesses-Mères des Origines, notre Gaïa grecque, qu'elle soit de tradition pélasge, orphique et olympienne a tout d'abord commencé à enfanter par parthénogenèse. Puis de se lier à l'un de ses enfants (Ouranos) afin de procréer les lignées des Titans, soit la première génération de dieux. Eux-mêmes à l'origine de la seconde génération divine incluant Zeus, Héra, Déméter, Hestia, Poséidon... issus de l'union du Titan Kronos et de la Titanide Rhéa. Couple qu'il est possible par simple déduction d'associer notamment aux divins régents Ušumgal des *Chroniques* : Abzu-Abba et Tiamata. Nous en avions déjà discuté au chapitre III du tome 1, mais il était bon de le rappeler ici. Les théonymes féminins ressassés à longueur de temps ici et ailleurs sont à prendre avec beaucoup de recul lorsqu'ils ne sont pas inclus dans un contexte : Gaïa et Déméter se réfèrent plus à des épithètes qu'à des noms propres !

De gauche à droite : 1) Cette figurine aux formes opulentes serait vieille d'au moins 8000 ans ; elle fait partie des plus anciennes figurations féminines retrouvées à ce jour. Cette statuette en terre cuite qui mesure 11 cm de hauteur a été retrouvée dans le silo à grain d'un sanctuaire de Çatal Höyük en Anatolie. La femme aux cuisses et aux seins proéminents qu'elle incarne serait la Déesse-Mère, appelée aussi Grande-Déesse, symbole de la fécondité et de la fertilité. Nous en retrouvons des équivalents un peu partout en Europe et en Asie. 2) Cette déesse à double tête exhumée à Çatal Höyük a été sculptée dans une pierre noire vers le VIe millénaire avant notre ère. L'une des deux têtes étant plus grande que l'autre, des chercheurs pensent que la figurine représentait une mère et sa fille. 3) Cette paire divine mère-fille est également présente dans de nombreuses figurations en Grèce antique : ici Déméter et Perséphone s'échangent des champignons (depuis une stèle de Thessalie, vers 470 av. J.-C., Musée du Louvre). Nous en comprendrons l'importance dans le prochain chapitre consacré à Dionysos.

Déméter est qualifiée de "*Mère universelle*", de "*nourricière des hommes*", de celle "*qui multiplie les fruits*". Elle a pour épithète *Kourotrophos*, la qualifiant de "*nourrice et protectrice des petits enfants*". Comme Héra, Hestia, Zeus, Hadès et Poséidon, elle est la fille des Titans Kronos et Rhéa. La seule filiation s'accordant aux *Chroniques*, est celle la liant à sa sœur Héra-Ninmaḫ. Elle est bien par contre la mère de Koré-Perséphone, alias Artémis-Hécate-Isis. Nous y revenons plus bas. Président aux saisons et donc aux cycles de la végétation, Déméter est tour à tour une déité chtonienne et ouranienne, personnifiant sous ce dernier aspect le principe de fertilité universelle. Associée aux Nymphes des sources, elle est la divinité des eaux douces. Geb donnait, selon les anciens Égyptiens, à la terre ses fruits et son eau. Il fait le lien avec la Damkina des anciens Mésopotamiens qui, elle, était considérée comme la déesse de la Terre (titre qu'elle partageait avec Enki-Éa) ou simplement la Terre-Mère. Déméter est réputée avoir enseigné à l'humanité l'art de l'agriculture en diffusant son savoir auprès de mortels de différentes villes grecques. Parmi ses apprenants se trouvait un certain Prométhée, avatar d'Enki-Osiris, qui apporta le feu divin à l'humanité. De par son rôle nourricier et protecteur – des enfants, de la famille et du foyer –, elle peut être classée dans la rubrique des déités médicales. Comme pour toutes les divinités en lien avec le monde terrestre, souterrain et la fertilité, nous retrouvons parmi les animaux associés à Déméter le serpent, signe de renaissance, et le bélier, symbole de puissance génésique.

De par son couvre-chef à triple-corne, nous reconnaissons Nidaba trônant ici sur ce qui semble être un silo de stockage de grains. Elle reçoit dans cette scène

plusieurs dieux, et une déesse, mineurs de la végétation auxquels elle livre des tiges de céréa les. C'est bien entendu beaucoup plus qu'une simple tige qu'attendent les autres dieux : c'est le don de la connaissance de la culture de céréales ! (Sceau-cylindre akkadien, datation estimée 2350-2150 av. J.-C.).

La déesse des céréales Déméter avec sa fille Koré-Perséphone. La mère semble léguer son savoir à sa fille par la transmission d'épis d'orge. Plusieurs éléments de ce marbre grec du Ve siècle avant notre ère se rapprochent des gravures mésopotamiennes : la majesté manifestée par un sceptre (planté généralement derrière Nidaba, ici dans la main de Déméter) et par la déesse siégeant sur un trône, la tige de céréales, le don de la maîtrise de la culture céréalière à des dieux/déesses... Perséphone est clairement identifiable par les torches qu'elle a en main : elle est bien la Maîtresse du Séjour infernale.

La Déesse-Mère et le serpent forment un couple indissociable. Sur tous les continents et à toutes les époques, la Déesse Première (ou ses représentantes) a été figurée en compagnie, dominant ou sous l'apparence du reptile. Voyez ces trois exemples dans l'illustration suivante issue de la Crète minoenne. La symbolique multiple de l'animal à sang froid sera largement abordée dans le chapitre *Hadès*, mais sachez déjà qu'il est le signe puissant de la renaissance par ses changements réguliers de peau et via son venin, utilisé à des fins médicales. Sa forme évoque tantôt un phallus tantôt le cordon ombilical qui lie l'animal à la vie. Le serpent passe sans mal du monde inférieur au monde terrestre, il est physiquement, cette fois, un symbole de passage de la vie à la mort ; et inversement. Autant d'éléments rejoignant la Grande-Déesse dont le "ventre-royaume" (Monde inférieur symbolique) peut autant donner la vie que la reprendre :

"Que la Terre entende ma prière, elle qui enfante tout, nourrit tout, Et des morts qu'elle recoit, s'engrosse pour redonner la Vie."[283]

Ce n'est, bien entendu, pas une coïncidence si tous les dieux ou être surnaturels ophidiens des mythes et légendes sont de nature féminine. De même que la Kuṇḍalinī – en Inde –, énergie originelle de création enroulée comme un serpent à l'intérieur du chakra racine, s'enroulant le long de la colonne vertébrale à son "éveil".

Les trois aspects de la déesse-aux-serpents de la Crète minoenne. De gauche à droite, la première présente d'évidentes caractéristiques ophidiennes ; sa position et la forme de son visage rappellent certaines sculptures des cultures de la Vieille Europe. La seconde dépeint une déesse aux bras parcourus de serpents et la dernière montre la déesse maîtrisant l'animal qu'elle tient en hauteur dans ses deux mains : une sculpture qui nous évoque certaines gravures d'Inanna

---

[283] Eschyle, *Choéphores*, v. 458.

d'ancienne Mésopotamie. Musée d'Héraklion, Crète, vers 1600 av. J.-C.

Comme Déméter, Nut était associée à la mort ; on dit que Pharaon entre dans son corps après sa mort pour être plus tard ressuscité. Geb, de son côté, est aussi dit avoir la capacité d'emprisonner les âmes des morts, les empêchant de passer à la vie d'outre-tombe. Ces rapports à la résurrection se retrouvent dans les mythes liés à Déméter et Perséphone. Niveau filiation le couple égyptien Geb/Nut est à l'origine des principaux dieux de l'Ennéade, engendrant Osiris, Isis, Seth, Netphys et Horus l'Ancien. De même que Damkina est, chez les anciens Mésopotamiens, la génitrice d'un certain nombre de déités majeures (sous ses diverses identités bien entendu : Nammu, Mami, Ningal, Damgalnuna, Ninmaḫ, Ninḫursağ, Aruru, Nintu...) : Enki, Ereškigal, Enlíl, Inanna, Marduk. Sous l'appellation de Damkina elle est surtout réputée mère de Marduk par Éa (l'on parle ici du premier Marduk, Enlíl-Marduk(1), conçu dans les *Chroniques* par la science d'Enki-Éa et de Nammu-Damkina).

Mais il est un personnage surnaturel qui représente mieux Déméter à Sumer et Akkad, il s'agit de Nidaba (ou Nisaba ou Nanibgal). Elle exerçait son patronage sur l'agriculture et sur l'écriture. La gestion des céréales, principale source alimentaire des hommes sédentarisés, a très rapidement réclamé une organisation sociale poussée et une gestion des rations. Selon les experts, l'écriture et la comptabilité seraient nées des besoins du stockage et de la répartition des ressources alimentaires. Le fait de découvrir un peu partout d'antiques déesses présidant à la fois aux cultures céréalières et aux connaissances ne fait qu'entériner ces assertions pertinentes. Si Nidaba est une déité du blé et de la connaissance, qu'en est-il de Déméter ? Sous son aspect de déesse phrygienne Cybèle, elle correspond parfaitement au profil. Cybèle provient du grec ancien *Κυβέλη / Kybélê* signifiant "Gardienne des Savoirs" et son décodage en suméro-akkadien nous donne KUB(se trouver)-ÉL(être haut, ciel) : "celle qui se trouve haut dans le ciel". Pour une souveraine des Cieux telle Cybèle, nous n'en attendions rien de moins.

Répétons-le, dans l'ouvrage *Eden*, Anton Parks a identifié sans mal Nidaba à Mamítu-Nuréa et nous le rejoignons sans mal.[284] Nidaba était la génitrice de Ninlíl-Sud que nous avons rapproché d'Isis et elle avait pour époux Ḫaia, dieu des scribes que nous pouvons sans mal associer à Enki, dieu de l'intelligence et promoteur de la civilisation. Élément en lien avec les *Chroniques* où Enki est le premier époux de Nuréa-Nidaba-Damkina. La décomposition de Ḫaia valide par ailleurs cette association ḪA(poisson)-IA(révérer, vénérer), "le poisson vénéré", épithète clairement "enkienne" s'il en est. Si Nidaba est Déméter(1), alors Ninlíl-Sud est Koré-Perséphone-Déméter(2), elle-même sous-déesse de l'agriculture par sa mère. Décomposons SUD : SÚ(savoir, connaissance)-UD(blé), "celle qui a la connaissance du blé". Enfin l'homophone sumérien SUD définit le fait d'*être loin* établissant la jonction entre Sud et Hathor-Sekhmet, dite "la Lointaine".

La Grande-Déesse prend souvent, comme nous l'avons dit et répété, un aspect triple ou une triple identité. Plusieurs explications à cela, dont son legs qui se manifeste au travers des "trois filles de la Terre". Et si cette conception de triade exprimait l'une caractéristique fondamentale de la toute première Gaïa, à savoir Barbélú ? Je parle ici bien entendu de la Triple-Puissance dont il est fait état dans *Le Livre de Nuréa* ; ou la capacité pour certaines femelles Mušidim-Gina'abul à autogénérer des enfants sans fécondation – phénomène de parthénogenèse bien connu en biologie. C'est une hypothèse. Elle ne remporte pas majoritairement mon soutien mais elle expliquerait en partie cet acharnement à vouloir tripler les visages de la Grande-Déesse quand les dieux, eux, sont dépeints de façon monochromatique.

---

[284] Anton Parks, *Eden*, op. cit., pp. 236-240.

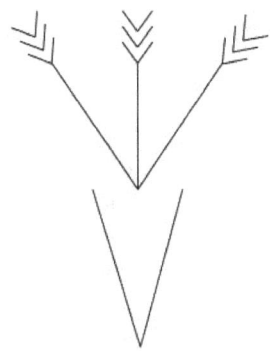

Signe sumérien archaïque désignant Nidaba, la déesse locale du grain. L'idéogramme est basé sur celui de l'épi d'orge. Le symbole est découpé en trois épis partant d'un point central. Cet élément traduit-il la nature de la triple-déesse ou son Triple-Pouvoir (parthénogenèse)? Voire les trois filles héritières de la Terre comme nous les nommons dans cette série d'essais ?

Un protagoniste semble réunir Déméter(1) et Déméter(2)-Perséphone dans la mythologie mésopotamienne, il s'agit d'Ašnan. Elle est une déesse des céréales, sœur de Laḫar, chargé, lui, de faire se multiplier le bétail. Ils sont tous deux donnés pour enfants d'Enlíl et missionés par lui de rendre la vie des dieux plus douce en faisant d'eux des pourvoyeurs d'opulence. Laḫar et Ašnan sont supposés avoir fourni à l'humanité la connaissance, respectivement, de l'élevage et de l'agriculture. On reconnaîtra là des images d'Enki et de Nidaba/Sud. Il est dit d'Ašnan dans *Enki et l'Ordre du Monde* :

"*(Et c'est) la Dame à la tête et au corps mouchetés,
Au visage ruisselant de miel,
Celle qui pousse au rut, la vigueur du pays,
La vie des têtes noires,
(C'est) Ašnan, le Bon grain, le Pain universel,*

(Qu')il (NDA : Enki) *préposa aux (Céréales)* ! '²⁸⁵

***

Déméter est indissociable de sa fille Koré-Perséphone. L'*Hymne homérique à Déméter* est entièrement consacré à la description de l'enlèvement de Koré par Hadès et des recherches incessantes lancées par sa mère dans le but de la récupérer. C'est d'ailleurs bien là l'un des rares mythes mettant en scène Déméter. La déesse de l'agriculture ira aux Enfers la chercher mais Hadès refusera de la lui rendre. L'affaire est portée devant Zeus. Ce dernier n'est pas capable de prendre une décision car il ne veut froisser ni sa sœur aînée ni son frère cadet. Constatant que Koré a mangé sept pépins de grenade, Zeus pense qu'elle doit rester aux Enfers. Cependant il décide d'un compromis. La jeune fille passera six mois (les périodes automnale et hivernale) aux côtés de son époux en tant que reine des Enfers. Les six autres mois de l'année, elle retournera sur Terre en tant que Koré aider sa mère pour le printemps et l'été. Ce récit d'enlèvement et le comportement de Déméter semblent décrire un rite agricole ancien pratiqué encore jusqu'à il y a peu de temps dans les Balkans ; les divinités associées à l'agriculture dont les prêtresses détenaient les secrets durant la période préhellénique ont alors été utilisées pour bâtir ce mythe. Perséphone semble avoir accepté son rôle de Reine des Morts, car dans les légendes, elle agit toujours en accord avec son époux. Elle se montre même dure et inflexible. Divinité infernale, elle est aussi à l'origine une déesse du blé, comme sa mère – certainement un écho de la Sumérienne Ašnan.²⁸⁶ Chez les Grecs, la fertilité du sol est étroitement liée à la mort, et les grains de semence sont conservés dans l'obscurité pendant les mois d'été, avant les semailles de l'automne. Ce retour de la vie après l'ensevelissement est symbolisé par le mythe de Perséphone, enlevée, puis restituée, et aurait donné naissance aux rites des mystères d'Éleusis. Pour les fidèles, le retour sur terre de la déesse

---

²⁸⁵ Mythe sumérien de *Enki et l'Ordre du Monde*, lignes 330-333 (trad. Jean Bottéro).
²⁸⁶ Koré est décomposable aisément avec l'Emeša en KÚ(nourriture)-RE₇(acheminer), soit "celle qui achemine la nourriture".

est une promesse formelle de leur propre résurrection.²⁸⁷ Devenue Reine du Monde inférieur, Koré deviendra Perséphone ou Perséphoné, littéralement "celle qui produit et qui détruit" ; équivalent local d'Ereškigal souveraine mésopotamienne de l'Irkalla-Arallû-Kigal. Elle est associée à l'idée de lumière comme pour Artémis et Hécate ; elles partagent toutes les trois le symbole de la torche. "Celle qui produit et qui détruit" peut être une épithète de Koré qui passe de la jeune fille chaste et pure à la Reine des Enfers follement éprise d'Hadès. Cette double nature de la divinité nous rappelle inévitablement les deux caractères antinomiques d'Artémis-Hécate-Isis : celui de déité de la fécondité, fertilité, de la protection opposé à celui de la destruction et/ou de la mort – parfois associées à l'idée de revanche. Koré-Perséphone est plus que jamais un avatar d'Artémis.

Certains, comme James Frazer, estimaient que Koré et Perséphone, étaient en complément d'Hécate, une incarnation de la Triple-Déesse, non pas liée aux cycles lunaires cette fois mais à ceux du blé, Koré étant le blé en herbe, Perséphone le blé mûr et enfin Hécate le blé moissonné. Perséphone a en outre la capacité de ressusciter les morts... comme Isis la magicienne. Ne soyons pas dupes, c'est bien Perséphone qui dirige les Enfers, Hadès n'étant qu'à l'instar des ombres de son royaume : quasi invisible et distant. Les mythes sont là pour le confirmer, hormis l'enlèvement de Koré, presque aucun récit légendaire d'importance ne le met en scène. Il ne semble prendre pour épouse Koré qu'afin de justifier la prise de pouvoir d'une déesse sur le Monde inférieur. Notons finalement que le mariage par le rapt était une pratique courante dans l'Antiquité chez les Hellènes et qu'elle perdure dans certaines régions du monde aujourd'hui : Afrique, Asie centrale, Caucase... une région caucasienne qui voyait se pratiquer il y a encore quelques décades des rites agricoles en lien avec l'histoire de Déméter. Dans la Rome antique, le mariage des Sabines illustre parfaitement notre propos. En Grèce, l'enlèvement de concubines par un dieu que l'on pense généralement d'origine indo-européenne (Apollon, Zeus, Poséidon et enfin Hadès) est la répercussion mythique d'une pratique qui devait avoir pris place

---

²⁸⁷ https://fr.wikipedia.org/wiki/Pers%C3%A9phone

dans les régions balkaniques et ouest-asiatiques durant et après la sédentarisation des nomades aux mœurs patriarcales. L'enlèvement de Perséphone est un cas unique dans les mythologies antiques. Aucune autre déesse dans aucun autre corpus ne semble avoir été soustraite à sa mère pour régner sur un domaine aussi vaste et puissant que les Enfers. Et cela est peut-être dû à... une erreur de traduction ! L'on retrouve encore cette confusion aujourd'hui un peu partout : ouvrages, Internet, articles. Tant et si bien qu'on serait tenté de s'y laisser prendre. Cette grossière erreur fait part de l'enlèvement d'Ereškigal par Kur,[288] le Monde inférieur hypostasié sous l'aspect un dragon fabuleux. Le texte cosmogonique suivant, traduit par l'éminent Jean Bottéro, nous dit toute autre chose :

"*En ces-jours-là, ces jours archaïques –*
En ces nuits-là, ces nuits reculées –
En ces années-là, ces années antiques...
Lorsque le Ciel eut été séparé de la Terre-mère
Et que la Terre eut été séparée du Ciel...,
En ayant emporté avec lui le Ciel
Et Enlíl ayant emporté avec lui la Terre,
Et octroyé l'Enfer à Ereškigal...'[289]

Le Kur a été octroyé à Ereškigal, elle n'a pas été enlevée par "lui". Mais c'est une piste de la raison du rapt de Koré par Hadès dont le théonyme sert aussi d'appellation au Monde des Morts chez les Grecs.

---

[288] La vision du monde des anciens Mésopotamiens échappe en bonne partie à notre pensée moderne. Le vocable KUR en est un exemple frappant. Il désignait tout à la fois la Montagne que le Monde souterrain/infernal. Pour autant, d'autres termes étaient en usage à équivalence pour mentionner ces deux localisations : ḪUR.SAĞ, pour Montagne, et KI.GAL pour le Monde inférieur. On ne peut pas donc décemment affirmer que le Monde souterrain était le seul royaume dominé par Ereškigal ; il peut tout autant en être de même pour la Montagne. Notre grille de lecture personnelle nous le valide, si comme le croyons Ereškigal est Isis, alors elle régnait aussi bien sur le Gigal (monde inférieur) que sur la Montagne (pyramide).
[289] *Prologue de Gilgameš, Enkidu et l'Enfer*, traduction de Jean Bottéro, op. cit., page 479.

***

Déméter est associée à un culte particulier dans sa ville fétiche : les Mystères d'Éleusis. Beaucoup d'encre a coulé au sujet de ces activités cultuelles et initiatiques basées, dit-on, sur l'*Hymne homérique à Déméter*. Je laisse ici la parole à James Frazer qui, dans son célébrissime recueil anthropologique *Le Rameau d'Or*, nous donne plus de précisions sur ces Mystères : "*Dans le mythe de Déméter et Perséphone, l'ancienne légende réapparaît, sous une autre forme et avec une application différente. En substance, le mythe est identique au mythe syrien d'Aphrodite (Astarté) et d'Adonis, ainsi qu'au mythe phrygien de Cybèle et d'Attis, et au mythe d'Isis et d'Osiris. Dans la légende grecque, comme celle d'Asie et d'Égypte, une déesse pleure la mort d'un être cher, qui personnifie la végétation, et plus particulièrement le blé ; qui meurt en hiver pour renaître au printemps ; mais tandis que l'imagination orientale représentait l'être aimé et perdu comme un amant ou un époux, l'imagination hellénique exprimait la même idée dans la forme plus touchante et plus pure d'une fille morte sur laquelle se lamente une mère éplorée.*"[290]

Certains voient donc dans les rites d'Éleusis la vénération de puissances naturelles ou du passage de la vie à la mort et inversement – soit le cycle des saisons –, d'autres encore interprètent cet hymne sous un angle psychanalytique.[291] La religion éleusienne a pris une importance considérable en Grèce antique au point de concurrencer le culte olympien dominant. Faudrait-il encore que l'hymne à Déméter soit à l'origine des pratiques éleusiennes. Rien n'est moins certain. Je rejoins pour ma part l'opinion d'André Cheyns sur la question. Ce dernier développe dans *La structure du récit de l'Iliade et l'Hymne homérique à Déméter* l'idée selon laquelle l'association de l'hymne et des Mystères est exagérée : "*Quand on pense, d'une part à la place importante occupée par les Mystères d'Éleusis dans la vie religieuse athénienne [...] et d'autre part à notre connaissance fort lacunaire des rites secrets réservés aux initiés [...] on comprend que les érudits ont toujours tendance à utiliser*

---

[290] James-George Frazer, *Le Rameau d'Or*, Éd. Robert Laffont, 1998.
[291] Walter Burkert, *Homo Necans*, Éd. Belles-Lettres, 2005, pp. 324-325.

l'Hymne homérique à Déméter pour tenter de résoudre l'énigme irritante que leur posait les cérémonies éleusiennes. Une telle interprétation du poème appelle cependant de sérieuses réserves. [...] C'est qu'un espace de huit siècles sépare la date approximative de sa composition de celle de celle que la tradition assigne à l'arrivée de Déméter à Éleusis, à savoir la seconde moitié du XVe siècle. Il est peu vraisemblable que le clergé éleusien, malgré sa fonction conservatrice, n'ait pas apporté, au contenu ou à la forme du culte, la moindre modification au cours d'une aussi longue période. Peut-on dès lors supposer que l'Hymne homérique à Déméter est un reflet fidèle de l'état contemporain des Mystères d'Éleusis ? Plusieurs arguments nous engagent à fournir ici une réponse très nuancée."[292]

Que représentent donc ces fameux Mystères rattachés à Déméter et sa fille Koré-Perséphone ? De notre point de vue ils sont la manifestation d'une combinaison des Mystères isiaques importés d'Égypte et du culte orphique grec plus récent. Une catabase associée à Déméter-Nut et sa fille Perséphone-Isis. La catabase est la descente de l'esprit, soit imaginaire, soit rituelle (ex. : descendre à la grotte d'Éleusis), soit spirituelle ; elle a lieu soit aux Enfers (ex. : Orphée descendant chercher Eurydice aux Enfers, épisode fondateur à l'origine de l'Orphisme, courant religieux déjà évoqué) soit au royaume des morts, soit à l'intérieur de la Terre (ex. : l'antre de Trophonios) ; le but est nécromantique (acquérir des savoirs ou pouvoirs par les morts), ou chamanique (extase, guérison, recherche des âmes, etc.) ou initiatique (revenir à l'origine ou à "l'intérieur") ou symbolique.[293] Selon l'ancienne tradition grecque, une catabase est la descente effectuée de plein gré par un homme vivant dans le royaume des morts, l'Hadès.[294] Durant ces Mystères étaient certainement pratiqués des actes de hiérogamie comme ceux qui avaient lieu dans le temple d'Inanna-Ištar au pays de Kalam. Dans ceux d'Éleusis se rejouaient certainement les unions sacrées et divines de Zeus (père de Koré-Perséphone) et de Déméter ainsi que celle de Perséphone et

---

[292] André Cheyns, *La structure du récit de l'Iliade et l'Hymne homérique à Déméter*, in *Revue belge de philosophie*, Volume 66, numéro 66-1, 1988, page 33.
[293] Pierre A. Riffard, *Dictionnaire de l'ésotérisme*, Éd. Payot, 1983, page 68.
[294] Reynal Sorel, *Dictionnaire critique de l'ésotérisme*, Éd. PUF, 1998, page 265.

d'Hadès.[295] Les nombreuses figurations de Déméter et de Koré-Perséphone s'accompagnent souvent d'un petit personnage central représentant Iacchos. Il était celui qui guidait la procession lors des Mystères d'Éleusis. Son origine est incertaine mais l'on y voit généralement une épithète de Dionysos. Toujours est-il que Iacchos/Dionysos est la réincarnation de Zagreus,[296] fils de Déméter-Nidaba-Nut (ou de Perséphone-Ereškigal-Isis) et de Zeus-An (ce qu'on dit aussi de Iacchos), tué par les Titans envoyés par la jalouse Héra. Une épithète de Dionysos le qualifié "deux fois né" (*Digonos*)... Inutile de faire le rapprochement, vous l'avez déjà effectué : Dionysos est Enki-Éa-Osiris (puis Marduk-Nergal-Horus), fils de An-Atum-Rê et de Nammu-Nidaba-Nut. La confusion entre la mère (Déméter) et la fille (Perséphone) quant à la filiation maternelle de Iacchos et de Zagreus n'est que le reflet d'une tradition déjà effilée par la trame du temps. Déméter-Nut et Perséphone-Isis ayant été toutes les deux les mères génétiques du protagoniste Osiris-Zagreus réincarné en Horus-Iacchos-Dionysos. Nous en reparlerons dans le chapitre dédié à la divinité de la vigne et des festivités. Dionysos est un personnage central de l'orphisme, religion qui présente donc des points communs avec les Mystères d'Éleusis où l'avatar grec d'Osiris est aussi vénéré. Nous n'irons pas plus loin dans le mysticisme orphique puisque d'une part il dépasse de loin le cadre de cet essai et qu'il n'appartient pas à la mythologie grecque à proprement parler.

***

Quelle que soit l'origine exacte de ces Mystères dédiés à Déméter, Perséphone et Dionysos,[297] ils nous apportent

---

[295] Paul Foucard, *Les drames sacrés d'Éleusis* in *Comptes rendus des séances de l'Académie des Inscriptions et Belles-Lettres*, Volume 56, numéro 2, 1912, pp. 124-125.

[296] Il en est ainsi dans la tradition orphique, pas dans la mythologie grecque. Nous développons le sujet dans le chapitre qui suit consacré à ce protagoniste.

[297] En Italie (alors colonie grecque de l'occident) se développa une forme nouvelle de la religion de Déméter, associée à Dionysos dans une triade où Déméter cède le pas à sa fille Perséphone. Cette triade, où Koré-Perséphone et Dionysos-Hadès sont regardés comme frère et sœur, issus l'un et l'autre de Déméter, devint un des principaux éléments de la religion gréco-italique. Le couple Dionysos/Perséphone résonna plus que jamais comme un écho à la vénération d'Osiris et d'Isis.

d'intéressantes informations rapprochant un peu plus Déméter(1) de la Nammu-Nuréa des *Chroniques*. Lors de la recherche qu'elle mène pour retrouver sa fille, Déméter, s'arrête dans la ville d'Éleusis. Elle y rencontre dans le palais du roi Céléos, une servante du nom de Iambé (ou Baubo selon la tradition orphique qui reprend quasiment point par point ce récit). Complètement abattue la mère de Perséphone est inconsolable par les trois filles Céléos. Il est important de préciser qu'elle refuse de s'alimenter et qu'elle néglige les récoltes ; l'hiver s'éternise pétrifiant toutes les cultures et laissant place à une famine sans pareille. C'est alors que pour dérider la divinité, Baubo décide de soulever sa robe pour exposer ses parties intimes. La servante parviendra à faire rire Déméter grâce à une mimique obscène. Cette dernière acceptera ainsi de s'alimenter et de boire un mélange d'eau et de farine d'orge parfumé à la menthe : le cycéon (*Kykéôn* en grec ancien). C'est également la boisson du candidat à l'initiation aux Mystères d'Éleusis selon le peu de renseignements qui sont arrivés jusqu'aux oreilles des profanes.[298] Aussitôt son moral remonte-t-il, que l'hiver s'éclipse au profit du printemps et que la vie reparaît. La fécondité et la fertilité sont plus que jamais liées au travers ce récit dont nous allons dénouer le sens plus bas. Puisque, comme vous l'aurez compris, le contenu des rites initiatiques pratiqués en l'honneur de Déméter et Perséphone était secret et l'est demeuré jusqu'à nos jours. Les rares informations fragmentaires parvenues jusqu'à nous sont très décousues et le fait d'initiés qui n'ont pas atteint les plus hauts niveaux de l'enseignement des Mystères. Autant dire que nous pourrions spéculer à l'infini quant au déroulement précis de ce culte. On peut sans trop se tromper affirmer qu'il existait comme dans tout rite initiatique des niveaux gradués d'évolution jusqu'aux révélations finales de l'initié accompli, des scènes rejouant les passages mythologiques cruciaux, des pratiques liées à la sexualité sacrée (hiérogamie) accompagnées de consommation de substances hallucinogènes[299] (le fameux cycéon dont on ne connaît pas la recette exacte, mais l'on est persuadé qu'elle comportait des narcotiques), des

---

[298] Catherine Salles, op. cit., pp. 118-122.
[299] Nous reparlerons du lien entre Dionysos et les pratiques cultuelles incluant la prise d'hallucinogènes dans le chapitre consacré à ladite divinité.

sacrifices d'ovins[300] ou de bovins suivis de libations...[301]

Toujours est-il que le récit de l'exposition obscène de Baubo/Iambé est rattaché très tôt aux festivités en l'honneur de Déméter. Le nom de Baubo[302] est un doublet de celui de Iambé[303] ; il se rattache vraisemblablement au verbe *βαυϐάω* / *baubáô*, *dormir, endormir*. Il évoque donc naturellement une nourrice ; le mot désigne également le sexe féminin.[304] Il est surprenant de noter que la vue du sexe féminin soit associée dans le mythe grec de Iambé et dans le récit orphique de Baubo, à l'ingestion de cycéon, boisson associée à la guérison des maux de l'esprit de Déméter et que doivent ingurgiter les candidats à l'initiation aux Mystères de la Déesse-Mère. Il rappelle sans équivoque l'épreuve du feu de l'Aš que Mamítu-Nammu soumet à Sa'am-Enki dans une sombre cavité souterraine – bien avant leur arrivée sur Terre – dans le but de lui révéler l'entendement, d'ordre spirituel, de la Déesse-Mère. À la fin de cette initiation, le futur Osiris se soigne d'un poison qui le consume par l'ingestion du ĞIŠ'ŠENNUR[305] ou Únamtila, la plante de la vie de Sé'et-Isis-Perséphone.[306] Pour rappel, cette plante de vie est l'association de l'Úzug (sécrétions vaginales particulières) des prêtresses Amašutum mélangé à du KÙ-SIG$_{17}$ (Or). Une subtile recette pour un subtil jeu de mots. En effet, ÚZUG peut se décomposer en Ú-ZU-UG, soit "la furieuse plante-sagesse ou nourriture-connaissance" ! En d'autres termes, la "plante" des prêtresses apporte connaissance et guérison. L'initiation de Damkina et de Déméter, une cavité souterraine dans les deux cas, le Kykéôn-ĞIŠ'ŠENNUR consommé lors de la

---

[300] Le bélier figure dans les mariages sacrés, mais est aussi associé à l'accès au monde des morts.
[301] Walter Burkert, *Homo Necans*, Éd. Belles-Lettres, 2005 pp. 337-339.
[302] Baubo est parfaitement décomposable grâce à l'Emeša : BA7(ouvrir, exposer, libérer, distribuer)-UB4(cavité, trou, orifice)-Ú(plante, nourriture), soit "celle qui expose la cavité-plante" ou "celle qui libère et distribue la nourriture de l'orifice".
[303] De la même manière Iambé peut également prendre sens dans le langage des dieux : I(germer)-AM(puissance)-BÉ(entendement), soit "où germe la puissance de l'entendement".
[304] Pierre Chantraine, *Dictionnaire étymologique de la langue grecque*, Éd. Klincksieck, 1999, à l'article "βαυϐάω".
[305] Litt. "le fruit de l'arbre" en sumérien.
[306] Anton Parks, *Le Secret des Étoiles Sombres*, op. cit., pp. 182-197.

cérémonie... tout cela se rejoint.

Déméter est souvent considérée comme une image d'Isis par syncrétisme. Il faut effectivement dire que beaucoup de traits de la sœur d'Osiris se retrouvent dans la divinité grecque des moissons. Cependant il ne faut pas perdre de vue qu'en tant que fille légitime de la grande maîtresse d'Uraš, Isis a hérité des rôles et attributions autrefois assignés à sa mère. D'où l'apparente assimilation. Plusieurs autres éléments nous poussent à nous tourner vers l'Égypte : l'infertilité de la terre et le déridage d'une divinité de la fertilité résolvant cette impasse se retrouvent dans deux épisodes de la mythologie du Double-Pays. Lors d'une dispute avec Rê (dont le motif est inconnu), la Grande-Déesse Mut se changea en Sekhmet et s'enfuit du pays pour se rendre en Nubie ; le Nil menaça de se dessécher et la terre perdait sa fertilité. Afin de la faire revenir, Thot lui envoya une charmante petite chimère, un "chacal-singe", qui mit du baume au cœur à la déesse en lui racontant quotidiennement des histoires durant les longues journées qu'elle passait dans le désert de Nubie. Mut perdit son apparence de lionne furieuse et se réconcilia avec Rê pour le plus grand bonheur des hommes qui l'accueillirent au sein du Double-Pays à renfort de célébrations et d'offrandes.[307]

Mut signifie "mère" en égyptien et désigne une ancienne déité bienveillante, une Déesse-Mère. On en a fait la parèdre d'Atum-Rê, voire la contrepartie féminine du grand Démiurge Amon. À ce titre elle porte parfois l'épithète de *Temet*, "la complète", nous démontrant qu'elle incarne la Grande-Déesse ; les autres déesses n'étant que de simples déclinaisons de son être. Elle est sans surprise une des déesses égyptiennes les plus polymorphes, assimilée à une large partie des représentantes féminines des panthéons du Double-Pays. À Hermopolis on l'a appelée Naunet et intégrée à l'Ogdoade comme parèdre de Nun. On la présente généralement comme issue des eaux primordiales d'où elle avait émergé par parthénogenèse. Dans certains passages liturgiques, elle est la Mère de tous les dieux :

---

[307] Nadine Guilhou et Janice Peyré, op. cit., pp. 60-61, 308.

"*l'Ogdoade fait un geste de respect pour toi, les baou vivants sont dans leur sarcophage en louange face à ton aura. Tu es leur Mère, tu es leur Commencement.*"[308]

Elle était surnommée la "Mère du Monde". Elle eut avec Atum-Rê la divinité lunaire Khonsu, identifiable à Osiris. Déesse universelle et Reine des dieux, l'épouse d'Amon est également une divinité solaire, elle est désignée comme "*celle dont l'éclat est grand, celle qui illumine la terre entière avec ses rayons*".[309] Enfin, Mut était liée au Monde inférieur en tant que déesse funéraire, l'une de ses principales attributions, faisant d'elle une parfaite incarnation locale de Déméter (monde souterrain, fertilité solaire, nature maternelle patentée…). Mut devient ainsi une belle épithète transmise de Barbélú à Isis-Déméter(2) en passant Nidaba-Déméter(1). L'un des animaux de Mut était – en sus du lion – le vautour dont la plus belle figuration divine était Nekhbet. Cette déesse prédynastique représentait la mère protectrice et tutélaire de la Haute-Égypte, ce n'est pas sans raison qu'elle sera plus tard assimilée à Isis par syncrétisme. D'autres déesses à l'apparence de serpent/cobra peuvent prétendre refléter Déméter(1) et Déméter(2). Parmi elles, Renenutet, Wenut et Ouadjet. La première est une déesse-cobra protectrice de la fertilité des champs, des femmes en couche et des enfants en bas âge. Elle était parfois donnée pour la parèdre de Geb, ce qu'on disait généralement de Nut. Renenutet passait pour être une nourrice divine, tantôt parèdre de Sobek (divinité des eaux fertiles) tantôt épouse de Shai (divinité de la Destinée) dont elle aurait eu un fils, le dieu du Grain, Nepri (divinité proche d'Osiris sur bien des points). Elle partageait de nombreux attributs avec Wenut et Ouadjet : les trois déesses pouvaient prendre la forme terrible de l'Œil de Rê, arborer une tête de lionne voire la couronne d'Hathor ou tenir en mains des couteaux. Autant d'apparences à mettre au compte d'Isis dans ses phases de violence démesurée. En outre, Ouadjet était la protectrice de Pharaon et parfois donnée pour la mère d'Horus l'enfant. Cette dernière partageait avec Nekhbet (la déesse-vautour) le titre des "Deux Maîtresses", l'une symbolisant

---

[308] *Livre des Morts*, chapitre 164, § 4.
[309] Extrait de l'*Hymne à Mut* (H.M. Stewart, *A crossword Hymn to Mut*, in : JEA 57 (1971), 90 (H1)).

la couronne de la Haute-Égypte et la seconde celle de la Basse-Égypte. Ces Deux Maîtresses ou Deux Dames sont sans doute des figurations d'Isis et de Nephtys, à moins qu'elles ne représentent la déesse originale sous deux de ses principaux aspects : l'oiseau et le serpent.

Une autre légende nous dit que lors du procès opposant Seth à Horus, le grand Rê invective Horus le Jeune :

"*Enfant, comment penses-tu pouvoir régner sur le Douple-Pays ? Tes membres sont trop faibles, tu n'es qu'un gamin dont la bouche sent mauvais !*"

Ce qui provoqua l'indignation de l'Ennéade et la colère d'Osiris depuis l'Outre-monde. Le frère-époux d'Isis envoya un émissaire afin de provoquer le grand Rê ; l'émissaire lui déclara : "*Vois ! Ton temple est vide.*", ce qui ne manqua pas de blesser le dieu solaire. Celui-ci est si vexé qu'il se retire et ne daigne plus faire son office divin, laissant la terre dépérir. Afin de dérider son père, la malicieuse Hathor décida d'aller le rencontrer et de dévoiler ses parties intimes. Ravivé et joyeux, Rê retourna arbitrer le combat juridique opposant les deux prétendants à la couronne des Deux Terres tout en éclairant le pays de ses rayons bénéfiques.[310] Le parallèle avec la légende de Baubo/Iambé est éloquent.

Durant la recherche de sa fille Koré, Déméter se met au service de la reine Métanire, laquelle confie à cette nouvelle nourrice la garde du petit Démophon. Pour témoigner sa reconnaissance à la souveraine qui l'accueillit à Éleusis, Déméter s'emploie à conférer l'immortalité au jeune prince : elle couvre son corps d'ambroisie et le plonge dans le feu, en cachette, afin de brûler ses parties mortelles. Un soir, la reine pénètre brusquement dans la chambre de son fils et découvre le traitement singulier que pratique Déméter sur son enfant. La cérémonie interrompue, la déesse relève son identité et quitte le palais. Plutarque nous rapporte un "copier-coller" de ce récit en remplaçant Déméter par Isis. Celle-ci, lors de la quête du corps de son frère-amant assassiné, se rend à Byblos où

---

[310] Nadine Guilhou et Janice Peyré, op. cit., pp. 102-103.

le bruit courrait qu'Osiris s'y trouvait. Le cercueil d'Osiris, après s'être échoué sur le rivage, s'était emmêlé dans les racines d'un arbuste. Celui-ci devint très vite un arbre majestueux que l'on coupa pour en faire un pilier du palais royal. Isis comprit que le corps de son frère se trouvait dans le tronc et se fit engager comme nourrice auprès de la reine de Byblos. Attachée au jeune prince qu'elle a sous sa garde, Isis décide de lui accorder l'immortalité en le déposant dans un foyer incandescent. Tandis que le prince abandonne ses parties mortelles, Isis, elle, se métamorphose en hirondelle et se lamente autour du pilier de bois contenant le corps de son aimé. La reine, alertée par les gémissements de la nourrice, se précipite dans la chambre et interrompt le processus magique. Isis dévoile alors sa véritable identité et réclame que l'on éventre le pilier. Le cercueil d'Osiris est enfin mis à jour ; sa bien-aimée regagnera l'Égypte en navire.[311]

***

Nous allons nous replonger rapidement dans le tarot de Marseille dans lequel nous avions retrouvé la trace d'Inanna-Ištar-Aphrodite. Ici c'est l'arcane 17, qui nous intéresse (voir l'illustration qui suit). Cette carte est pour moi en rapport direct avec Nuréa, l'archétype de toutes les "*Étoiles Sombres*". Que figure cette carte ? Une femme nue, penchée près d'une rivière. Elle mélange les liquides de deux jarres. L'une contient de l'or (liquide jaune) et l'autre un liquide bleu versé au niveau de son bas ventre. N'avez-vous jamais entendu dire que les nobles avaient le sang bleu ? Aucune explication sérieuse n'explique d'où provient cette expression. La prêtresse ici présente mélange donc du sang et de l'or, le fameux mélange de l'épreuve du feu de l'Aš. Dans le dos de la figure, un arbre mort ou dépérissant à huit branches. Devant elle, un arbre verdoyant sur lequel est présent un oiseau, symbole d'élévation spirituel depuis l'Égypte antique.[312] Le message est limpide : l'élévation spirituelle ou la renaissance de l'arbre mort en Arbre de Vie passe la préparation de la mixture de la prêtresse. Le nombre huit est partout dans cette carte qui se nomme, par pure coïncidence, L'Étoile. Premier huit sautant aux

---

[311] Plutarque, *Traité d'Isis et d'Osiris*, 15-16.
[312] Philippe-Maurice Seringe, op. cit., pp. 122-123.

yeux, le nombre de lettres du nom de la carte volontaire augmenté d'un "L", faisant de "LETOILLE" une magnifique faute d'orthographe mais passant le nombre de lettres à huit. Nous retrouvons ensuite huit branches (ou feuilles) mortes à l'arbre en mauvaise santé. Il y a précisément huit étoiles dans le ciel de la carte, toutes des étoiles à huit branches. Enfin, l'addition des deux nombres de cet arcane 17 (1+7) nous donne également ce chiffre récurrent de huit.

De gauche à droite : 1) Arcane 17 du tarot de Marseille. 2) Peinture sur vase grecque représentant Iambé et Déméter. 3) Sheelah Na Gig du XIIe siècle ap. J.-C. sculptée sur l'église de Kilpeck dans le Herefordshire en Angleterre.

Dans le christianisme, l'étoile à huit branches représente le christ glorieux et ressuscité. Dans le cadre du tarot, cette étoile à huit branches symbolise une connaissance et/ou une rédemption d'origine céleste. Les plus anciennes étoiles à huit branches sont attestées en Mésopotamie, dans la civilisation babylonienne, où elles sont le symbole de la déesse Inanna-Ištar. Cette étoile à huit branches est donc également en lien avec la sexualité sacrée. Et quel était le but ultime des actes de sexualité sacrée pratiqués dans l'Orient ancien ? L'élévation spirituelle par l'acquisition de l'entendement de la Déesse-Mère ! La figuration de Vénus (et peut-être celle d'un autre astre du système solaire) en général sous forme d'un sigle à huit branches atteste d'une division très ancienne de l'espace céleste en huit secteurs, comme semble le montrer la seule planisphère mésopotamienne connue, laquelle divise la sphère céleste en huit zones.³¹³ La division de la sphère locale en huit secteurs existait aussi dans la première astrologie chinoise,³¹⁴ et le célèbre *Manava-Dharma-Shastra* ("Le Traité des Lois de Manu"), issu de la tradition brahmanique, mentionne les huit régions célestes.³¹⁵

Nous retrouvons la trace du récit de Déméter/Iambé encore plus proche de nous dans le temps en France, en Espagne et surtout en Angleterre et en Irlande dans des gravures appelées Sheela Na Gig. Ces gravures représentent des femmes exposant fièrement leurs attributs féminins comme vous pouvez le voir sur l'illustration précédente. Selon plusieurs chercheurs, elles seraient les vestiges d'un culte préchrétien en faveur d'une divinité de la fertilité ou d'une Déesse-Mère.³¹⁶ Ces figurations sont exclusivement présentes sur d'antiques lieux de cultes (certainement d'origine celte) souvent réexploités par l'Église Catholique. L'étymologie du terme *Sheela Na Gig* est encore discutée de nos jours. L'Emeša nous permet pourtant de le traduire rapidement : ŠE(être là)-É(temple)-LÁ(porter)-NA₄(marque, témoignage)-GÍG(sombre), soit "ici se trouve un temple qui porte la marque des Sombres". Mais le terme celte offre d'autres décodages bien plus pertinents car en lien avec la Sexualité Sacrée comme SI(trou, cavité), SÌ(être cause de), SI₁₄(récipient)-LÁ(diminuer)-NA(être humain)-GIG(malade, maladie) : "la récipient (ou la cavité) qui est la cause de la diminution de la maladie de l'être humain" voire SÈ(bas, petit)-LA(force de la jeunesse, santé)-NAĜ(boisson)-IG(porte) : "la petite porte du bas vers la boisson de la santé et de la force de la jeunesse". Est-il utile de vous faire un dessin ? Une décomposition plus aventureuse nous donnerait SILA₁₁(pétrir l'argile)-NA(être humain)-GÍG(être noir), soit "ce qui pétrit

---

³¹³ Voir tablette du British Museum, provenant de Ninive et datée du VIIe siècle av. J.-C., in *Astrologie en Mésopotamie*, Les Dossiers d'Archéologie 191, 1994, page 36.
³¹⁴ Joseph Needham, *Science and civilisation in China*, Éd. Cambridge University Press, vol. 2, 1956, page 355.
³¹⁵ *Manava-Dharma-Shastra*, tr. fr. A. Loiseleur-Deslongchamps, Paris, Éd. Garnier, [1939 ?], I 13, page 4.
³¹⁶ McMahon, J. & Roberts, J., *The Sheela-na-Gigs of Ireland and Britain : The Divine Hag of the Christian Celts – An Illustrated Guide*, Éd. Mercier Press Ltd., 2000.

l'argileux, l'homme noir". Dans les textes anthropogoniques des diverses traditions, il est souvent fait état d'hommes pétris à partir d'argile et/ou sortant de matrices mis au service des dieux, ces matrices – évoquées abondamment dans le tome 3 – figurant de saints utérus de Grandes-Déesses. Ici encore le langage Gina'abul nous réserve de surprenantes découvertes !

Évidemment on ne peut que voir dans tout ce faisceau d'indices la présence constante dans le temps et l'espace des prêtresses vouant un culte à la Déesse-Mère, dont Déméter-Damkina-Nuréa est l'une des incarnations. Au-delà de cette révélation linguistique, nous pouvons décrypter plusieurs sens symboliques à l'exposition de leur vulve par les Sheela Na Gig.[317] Celle-ci peut-être interprétée comme la grotte des origines, le refuge primordial (lequel pourrait-on réintégrer pour en ressortir doté d'une nouvelle vie) ; voire encore l'une de ces fameuses cavités où les anciennes cérémonies célébrant l'Éternel Féminin se déroulaient. Aussi, ces vulgaires gravures servaient, dit-on, à protéger les croyants des démons. Enfin les Sheela Na Gig seraient la figuration, pensait-on, du rôle protecteur et guérisseur attesté du sexe féminin, ou plutôt de son exposition. Il était bien connu au Moyen Âge que la vulve avait ces propriétés si particulières (voir les décompositions plus haut qui valident cette hypothèse). En Grèce, bien qu'on pensât le sang menstruel toxique, on s'en servait pour soigner différents désordres comme la rage. Cela faisait aussi partie des ingrédients abortifs. Les anciens Grecs et les Romains vénéraient nombre de déités qui protégeaient les femmes pendant toute leur vie et particulièrement pendant les règles et les grossesses. Héra-Junon était la déesse responsable des règles et elle protégeait contre les avortements précoces.[318] La déesse hindoue Aditi, la Grande Mère des dieux, était elle-même figurée nue dans des positions suggestives : pieds étirés vers l'avant, genoux relevés et les jambes écartées ; présentant sa vulve à ses adorateurs. Elle était sans surprise une déesse de la fertilité et de la fécondité. Voici comment

---

[317] Pour plus d'informations sur les Sheela Na Gig, vous pouvez consulter le site : http://www.sheelanagig.org/
[318] Marie-Claire Célérier, *Le sang menstruel*, Champ psy 4/ 2005 (n° 40), pp. 25-37.

la présente le Ṛgveda :

"Au premier age des divinités, l'existence naquit de la non-existence, Les quartiers du firmament naquirent de Celle qui s'accroupit, les jambes écartées. La terre est née de Celle qui s'accroupit, les jambes écartées. Et de la terre, les quartiers du firmament sont nés."[319]

L'ethnologue Georges Devereux a consacré un ouvrage entier au récit mythologique de Baubo/Iambé.[320] Il faut préciser que ce motif est récurrent et mondial. Rien qu'un exemple : dans les deux premiers ouvrages de l'histoire japonaise, nous retrouvons la déesse du Soleil, Amaterasu, qui se réfugie dans une grotte – encore ! – suite à un viol. Comme Déméter, elle prive la planète de chaleur et de lumière. Ame no Uzume (ou simplement Uzume[321]), déité du Bonheur arrivera à l'en extirper en exposant sa vulve. Déridée par cette attitude joviale, la déesse du Soleil sortira de sa caverne. Amaterasu[322] "revient" au monde (ou ressuscite) comme si elle s'enfantait elle-même, réconciliée avec ce sexe dont elle avait fait une tombe.[323]

Un autre mythe lié à Déméter rapproche celle-ci du protagoniste de Damkia dans les *Chroniques*. C'est l'un des mythes agraires les plus répandus de la religion de Déméter : celui de Triptolème (son nom signifie symboliquement qu'il est un laboureur qui donne trois façons à la terre). Il était, disait-on, fils des régents d'Éleusis, Céléos et Métanire, dont nous avons parlé

---

[319] *Ṛgveda* : 10.72.3-4.
[320] Georges Devereux, *Baubo, la vulve mythique*, Éd. Petite bibliothèque Payot, 2011.
[321] "La plante (ou la nourriture) responsable de la connaissance". C'est la transcription que l'on peut faire de nom via le langage matrice [Ú(plante, nourriture)-ZU(connaissance)-ME(responsable)].
[322] Amaterasu, qui figure symboliquement le soleil levant sur le drapeau nippon, peut se décomposer en suméro-akkadien en AMA(mère) TE(vie)-RA(inonder), RÁ(guider, porter, supporter)-SÚ(connaissance), SU(corps), SU$_4$(grandir, multiplier) soit "la mère de la vie qui inonde de connaissances" ou "la mère qui porte le corps et la vie" voire "la mère qui porte et multiplie la vie". Descriptions rattachables sans mal à notre Déméter-Damkina-Nidaba-Mut.
[323] *Kojiki*, 712 ap. J.-C. et *Nihon Shoki*, 720 ap. J.-C.

plus haut. Déméter, déguisée en mortelle, le nourrit et l'éleva ; elle en fit un demi-dieu en le nourrissant d'ambroisie, ce qui lui assurait l'immortalité, et compléta la métamorphose en l'exposant chaque nuit aux flammes de manière à anéantir tous les éléments périssables de son corps. Malheureusement, les parents inquiets guettent la déesse, découvrent ce qu'elle fait et effrayés l'empêchent de terminer son œuvre ; l'*Hymne homérique à Déméter* substitue dans ce récit le nom de Démophon à celui de Triptolème. On dit peu de choses de précis sur ce dernier ; comme il passait pour avoir été le premier prêtre de Déméter, toutes les grandes familles d'Éleusis voulaient y rattacher leur généalogie et adoptaient pour ce faire des récits divergents. Le plus admis disait que Déméter avait donné à son enfant un char attelé de serpents ailés (ou de dragons), sur lequel le héros voyagea par toute la terre, enseignant aux humains ce que lui avait appris la déesse : l'agriculture, la vie sociale, ou même les bienfaits du culte d'Éleusis. Ainsi les Athéniens se considéraient comme les auteurs de toute civilisation, comme compatriotes d'Icare et de Triptolème. Celui-ci est souvent figuré comme un génie ailé, sur son char attelé de serpents, auprès des déesses d'Éleusis, Déméter et Koré (Perséphone), qui lui remettent les instruments de labour ou les épis. Ses attributs ordinaires sont le sceptre et l'épi – comme le dieu Nepri, fils de Mut en Égypte –, parfois aussi la coupe où Déméter (ou bien Koré) lui verse la libation du départ.

Autour de lui on place souvent Céléos, Hippotheon, Métanire, les autres personnages de sa famille et héros d'Éleusis. La tragédie de Sophocle, consacrée à Triptolème, mettait en scène le missionnaire volant à travers les airs et répandant, malgré les hostilités, le blé, don de Déméter, et les préceptes de l'agriculture, civilisant ainsi les humains, puis revenant à Éleusis, sortant vainqueur d'une dernière lutte et fondant le culte d'Éleusis et la fête des Thesmophories.[324]

Ici ressort clairement l'initiation de Sa'am-Enki – dont Triptolème est un écho – par sa mère génétique Nammu-Nuréa ; celle-ci lui accordant le privilège de l'*immortalité* par l'ingestion

---

[324] http://www.cosmovisions.com/$Demeter03.htm

de l'ambroisie (Únamtila) et le feu (de l'Aš ?). Devenant quasiment divin, celui-ci parcourra la planète dans son char volant pour apporter la civilisation et l'agriculture à l'humanité. Encore une fois, c'est exactement les actions d'Enki-Osiris qui sont rejouées dans ce mythe ! Enfin, notons qu'il existe un récit issu de la *Théogonie* d'Hésiode faisant état d'une descendance semi-divine entre Déméter et un certain Jasion – à ne pas confondre avec le héros Jason. Ce fils, Plutus, était vu comme le semeur primitif et personnifiait la richesse agricole, première richesse d'entre toutes pour les premiers habitants de la Grèce. On l'a rapproché de Pluton-Hadès et il a été vénéré comme l'un des dieux des Enfers. Encore un rapprochement entre un rejeton de Déméter et Enki-Osiris-Hadès, le fils de Damkina.

***

Parmi les animaux consacrés à Déméter, nous retrouvons (outre le serpent et le bélier déjà évoqués) le bœuf, le porc ou encore la chèvre. Mamítu (image de la Déesse-Mère Damkina chez les anciens Mésopotamiens) est dépeinte comme une femme à tête de chèvre. Comme Déméter, elle décrète le sort des nouveau-nés. Elle finira par devenir une juge des Enfers. Rappelons que Déméter est liée au monde souterrain par sa fille Perséphone, parèdre d'Hadès.

C'est ici que nous retrouvons également un autre personnage mythologique d'importance : la chèvre Amalthée.[325] Bien qu'étant une figure incertaine, étant tour à tout une Nymphe ou un capriné, nous retiendrons ici ce dernier aspect, beaucoup plus répandu et plus ancien. Cette chèvre, représentation animale de Damkina-Déméter, a nourri le dieu des dieux de son lait. En parallèle de l'évidente reprise d'Isis allaitant Horus, nous pouvons voir ici l'allégorie de l'épisode des *Chroniques* durant lequel les Amašutum de Damkina (contraintes par le Mardukù) durent nourrir le clan renégat Anunna-Ušumgal. Dans la mythologie grecque, le petit Zeus en s'amusant avec Amalthée cassa l'une de ses cornes ; elle deviendra la réputée corne d'abondance. Amalthée

---

[325] Amalthée est décomposable en AMA(mère)-AL(image, représentant)-TE(vie), soit "la mère, image (ou représentante) de (la) vie".

est intimement liée au pouvoir matriarcal puisque sa peau deviendra, comme nous l'avons évoqué dans le chapitre consacré à Athéna, l'égide de la déesse de la guerre et de l'intelligence. On retrouve le serpent, autre animal de Déméter, en Égypte où Geb est souvent représenté avec la tête du reptile. Il y est d'ailleurs considéré comme le père des serpents. Comme souvent avec les divinités chtoniennes, il est aussi dieu de la végétation et de la fertilité. Par certains de ses aspects il rejoint inévitablement son fils Osiris : lien avec le monde souterrain, peau verte, symbole chtonien du serpent, figurations ithyphalliques montrant le dieu couché avec le pénis dressé vers le ciel l'associant à la fertilité... etc. Nut n'est pas en reste puisque la décomposition de son patronyme via le syllabaire suméro-akkadien nous donne NU(représentant)-ÚT(blé) : "la représentante du blé". Nous ne reparlerons pas de Renenutet, Ouadjet et Wenut, déesses serpentines clairement assimilables à Nut et à Isis. Les liens avec notre Déméter n'en finissent plus d'apparaître.

Chez les Sumériens, Damkina est Damgalnuna. Damkina peut se traduire en DAM(épouse)-KI(terre)-NA(de) soit "l'épouse de la Terre". Nous retrouvons là le personnage de Nut épouse du dieu de la Terre Geb, son *alter ego*. Ou encore l'épouse de Enki, "le Seigneur de la Terre" en sumérien. Damgalnuna peut lui se traduire en DAM(épouse)-GAL(grand)-NU$_{11}$(lumière)-NA(de) : "l'épouse de la Grande Lumière".[326] Elle est définitivement la servante de la Source. Damgalnuna est la Déesse-Mère des Sumériens et la génitrice de Marduk-Enlíl, dont Enki est le père. C'est également la déesse de la végétation, de la renaissance, de ce qui est dessous, la grande dame des eaux, des chambres et la maîtresse des portes. Damkina est la digne héritière de Tiamat dans les *Chroniques*. Il n'est donc pas anormal de voir certains des attributs de cette dernière reportés sur sa plus grande prêtresse. Elle reprend ainsi le rôle de Créatrice originelle des dieux sous sa forme gaïenne ainsi que le lien qui l'unit avec les Abysses.

Dans ce petit florilège de rapprochements, nous avons beaucoup "joué" avec la sémantique et nous sommes sortis de notre

---

[326] Une autre orthographe est admise : Damgalnunna, soit la "Grande Dame du Seigneur" (Enki).

comparatif Égypte-Sumer/Akkad-Grèce antique en butinant du côté des Celtes et du Japon. Il en ressort un tableau un peu maigre même s'il est tout de même un peu plus conséquent que celui d'Athéna.

Le prochain protagoniste est tout à la fois l'amant et le fils de Déméter-Damkina-Nut. Une grande confusion règne à son sujet. Nous retiendrons que chez les Grecs anciens, il fût découpé en pas moins de quatre divinités olympiennes ! Nous le retrouvons bien entendu dans d'autres personnages et d'autres mythes. Le premier "quart olympien" de Sa'am-Enki-Osiris va nous entraîner dans un univers festif où le vin coule à flots, celui du bien nommé Dionysos.

	Nut-Geb-Mut(3)	Nidaba-Nammu-Damkina-Duttur	Déméter(1)-Gaïa(3)-Cybèle-Rhéa
Filiation / Parenté	a- Mère d'Osiris, Isis, Nephtys, Seth et Horus l'Ancien a- Mère des dieux (Mut) b- Sœur de Serkit*	a- Mère de Enki, Ereškigal, Innana, Enlíl, et Erra (sous ses divers noms) a- Mère des dieux (Nammu) b- Sœur de Ninmaḫ*	a- Mère de Iacchos-Dionysos, de Plutus et de Koré-Perséphone a- Mère des dieux (Gaïa/Cybèle) b- Sœur de Héra
Attributs / Fonctions & Symboles	c- Terre-Père (Geb) et Déesse-Mère (Mut) d- Fécondité et fertilité de la terre e- Génitrice d'un dieu qui meurt et ressuscite (Nut) f- Déesse nourricière (Nut/Mut) g- Déesse de la terre et de l'eau (Geb) i- Associée aux rites funéraires (Nut/Mut) l- Mère du dieu du Grain Nepri (Mut) m- Osiris (fils de Nut) répand les préceptes de l'agriculture et de la civilisation sur Terre n- Mut fâchée déclenche la sécheresse p- Symbole animal du serpent (Geb)	c- Terre-Mère d- Fécondité et fertilité de la terre (Nidaba) e- Génitrice d'un dieu qui meurt et ressuscite (Duttur) f- Déesse nourricière g- Déesse de la terre et "grande dame des eaux" (Damkina) h- Patronne des scribes, déesse de l'écriture (Nidaba) i- Associée à la mort/résurrection (Nidaba) j- Décrète du sort des nouveau-nés (Damkina) k- Rituel initiatique du feu de l'Aš* l- Mère du civilisateur Enki (Nammu) m- Enki (fils de Nammu) crée les hommes et leur enseigne la civilisation o- Symbole animal de la chèvre (Damkina)	c- Terre-Mère d- Fécondité et fertilité de la terre e- Génitrice d'un dieu qui meurt et ressuscite (Cybèle) f- Déesse nourricière g- Déesse de la terre cultivable et des eaux douces h- "Gardienne des Savoirs" (Cybèle) i- Associée à l'Hadès (via Perséphone) j- Décrète du sort des nouveaux nés k- Mystères d'Éleusis l- Mère du civilisateur Triptolème et instructrice de Prométhée (Déméter) m- Triptolème (fils de Déméter) répand les préceptes de l'agriculture et de la civilisation sur Terre n- Déméter attristée engendre l'hiver o- Symbole animal de la chèvre (Amalthée) p- Symbole animal du serpent

Tableau Déméter. * : Élément avancé par les Chroniques du Ğírkù.

Chapitre VII

Dionysos ou l'âme du dieu "assassiné"

"Je commence par chanter Dionysos couronné de lierre, bruyant, glorieux fils de Zeus et de l'illustre Sémélè, et que nourrissaient les Nymphes aux beaux cheveux, l'ayant recu du Père-Roi, dans leur sein. Et elles le nourrirent avec tendresse dans les vallées de Nysè, et il grandit, par la volonté de son père, dans un antre odorant, et il était au nombre des Immortels. Mais les Déesses l'ayant élevé pour être très loué, alors il parcourut les solitudes boisées, couronné de lierre et de laurier. Et les Nymphes l'accompagnaient, et il les conduisait, et le bruit de leurs pieds enveloppait l'immense forêt. Et je te salue ainsi, ô Dionysos riche en raisins ! Donne-nous de recommencer les Heures, pleins de joie, et d'arriver par celles-ci à de nombreuses années !".
Hymne homérique à Dionysos.

"Arrivé aux confins de l'Éthiopie, Osiris fit border le Nil de digues, afin que ses eaux n'inondassent plus le pays au-delà de ce qui est utile, et qu'au moyen d'écluses on pût en faire écouler la quantité nécessaire au sol. Il traversa ensuite l'Arabie le long de la mer Rouge, et continua sa route jusqu'aux Indes et aux limites de la terre. Il fonda dans l'Inde un grand nombre de villes, et entre autres Nysa, ainsi appelée en mémoire de la ville d'Égypte où il avait été élevé. Il y planta le lierre, qui ne croît encore aujourd'hui dans les Indes que dans ce seul endroit. Enfin il laissa encore d'autres marques de son passage dans cette contrée ; c'est ce qui a fait dire aux descendants de ces Indiens, qu'Osiris est originaire de leur pays."
Diodore de Sicile, *Bibliothèque*, Livre I, XIX.

Faible dimension syncrétique mais de circonstance chez Dionysos ; un dieu composite, intrigant, bouleversant mais ô combien passionnant à étudier ! En effet, comme le laisse entendre le titre de cette partie, il est l'âme de l'assassiné, Sa'am dans les *Chroniques du Ǧírkù* ou encore Enki-Éa-Osiris. C'est pourquoi il sera ici également question de la seconde incarnation d'Osiris : son fils Horus. Cette partie sera celle qui traitera le plus en profondeur les liens qui unissent Enki-Osiris et ses avatars olympiens puisque le personnage de Dionysos est la facette la plus aboutie du "Seigneur de la Terre" (EN.KI, litt. en sumérien). Diodore avait parfaitement assimilé cette notion lorsqu'il déclare que le dieu était *dimorphos* ("à double figure") : "*dimorphe parce qu'il y a eu deux Bacchus* (NDA : soit la réincarnation du "vieux" Dionysos dans le "jeune" Dionysos) ; *l'ancien était barbu, car tous les anciens laissaient croître leur barbe ; le plus jeune était beau et voluptueux, comme nous l'avons déjà dit.*"[327]

Il est l'un des grands Olympiens (même s'il est souvent absent des assemblées, comme Hadès) et, au-delà de ça, l'un des deux seuls dieux des Grecs anciens – avec Déméter – autour duquel on ait tenté de constituer une religion complète et sinon exclusive, du moins absorbant et subordonnant les autres personnages divins, une religion avec son culte, ses prêtres, ses mythes, sa philosophie mystique. Les problèmes relatifs à l'origine et au développement de ce culte sont parmi les moins solubles de la mythologie grecque et de fait, puisque son origine et son décorum sont aussi variés qu'inattendus. Dionysos était considéré par les mythographes comme un dieu récent et secondaire, voire comme propre à la Crète. À la manière d'autres dieux majeurs de l'époque classique comme Apollon et Artémis, l'on pense aujourd'hui que son origine est asiatique, voire anatolienne. Une Anatolie dont on sait qu'elle a fortement influencé les premiers habitants de la Crète, si les premiers colons n'étaient pas eux-mêmes en provenance de cette riche région culturelle. Le culte de Dionysos a fini par s'imposer à raison des vagues successives d'envahisseurs hellènes qui vénéraient ce même dieu de la végétation (aux origines

---

[327] Diodore de Sicile, *Bibliothèque*, Livre IV, 5, 8.

identiques ?). Il est à préciser que Dionysos présente un cas unique dans le corpus mythologique grec : il possède, en effet, une biographie cohérente et son histoire décrit un enchaînement logique d'événements allant de sa naissance à sa divination. C'est également le seul être mythique à être passé du stade du demi-dieu – que l'on pourrait même qualifier de héros – à celui de divinité olympienne siégeant au panthéon.

Commençons par la naissance du dieu "*né deux fois*", ou plutôt les naissances attestées. S'il y a un personnage sur lequel les traditions et les chroniqueurs s'opposent, c'est bien celui-ci. On lui donne toutefois généralement comme mère Sémélé et comme père, Zeus. Bouillante de jalousie, son épouse Héra, déguisée en vieille femme persuade Sémélé de demander à son amant de se montrer dans toute sa gloire. Ce qu'elle n'aura le temps de regretter ; dès qu'il y consentit, la pauvre mortelle fut foudroyée par sa puissance divine. Pour sauver l'enfant à naître, le dieu des dieux, extirpa Dionysos pour le coudre dans sa cuisse.[328] Il y finira sa croissance pour en ressortir en nourrisson bien en chair (d'où l'expression "sortir de la cuisse de Jupiter"). En Égypte, la génitrice du dieu-taureau Apis (image funéraire d'Osiris-Ptah) devait selon la légende avoir été fécondée par un éclair, avant de donner naissance à son veau sacré.[329] Anton Parks a vu dans ce récit la naissance de la planète Vénus et assimile donc Dionysos à Horus, son représentant terrestre. C'est tout à fait plausible d'après nous : la description de Sémélé/Mulge-Tab brûlant devant Zeus/Jupiter puis Dionysos/Horus/Vénus extirpé de la "cuisse" de Zeus/Jupiter pourrait être une allégorie d'un événement céleste d'un lointain passé. À ce titre, je cite l'auteur des *Chroniques* : "*Si nous prenons en compte le fait que cette histoire possède certainement des origines se rapportant au langage sumérien, nous ne manquerons pas de remarquer que les deux principales particules sumériennes évoquant une cuisse sont : UR (cuisse, jambe, tronc d'arbre, fondement) et IB (lombes, cuisse, s'enflammer de colère). Dans ces définitions nous trouvons des notions hautement révélatrices qui évoquent à la fois "le fondement", quelque chose qui "s'enflamme"*

---

[328] Nonnus, IX, 1-15.
[329] http://fr.wikipedia.org/wiki/Apis

et un "tronc d'arbre"..."[330]

En grec ancien, *cuisse* se dit μηρός / *mêros* que nous pouvons décomposer via le syllabaire suméro-akkadien en MÉR(tempête, fureur, serpent lové sur lui-même)-UŠ(élever), UŠ$_8$(lieu de fondation), ÚS(distant), soit "le lieu de fondation du serpent lové sur lui-même",[331] "la fureur qui s'élève" ou encore "la tempête distante". Notons que *mêros* peut également être décomposé en Égyptien : mr(pyramide)-ws(fente) ou mr(douloureux)-wS(chute), ce qui indiquerait que Dionysos soit né dans "une fente de la pyramide" (épisode de la naissance d'Heru-Horus des *Chroniques*) ou encore d'une "chute douloureuse" (épisode cosmique de la naissance de Vénus, l'Horus céleste). Nous retrouvons à peu près la même désignation phonétique dans le mont Meru : la montagne mythique considérée comme l'Axe du Monde dans les mythologies persane, bouddhique et surtout hindoue. Sur ses pentes se trouverait la résidence principale des trente-trois dieux et de leur roi Indra,[332] réplique locale de Zeus. Dionysos serait donc né d'une pyramide/montagne et non d'une cuisse. Son image céleste est, elle, née d'une fureur ou d'une tempête lointaine (l'explosion de Mulge, l'astre sombre ?). Chez les anciens Perses zoroastriens, une montagne semblable au mont Meru était également connue. On l'appelait Haraiti ("Gardienne") ou Hara Berezaita ("Protection Élevée") et son sommet était le mont Hukairya / Hokar ("Bienfaisante") – autant d'épithètes qui pourraient qualifier Isis, mère d'Horus, sous son identification à la grande pyramide. La base d'Haraiti se trouvait dans l'Airyanem Vaejah, le pays d'origine des Aryens, au centre des sept pays créés par le dieu Ahura Mazdâ, avatar d'Osiris déjà évoqué. Elle était l'axe polaire et le pivot du monde, et on disait que le Soleil et la Lune tournaient autour d'elle. À son sommet vivait le Yazata Mithra / Mehr (autre image d'Horus) et séjournaient les âmes des morts. On disait qu'à son sommet vivait aussi l'oiseau Simargh, le roi des oiseaux. Celui-ci est le symbole de la connaissance mystique pure, de la vérité suprême, de la grande paix. Les

---

[330] Anton Parks, *Ádam Genisiš*, op. cit., pp. 382-383.
[331] Le serpent lové sur lui-même est un symbole millénaire de la Déesse-Mère et de l'éternel féminin. Voir *Le Secret des Étoiles Sombres*, op. cit., page 384.
[332] http://atil.ovh.org/noosphere/centre.php

Mandéens appelleront ce mont la "Montagne Blanche de Syr" / "Montagne de Lumière".[333] Ils disaient que c'est là qu'Anosh-Outhra (Enoch) avait initié Jean-Baptiste. Chez les musulmans, cette montagne deviendra le mont Qaf qui s'élève au centre du monde et est séparé des pays habités par une région ténébreuse. On dit que près d'elle se trouve la fontaine de Jouvence gardée par Khidr,[334] l'homme vert.[335]

Finalement la montagne ne serait-elle pas le lien unissant le Ciel à la Terre ? La réponse est affirmative selon les auteurs Antonino Anzaldi et Massimo Izzi qui écrivent dans leur *Histoire illustrée universelle de l'imaginaire* : *"Dressée contre le ciel, la montagne. Elle le touche, elle touche les nuages. Comment ne pas en faire une demeure divine ou un lieu de rencontre d'êtres supérieurs ? Chaque civilisation possède sa montagne sacrée, point de rencontre de la terre et du ciel. C'est sur le mont Olympe que résident les dieux de la grâce. C'est sur le mont Sinaï que Moïse reçoit du Seigneur les Tables de la loi. Et – comme par hasard – la vieille loi est remplacée par la nouvelle loi avec le discours de la montagne de Jésus. Pour la tradition hindoue, le mont Méru, situé au Pôle Nord, est tout en or. On a là un rappel à l'axe du monde qui relie notre terre au Règne Céleste. La montagne blanche du monde celtique, centre d'isolement et de méditation, est en opposition avec la plaine où habitent les hommes communs. Ce n'est pas par hasard que dans le taoïsme, les "réalisés", les Immortels, allaient vivre sur la montagne du centre du monde, autour de laquelle poussait, dans les jardins de la Reine d'occident, le pêcher dont les fruits donnaient l'immortalité. Dante place le paradis terrestre sur le sommet de la montagne du Purgatoire. Dans la tradition musulmane, le mont Qaf, mère de toutes les montagnes, est inaccessible à tous les hommes. Faite d'émeraude, elle est la frontière entre le monde visible et le monde invisible, ainsi que le soutien de la terre. Seul*

---

[333] Cela nous rappellera le revêtement calcaire blanc qui recouvrait la Grande Pyramide il y a fort longtemps. Voir *Le Testament de la Vierge*, op. cit., page 320.
[334] Personnage mystérieux de l'Islam qui n'apparaît pas directement dans le Coran par nom mais les savants musulmans (moufassirin) disent qu'il fait allusion à lui dans la sourate *La caverne* (**Coran** : 18 :65, Al-Kahf).
[335] En Égypte le dieu vert était… Osiris.

Allah connaît les créatures qui y vivent. On croit en particulier que l'oiseau miraculeux Simurgh, dont les plumes guérissent les blessures, y demeure.

La montagne personnifie les forces cosmiques et la vie. Les roches sont des os, les fleuves du sang, la végétation est une chevelure, et les nuages sa respiration. Il arrive souvent qu'en Afrique, les montagnes prennent la forme et le rôle d'être fabuleux. Les esprits, forces cachées, les habitent ; on ne peut y monter sans guide. Du reste, l'ascension de la montagne suggère le chemin vers la réalisation intérieure. Cette ascension est aussi ascète. Saint Jean ne parle-t-il pas de la Croix de la vie mystique comme d'une "ascension du mont Carmel" ? Et c'est souvent sur les montagnes que se réalisent les sacrifices. C'est sur un mont, qui a été identifié comme la colline du Temple, qu'Abraham a l'intention de sacrifier Isaac et que l'ange du Seigneur le retient.

Les pyramides égyptiennes et précolombiennes peuvent être considérées comme des montagnes artificielles ; il en est de même pour les ziggurats mésopotamiennes, pour les cathédrales et leurs flèches, pour les chateaux, pour les pagodes, pour les stupas bouddhistes, pour les cairns, tombeaux de pierre des Celtes."[336]

Dionysos passe – après bien des péripéties causées par Héra – sa petite enfance à Nysa, lieu mythique non identifié, entouré de Nymphes (appelées Ménades) et éduqué par Silène un satyre qui deviendra son père adoptif. Devenu adolescent, Héra le frappera de folie et Dionysos errera dans le monde en passant par l'Égypte, la Syrie et enfin la Phrygie – trois contrées où nous trouverons des reflets de Dionysos dans respectivement Osiris, Adonis et Attis – où il y rencontrera Cybèle-Rhéa qui l'initiera à ses Mystères et le libérera de son aliénation mentale. À partir de là, il partira à la conquête du monde connu (surtout oriental) entouré d'une armée bruyante et haute en couleur.[337] En passant par la Thrace, sur la route de l'Inde qu'il souhaite soumettre à son autorité, il est bloqué par Lycurgue qui fait prisonnier certains de ses hommes. La suite

---

[336] Antonino Anzaldi et Massimo Izzi, *Histoire illustrée universelle de l'imaginaire*, Éd. Gremese International, 1996, page 93.
[337] Diodore de Sicile, II, 38, 3-4.

de l'histoire du souverain, vous la connaissez (voir le chapitre *Arès*)... Une fois l'Inde sous sa domination, il y plantera des piliers afin de marquer la limite du monde oriental ; un pendant des colonnes d'Hercule de l'extrême-occident. Nous ne pouvons nous empêcher d'y voir les piliers d'Ashoka, datant du IIIe siècle avant notre ère et répartis sur toute la partie nord du sous-continent indien. Le plus haut de ces piliers de pierre atteint quinze mètres pour près de cinquante tonnes ! Son retour d'Inde marquera l'histoire mythologique de ses excès de colère et de furie, répandant une folie égale sinon supérieure à celle qu'il avait subie. Il se rendit ensuite sur l'île de Naxos en s'offrant les services d'un groupe de pirates ; une fois le navire en mer les mécréants s'attaquèrent au dieu qui relâcha sa vindicte sur eux. Les pirates jetés à la mer furent métamorphosés en dauphin. Une fois sur l'île il enleva Ariane pour en faire son épouse, elle sera divinisée lorsqu'il l'emportera avec lui vers l'Olympe. Sa dernière quête le verra franchir les portes d'acier de l'Hadès afin d'y secourir sa mère Sémélé, qu'il immortalisera, comme son épouse, en la faisant monter dans le royaume des dieux.

***

Dionysos était l'archétype du dieu de la fertilité, une déité rattachée aux arbres, à la terre, au principe humide, à la vigne – plante symbolisant la vitalité végétale en particulier et celle du vivant en général. Il était Dionysos $\Delta\varepsilon\nu\delta\rho\iota\tau\eta\varsigma$ / *Dendrítês*, le "protecteur des arbres".[338] C'est pourquoi le fils de Sémélé est aussi un dieu du vin. Son lien à l'alcool en fera un dieu des fêtes et de l'ivresse, de la joie et des délivrances, de l'extase et de l'accès au monde spirituel. Il est le dieu des excès et des libertés, fier opposé au dogme apollinien moral, vertueux et cadré. Les cérémonies cultuelles (ou dionysiaques), résolument iconoclastes, se démarquaient de celles vouées aux autres divinités du panthéon. Le domaine d'un Apollon ou d'un Zeus n'était en aucun cas celui des mortels qui craignaient d'être punis de leur impiété par le dieu courroucé. À l'inverse, et c'est sa nature qui l'exigeait, le dieu de l'ivresse et de l'extase était la source d'inspiration autant que le

---

[338] Plutarque, *Quaestiones convivales*, V, 3, 1, [675 f].

support de communication du pratiquant avec le monde divin. Un rite dionysiaque se devait d'être une communion entre les participants et Dionysos. Il était Dionysos *Lyaeos*, "celui qui délie" ; il apportait la libération de l'esprit des contraintes matérielles mais cette épiclèse, à double sens, indiquait également qu'il se déliait de l'hiver à la saison printanière afin de libérer les forces végétatives, sauvages et productrices de la Nature. Comme précisé à de nombreux endroits dans ce chapitre et dans celui qui le précède, il est l'avatar local de l'agent mâle de fécondation de la Terre-Mère. Celui qui doit mourir cycliquement avant de renaître, et, avec sa renaissance apporter le renouveau de la Nature. Excepté qu'en Grèce, Dionysos ne s'en va pas s'unir avec une telle déesse de la terre/fertilité après sa résurrection… Comme nous venons de le voir, la mère et l'épouse de Dionysos suivent la même trajectoire, les Grecs ayant décidé de les scinder ; Sémélé et Ariane étant bien évidemment des répliques locales de l'Isis des Deux Terres. Le mariage sacré d'Ariane et Dionysos peut ainsi être vu comme une union avec la fameuse déesse de la fertilité, Ariane étant fermement rattachée à l'astre lunaire et à la résurrection – voir l'épisode du labyrinthe de Crète en fin de dossier.

Il nous faut sans tarder ré-évoquer les mythes mettant en scène les *cousins* de Dionysos, plus précisément ceux qui meurent et ressuscitent. Nous les avons survolés ici et là…

Commençons par, a priori, le plus ancien de tous : Damu, terme signifiant "l'Enfant" en sumérien. Il deviendra Dumuzi (DAMU-ZID ou DAMU-ZID, "le fils véritable ou authentique"), akkadisé plus tard en Tammuz. Il existe plusieurs variantes de son histoire. Dans les grandes lignes, il est le fils de la déesse Duttur et le frère jumeau de Geštinanna (déesse de la végétation luxuriante). Il est assassiné (pour diverses raisons, le plus souvent il est enlevé par des démons, parfois il est tué par Enlíl), de son sang naîtra un arbre (palmier dattier ?). Avant d'être saisi par les démons, Dumuzi réclame l'aide de son beau-frère Utu – le Soleil –, ce dernier le change en serpent afin qu'il s'échappe mais il est tout de même rattrapé. Son esprit fait voile (symboliquement) vers le Kigal. Sa mère et/ou sa sœur partent à sa recherche dans le Séjour infernal. Damu/Dumuzi reviendra à la vie, mais à la condition qu'il soit remplacé six mois de l'année par sa sœur Geštinanna. Les rôles entre la mère et la fille se confondent, Geštinanna devenant parfois la génitrice de Damu. Il devra à l'hiver retourner prendre la place de Geštinanna aux Enfers. Dumuzi est l'époux divin d'Inanna, qui se confondra parfois avec Geštinanna. Il l'honorera à chaque retour sur la terre ferme afin de faire revivre la nature endormie.

Sceau-cylindre de la seconde moitié du IIIe millénaire avant notre ère présentant le dieu de la végétation Dumuzi revenant du Séjour des morts vers la civilisation et la vie. À l'extrême gauche de la reproduction, nous découvrons une Inanna joyeuse et empressée de retrouver son amant.

Osiris est bien entendu le suivant dans cette liste. Son histoire est bien connue mais, dans un but d'exhaustivité, nous la redisons ici. Osiris était le frère-époux d'Isis. Seth leur frère commun le jalousait et, avec des complices, le tua lâchement en le faisant rentrer dans un coffre, avant de le jeter dans le Nil noyant ainsi Osiris. Isis et Nephtys parcoururent le monde afin de le retrouver. Elles mirent la main dessus et le dissimulèrent afin que Seth n'en sache rien. Mais ce dernier l'apprit et découvrit la cachette. Pris de folie, il découpa le cadavre de son frère et répartit ses morceaux aux quatre coins du Double-Pays. Isis réussit à rassembler les morceaux et sous la forme d'un milan s'accoupla avec son frère. Isis mettra au monde – après s'être cachée des velléités meurtrières de Seth – Horus, qui vengera la mort de son géniteur. Osiris régnera sur le monde des morts (Amenti) et présidera à la fertilité du pays des Deux Terres. Horus devenant quant à lui le nouveau souverain du Double-Pays, transmettant son héritage aux monarchies humaines :

> "*Comme c'est bon, dirent les dieux, comme c'est grand ce qu'a fait pour toi ton père Osiris en te donnant ton trône ! Ainsi, tu guides les Occidentaux et tu es le successeur d'Osiris.*"[339]

Viennent ensuite Adonis et Attis. Le premier est syrien, le second phrygien. Adonis est né de Myrrha changée en arbre en punition d'un inceste. Sa beauté attira le regard d'Aphrodite qui en tomba amoureuse. Elle l'enferma dans un coffre[340] et le confia à sa sœur Perséphone afin qu'elle veille dessus en son absence. Mais cette dernière s'éprit du jeune homme et le disputa à la déesse de l'Amour. Les dieux tranchèrent : un tiers de l'année, Adonis passera son temps avec Aphrodite, un autre tiers sera consacré à Perséphone et durant le dernier tiers, il serait libre d'aimer qui bon lui semblerait. Ce dernier tiers, il le dédia à Aphrodite qu'il aimait de tout son être, ce qui ne manquât pas d'attirer la jalousie et la fureur de certains. Adonis fut tué, certains disent par un sanglier, d'autre par l'éconduit Arès, lui-même amant d'Aphrodite. Du sang d'Adonis naquit l'anémone. Attis, lui, était le fils et l'amant de la grande Cybèle. Souhaitant faire obstacle à son mariage d'avec une Nymphe, Cybèle plonge le beau jeune homme dans la folie. Celui-ci finit par s'émasculer et perdit la vie par cet acte. De son sang naquit le pin. D'autres versions prétendent qu'il est tué par une charge de sanglier.

Curieusement, ce protagoniste, une fois arrivé sur le sol grec, présente un parcours, disons, atypique : il n'est en effet pas ramené du Monde inférieur par une Grande-Déesse sœur/épouse/mère. C'est localement Perséphone qui va et vient cycliquement de l'Hadès. Dionysos n'effectue qu'une seule catabase de son existence. Il s'en va vers l'Hadès pour ramener sa mère Sémélé et l'introduire dans l'Olympe afin de l'immortaliser. Certains, comme Robert Graves, prétendent que les anciennes figurations de

---

[339] *Textes des Pyramides*, 1292b sq., 2022a-2022b, 1912c-d, 752b, 754b, 2054, 2103d.

[340] Dans la pièce *Les Bacchantes* d'Euripide, Dionysos, pleinement consentant, à l'image d'Adonis et d'Osiris, se laisse couvrir de chaînes et emprisonner par Penthée (roi de Thèbes) ; il est Dionysos *Gorgyreus*, "en prison". La nature souterraine du lieu renvoie aux notions d'éloignement et d'inactivité (temporaires) du dieu de la végétation.

Dionysos remontant des Enfers avec Sémélé ont été mal interprétées : il faudrait y voir Sémélé remontant Dionysos de l'Hadès – à la manière de Perséphone qui revient vers Déméter. Nous retrouvons bien la mère (Déméter) et la sœur (Perséphone) autour des mythes et des cultes liés à Dionysos mais nullement un récit équivalent à ceux d'Adonis ou Damu. Peut-être l'adaptation de Dumuzi[341]/Tammuz[342] en Adonis[343] est-il trop proche du monde grec pour que Dionysos n'en récupère un récit trop identique ? Toujours est-il que la descente aux Enfers et la remontée vers le monde terrestre pour y retrouver une mère impatiente et protectrice se retrouvent dans le récit de l'enlèvement de Koré-Perséphone ; pas dans la chronologie du futur époux d'Ariane.

Disons deux mots concernant Sémélé qui personnifiait, semble-t-il, la Terre elle-même : *"Pourtant le nom de Sémélé révèle en elle une personnification naturelle importante, celle du sol terrestre qui au printemps produit la végétation. C'est ce que savent parfaitement, du reste, Pseudo-Apollodore, Diodore de Sicile et Macrobe ; et en effet, comme l'ont déjà remarqué plusieurs anciens,* Semelê *est une forme dialectique béotienne pour* Themelê, *nom donné à* la Terre *comme fondement de toutes choses. D'autres l'ont interprété par* semlê, *forme parallèle à* semnê *"l'auguste" ; mais c'est là une étymologie factice et secondaire, qui n'a en aucune façon la valeur de l'autre. Fils de Sémélé, le Dionysos thébain est donc en réalité fils de Gê* (NDA : Gaïa), *comme le disait Pseudo-Apollodore, par conséquent la tradition crétoise qui représentait Zagreus comme né de Déméter, et qui fournit la filiation adoptée plus tard pour le Dionysos mystique, était une variante de la même donnée originelle que la version béotienne ; on comprend aussi comment les égyptologues,*

---

[341] Dumuzi pourrait se décoder en DUMU(fils)-ZI(esprit), soit "le fils de l'esprit". Épithète collant comme un gant à Horus.

[342] De même Tammuz prend un autre sens si on le décompose en TÁM(époux)-MUŠ5(frère), "le frère-époux".

[343] Enfin Adonis pourrait très bien ne pas provenir du terme sémitique *Adon*, signifiant "Seigneur/Maître", mais de A(père, fils)-DÚ(produire, façonner, enfanter)-NIŠ(seconde fois), soit "le père façonné une seconde fois" ou "le père enfanté dans le fils" ! Nous sommes bien là en présence de l'âme du dieu assassiné dont Dionysos n'est que l'un des nombreux avatars, une même âme s'étant incarnée deux fois avec deux destins et deux voies bien différentes.

partants de l'assimilation de Déméter à Isis, firent de Dionysos un fils d'Isis, et comment on avait trouvé identique à la sienne la généalogie du Sabazius phrygien, fils de Cybèle.

*Phérécyde substituait au nom de Sémélé celui d'Hyé, emprunté à un autre ordre d'idées, celui du principe humide. Cicéron et Ulpien font de la mère du Dionysos thébain la Lune, interprétation d'accord avec celle des récits qui le font naître de Zeus et d'Io, ou, spécialement à Lyctus de Crète, de Zeus et d'*Argé, *la brillante, la blanche. Nous verrons plus loin que Dionysos est habituellement en relation avec une divinité féminine lunaire, mais qu'on en fait plutôt son épouse que sa mère. Il est enfin un nom que l'on donne aussi fréquemment à l'héroïne de qui naît Dionysos et que la légende représente comme lui ayant été attribué par son fils quand il la fit monter dans l'Olympe : c'est celui de* Thyoné, *dérivé du verbe* thuein, *en rapport avec les surnoms de* Thuôneus *et* Thuônidas *que le dieu recevait lui-même, avec le nom de ses fêtes appelées Thuia en Élide et celui des Thyiades qui célébraient ses orgies sur le Parnasse. Ce nom faisait de Sémélé le type divin de la Ménade, la personnification de l'inspiration que répand son fils. C'est tout à fait artificiellement et à tort que Cicéron prétend distinguer le Dionysos fils de Thyoné du fils de Sémélé ; ailleurs, dans quelques récits, Thyoné n'est plus la mère, mais la nourrice du dieu.*"[344]

La mère de Dionysos se confond donc avec la Terre (nourricière par nature) tandis que sa compagne future est assimilée à la Lune elle-même, deux corps célestes identifiés à la Grande-Déesse des Origines.

Lorsque le dieu est menacé (comme par le roi Lycurge dans l'*Iliade*), il se réfugie chez Thétis, Néréide et ancienne nourrice de Héra, pour y rester un certain temps. Les Anciens voyaient cette absence comme un sommeil prolongé du dieu ; de même que durant la saison froide il était prétendu endormi. La nature marine et maternelle de Thétis caractérise merveilleusement le refuge de

---

[344] Charles Daremberg et Edmond Saglio, *Dictionnaire des Antiquités grecques et romaines*, Éd. Hachette, 1877, article Bacchus, IV.

Dionysos : un lieu sombre et aqueux – image du ventre maternel – d'où le fils de Sémélé rapporte l'humidité fécondante, confirmant les assertions de Plutarque[345] faisant de Dionysos le maître de tous les éléments liquides, de tous les sucs vitaux. Il est Dionysos *Hyes*, "l'Humide", mais également "le Florissant" ou "celui qui abonde". Cet élément fait évidemment écho à l'Apsû d'Enki-Éa, où séjournait généralement le dieu lorsqu'il ne résolvait pas un conflit divin ou ne répandait pas l'opulence sur Terre. Un Apsû aqueux et fournissant à la terre la fertilité essentielle aux dieux et aux hommes. Dans les deux cas, le dieu est considéré comme invisible, caché des hommes. Selon un hymne orphique, Dionysos se serait tenu deux ans dans la demeure de Koré ; à Athènes il est Dionysos *Limnaios* ("dans les marais") indiquant une fois de plus que le lieu de retraite du dieu cornu est sombre et humide. Ce dieu inopérant (ou rendu inopérant), endormi ou absent est un élément souvent justifié par l'action d'un adversaire qui contraint le dieu de la végétation. En Égypte il s'agit de Seth, en Grèce de Lycurgue, et en ancienne Mésopotamie, Dumuzi est attaqué puis attaché par des démons (voire Enlíl).

À son réveil, Dionysos est *Liber Pater*, le "père de la liberté", et cet acte libérateur s'accompagne toujours d'une notion de piqûre, de bruit aigu ou de cri. L'on retrouve cette notion d'éveil d'un dieu de la végétation endormi dans la mythologie hittite où Telepinu, dieu local de l'agriculture et de la végétation – et fils du dieu de l'orage, comme Dionysos –, est en sommeil, provoquant la sécheresse alentour. Ḫannaḫanna, la Déesse-Mère des Hittites envoie alors une abeille à la recherche du dieu disparu. L'insecte eut pour consigne de le piquer afin de le réveiller. L'abeille finit par retrouver Telepinu assoupi dans une forêt et le piqua comme l'ordonna Ḫannaḫanna (Nonnos rapporte que Dionysos fut lui aussi rendu fou de rage, car piqué par un taon[346]). Pris de folie, il se lève et commence à détruire cités, foyers, hommes et troupeaux. Seuls des rituels et des sacrifices arriveront à apaiser le dieu qui retournera faire son office. La prospérité et la fécondité revenant avec lui dans la région. Bien des éléments rejoignent les récits de Dionysos : l'absence puis le retour d'un dieu de la fertilité, sa

---

[345] Plutarque, *Traité d'Isis et d'Osiris*, 35.
[346] Nonnos, *Dionysiaques*, chant XLVIII, 716.

recherche par une Grande-Déesse, sa crise de folie meurtrière, son apaisement et son retour à la paix... Lorsque Telepinu revient apaisé en son pays, il accroche à un conifère une sainte toison (*kurša*) qui libère nombre de richesses sur le monde : vin, céréales, armes, troupeaux. Le dieu celte Cernunnos ("le Cornu") est parfois figuré portant un sac en peau d'animal (voire une corne d'abondance) déversant pour les hommes des pièces de monnaies et des graines. Il est la divinité de la vie sauvage, des bois et de la régénération de la vie. À la manière de Dionysos, son récit est une allégorie des cycles de la Nature : au solstice d'hiver il apparaît pour se marier au début de la saison chaude et mourir au solstice d'été. Sa figuration la plus célèbre le montre en position de tailleur la tête surmontée de bois de cerfs. Les figurations de dieux ou mises en scène de défunts à la tête ornée de bois de cerfs symbolisent la résurrection. L'appendice de l'animal repoussait effectivement périodiquement et a servi de symbole du retour à la vie.[347] Les protoHittites rendaient également un culte au cerf. Telepinu, Cernunnos et Dionysos étaient-ils les représentants locaux de la même divinité ? Les mythes hittites sont incomplets au sujet de Telepinu, les sources le concernant étant la plupart du temps extrêmement fragmentaires et éparses. Nous mettons une option sur ce dieu particulier comme potentiel ancêtre commun à tous les *Dionysos* de la région du croissant fertile (et au-delà), d'une part en raison de la rareté de ses récits mythologiques (attestant une ancienneté certaine) et d'autre part du fait qu'il est originaire d'Anatolie où l'on a retrouvé les cités et les temples les plus anciens de la préhistoire. Du reste, Telepinu reprend les attributs du dieu-taureau primordial, ce qui nous conforte dans notre hypothèse.

***

Les mises en sommeil de Dionysos/Telepinu sont-elles des échos de l'absence d'Osiris (absence signifiant bien entendu sa mort) sur Terre ? Enki-Osiris est, dans les *Chroniques du Ğírkù*, rendu absent, inopérant en tant que dieu-civilisateur, par Seth qui le met à mort. Son corps est sans vie, bien que conservé, mais son

---

[347] Philippe Seringe, op. cit., page 71.

âme, étant immortelle, demeure accessible. Il est le Dionysos en sommeil, celui qui fait pousser la végétation sous ses pieds. À la même période Seth fait exploser la planète Mulge au sein du système solaire, engendrant l'expulsion de la future Vénus, alors satellite dans l'orbite de l'astre défunt. Isis décide de rapatrier l'âme de son époux dans un nouveau corps, celui du futur Horus. La naissance d'Horus et ses premières actions bellicistes coïncidèrent avec le passage de la future Vénus (Nibiru), alors lancée dans une course folle à travers le système solaire. Les passages de Vénus près de la terre étaient marqués par des bruits insupportables semblables à des cris stridents (on la nommera "Œil du Son" en terre de Kemet). Vénus deviendra l'Horus céleste et par voie de conséquence, le père de Vénus, l'astre Mulge, sera le corps céleste d'Osiris démembré – la fameuse ceinture d'astéroïdes. Osiris s'était réveillé de son sommeil, sous l'apparence d'Horus, il possédait la même essence mais un caractère fondamentalement divergent : il était courroucé et en quête de revanche. Il répandit des atrocités dont la protohistoire conserva la trace ; ses actes de folie meurtrière à l'encontre de ses ennemis signifiaient, en contrepartie, la libération des peuples soumis par eux. Le "père de la libération" c'est lui, c'est Horus, le Dionysos réveillé de son long sommeil, celui qui emmena une armée à la conquête du Monde passé. Il punit Lycurgue-Seth – qui "mit en sommeil" son père (allégorie de la mort d'Osiris-Dionysos(1)) – en l'écartelant, ce qui ramènera la fertilité sur la région ; entendez par là qu'il restaura l'esprit osirien des origines – la faute étant corrigée. Nous en découvrons un peu plus sur la nature civilisatrice de Dionysos dans le dictionnaire de Daremberg et Saglio : "*Aussi est-il essentiellement le dieu bienfaiteur,* Euergetês, *comme le dieu de bon conseil,* Eubouleus. *Il est aussi le civilisateur, le législateur,* Thesmophoros, *celui qui établit les règles des sociétés, enseigne aux hommes les relations réciproques, les échanges commerciaux, et par là aussi bien que par les fruits qu'il fait pousser sur la terre, il est le distributeur des richesses,* Ploutodotês. *Directeur et maître,* Aisumnêtês, *Dionysos est aussi le conducteur des hommes,* Êgêmôn, Kathêgêmôn, *et leur roi,* Basileus. *Il préside à l'organisation sociale de la cité,* Politês, Dêmosios, Patrôos, *spécialement de la cité démocratique. À Athènes le grand développement de ses fêtes et leur importance de premier ordre* *dans la religion de l'État coïncide avec l'établissement de la démocratie. À Erétrie, dans la fête qui commémorait la fondation de cette forme de gouvernement, les citoyens se paraient de couronnes en l'honneur de Dionysos. Aussi ses surnoms d'*Eleuthereus, Eleutherios, *sont-ils souvent entendus dans l'Antiquité comme s'appliquant à la liberté civile et politique. Dionysos est le défenseur des petits contre les grands, des faibles contre les forts ; c'est surtout parmi les rois qu'il compte ses ennemis. Quand il élève un roi sur le trône à Athènes, Mélanthus, il le prend parmi les bergers ; c'est à cette occasion qu'il reçoit le surnom de* Melanthidês, *et cette légende est mise en rapport avec l'institution de la fête essentiellement civique des* Apaturia. *Ses temples servent fréquemment de lieu d'asile et il étend sa protection sur les esclaves.*"[348]

Représentation de Dumuzi réalisée à partir d'un sceau-cylindre sumérien daté de 2300-2600 av. J.-C. (référence BM123279 du British Museum). Le dieu est ligoté par des démons Ugalla avant d'être emporté par eux dans le Séjour inférieur de l'Irkalla.

À l'instar d'Enki-Éa, il est un dieu de bon conseil, qui résout les conflits et apporte la civilisation. Une civilisation chère à Osiris

---

[348] Charles Daremberg et Edmond Saglio, op. cit., article Bacchus, X.

qui éloigna les hommes des pratiques barbares en Égypte en promouvant l'agriculture et l'établissement de cités régulées par une monarchie qu'il aura instaurée. Dionysos comme Enki sont donnés, dans leur région respective, pour être les inventeurs de la charrue. Les trois divinités sont intimement interconnectées comme nous le voyons à longueur de dossier !

Nous avons vu précédemment qu'Hadès enleva Perséphone pour en faire son épouse. Cet acte sournois se retrouve ailleurs dans la mythologie gréco-romaine où Dionysos enlève Ariane sur l'île de Naxos après qu'elle y ait été abandonnée par Thésée. Cette union forcée ne sera pas ponctuelle et éphémère (à l'image des aventures amoureuses de Zeus dont la fulgurance n'a d'égal que la brutalité) : il y aura un mariage sacré entre le dieu de la végétation et la prêtresse de la Lune. Un mariage marqué par la naissance de quatre fils, héritiers des fonctions de leur divin géniteur. De nombreuses figurations présentent le couple accompagné de leurs enfants mais également, et surtout, de leur thiase enivrée. Il n'était pas innocent de faire de Dionysos l'équivalent d'Hadès dans l'Italie hellénisée...

Nous avons compris (et nous insisterons encore un peu sur ce point) que Perséphone est un reflet d'Ariane-Artémis. En ce sens, nous pouvons prétendre que Dionysos et Perséphone, partageaient bien plus qu'un amour fraternel... Dans les récits orphiques, Zeus s'unit avec sa mère Rhéa (ou sa sœur Déméter) et engendre Perséphone. Proie de l'appétit sexuel de son père, Perséphone et lui s'unirent sous l'aspect de serpents et elle lui donna Zagreus. Tout jeune, Zagreus est attaqué par les Titans aux ordres d'Héra.[349] Afin de leur échapper, le fils de Perséphone se métamorphose en plusieurs animaux, dont le serpent. Les anciens dieux finissent par saisir le petit Zagreus et le mettent en pièces sous la métamorphose finale d'un taureau, avant de le dévorer. Zeus les réduisit en cendres, dont naquirent les hommes. Le cœur de Zagreus fut sauvé du carnage et fut avalé tantôt par Zeus, tantôt par Sémélé. Zagreus

---

[349] Certaines figurations présentent, commente-t-on, un Zagreus ou un Dionysos enfant protégé par des Curètes à la façon d'un Apollon. Il s'agit là peut-être d'une contamination tardive de mythes induite par la proximité progressive des deux divinités aux natures ambiguës.

naquit une seconde fois sous l'identité définitive de Dionysos. Certains récits prétendent qu'Athéna sauva le cœur de Zagreus pour l'insérer dans une réplique de plâtre à laquelle elle insuffla la vie. Qu'elle soit Sémélé ou Athéna, l'image d'Isis réapparaît invariablement dans la mythologie grecque. Selon la religion orphique Zagreus-Dionysos : "*règne souverainement sur les Enfers et il est même parfois conçu comme un fils de Hadès, ou comme un autre Hadès. Mais il partage aussi le trône céleste de Zeus. Il est le dieu premier-né ; avant sa mort comme après sa résurrection, il est associé au pouvoir souverain de son père ; il est le monarque universel, le maître de tous les immortels. Il est l'ame du monde et en assure la perpétuité*".[350] Zagreus-Dionysos est considéré non moins que comme le souverain des Enfers, endossant bien plus que l'identité d'Hadès puisqu'il en porte aussi le théonyme, devenant de ce fait le fils et l'époux de Perséphone ! Le philosophe grec Héraclite d'Éphèse ne prétendait pas moins dans ses *Fragments* (dont est cité ici un passage repris dans le *Protreptique* de Clément d'Alexandrie) :

> "*Car, si ce n'était pas de Dionysos qu'on mène la pompe, en chantant le cantique aux parties honteuses, ce serait l'acte le plus éhonté, dit Héraclite ; mais c'est le même, Hadès ou Dionysos, pour qui l'on est en folie ou en délire.*"[351]

Vous aurez noté des points de convergence entre ces différents récits, et pour cause, ils désignent la mort d'un seul et même protagoniste : Enki-Osiris, réincarné dans Nergal-Horus par sa sœur-épouse (puis génitrice) Duttur-Isis. Un dieu fauché en pleine jeunesse par un frère jaloux (parfois figuré sous l'aspect d'un sanglier/cochon), un dieu au corps morcelé qui atterrit dans le monde des esprits, dont la mort est accompagnée d'infinies lamentations, recherché dans le Monde inférieur par sa sœur/épouse/mère, et enfin, qui revient à la vie pour s'unir avec la Grande-Déesse sous sa forme locale. Dans son *Rameau d'Or*, James Frazer y voit bien entendu (l'explication naturaliste étant la plus acceptée) l'allégorie des cycles des saisons : "*Les trois divinités Adonis, Attis et Osiris (époux respectif des trois déesses*

---

[350] Charles Daremberg et Edmond Saglio, op. cit., article Zagreus, II.
[351] Clément d'Alexandrie, *Protreptique*, 34, 5.

Aphrodite, Cybèle et Isis) incarnaient les forces de la fertilité en général et de la végétation en particulier. Toutes trois passaient pour être mortes et s'être levées d'entre les morts ; on représentait dramatiquement leur mort et leur résurrection à des fêtes annuelles que leurs fidèles célébraient avec des transports alternés de douleur et de joie, de larmes et d'allégresse triomphante.(...) Mais ces trois dieux n'étaient pas les seuls. La personnification mythique de la nature, dont ils étaient tous trois le produit, que chacun d'eux fût uni à une déesse et il semble qu'à l'origine, dans chaque cas, la déesse était un personnage plus important et plus puissant que le dieu. Du moins c'est toujours le dieu, et non la déesse, qui périt tristement et dont on pleure chaque année la mort. Osiris, par exemple, avait été tué par Seth ; mais son épouse divine Isis, lui survécut et le ramena à la vie. Ce détail du mythe semble indiquer que, dans le principe, Isis était, ainsi qu'Aphrodite et Cybèle ne cessèrent jamais d'être la divinité la plus puissante dans le couple. Or cette supériorité de la déesse sur le dieu s'explique le plus naturellement comme le résultat d'un système social dans lequel la maternité comptait plus que la paternité ; la filiation s'y faisait par les femmes, la propriété s'y transmettait par les femmes plutôt que par les hommes."

Outre le fait d'assurer l'équilibre de l'Univers par la restauration annuelle de la Nature, les descentes/remontées des Enfers d'un dieu de la fertilité ont une autre fonction majeure : accorder un pouvoir supérieur au demi-dieu qui effectue le voyage vers/depuis "le pays du non-retour" (KUR.NU.GI.A en sumérien). Ainsi dans la mythologie grecque, quasiment tous les êtres surnaturels forgés sur Horus ont eu l'opportunité de franchir les portes d'airain de l'Hadès avant de remonter dans le monde des vivants ; ils sont Dionysos, Orphée (avatar de Dionysos), Héraklès, Persée ou encore Enée (deux héros construits sur Héraklès). Tous en ressortent dotés d'une nouvelle puissance, d'une nouvelle renommée.

Nous n'irons pas plus loin dans les détails concernant ces divers mythes, cela n'apportant rien de plus à nos recherches si ce n'est valider un peu plus que nous avons toujours affaire à la même histoire dont les variations sont dues à sa réinterprétation et ses récupérations dans les diverses régions où la légende a été dite. Retrouvez ci-après un tableau résumant les principaux éléments de mythes déjà détaillés ainsi que ceux sur lesquels nous avons fait l'impasse :

LES DOUZE DIEUX DE L'OLYMPE

Mythes / Éléments	Lien avec déesse de la fertilité	Rôle du dieu	Mort du dieu	Issu du sang du dieu	Lamenta-tions suite à sa mort	Recherches du dieu mort	Cause de l'Infertilité du Monde	Retour sur Terre	Mariage Sacré	Symboles
Damu/Dumuzi[1] -Tammuz[2] (Sumer - Akkad)	Inanna[1] - Ištar[2]	Activité pastorale / Berger	Tué par Enlil[1] / Emporté par démons[1] / Tué par un sanglier[2]	Arbre naît du sang du dieu[1] Anémone naît du sang du dieu[2]	De Duttur, Geštinanna et Inanna	Duttur et/ou Geštinanna et Inanna	Absence du dieu et de Inanna	Six mois de l'année en alternance avec Geštinanna	Dumuzi+ Inanna - Tammuz +Ištar	Arbre de Vie Vigne / Pin Taureau Bélier Serpent
Osiris (Égypte)	Isis	Dieu berger / Agriculture	Tué par Seth / Mis en pièces par Seth et ses complices		D'Isis et Nephtys	Isis et Nephtys	Mort d'Osiris et absence d'Isis	Réincar-nation en Horus issu d'Isis	Osiris+Isis Horus+Hathor	Pilier Djed Vigne / Pin Taureau Bélier Serpent Abeilles Nébride
Adonis (Syrie)	Aphrodite	Berger	Tué par Arès (ou sanglier)	Anémone naît du sang d'Adonis	D'Aphrodite			Deux tiers de l'année avec Aphrodite		Arbre Anémone
Attis (Phrygie)	Cybèle	Berger	Mort de ses propres blessures (ou tué par sanglier)	Le Pin naît du sang d'Attis	Des prêtresses de Cybèle	Cybèle	Mort d'Attis		Attis+Cybèle	Pin Taureau Bélier
Dionysos[1] + Perséphone[2] (Grèce/ Crète)	Perséphone[1] + Déméter[1+2]	Dieux de la fertilité[1+2] / Berger[1]	Tué par les Titans[1] / Mis en pièces[1] / Emportée par Hadès[2]	Grenadier naît du sang de Dionysos[1]	De Déméter[2]	Déméter et Hécate[2]	Tristesse de Déméter[2]	Six mois de l'année auprès de Déméter[2]	Dionysos+ Ariane (Perséphone ?)	Arbres[1] Vigne / Pin[1] Taureau[1] Bélier[1] Serpents[1+2] Abeilles[1] Nébride[1]

Nous serions tentés de voir dans ces mythes un prototype des récits bibliques sur la vie de Jésus-Christ. Ce n'est pas l'objet de cet ouvrage mais nous pensons que les auteurs du livre le plus imprimé au monde tire ses sources de nombre de mythes remontant bien avant la date présumée de la naissance du fils de la vierge Marie... Recitons ici Daremberg et Saglio : "*Dionysos est aussi le dieu thaumaturge, magicien,* Goês. *En beaucoup de lieux on cite des miracles qui ont accompagné sa naissance ou qui se renouvellent périodiquement dans ses fêtes, tels que le vin coulant des fontaines.*"[352]

D'autres divinités comme Telepinu, chez les Hittites, ou Baal, chez les Cananéens et Phéniciens, présentent des aspects proches de ceux de Dionysos et ses "cousins". On y retrouve un patronage sur les troupeaux et/ou les cultures, une absence qui engendre famine et infertilité, un "retour à la vie" qui s'accompagne d'une renaissance de la Nature. Il semblerait que leurs récits aient conservé des bribes d'éléments en lien avec ceux du protagoniste qui nous occupe. Du reste, ils ont été dépouillés de toute précision majeure comme une éventuelle catabase, une mort violente ou encore une hiérogamie pré/post-résurrection. Mais Telepinu comme Dionysos possèdent une chronologie s'appuyant sur une même structure mythique articulée autour de trois "instants" : impiété, disparition, réapparition. Tous les deux sont fils d'un dieu de l'orage et peuvent user de ce pouvoir à l'occasion ; Dionysos incendie le palais de l'odieux Penthée (Euripide, *Bacchantes*) qui avait tué ses Ménades et l'avait jeté en prison.

Après qu'il devint adolescent, caché dans les marais de Nysa – ainsi qu'Horus grandit dissimulé dans les marais du delta du Nil –, Héra frappa Dionysos de folie ; raison pour laquelle il errera des années durant autour de la Terre. Morceau de récit que l'on peut aussi rapprocher de l'événement cosmique des passages erratiques de la future Vénus. Il répandra la folie et la mort partout sur son passage. Encore un lien avec la comète Nibiru ? Paradoxalement Dionysos est une déité apportant la joie et les bienfaits de la vigne à l'humanité.[353] Il était aussi donné pour être le créateur des arbres

---

[352] Charles Daremberg et Edmond Saglio, op. cit., article Bacchus, X.
[353] Hésiode, *Théogonie*, 941.

fruitiers, de la charrue et avoir – à la manière de Triptolème – parcouru la terre dans un char afin d'enseigner l'agriculture à l'humanité entière. C'est à Sumer et Akkad un rôle dévolu quasi exlusivement à Enki-Éa :

Ô vénérable Enki, le souverain des hommes tous ensemble,
C'est toi !
À peine as-tu parlé, tout foisonne
Et l'opulence arrive sur terre !
... Tes rameaux lourds de fruits que tu as [...],
Ornent et enrichissent le [...] des dieux !"[354]

Et un peu plus loin dans le même texte :

"Lorsque le vénérable Enki parcourt la terre ensemencée,
Elle produit de riches céréales !
Quand Nudímmud vient visiter nos brebis pleines,
Elles donnent des agneaux gras ! (...)
Pour peu que tu les approches,
Les lieux les arides du pays
[Sont changés en verdoyants paturages] !"[355]

Il est pertinent de signaler que les différentes génitrices du dieu du vin – puisque les variantes du mythe sont nombreuses – sont toutes en lien avec la mère d'Horus : les Crétois en font un fils de Déméter (la version la plus crédible),[356] les Alexandrins un fils d'Isis, les Phrygiens un fils de Cybèle (autre avatar d'Artémis-Isis).[357] Autant de déesses de la fertilité que l'on a mises en rapport dans notre tableau ci-dessus. La gent féminine est très présente dans l'environnement proche de Dionysos. Une fois sorti de la cuisse de son géniteur, il sera selon les traditions, confié à des Nymphes, des Ménades ou à des Muses. Son éducation se déroulera dans le mystérieux pays de Nysa (ou Nysè) que les

---

[354] *Enki et l'Ordre du Monde*, lignes 20-23.
[355] Ibidem, lignes 51-59.
[356] Friedrich Georg Creuzer, *Religions de l'Antiquité : considérées principalement dans leurs formes symboliques et mythologiques*, Éd. Paris : Treuttel, 1825, pp. 232-234.
[357] http://www.cosmovisions.com/$Dionysos01.htm

anciens situaient en Asie ou en Éthiopie. Cette étrange contrée doit plutôt être le pays de Kemet, la terre noire. L'Emeša ne nous donne rien de concret concernant cette appellation. Nous allons de nouveau nous aider de l'égyptien pour ce décodage. Nysa peut se décomposer avec les syllabes égyptiennes ni(éloigné, distant)-SA(marais, marécage) : "les marais éloignés" ; nous rappelant que le petit Horus a été élevé les premières années de sa vie dans les marécages du Delta du Nil.[358] Enfin, le sumérien NISSA signifie "verdure"... Notons qu'une certaine Macris[359] (tradition d'Eubée), demi-déesse mineure, image d'Artémis-Isis, est réputée avoir élevé le petit dieu des vignes dans une grotte en le nourrissant de miel. La tradition locale de Naxos comptait trois nourrices, dont une se nommant Coronis ! Sur un vase peint d'Agrigente, la Nymphe de Nysa à qui Hermès remit le petit Dionysos est appelée Apiagne, nom qui est identique, selon R. Graves, à celui d'Ariadne. Le miel et ses productrices, les abeilles, ne vous sont pas inconnus dans les *Chroniques*. Khentamentiu ("le Premier des Occidentaux"), dieu d'Abydos, était une épithète d'Osiris.[360] Khentamentiu avait aussi pour épithète *Shmbs-bi-it*, soit le "Suivant de l'Abeille".[361] L'une des divinités archaïques, protodynastiques de l'Égypte était Min ou Minu, préfiguration d'Osiris représenté avec la peau noire (de la couleur du limon fertile et de l'univers chtonien) et le pénis en érection ; symbole de fécondité. Dans les légendes osiriennes, lorsque Seth découpe le corps de son frère pour répandre ses morceaux aux quatre coins du Double-Pays, il jette son pénis dans le Nil (on dit parfois qu'il restera introuvable car avalé par un poisson du fleuve) ; par cette action Osiris féconda à jamais la source de vie aquatique des anciens Égyptiens. Dans l'antique mythe sumérien *Enki et Ninḫursaǧ*, l'ingénieux dieu de toutes les techniques, fertilise la terre de Dilmun d'une manière non moins différente :

"*À lui seul, l'Avisé, devant Nintu* (NDA : épithète

---

[358] Anton Parks, *Le Réveil du Phénix*, op. cit., page 46.
[359] "Celle qui établit le (ou qui est attachée au) poisson (ou le fils) des étoiles". Tel est le décodage par l'Emeša de Macris : MA(établir, attacher)-KIR(poisson, fils)-IŠ7(étoiles).
[360] Anton Parks, *Le Testament de la Vierge*, op. cit., page 52.
[361] http://histoiresecrete.leforum.eu/t136-Egypte-Le-temple-d-Osiris-a-Abydos.htm?start=15

polyvalente désignant ici Ninḫursaĝ),
la ''Mère-du-pays'' –
L'habile Enki, devant Nintu, la ''Mère-du-pays'',
Emplit toutes rigoles de son sperme,
Et de son sperme débordant inonda les cannaies,
Déchirant de son pénis le vêtement
Qui recouvrait le giron de la terre !''[362]

De même dans *Enki et l'Ordre du Monde*, honore-t-il le Tigre et l'Euphrate en les emplissant de sa semence :

''Lorsque de tous ces lieux,
Il eut détourné son attention,
Et que le vénérable Enki l'eut portée sur l'Euphrate,
Il se campa sur ses pieds, comme un taureau impatient,
Érigea son pénis, éjacula,
Et remplit d'eau chatoyante le fleuve, (...)
Le Tigre, ensuite, se soumit à lui,
Comme un taureau impatient
Qui, son pénis érigé, produit le ''cadeau-des-noces'' :
Tel un aurochs géant en train de saillir,
Il fit jouir le Tigre,
Et l'eau qu'il produisit ainsi est chatoyante,
Suave et capiteuse ;
Le grain qu'il produisit par là est dense et nourricier !''[363]

Les prêtres de Khentamentiu se nommaient *Afti-u*, les abeilles, puisqu'en rapport avec la récolte du nectar sucré.[364] Min était le "Gardien des abeilles", gardiennes de la migration de l'Ouest ; vers l'Amenti. Rien d'étonnant lorsque l'on sait que dans l'esprit des anciens Égyptiens, l'abeille est sacrée, divine. Elles étaient parfois assimilées à des déesses. L'abeille figurait également l'âme humaine. Le symbole de Pharaon en Égypte est aussi l'abeille (*Bit* signifiant "celui qui est une abeille" en égyptien) qui lui donne une

---

[362] *Enki et Ninḫursaĝ*, lignes 65-68.
[363] *Enki et l'Ordre du Monde*, lignes 250-260.
[364] J. Leclant, *L'Abeille et le Miel dans l'Égypte pharaonique* in R. Chauvin, *Traité de Biologie de l'Abeille*, Paris, Masson, 1968, vol. 5, pp. 51-60.

de ses titulatures ; le miel était réservé à Pharaon et aux grands prêtres.[365] Les pharaons étaient les "Descendants de l'Abeille". Le titre de l'abeille désigne un royaume sacré préhistorique à Abydos dont Osiris (qui a progressivement supplanté Khentamentiu) est un *Bity* c'est-à-dire quelqu'un "qui garde le secret dans le plus caché des endroits". Rappelons que le lieu de migration des abeilles, l'Ouest, l'Amenti est aussi le domaine du repos éternel des dieux d'où Khentamentiu est supposé provenir. Achevons ce tableau en précisant ce qu'Anton Parks, à travers le regard Horus, nous apprend concernant ces insectes que : "*l'abeille est le symbole sacré d'Asar (Osiris) qui en possédait une grande colonie en Amenti puis en Kemet, où les insectes avaient "guidé" les survivants de l'archipel divin après l'effondrement défitinif de celui-ci. Elles sont intimement liées par ailleurs à la Grande Mer (pyramide) à partir de laquelle Horus traverse la Porte de l'Horizon.*"[366] Sans surprise notre divinité grecque des vignes est aussi le dieu du miel et le protecteur des abeilles...

Même sans être d'acharnés partisans de mythologies comparées, nombre de mythologues voient en Dionysos une image d'Osiris. Et pour cause... ils étaient tous deux des déités de la végétation et de la fertilité, associées à la résurrection, des divinités chtoniennes liées au monde des morts, ils partageaient les attributs végétaux de la vigne et de la pomme de pin et enfin, les mêmes animaux leurs étaient consacrés : bélier,[367] taureau, serpent. Comme Dionysos, Osiris était par ailleurs l'une des divinités proéminentes de l'Ennéade égyptienne. Comment Dionysos est-il attaché au monde souterrain ? Par sa filiation tout d'abord, puisqu'il passe pour être le fils de Déméter, quand il ne l'est pas de Perséphone (il est en fait les deux comme vous l'aurez compris). Ensuite, comme nous l'avons vu dans le chapitre précédent, dans la tradition orphique : Iacchos/Dionysos est la réincarnation de Zagreus, fils de Déméter-Damkina-Nut (ou de Perséphone-Ereškigal-Isis) et de Zeus-An. Zagreus a été selon le récit orphique,

---

[365] http://www.gigalresearch.com/publications-pharaons.php
[366] Anton Parks, *Le Réveil du Phénix*, op. cit., pp. 224-231, 234, 299-301.
[367] En égyptien, le terme bélier est translitéré en sr (ou zr), qui une fois décodé avec le langage matrice nous renvoie à la puissance génésique de l'animal : SÉ/ZÉ(vie)-ÉR(répandre) : "qui répand la vie".

massacré et démembré par les Titans sous les ordres de l'épouse du roi des dieux. Nous retrouvons là les épisodes bien connus du morcelage du corps d'Osiris opéré par Seth et ses partisans, après que ceux-ci l'aient assassiné – puis repris sa dépouille à sa sœur Isis dans un second temps. Comme nous l'avons déjà précisé, Déméter(1)-Nut et Perséphone-Déméter(2)-Isis ont toutes deux participé à l'incarnation de l'âme d'Enki-Osiris-Zagreus (œuvre de la première) réincarné en Nergal-Marduk(2)-Horus-Iacchos[368]-Dionysos-Apollon(1) (œuvre de la seconde). Enfin, Dionysos est un personnage majeur – si ce n'est LE protagoniste majeur – de la religion orphique. L'orphisme aurait d'ailleurs été constitué par le mélange de traditions helléniques (la descente aux Enfers d'Orphée) avec des traditions étrangères introduites par le culte phrygien (NDA : La Phrygie est un ancien pays d'Asie Mineure qui se situait au centre de l'actuelle Turquie) ou thrace (NDA : La Thrace est une région de la péninsule balkanique partagée entre la Bulgarie, la Grèce et la Turquie) de Dionysos-Zagreus.

Cependant, il est maintenant reconnu, suite à la découverte des tablettes de Pylos (vers 1200 av. J.-C.) mentionnant *Di-wo-nu-so* (Dionysos) fils de *Di-wo* (Zeus), que le dieu était présent dans le Péloponnèse (sud de la Grèce) à l'époque mycénienne.[369] Les orphiques avaient du monde une conception voisine du panthéisme ; ils croyaient que l'Univers avait été créé par l'Amour (Éros) et le Temps (Kronos). Leur enseignement consistait en dogmes, en préceptes, et en récits mythiques, dont le principal était l'histoire du cœur de Dionysos Zagreus. Ce cœur avait été sauvé par Athéna, quand les Titans avaient mis en pièces le jeune dieu ; et, autour de ce cœur, s'était reconstituée toute la substance divine de Dionysos. Ce mythe symbolisait l'immortalité et la migration des âmes. Ce qui dominait toute la doctrine orphique, c'était la préoccupation de la vie future. On devait mener ici-bas une vie ascétique, la vie orphique, pour se préparer aux futures existences. Dès le commencement du Ve siècle avant notre ère, la doctrine

---

[368] Iacchos peut être décomposé en IA(oindre)-KUŠ7(garçon), soit "le garçon oint". "L'oint" est une épithète d'Horus (*Yshu* en égyptien) comme l'a démontré Parks dans le *Testament de la Vierge* (pp. 157-158). Iacchos étant un avatar d'Horus, nous avons là un beau recoupement !
[369] Catherine Salles, op. cit., page 183.

orphique tendait à se confondre avec la doctrine presque identique des pythagoriciens et des Mystères d'Éleusis – l'orphisme semblant être la plus ancienne des trois. La propagande de l'orphisme se fit surtout par les Mystères, dont le rite principal était un banquet sacré où les initiés se partageaient la chair crue d'un taureau, en souvenir de la mort de Dionysos : c'est ce qu'on appelait l'omophagie. Elle succédait au *diasparagmos*, la mise en pièce de l'animal sacrifié. Les initiés pratiquaient d'ailleurs l'abstinence de la chair. Comme symbole de pureté, ils portaient des vêtements blancs et étaient ensevelis dans du lin.[370] Nous retrouvons bien en ses pratiques rituelles un écho des Mystères consacrés à Osiris et des cérémonies cultuelles vouées à Apis. Pour en finir avec le Dionysos de l'Outre Monde, rappelez-vous que dans l'Italie hellénisée, Dionysos était accolé à Hadès au point de ne former qu'un seul et même dieu, frère et époux de Perséphone... tandis qu'à Éleusis on en fit le consort de Déméter. Son rapprochement avec l'époux de Perséphone, Hadès, était prévisible. Appelé à mourir et renaître périodiquement, à descendre aux Enfers pour en revenir vainqueur, il était appelé à être envisagé comme un dieu des morts.

***

L'image du taureau revient sans cesse autour de Dionysos et de ses avatars. Osiris était un Taureau du Ciel ; de même en Égypte antique, Apis,[371] le taureau sacré est considéré comme une incarnation tour à tour de Ptah et/ou d'Osiris.[372] Min,[373] évoqué plus haut, est un dieu de la fertilité et de la reproduction ; il est aussi "le taureau de sa mère", la déesse du ciel, Nut, qu'il féconde chaque soir pour donner naissance au Soleil. L'entrée de ses temples était surmontée d'une paire de cornes de taureau. Il était

---

[370] http://www.cosmovisions.com/$Orphisme.htm
[371] Ce terme égyptien est décomposable en langage matrice de la manière suivante : AP(père), ÁP(vache)-IŠ7(étoiles), soit "le père ou la vache des étoiles".
[372] Strabon, § XXXI.
[373] Min est aisément décodable via le sumérien. MEN/MIN$_{2/3}$ signifie "moi-même", tandis que MÈN veut dire "identique", mais le vocable le plus parlant est MIN qui renvoie à la notion de "faire/réaliser/produire quelque chose pour une deuxième fois". Ce qui, pour un avatar d'Osiris, ne nous apparaît pas comme surprenant ; Osiris a bien été produit une deuxième fois...

assimilé au dieu grec Pan.[374] À noter que le piquet royal de la colonie originelle d'Abydos – dont Min/Khentamentiu est le dieu primordial – représente clairement des cornes de taureau généralement attribuées à la culture dite "atlante" conformément aux affirmations du *Critias* de Platon.[375]

Les prêtres égyptiens d'Apis, à Memphis, sous l'Ancien Empire, recherchaient dans la campagne le taureau porteur des marques divines, de taches sur le corps qui feront de lui le successeur de l'Apis régnant. Comme Khnum – le dieu-créateur des hommes –, Apis est vénéré à Memphis. Le taureau divin est considéré comme l'incarnation de Ptah. Lorsque celui-ci meurt, il est momifié ; le nouvel Apis est alors intronisé au cours de grandes fêtes, où il est montré au peuple, puis conduit dans un sanctuaire où il vit avec son harem de génisses, et d'où il ne sort que pour les processions. Dans les cultes funéraires, Apis se syncrétise avec Osiris. Les deux divinités ne forment plus qu'un seul être ; rapprochant au passage Ptah d'Osiris. Au Ve millénaire avant notre ère, sur les parois des sanctuaires de Çatal Höyük en Anatolie, sont peints des vautours et des taureaux ; les taureaux ont des têtes modelées en plâtre, à cornes réelles saillant hors des murs. Divers indices, notamment un dieu barbu chevauchant un taureau, permettent à Paul Levy dans son enseignement à l'École Pratique des Hautes Études de suggérer que dans ces peintures le sexe masculin était représenté par le taureau et opposé au sexe féminin que le vautour symboliserait. La présence ancestrale du bovin, sous une forme révérée par les hommes, dans les plus anciens villages connus du monde s'explique par la nature même de l'animal. Les grands mâles massifs et indomptables des troupeaux d'aurochs présents dans les régions du croissant fertile, figuraient la puissance même. Puissance de la Nature et par voie de conséquence, puissance divine. Ils étaient les animaux terrestres locaux les plus imposants, les dominants, les seigneurs ; leurs charges terribles témoignaient de leur supériorité, du moins physique, sur l'homme. Le dimorphisme sexuel marqué de

---

[374] Henry Frankfort, *Kingship and the Gods : A Study of Ancient Near Eastern Religion as the Integration of Society and Nature*, 1978, Éd. University of Chicago Press, pp. 187-189.
[375] Anton Parks, *Le Testament de la Vierge*, op. cit., page 59.

l'espèce a, en contrepartie, fait de la vache une image de douceur et de maternité. Image que l'on retrouve plus en Anatolie dans les figurations du vautour, animal très proche de ses petits, également symbole de la Grande-Déesse, plus tard, en Égypte.

Vache = force nourricière et maternelle, taureau = puissance virile brute et fécondante. Les charges bruyantes de l'animal aux cornes acérées, peut-être même ses mugissements, faisaient écho aux agitations célestes, aux orages parfois destructeurs mais dont les pluies fertilisaient la terre. Ces concepts se retrouvent dans la langue de Kalam où le vocable AM évoque à la fois un seigneur et un taureau. Ce n'est pas tout, le vocable GÙR désigne une tempête quand GURx signifie lui "taureau" ou "bœuf". En Mésopotamie toujours, le taureau est l'un des attributs du grand dieu de la fertilité Enki-Éa (de plus, Gugalanna image d'Enki-Éa et premier époux d'Ereškigal-Isis signifie "Grand Taureau du Ciel") et l'animal symbolisant par excellence la fertilité des troupeaux.[376] Il n'est pas étonnant de le retrouver adossé aux divinités célestes et orageuses : Iškur ou An, par exemple.

Dionysos est, lui, régulièrement figuré assis sur un taureau, l'un de ses familiers fétiches. Le fils de Sémélé porte plusieurs épiclèses évocatrices dont "le noble taureau", "au pied de bœuf", "l'enfant à la corne", "à forme de taureau" ou encore "taureau cornu". Enfin, Zagreus, première incarnation de Iacchos-Dionysos selon la tradition orphique, naquit de Perséphone et de Zeus avec une tête de... taureau![377] Notons aussi que Zagreus fut l'un des favoris du maître de l'Olympe ; ce dernier allant jusqu'à lui confier la foudre divine. Puissance qui ne l'empêchera pas d'être dépecé par les Titans d'Héra.

Le motif du taureau-puissance fécondante existe chez beaucoup de peuples d'Asie occidentale ayant à l'origine une religion asianique primitive qui leur était commune, et caractérisée par le culte des forces de la nature, de principes de fécondité ; dans cette partie du Proche-Orient, le même dieu, symbolisé par le taureau

---

[376] Philippe Seringe, op. cit., page 31.
[377] Friedrich Georg Creuzer, op. cit., page 237.

dans les pays de plaines, l'est par le capriné, le bouquetin dans les pays montagneux (souvenez-vous qu'en Grèce les caprinés sont un animal-symbole d'Aphrodite, de Déméter et de Dionysos, tous trois présidant à la fertilité), et par le cerf dans les régions forestières.[378] Le culte du taureau se retrouve jusqu'aux extrémités de l'Orient. Le taureau est l'une des grandes divinités du Japon. Dans un temple de Miyako, au Japon, on peut admirer sur un grand autel, un taureau d'or, dont le cou est orné d'un collier très précieux. Il tient un œuf de ses deux pieds de devant, et le heurte avec ses cornes, comme s'il voulait le briser. Une symbolique qui rappelle celui de Dionysos/Zagreus, élevé par les Hyades (Nymphes dans la mythologie grecque), ou étoiles du Taureau, qui était quelquefois représenté avec des pieds et des cornes de taureau, auprès duquel on plaçait l'œuf orphique, symbole de la nature qui produit tout, d'où émergea le fameux Phanès-Éros. L'œuf est représenté nageant dans une espèce de bassin formé par le creux d'un rocher. Ce groupe est l'emblème de la création du monde selon le shintoïsme. Le monde entier, au temps du chaos, disent les mythes japonais, était enfermé dans cet œuf qui nageait sur la superficie des eaux. La Lune, par ses influences, tira du fond des eaux une matière terrestre, qui se convertit insensiblement en rocher, et ce fut là que l'œuf s'arrêta. Le taureau, trouvant cet œuf, en rompit la coque à coups de cornes, et de cette coque sortit le monde. L'homme fut produit par le souffle du taureau.[379]

Les divinités lunaires méditerranéo-orientales étaient représentées sous la forme d'un taureau et/ou investies d'attributs taurins. En Égypte, la divinité de la Lune (Khonsu) était un "Taureau des Étoiles". Nanna-Sîn, dieu lunaire d'ancienne Mésopotamie, prenait aussi la forme d'un taureau. Nous avons vu – rappelons-le – dans la partie consacrée à Apollon que ce dernier pouvait notamment s'identifier à Utu – dieu du Soleil – chez les Sumériens. Sîn (Nanna en sumérien) était considéré comme le père de Utu. Il n'y a qu'un pas à franchir pour assimiler la divinité lunaire à Enki qui partage avec Nanna-Sîn les attributs du croissant de Lune et du taureau. Sîn est la contraction des particules SU-EN, soit le "Seigneur de la Connaissance" en sumérien. Qui mieux que

---

[378] Philippe Seringe, op. cit., page 32.
[379] http://www.cosmovisions.com/$Taureau.htm

Enki-Éa pouvait porter telle épiclèse en ancienne Mésopotamie ? Ailleurs dans les mythes suméro-akkado-babyloniens, Damu est un "taureau sauvage", Dumuzi est qualifié de "Grand Taureau du Ciel" quant à Tammuz, il est figuré avec une tête de bovidé. Astrologiquement, Vénus a son domicile nocturne dans le signe du Taureau et la Lune y est en exaltation. En Perse, la Lune était le réceptacle de la semence du taureau. En Asie centrale et en Sibérie, parmi les Mongols et les Yakoutes, se rencontre la croyance en un taureau aquatique, caché au fond des lacs, et qui mugit avant l'orage. En hébreu, la première lettre de l'alphabet, *alef*, qui signifie "taureau", est le symbole de la Lune à sa première semaine. Beaucoup de lettres, de hiéroglyphes, de signes sont en rapport simultané avec les phases de la Lune et avec les cornes du taureau, souvent comparées au croissant de Lune.[380] La symbolique de puissance du taureau s'étendait dans l'Antiquité jusqu'à son appendice crânien ; ainsi les cornes figuraient la royauté voire la divinité comme nous l'avons déjà dit. Plus une déité de la mythologie sumérienne possédait de cornes à sa tiare – trois au maximum –, plus sa place dans la hiérarchie était importante.[381] R. Graves nous apprend qu'en Grèce antique, "*le contact de la corne du taureau conférait au roi sacré le pouvoir de fertiliser la terre au nom de la déesse-Lune, en amenant la pluie.*"[382] Mais encore que les "*Crétois et les Mycéniens employaient le sang de taureau, largement dilué d'eau, comme liquide magique pour fertiliser les moissons et les arbres, et seule la prêtresse de la Terre-Mère pouvait le boire pur sans être empoisonnée.*"[383] Les cornes des dieux bovidés Apis et Hathor, respectivement images d'Osiris et Isis, symbolisaient les trônes du Roi et de la Reine du Double-Pays. Nous ne reviendrons pas sur le lien entre Osiris et l'astre lunaire, élégamment développé dans le *Testament*.[384] En outre le dieu mésopotamien Enki est assez souvent figuré sur les sceaux-cylindres surplombé d'une Lune en forme de coupe. La Lune est par excellence l'astre qui rythme la vie ; en l'espace de trois nuits :

---

[380] http://echange-spirituel.kazeo.com/animaux/le-taureau-et-sa-symbolique,a1020150.html
[381] Philippe Seringe, op. cit., page 391.
[382] Robert Graves, op. cit., page 733.
[383] Ibidem, page 924.
[384] Anton Parks, *Le Testament de la Vierge*, op. cit., pp. 134-136.

elle naît, croît et décroît puis s'éteint, pour enfin renaître. Son symbolisme s'étend donc à tout ce qu'elle contrôle : les eaux, la pluie, la végétation, la fertilité et le cycle féminin.[385] Son importance était capitale aux yeux des premiers agriculteurs de l'Antiquité.

***

Dionysos partage avec ses avatars Enki-Éa et Osiris d'autres familiers comme les caprinés et le serpent. Il était inévitable de retrouver le reptile rampant parmi les emblèmes du dieu des excès et de l'ivresse. Associé à la Lune, à la fertilité, à la renaissance et à l'immortalité et de par sa nature chtonienne, il ne pouvait en être autrement. D'autant qu'il est aussi un puissant emblème phallique.

Les caprinés (boucs et béliers) sont, ici, plus intéressants à développer. Anton Parks rappelle dans le *Testament de la Vierge* que : *"ce bouc correspond au signe astrologique du dieu sumérien Enki-Éa.[386] Peu comprennent pourquoi le bouc-bélier est attribué à la "divinité de la sagesse" des Mésopotamiens. C'est pourtant simple : Enki-Éa est le Christ ou Kirišti, "fils ardent de la vie", ou "poisson des étoiles et de la vie" en suméro-akkadien. La représentation zodiacale du capricorne englobe les symboles du bouc émissaire (ou bélier) et du Christ[...] En Égypte, le bouc ou le bélier était vénéré à Djedet (Mendès), ville consacrée à Osiris et au symbole solaire. On y adorait Bandebdjed, divinité incarnée sous la forme d'un bélier (Hérodote parle d'un bouc), et assimilée à Osiris. C'est en ce lieu que, selon la légende théologique, Ra (la lumière) et Osiris auraient uni leur Ka (esprit ou force) en une seule ame incarnée dans un bélier. C'est également dans l'un des temples de Djedet (Mendès), qu'une statue du bélier sacré passait pour procurer aux femmes la fécondité, car elle était regardée*

---

[385] Philippe Seringe, op. cit., page 293.
[386] Le sceptre à tête de bélier, placé sur un autel porté par le poisson-chèvre, est l'animal-attribut d'Enki-Éa. L'autel est composé d'un poisson et d'une chèvre, soit l'association des deux particules KIR(poisson)-UD$_5$(chèvre). Un audacieux jeu de mots nous permet de dévoiler phonétiquement : KIR(fils)-UD(lumière), "le fils de la lumière" voire KIR$_5$(régner), KIR$_6$(apporter)-UD$_5$(troupeaux), "celui qui a apporté les troupeaux et règne sur eux".

comme renfermant l'ame d'Osiris."[387] Précisons que la tradition fait remonter les origines du théâtre grec aux rites archaïques en l'honneur de Dionysos. La tragédie ou "chant du bouc" serait issue des chœurs en l'honneur du dieu.[388] Du reste, lors des processions dionysiaques, des Satyres étaient déguisés en bouc avec une queue et un phallus postiches.[389] Dionysos est facilement rapprochable d'une divinité grecque dont les attributs sont assez semblables : Pan.[390] Dieu mi-homme mi-bouc qui, comme Osiris-Enki, avait un comportement bienveillant et présidait aux troupeaux, aux pâturages et aux grottes.[391] En Égypte, le bélier est aussi un symbole du dieu Khnum (dont la tête est celle du capriné), le dieu potier qui façonne sur son tour le corps de l'homme. Khnum[392] est bien entendu une divinité secondaire qui comme Apis figure le caractère fécond d'Osiris.[393]

Dionysos est en permanence entouré de Nymphes qui l'ont nourri, de Ménades, de Satyres, de Centaures, de Silène, et de toute une bande d'êtres demi-bestiaux qui forment son cortège (ou thiase), il mène les bacchanales sur les sommets boisés des montagnes ; bien d'autres dieux et demi-dieux s'y joignent à l'occasion, Naïades, Oréades, Éros et Aphrodite, Déméter, etc. Partout sous les pieds du dieu naissent les fleurs et les fruits ; il est Dionysos Φαλληνός / *Phallênós*, le "garant de la fécondité" mais aussi le "maître de la nature humide" selon Plutarque. Avec son thyrse il fait jaillir des rochers des sources, parfois des ruisseaux de vin, de lait, de miel. Il en allait de même pour Enki :

*"Enki se ceignit alors du diadème souverain
Et se couvrit de la tiare royale,*

---

[387] Anton Parks, *Le Testament de la Vierge*, op. cit., pp. 83-84.
[388] Catherine Salles, op. cit., page 190.
[389] Philippe Seringe, op. cit., page 49.
[390] Litt. "Tout", dieu de la totalité en grec ancien. J'y verrais plutôt le sumérien comme étymologie : PA-AN(respiration, souffle) ; avatar de la Nature qui "inspirait" (mourait) et "expirait" (renaissait).
[391] Anton Parks, *Le Testament de la Vierge*, op. cit., page 84.
[392] Je tenterai la décomposition audacieuse suivante (supposant que la dernière syllabe a peut-être disparu avec le temps) pour le façonneur divin KÙ(sacré, saint)-NUMUN(semence), soit "Celui à la semence sacrée".
[393] Philippe Seringe, op. cit., page 43.

*Puis, ayant touché le sol de sa senestre,
L'opulence jaillit de la terre (...)"*[394]

Damu/Dumuzi, et Tammuz après eux, en plus d'être des déités de la régénération et de la végétation, étaient identifiés aux eaux vivifiantes. Damu, par exemple, revenait à la vie en jaillissant de la rivière, il passait pour être l'irrigateur des canaux du pays de Sumer. Tammuz, lui, dans certains mythes babyloniens, était comparé non moins qu'à Utu-Šamaš, le Soleil,[395] que nous avions rapproché d'Horus-Apollon. Dumuzi(2)-Tammuz(2) est bien entendu Horus-Apollon-Nergal selon notre grille de lecture (Dumuzi(1)-Tammuz(1) étant Enki-Osiris). D'un point de vue strictement naturaliste, l'interprétation est entendue : la terre, pour être fertile et donner d'abondantes récoltes, nécessite eau et lumière, deux éléments que les dieux locaux de la végétation (Damu/Dumuzi/Tammuz) s'approprient sous la main des scribes avisés d'ancienne Mésopotamie.

Les courses de Dionysos n'ont pas toujours un caractère pacifique (comme expliqué plus haut) ; son thyrse est une arme véritable, une sorte de lance, avec laquelle il combat. Il prend part à la Gigantomachie avec Silène (son père adoptif) et ses Satyres et tue le géant Eurytus (ou Rhoetus) ; quelquefois il joue le rôle communément attribué à Héraklès. On le montre encore escorté de sa panthère, du lion et du serpent.[396] Rapprocher Héraklès de Dionysos, quelle drôle de combinaison ! Et pourtant comme nous savons que le héros à la massue n'est autre qu'une image d'Horus, à l'instar de Dionysos, nous ne nous en étonnerons pas. Le dieu grec du vin et des festivités possède bien les deux aspects de l'âme d'Enki-Osiris réincarnée en Nergal-Horus : d'une part un rôle favorable qui apporte la fertilité et civilisation (dans la continuité de sa mère Déméter) et d'autre part un rôle belliciste et terrible – dans les hymnes orphiques Dionysos est un dieu irritable et courroucé ![397] – dans lequel il dirige une armée conquérante.

---

[394] *Enki et l'Ordre du Monde*, lignes 263-265.
[395] Stephen Herbert Langdon, *The Mythology of All Races-Semitic*, Vol. 5, Éd. Boston. Marshall Jones Company, 1931, pp. 343, 348, 351.
[396] http://www.cosmovisions.com/$Dionysos01.htm
[397] G. Quandt, *De Baccho ab Alexandri aetate in Asia Minore culto*, Éd. Halle,

Plutarque parle du Dionysos bienfaisant et joyeux, *Luaios kai Choreios*, qui se transforme quelquefois en cruel et furieux, *Ômêstês kai Mainolês*. À son retour de l'Inde – dorénavant sous sa domination - Dionysos a répandu une folie sans nom touchant notamment les propres membres de sa famille terrestre ; il frappa de délire les sœurs de Sémélé qui commirent l'irréparable sur leurs propres enfants. Le rapprochement avec les félins le rapproche de sa mère Artémis-Isis ou encore de son éphémère amante Aphrodite-Nephtys. Nous nommerons comme vous l'aurez compris, Enki-Osiris, Dionysos(1) et son fils, Dionysos(2). Le caractère belliciste et ses expéditions guerrières de Dionysos ont certainement été greffés au dieu grec après son rapprochement d'avec le dieu lydien Bassareus, aux fortes ressemblances avec le fils de Sémélé. Le théonyme de *Bassareus* dérivait originellement de celui de *renard*, l'un des symboles du dieu, soulignant sa nature avant tout solaire. Bassareus était un vainqueur et un conquérant qui avait parcouru et envahi les contrées orientales, pays du Soleil par excellence. Le cycle épique des exploits héroïques de Bassareus passa dans la mythologie grecque lors du syncrétisme progressif entre Dionysos et la divinité lydienne.[398]

***

Nous ne comparons pas par simple plaisir dialectique ou dérive fantaisiste Apollon, Dionysos et Héraklès. Ils sont des fragments de l'identité d'Horus fils d'Isis, lui-même étant comparable au Nergal Babylonien. Commençons par comparer Dionysos d'Héraklès. Allons à l'essentiel avec un rapide tableau :

1912, page 256.
[398] Charles Daremberg et Edmond Saglio, op. cit., article Bacchus, III.

LES DOUZE DIEUX DE L'OLYMPE

1. Dionysos naît de Sémélé, originaire de Thèbes. Fils de Zeus et d'une mortelle.	1. Héraklès naît à Thèbes d'Alcmène. Fils de Zeus et d'une mortelle.
2. Sémélé tuée par l'astuce et la malice d'Héra.	2. Alcmène empêchée d'accoucher par Héra.
3. Dionysos bébé harcelé par la jalouse Héra, déplacé et dissimulé à plusieurs reprises par Hermès.	3. Vie d'Héraklès menacée dès sa petite enfance par Héra qui envoie deux serpents dans son berceau.
4. Rendu fou par Héra, Dionysos erre sur la Terre.	4. Frappé de folie par Héra, Haraklès tue ses enfants.
5. Dionysos écartèle le roi Lycurgue.	5. Héraklès écartèle Pyraechmès, roi des Eubéens.
6. Dionysos parcourt le monde à la tête d'une armée et équipé d'un thyrse, il défait des empires et vainc les Amazones.	6. Héraklès parcourt le monde pour effectuer ses travaux (équipé d'une massue), renverse des royaumes et défait les Amazones.
7. Épisode mythologique accessoire dans lequel Dionysos punit des pirates.	7. Épisodes accessoires des Travaux dans lesquels Héraklès châtie des brigands et des tyrans.
8. Dionysos descend aux Enfers pour récupérer Sémélé.	8. Héraklès descend aux Enfers pour sauver Thésée.
9. Il porte une nébride (faite de peau de fauve) et voyage sur une panthère	9. Il porte la peau du lion de Némée sur le dos afin de s'accaparer sa force
10. Lorsqu'il n'est pas courroucé, Dionysos apporte la civilisation et les bienfaits de l'agriculture.	10. Héraklès est un héros-civilisateur qui chasse la barbarie et les monstres des anciens temps.
11. Il se maria à Ariane avec qui il monta dans l'Olympe afin de l'immortaliser.	11. Sur son bûcher funéraire, il fut immortalisé et monta dans l'Olympe. Il y rencontra Hébé avec qui le se maria.
12. Ariane lui donna quatre fils : Œnopion, Staphylos, Thoas et Péparéthos.	12. Hébé lui donna une paire de fils : Alexiarès et Anicétos. Il avait déjà quatre fils de Déjanire, son épouse terrestre : Hyllos, Ctésippe, Glénos et Hoditès (ou Onitès).
12. L'Oracle promettant la victoire aux Olympiens durant la Gigantomachie désigna Dionysos comme le héros.	12. L'Oracle promettant la victoire aux Olympiens durant la Gigantomachie désigna Héraklès comme le héros.

Inutile de commenter, tout devrait vous paraître clair sous ce nouvel angle.

Rouvrons à présent le *Dictionnaire des Antiquités grecques et romaines* pour découvrir, à la section Bacchus, que les rapports entretenus entre Dionysos et Apollon bien que semblant conflictuels au vu de leurs principaux champs d'action respectifs (clairement antinomiques à l'origine) ne sont pas si éloignés que nous pourrions le croire. Ils vont même jusqu'à se chevaucher au point que les deux divinités semblent se confondre – ce rapprochement tardif ayant pu être facilité par la prise de conscience de l'identité unique originelle dissimulée sous les apparentes différences de nature des deux fils de Zeus – : "*À Delphes même une tradition locale disait que Dionysos avait été enseveli dans le temple, sous le trépied mantique ou sous l'omphalos, et cette tradition, quoi qu'on ait essayé d'en dire, remontait à une époque très ancienne. Les frontons du même temple réunissaient les images d'Apollon et de Dionysos avec celles de leurs principaux acolytes et la rencontre amicale des deux dieux à Delphes où ils vont se partager les adorations est retracée sur un beau vase peint découvert à Panticapée. En effet, Dionysos et Apollon étaient associés dans la plupart des fêtes de Delphes, comme dans les orgies nocturnes du Parnasse*[399] (…)

Il y avait ainsi une grande analogie de conception, par tout ce côté de leur figure, entre Dionysos et Apollon, dont les deux cultes semblent avoir été d'abord en antagonisme dans beaucoup de parties de la Grèce. Nous avons montré plus haut, comment leur association s'était ensuite opérée à Delphes et à Délos. Elle finit par être générale en Grèce comme dans les sacrifices publics institués à Thèbes par Epaminondas à Olympie, à Élis, à Égine, à Chios. Dans l'Attique, à Phlya, l'on adorait un Apollon Dionysodotos. *Sur un admirable vase d'Agrigente, on voit d'un côté Dionysos entouré des Heures et de Ménades, assis dans la grotte sacrée de Naxos ; de l'autre, Apollon sous le palmier de Délos avec Artémis et Léto. Les deux dieux arrivèrent même à se confondre complètement, comme dans ce vers d'Euripide :* Despota philodaphne, Bakche, paian Apollon, eulure. *Aussi remarque-t-on entre eux un échange très fréquent d'épithètes et d'attributs : Apollon devient* Kisseus, Bakchios, Kômaios,

---

[399] Charles Daremberg et Edmond Saglio, op. cit., article Bacchus, II.

Lênaios, *comme Dionysos*, Paian. *Les hymnes homériques donnent le laurier au dieu du vin ; mais, par contre, quelques auteurs ornent de lierre Apollon et les Muses. Gerhard a remarqué que sur les vases peints le fils de Léto est souvent accompagné de deux femmes, Muses ou Nymphes, qui portent des branches de lierre. Déjà, dans Homère, Maron, le fils ou le petit-fils de Dionysos, est prêtre d'Apollon. Nous avons dit qu'on attachait spécialement l'idée d'inspiration au nom de* Bacchos, Baccheios, Baccheus. *Mais cette inspiration est essentiellement prophétique, aussi Dionysos est-il, comme Apollon, un dieu divin, Mantis ; comme Dryalos, il possède aussi le même caractère et l'on attache quelquefois une signification analogue à son surnom d*'Eubuleus. *Il a été, dit-on, le premier possesseur de l'oracle de Delphes. Mais cette qualité prophétique appartient surtout au Sabazius thrace* (NDA : nom du Dionysos local) *qui avait son célèbre oracle dans le mont Pangée. Du dieu devin au dieu médecin il n'y a qu'un pas ; Dionysos réunit les deux attributions comme Apollon, aussi est-il* Iatromantis, *le médecin devin. L'oracle de Delphes recommanda son culte sous le nom de Iatros, le médecin. On l'adore aussi comme* Paionios, Acesios, *le guérisseur,* Hygiates, *celui qui donne la santé,* Alexicacos, *celui qui repousse les maux,* Soter *ou* Saotès, *le sauveur, surnoms dont une bonne partie lui est commune avec Apollon. À Anticlée en Phocide, les malades pratiquaient dans son temple le rite de l'incubation [Incubatio], comme on le faisait habituellement dans ceux d'Esculape [Asklepeion]. Dans le culte d'Apollon, ce caractère de dieu de la guérison est intimement lié à celui de la purification. Il en est de même dans celui de Dionysos. Son prophète dans les traditions péloponnésiennes, Melampus, est avant tout un purificateur, comme dans l'histoire des Proetides.*"[400]

À l'instar de l'Apollon artiste et musicien, Dionysos présidait à la poésie, la tragédie, la comédie, le dithyrambe mais également aux chants et aux danses. Nous imaginons cependant un style musical apollinien versé dans la mesure et l'harmonie là où les représentations dionysiaques devaient s'apparenter à de joyeuses fanfares ! Aussi, si Apollon était associé au loup, Dionysos lui,

---

[400] Ibidem, X.

d'après Nonnus, avait le chien pour compagnon.

Enfin la double nature de Dionysos, tantôt *Meilichios*, "doux comme le miel", tantôt irascible et belliciste nous rappelle irrémédiablement le caractère ambigu d'Apollon. Pour rappel nous avions noté un motif gémellaire récurrent chez le fils de Léto et ses correspondants divins. Nous avions notamment interprété ce motif comme la combinaison du Soleil "diurne" et du Soleil "nocturne." Ce dernier point est à rapprocher d'une épiclèse de Dionysos[401] : *sol in nocturno hemisphaerio*, soit "le Soleil de l'hémisphère nocturne". Un Soleil noir en somme ! Macrobe précise que dans les cérémonies rituelles, on pouvait observer cette pratique secrète : le Soleil, situé dans l'hémisphère supérieur, diurne était appelé Apollon alors que dans l'hémisphère inférieur, nocturne, on le nommait Dionysos ou Liber Pater. La réconciliation, à jamais actée, entre les deux plus prestigieux enfants du souverain de l'Olympe a certainement été traduite dans les mythes comme l'apaisement de Dionysos, qui a vaincu son ire intérieure.

Il existait en Inde, dans la tradition védique, le dieu Soma qui reprenait peu ou prou les attributions que l'on conférait à Dionysos. Notre précieux dictionnaire nous informe que : *"le dieu védique et le dieu grec reçoivent également le nom de taureau, qualification symbolique de force et de puissance. Enfin le caractère de divinité infernale, que présente dès l'origine le Dionysos crétois [Zagreus] et qui se développa surtout dans les mystères, a également sa racine dans les traditions védiques. Agni-Soma finit par s'y confondre avec Varuna, le Soleil de nuit, qui préside aux vapeurs et à l'humidité, et à ce titre il se transforme, comme le dieu grec, en une divinité des morts et de la nuit. Soma, dans les Védas, est d'ailleurs un dieu qui meurt et ressuscite plus puissant, qui subit une passion, car c'est en broyant la plante du soma, qu'on en extrait le jus sacré et vificateur. Nous verrons même dans le Dionysos thébain des traces de cette donnée, qui s'était plus particulièrement conservée dans les fables du Zagreus crétois, en s'y combinant avec des éléments empruntés aux*

---

[401] Macrobe, *Saturnales*, I, 18, 8.

religions sémitiques. "[402]

L'Inde a-t-elle influencé la Grèce ou est-ce l'inverse ? Nous retrouvons chez Homère (*Iliade* et *Odyssée*) nombre d'éléments qui figuraient dans le *Rāmāyaṇa*, texte sacré de l'Inde antique. Mais ces deux sources ne s'inspireraient-elles pas d'une tradition orale originelle, typiquement indo-européenne, dans laquelle s'affrontent deux camps opposés aux vaillantes armées dont le but est de sauver l'honneur bafoué d'une famille ? De telles épopées viriles ne peuvent être le fait de populations indigènes de culture foncièrement matriarcale. Ces récits ont dû sans aucun doute accompagner les invasions des nomades indo-européens tant en Inde (Arya), qu'en territoire grec (Hellènes) ou encore en Europe occidentale (Celtes et Germains).

***

Lors des rites dionysiaques, le vin prend son entière dimension occulte. En effet, la couleur du vin représente le sang d'Osiris-Dionysos – suc vital par excellence –, le "*deux fois né*", soudainement accessible au peuple, aux profanes. Dans l'art égyptien, le raisin, lorsqu'il est représenté, l'est sous forme de grappes et est en rapport avec la résurrection d'Osiris. Lors des Mystères de Mithra, le célébrant consacrait puis consommait des pains et de l'eau mêlée au jus du Haoma, plante qui pousse en Iran, où est née la religion de Mithra. En Occident, où cette religion se répandit dans tout l'Empire romain, on lui substitua le vin, comme breuvage d'immortalité.[403] Ce sang qui fertilise la terre lors de sacrifices ou de libations est l'équivalent du Soma des textes védiques. Mais ce n'est pas seulement à la vigne que Dionysos préside ; il a un caractère plus général de dieu de la production et de la végétation, *Phutêkomos*, et il préside spécialement à tous les arbres fruitiers. Il est aussi le dieu qui préside aux figuiers, *Sukitês*, ou "qui donne la pomme".

Le sumérogramme archaïque représentant le vin, la vigne

---

[402] Charles Daremberg et Edmond Saglio, op. cit., article Bacchus, I.
[403] Philippe Seringe, op. cit., page 241.

(GEŠTIN) est l'association des pictogrammes GIŠ (arbre) et TIN (vie, vivre).

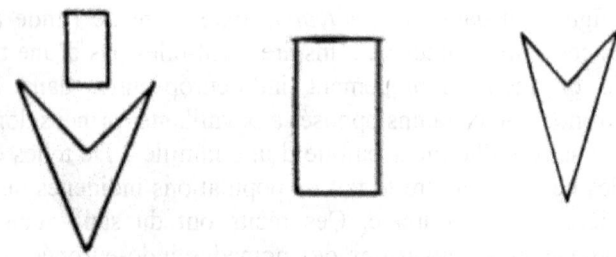

Ensemble de trois sumérogrammes archaïques. De gauche à droite : nous avons le pictogramme désignant la vigne ou le vin, à sa droite le signe se traduisant par "arbre" et enfin celui voulant dire "vivre ou la vie". Comme nous le voyons le premier est la combinaison parfaite des deux autres.

La vigne était donc perçue comme un "Arbre de Vie". Cet Arbre de Vie est un symbole ancien et chargé de mystères. Ce symbole pourrait être notamment assimilé à Osiris, à Enki et à Dionysos ; de même qu'aux souverains qui leur succederont – comme nous le verrons. L'Arbre de Vie semble être l'un des signes de la religion de la Grande-Déesse, un symbole du renouveau de la vie. À ce propos les mythes en lien avec Dumuzi sont frappants, comme l'arbre qui plonge ses racines dans la terre, le dieu des bergers sera emmené dans le Monde inférieur avant que sa sœur-épouse (jumelle), Geštinanna – litt. "la Vigne céleste" –, n'aille le chercher pour le ramener dans le monde des vivants, à l'instar de l'arbre qui bourgeonne au printemps. La confusion entre les rôles de mère et de sœur de Damu/Dumuzi est évidente dans plusieurs récits dont le texte liturgique *Dans l'Herbe précoce du Désert* où Geštinanna s'adresse ainsi à son frère – une fois qu'elle s'est rendue dans le Monde inférieur pour le retrouver – :

"Qui est ta sœur ?
Moi, je suis ta sœur !
Qui est ta mère ?

Moi, je suis ta mère !"[404]

Dumuzi/Damu change parfois de théonyme en cours de récit, devenant Ningišzida à l'occasion, offrant au mythographe la possibilité de dédoubler le protagoniste principal en deux personnages différents, parfois frères. Ningišzida se traduit simplement en NIN(seigneur)-GIŠ(arbre)-ZID(vie)-DA(de), soit le "Seigneur de l'Arbre de Vie". Les deux associés sont pourtant distingués par les experts : Dumuzi présiderait à la végétation saisonnière, Ningišzida au sort de la végétation vivace. Dieux chtoniens mais dieux de la fertilité, Ningišzida et Dumuzi sont tous deux liés à la fois au serpent et à l'un des seuls arbres locaux ne mourant pas au rythme des saisons, le palmier-dattier. Nombre d'illustrations associent, en effet, l'un ou l'autre des membres de ce couple à l'animal polysymbolique et à cet "Arbre de vie" du pays de Sumer[405] dont les fruits abondent toute l'année sans discontinuer. Les deux "frères" demeureront à jamais dans l'iconographie locale des symboles d'immortalité, de vitalité et de renaissance.

Damu est décrit comme un taureau sauvage quand Dumuzi porte parfois une autre épithète étrangement familière, il qualifié dans *Enki et l'Ordre du Monde* (ligne 365) de UŠUMGALANNA soit de "Grand Monarque (ou dragon) du Ciel", un lien avec Gugalanna, premier époux d'Ereškigal ? Tant Damu que Dumuzi/Tammuz et Ningišzida sont donnés pour enfants d'Enki/Éa tantôt par Duttur, tantôt par Uraš, voire Ninḫursaǧ – dans tous les cas des déesses de la Terre. Parfois Damu a pour génitrice Ninsun – la "Dame de la Vache Sauvage" surnommée la Grande Reine – que l'on prétendait mère du héros Gilgameš. Ningišzida avait pour parèdre Geštinanna, faisant de Damu/Dumuzi (appelés Ningišzida à l'occasion) des frères-époux à la façon de l'Osiris des Deux Terres. Tout fait de Damu/Dumuzi un reflet local idéal d'Osiris/Horus, Dumuzi(1) sera Osiris et Dumuzi(2), Horus. Tant Damu/Dumuzi que Ningišzida (si tant est

---

[404] *Dans l'Herbe précoce du Désert*, version Babylonien Ancien, SK 27 lignes 7-16.
[405] L'Arbre de Vie de l'iconographie mésopotamienne finira par figurer l'Univers ordonné par le roi jusqu'au roi lui-même.

que nous les considérions comme des entités à part) étaient vus comme des dieux guérisseurs ; éléments tous en lien avec les fameux couples de jumeaux divins abordés dans le chapitre *Apollon*. Nous pouvons aussi préciser, pour rester exhaustifs, que la mère d'Adonis (Myrrha), le Dumuzi syrien, prit la forme d'un arbre pour mettre au monde son enfant. De même à Byblos (voir dossier *Déméter*), le corps d'Osiris fusionna avec les racines d'un arbre, finissant par être contenu dans son tronc. Isis l'en libérera grâce à sa magie, ouvrant la voie au processus d'union postmortem. Il était parfois figuré comme le montre l'illustration ci-dessous sous l'aspect d'un pilier Djed. Nut, outre sa figuration classique de voûte céleste, se montrait parfois sous les traits d'un arbre nourrissant les défunts de ses fruits. Finalement, l'énorme *Dictionnaire des Antiquités grecques et romaines* de Charles Daremberg et Edmond Saglio nous apprend que : "*les premières idoles de Dionysos étaient liées au culte fétichiste des arbres [Arbores sacrae]. On adora d'abord ce dieu sous la forme d'un arbre dans lequel sa divinité même était censée résider. Tel était le Dionysos Endendros de la Béotie ; sur un vase peint on voit le buste du dieu imberbe et juvénile sortir du milieu du feuillage d'un arbre bas, d'une sorte de buisson. La vigne sacrée d'Icaria semble avoir été un fétiche du même genre, et la Pythie avait ordonné aux Corinthiens d'honorer comme le dieu lui-même le lentisque ou le pin sous lequel avait été frappé Penthée. À côté de ces idoles naturelles, la main de l'homme commencait à en façonner d'une rudesse primitive. C'était un simple pieu fiché en terre, un tronc d'arbre que l'on ne prenait même pas soin d'équarrir, et les gens de la campagne conservèrent l'usage de ces représentations grossières du dieu. À Thèbes on adorait, sous le nom de Dionysos* Cadmeios, *un morceau de bois que l'on donnait comme étant tombé du ciel dans le lit de Sémélé et ayant été revêtu de bronze par Polydorus, un des successeurs de Cadmus. On avait aussi en Béotie un Dionysos* Stylos *ou pieu ; un autre, à Thèbes, s'appelait* Perikionios *; c'était un pieu semblable, mais enveloppé de lierre.*"[406]

Enki-Éa, en ancienne Mésopotamie, était comparé au plus

---

[406] Charles Daremberg et Edmond Saglio, op. cit., article Bacchus, XIII.

majestueux des arbres locaux, le cèdre :

*"Seigneur ! Sublime en tout l'univers !
Ô vénérable Enki, né du Taureau, engendré par l'Auroch,
Chéri d'Enlíl, le Grand-Mont, bien-aimé du saint An !
Ô roi ! Cèdre planté en l'Apsû et dominant la terre,
Dressé en Eridu comme un dragon altier
Et de qui l'ombre abrite le monde !
Verger qui étend sa ramure sur le pays entier !
Enki maître de l'opulence pour les Anunna !
Nudímmud, omnipotent en l'Ékur,
Tout-puissant au ciel et en terre,
Toi dont le Palais sans pareil établi en l'Apsû,
Constitue le grand Mat du monde !"*[407]

Dionysos/Bacchus[408] autant qu'Osiris, Adonis et Dumuzi étaient donc fermement associés aux arbres. Quoi de plus logique puisqu'ils étaient tous des dieux du retour à la vie dont l'arbre est le meilleur représentant : il couvre les domaines chtonien (racines) et ouranien (branches) ; il meurt en hiver et ressuscite au printemps et il est issu de la Terre-Mère dont il est le fils-époux.

Pour finir, précisons que du sang de Dionysos/Zagreus, mis en pièce par les Titans, naquit le grenadier dont les fruits intimement liés à la vie comme nous le verrons (parfois dans les représentations de Dionysos la grenade est interchangée avec la pomme de pin, attribut de Dumuzi et d'Attis). De même du sang de Dumuzi naquit un arbre, peut-être un palmier-dattier, symbole de vitalité et d'immortalité dans les régions d'ancienne Mésopotamie. Dans la citation ci-dessus Enki est comparé à un cèdre planté dans l'Apsû et protégeant le monde de son ombre. Le cèdre est également l'arbre dont le bois servit à fabriquer le coffre-

---

[407] *Enki et l'Ordre du Monde*, lignes 1-11.
[408] Bacchus était le nom romain de Dionysos. Il provient d'une épithète (en grec ancien) du dieu : *Bacchos*, signifiant "saisi de transport", en rapport à l'épisode de sa folie induite par le pouvoir céleste (Héra). On peut bien entendu décomposer ce terme via le protosumérien-Gina'abul en BÁ(feuille, branches), BA₅(rébellion)-KUŠ₇(garçon) : "le garçon aux feuilles et aux branches" ou "le garçon de la rébellion".

cercueil dans lequel Osiris sera enfermé par Seth à moins que ce ne soit l'arbre dans lequel il sera enfermé à Byblos et dont Isis le libérera par sa magie (on parle aussi d'un tamaris). Damu, a lui aussi un lien avec le cèdre. La barque qui le porte dans le royaume de l'Irkalla était en effet faite de cèdre. À sa résurrection il sortira d'une rivière, mettant fin aux recherches de sa mère et de sa sœur. La rivière, le fleuve, comme la forêt ou l'Océan, sont des étendues, des surfaces naturelles utilisées par les Anciens sous forme allégorique pour définir le long voyage que représente la mort. Ressortir de la rivière (tel Damu), de la forêt (tel Telepinu) ou de l'Océan (tel Dionysos) nous indique donc un retour du monde lointain des âmes, une résurrection.

Proches des feuilles de vigne, les feuilles de lierre sont également un attribut de Dionysos. Sa tête en généralement recouverte, ainsi que son thyrse (dont nous parlons plus bas). Dans le Double-Pays, le lierre était la plante d'Osiris. Notons aussi que l'un comme l'autre des dieux portaient la nébride, cette peau de bête, marquant leur lien avec l'énergie animale. Sans surprise elle était portée, en plus de Dionysos et d'Osiris, par Pan et Artémis.

Nous retrouvons en Égypte et en ancienne Mésopotamie respectivement Shesmu et Šulpae, deux dieux peu connus du vin et des festivités. Le premier intervenait lors des rites funéraires en tant que patron du vin, des huiles et des parfums. Il était figuré anthropomorphique les bras chargés de jarres ou sous forme animale : taureau, bélier (bêtes osiriennes) ou lion (bête horienne). Le décodage de son nom finira d'entériner son identité : ŠÉŠ(oindre, onction)-MU(donner), MÛ(eau, liquides), "celui qui donne les onctions" ou "celui des liquides à oindre". En outre Shesmu avait la particularité de pouvoir se multiplier. Il est bien une divinité des rites funéraires, certainement en lien étroit avec Osiris-Horus.

Šulpae quant à lui est la divinité cabaretière par excellence des anciens Mésopotamiens : il est, à l'instar de Dionysos, une déité de la fête. Son nom est généralement traduit par "la jeunesse resplendissante" et il est un dieu de la fertilité couplé à un protecteur de la vie sauvage.[409] On lui prête parfois des traits militaires.[410] Comme Shesmu, il semble être une jonction entre Enki-Osiris et sa réincarnation Horus-Nergal, tous deux présents dans le même Dionysos. Šulpae désigne, d'un point de vue astronomique, la planète Jupiter, à laquelle le vocable NEBERU ferait référence selon les Chaldéens. Elle était la suivante de la planète Mulge, l'astre noir qui a donné naissance à l'Horus céleste, devenu Vénus. Jupiter étant Zeus, cela nous donne raison quant à l'identité supposée de Šulpae. La simple traduction de son théonyme le rapproche furieusement du fils de Sémélé : ŠUL(jeune)-PA(branches, feuilles)-È(sortir), "le jeune d'où sortent des branches (ou des feuilles)" voire "le jeune qui sort des branches". Dionysos porte bien l'épiclèse de *Φλοῖος / Phloĩos*, "l'esprit de l'écorce" ; il est encore *Phléos*, "des jeunes pousses". Présenté comme celui qui porte le trône d'Enlíl et d'An, Šulpae a, comme Enki, pour parèdre Ninḫursaǧ. On dit de lui qu'il est parfois un démon qui répand des fléaux (à la façon de Nergal) ou un seigneur juste qui veille sur ses ouailles (à la manière d'Enki). Šulpae semble être une épithète transmise d'Enki-Dumuzi(1) à son fils Nergal-Dumuzi(2), sa personnalité et ses attributions ayant pu servir à fabriquer celle de Dionysos-Zagreus. Il semble dans tous les cas établir un pont entre le Soma de l'Inde védique (dont nous parlons juste après) et l'Osiris de l'Égyte antique. Rappelons enfin que le vocable sumérien ÚR désigne à la fois une cuisse et un tronc d'arbre...

---

[409] *Hymne à Šulpae*, 6, lignes 34-36.
[410] Ibidem, lignes 6 s. ; 10 s.

De gauche à droite nous retrouvons Dionysos sous l'aspect d'une idole arboricole (d'après une coupe du Musée de Berlin), Osiris figuré en pilier Djed et enfin Dumuzi revenant à la vie en sortant d'un arbre ; toujours accueilli chaleureusement par son aimée Inanna (sceau-cylindre mésopotamien, vers 2320-2150 av. J.-C.).

Les mythologues modernes, en particulier Langlois (*Acad. des Inscr.*, t. XVIII), Maury (*Hist. des relig. de la Grèce*, t. I) et Duncker (*Gesch. des Altert.*, t. V), ont fondé un des principaux rapprochements de la mythologie comparée sur l'analogie qu'ils relevaient entre le Dionysos des Grecs et le Soma de l'Inde védique. Le dieu grec ne serait autre que celui de l'Inde, un des plus anciennement adorés par les populations indo-européennes ; les tribus semi-barbares qui en répandirent le culte dans la péninsule hellénique n'auraient fait que ramener les tribus plus civilisées à une tradition antique de Dionysos. On a développé cette démonstration par la comparaison des deux légendes. Dionysos est, dans la mythologie grecque, avant tout le dieu du vin, une personnification de la liqueur. Il est un dieu des fluides en général puisqu'il commande à l'eau, au lait et au miel de sortir de terre afin de nourrir son thiase. En Inde, Soma est une personnification de la liqueur extraite de l'*Asclepias acida* ou *Sarcostemma viminalis* qui sert à faire des libations aux dieux ; les Indo-Européens de l'Asie Mineure ont transposé au vin les vertus du Soma. Maury fait les remarques suivantes : "*Une tradition indienne dit que le Soma a été reçu dans la cuisse d'Indra* (NDA : Indra est ici identifié à Zeus sans oublier que nous avons démontré plus haut que la cuisse et la pyramide/montagne avaient été mélangées par une dérive homophonique) *; et la même fable était* racontée par les Grecs sur Dionysos. Le dieu védique est surnommé Giri-Schthâh, c.-à-d. celui qui se tient dans les montagnes, et ce surnom répond tout à fait à celui d'Oreios donné à Dionysos. La génération miraculeuse du dieu de Nysa, arraché par son divin père au sein de sa mère foudroyée, est aussi une idée puisée à la source indienne. Le Soma, autrement dit la libation personnifiée, naît du manthanam, c.-à-d. de la production du feu divin. Il est tiré de la flamme du sacrifice et ensuite transporté dans les cieux par les invocations des prêtres. Cette double naissance a valu à la divinité védique le surnom de Dwidjanman *(*né deux fois ou né sous deux formes*)* qui correspond exactement à ceux de Dithyrambe, Dimétor, que sa double naissance avait valus à Dionysos."[411] On voit ici encore qu'il y a eu un lien évident entre l'Égypte (Osiris) et l'Inde (Soma) mais cette fois tout l'espace géographique unissant les deux régions a été parsemé de légendes équivalentes traitant d'un dieu de la fertilité mort et rzssuscité : Attis en Phrygie, Adonis en Syrie, Damu-Dumuzi-Tammuz en ancienne Mésopotamie et bien sûr Dionysos en Grèce. Enfin, dans les *Textes des Pyramides*, Osiris porte l'épiclèse de "Seigneur du Vin" et l'on peut y lire :

"*Osiris a donné sous forme de vin, dans une coupe, son sang à boire à Isis et Horus, afin qu'après sa mort ils ne l'oublient pas.*"[412]

Comme Dionysos, Osiris était le dieu des fluides vitaux. Il personnifiait le Nil qui déposait son limon fertile sur les terres arables, d'où son identification avec d'autres déités annexes associées au fleuve et au limon telles Min, Khnum ou encore Sobek.

***

Le vin a certainement été le premier alcool consommé par l'homme. Sa première apparition remonte au Néolithique, il y a

---

[411] http://www.cosmovisions.com/$Dionysos.htm
[412] Julien Behaeghel, *Osiris – le dieu ressuscité*, Éd. Berg International, 1995, page 101.

près de 8000 ans où il était consommé en Géorgie. Cette boisson divine a bien entendu, dès le départ, provoqué chez l'homme des états modifiés de conscience que l'on appelle vulgairement l'ivresse. L'ivresse et la transe étaient des états recherchés par les candidats à l'initiation des premières populations européennes auxquelles vinrent se mélanger les peuples helléniques. Dionysos en fut évidemment le patron, en tant que dieu libérateur des inhibitions morales et sociétales ; au contraire de l'Apollon indo-européen propre à encadrer et à réguler toute forme de rassemblement populaire.

Les états d'ivresse déclenchés par le vin n'avaient cependant pas l'effet escompté pour ce qui va suivre ; l'accès au monde spirituel et divin était le véritable but du "communiant". Le chemin pour y parvenir passait par la véritable transe elle-même provoquée lors de cérémonies où l'ingestion de plantes aux propriétés hallucinogènes était courante. Nous sommes aujourd'hui à peu près certains que lors des Mystères d'Éleusis, de tels psychotropes étaient consommés par les initiés – ou du moins ceux qui souhaitaient l'être, les mystes – afin de parvenir aux portes du domaine divin.

En effet le cycéon, le breuvage de l'initiation, était concocté à base de céréales ou de plantes herbacées contaminées – l'on suppose aujourd'hui – par un champignon parasite que l'on appelle génériquement l'ergot du seigle (*Claviceps purpurea*).[413] Les servantes de Dionysos, les Ménades, pour entrer dans leurs états délirants, mâchaient des feuilles de lierre et consommaient en faible dose certains champignons comme l'amanite tue-mouches, aux propriétés psychédéliques reconnues. Les sensations obtenues par la transe hallucinatoire rapprochent l'initié d'un sentiment de transcendance et d'immortalité. Inutile de préciser que loin de l'état de conscience ordinaire, ce prodigieux enthousiasme donne, en complément d'une volonté de s'y replonger, l'impression d'accéder à un univers privilégié peuplé de formidables créatures aux actes et aux révélations extraordinaires. La divinité Soma[414]

---

[413] R. Gordon Wasson, Albert Hofmann, Carl A. P. Ruck, *The Road to Eleusis : Unveiling the Secret of the Mysteries*, Éd. North Atlantic Books, 2008.
[414] SÚ(connaissance)-MA(attacher, lier), soit "lié à la connaissance" ou "ce qui

que nous avons déjà rapprochée de Dionysos était également la personnification d'un breuvage éponyme. Une boisson d'immortalité, à l'instar de l'ambroisie des Grecs, dont on sait avec certitude aujourd'hui qu'elle était préparée à partir d'amanite tue-mouches.[415] L'amanite tue-mouche semble avoir été dès l'origine le champignon privilégié lors des cérémonies chamaniques. On retrouve sa trace non seulement en Europe et en Inde mais également en Asie et aux Amériques. Les chamanes sibériens et amérindiens utilisent encore de nos jours ces champignons lors des rites initiatiques. En nahuatl, la langue des Aztèques, les champignons hallucinogènes portaient l'appellation bien nommée de *teo-nanácatl* soit la "chair des dieux". Les Chinois les appelaient *Ling chih*, le "champignon d'immortalité". Le dieu aztèque de l'eau et de la végétation, Tlaloc, était figuré sous l'aspect d'un crapaud coiffé d'un serpent ; il était aussi le dieu-champignon, né de la foudre, époux d'une déesse de la fertilité et possédait une retraite aquatique. Autant de liens évidents avec notre cher Dionysos. Aurait-il traversé l'Altantique ?...

Selon Robert Graves, les Centaures, Ménades et Satyres (non pas mythologiques mais bien réels), membres du thiase dionysiaque, étaient de réguliers consommateurs de l'amanite tue-mouches qui leur conférait une force musculaire extraordinaire, développait leur libido et leur puissance érotique, induisait évidemment des visions délirantes mais encore le don de prophétie. L'état extatique provoqué par le psychotrope était doublé d'une sensation d'immortalité, d'où les noms évocateurs donnés au champignon hallucinogène : l'Herbe de Vie, la Plante d'Immortalité, le Fruit Défendu... termes associés à des végétaux bien connus tels l'Arbre de la Connaissance, l'Arbre cosmique ou encore l'Arbre de Vie, dont Ningišzida était le seigneur en ancienne Mésopotamie – que Dionysos était notamment supposé "incarner".

Graves nous apprend enfin que le serpent, le crapaud[416] et les

---

attache la connaissance". Rien à rajouter !
[415] R. Gorgon Wasson, *Soma : Divine Mushroom of Immortality*, Éd. Harcourt Brace Jovanovich, 1972.
[416] Crapaud et grenouilles étaient des animaux associés à l'astre lunaire et à

Mystères initiatiques n'étaient pas l'apanage de Dionysos et de son cousin aztèque Tlaloc. Le recueil des plus vieux poèmes gallois, le *Livre de Talieslin*, comprend un passage évocateur – et nous laissons la parole à R. Graves qui (dans *Les mythes celtes : La Déesse blanche*, Éditions du Rocher, 2000, page 49) le commente comme suit : "*Aux lignes 234-237 Gwyon laisse entendre qu'une seule gemme peut s'accroître sous l'influence du crapaud et du serpent jusqu'a devenir un trésor regorgeant de pierreries. Sa déclaration selon laquelle il se prétend aussi savant que Math et connaît des myriades de secrets peut aussi appartenir à la séquence crapaud-serpent*. En certains cas le psilocybe (NDA : champignon psychotrope) *peut donner un sentiment d'illumination universelle ; ma propre expérience me permet de l'attester.* "*La lumière dont le nom est splendeur*" *peut se rapporter à cet éblouissement de la vision plutôt qu'au Soleil*". Les mêmes symboles étaient utilisés par les Grecs, les Celtes et les Aztèques : y a-t-il eu transmission culturelle par quelque migration humaine (sachant qu'il y eut d'évidents contacts entre les divers groupes de populations du globe durant la préhistoire) ou les hommes partagent-ils les mêmes archétypes profondément ancrés dans leur inconscient ? L'explication est certainement bien plus évidente...

D'aucuns prétendent que les mythes sont des allégories de parcours initiatiques. Si nous prenons la totalité de la chronologie de Dionysos, par exemple, nous ne pouvons être en accord avec cette assertion. Il y a par contre une partie du récit de Zagreus-Dionysos qui peut se lire au travers de la grille de lecture initiatique/chamanique. Il s'agit de la mort par démembrement de Zagreus puis de sa renaissance en Dionysos. Un morceau de mythe issu de l'orphisme et non de la mythologie grecque classique ; un orphisme versé dans les rites initiatiques... Qu'est-ce qu'un myste, soumis à de puissants psychotropes, décrirait de son séjour dans le monde des esprits ? À peu de choses près ce que les initiés/chamanes nous rapportent de nos jours. Notre cerveau n'a pratiquement pas évolué depuis des dizaines de milliers d'années. Parmi les retours d'expériences chamaniques, un récit récurrent attire notre attention ; c'est le suivant : en proie à ses visions

---

Dionysos de par leur nature de batraciens.

hallucinatoires le candidat à l'initiation, conscient de son état, est emmené dans un lieu clos (caverne, grotte, labyrinthe), il voit – en esprit bien entendu – son corps être saisi par une ou plusieurs entités, ces dernières le torturent, le mettent à mort et très souvent déchirent son corps en morceaux – pour parfois le dévorer –, après quoi l'initié renaît au travers d'une grande lumière, les différentes parties de son corps étant réassemblées et "nettoyées". Certains prétendent que l'initié expérimente la purification de son âme ou de son corps spirituel. Une renaissance mystique fournissant un "supplément d'âme", un statut spirituel supérieur à celui du commun des mortels. Comment ne pas y voir la mésaventure morbide de Zagreus transformé en Dionysos ? En portant notre regard plus loin, nous serions amenés à voir dans le récit biblique de la mort, torture, résurrection de Jésus-Christ un épisode quasiment similaire. Est-ce à dire que la religion la plus pratiquée de la planète serait basée sur des expérimentations chamaniques engendrées par la prise de substances psychotropes ? D'autant qu'à l'instar de Jésus qui descendit aux Enfers puis vécut l'Ascension, les initiés renaissent à la lumière après une extraordinaire catabase. La figure de Jésus étant sans aucun doute une compilation de traits empruntés à d'anciennes divinités telles celles qui nous intéressent dans ce chapitre (Mithra, Dionysos, Telepinu, Apollon et d'autres) tout porterait à penser que l'expérience christique s'inspirerait largement des ancestrales cérémonies chamaniques. De même le roi sacré de l'Antiquité grecque subissait une mort rituelle, d'abord réelle puis symbolique, avant de revenir à la lumière, le lendemain de la journée fatidique du sacrifice, en ressortant d'un bosquet ou d'une grotte, animé d'une force renouvelée.

Selon une idée qui a maintenant fait son chemin depuis les années soixante – finissant par être globalement acceptée dans les milieux concernés – et émise pour la première fois par R. Gordon Wasson, le sentiment religieux en général a pu naître de l'utilisation de végétaux hallucinogènes. Une idée remise au récemment au goût du jour par Graham Hancock dans un ouvrage dédié entièrement au sujet.[417] Les effets de la transe hallucinatoire pourraient parfaitement induire chez le consommateur la croyance

---

[417] Graham Hancock, *Surnaturel -Rencontres avec les premiers enseignants de l'humanité*, Éd. Alphée, 2009 (trad. française par Sylvain Tristan).

du divin, d'un (ou plusieurs) monde(s) surnaturels(s) (enfer/paradis) peuplé(s) d'entités merveilleuses ou terrifiantes… faisant de l'herbe (ou la plante) ouvrant le passage vers cet univers – le fameux champignon – un fruit tant défendu que divin, issu d'un Arbre de la Connaissance… Nous retrouvons bien dans les mythes grecs les pommes d'or du jardin des Hespérides donnant accès à l'immortalité à son propriétaire. Et pourtant ce Fruit défendu pourrait bien être autre chose ! Que nous disent les écritures bibliques ? Ève est tentée par le Serpent de consommer le Fruit (pomme, grenade, figue…) de l'Arbre de la Connaissance, celle-ci se laisse influencer et succombe à la tentation. Après quoi elle enjoint Adam à croquer l'objet du délit qui conduira Dieu à priver le couple originel des fruits de l'Arbre de la Vie, faisant d'eux de simples mortels. Nous avons une séquence Serpent → Ève → Adam suivie d'une perte d'immortalité. Nous ne sommes pas dans le cas précis d'un épisode d'initiation chamanique, tant s'en faut. En effet, nous constatons que la Femme est initiée par le Serpent (évidente est l'identification de cette dernière entité selon la grille de lecture "parksienne") puis l'Homme est à son tour instruit par la Femme ; cet apprentissage les menant à la perte de leur statut d'immortel et à l'expulsion de l'endroit merveilleux qui les avait vus naître.[418] L'allégorie d'un épisode initiatique donnerait : l'Homme – le chaman est très souvent un homme, de nos jours tout du moins – consomme le Fruit défendu, rencontre le Serpent dans un monde merveilleux où l'immortalité lui est accordé, il est enjoint à faire goûter le Fruit à la Femme qui obtient à son tour la vie éternelle. Cette initiation d'Adam par Ève via le don d'un fruit est peut-être également le témoignage de la cérémonie matrilinéaire marquant la fin de règne du roi sacré de l'Antiquité grecque – et certainement indo-européenne. La pomme était offerte au roi par la Triple-déesse, par l'entremise de sa plus haute représentante, l'héritière tribale, en guise de sauf-conduit pour le Paradis,[419] l'Ouest, l'Autre Monde ou le "Pays des pommiers". Graves enfonce le clou en précisant que *"Champs Élysées semble vouloir dire "pays des pommiers"* – alisier *est un mot prégallois qui désigne la sorbe* – *de même qu'Avalon dans le*

---

[418] Lire l'extraordinaire travail d'Anton Parks dans *Eden* où il décode précisément cette séquence avec force détails.
[419] Robert Graves, op. cit., pp. 636-637 ; 779.

cycle d'Arthur est avernus *chez les Latins ou* avolnus, *l'un et l'autre formés sur la racine indo-européenne* abol[420] *qui signifie : pomme.*"[421] Le statut de roi sacré étant étroitement mêlé à celui de héros solaire, il paraissait évident dans l'esprit de nos ancêtres que l'ultime séjour de leur souverain, image de l'astre du jour, se devait d'être l'Occident.

Chaque substance psychotrope déclenche des visions et des ressentis différents chez son consommateur. On pourrait dire que chaque drogue possède son propre univers et ses propres scénarii hallucinatoires. Les épisodes de démembrement ne semblent être l'apanage que de quelques champignons. Le cerveau humain étant le même pour tous les peuples de la planète, les consommateurs de tels psilocybes ont eu tendance à vivre les mêmes expériences extatiques impliquant très souvent une mort symbolique, une torture, un démembrement et un remembrement avant de "revenir à la vie". Il est ainsi bien légitime que les folklores des populations usagères de cette "chair des dieux" aient développé des mythes et des dieux en rapport avec les vécus de leurs pratiques chamaniques et initiatiques. Il devient plus logique de retrouver des divinités aux fonctions, attributs et biographies pour le moins similaires aux endroits du globe où étaient utilisées les mêmes drogues – produisant les mêmes effets, vous l'avez compris. Un consommateur d'ecstasy ou de LSD n'expérimentera, a contrario, quasi jamais de démembrement symbolique par des entités spirituelles.

Nous touchons ici à la limite de l'interprétation chamano-

---

[420] L'indo-européen *abol* est parfaitement décodable avec le protosumérien : AB(ouverture, porte)-UL(brillant, lumineux), soit "la brillante ouverture" ou "la porte de lumière" ; d'évidentes définitions poétiques du Soleil. Certains chercheurs font de *abol* la racine du théonyme d'Apollon, le dieu solaire des populations gréco-romaines. Le fruit était l'un des symboles du dieu, comme l'un de ceux du Lugh irlandais. Pourquoi rapprocher la pomme de l'astre du jour ? À n'en pas douter sa forme et ses couleurs qui rappellent bien entendu la sphéricité de notre étoile et les teintes qu'elle prend – et/ou qu'elle donne au ciel – au cours de ses voyages célestes allant du jaune au rouge en passant par l'orangé. Offrir une pomme au roi sacré était donc lui ouvrir la voie vers la route du Soleil, un séjour éternel sur l'île – occidentale, cela va de soi ! – des pommiers (ou l'île des Bienheureux ou les Champs Élysées).
[421] Robert Graves, op. cit., page 201.

initiatique des mythes. S'il existe bien des épisodes mythologiques ponctuels marqués par quelque expérience chamanique, cela est loin d'être une généralité. Ainsi parmi les "cousins" de Dionysos, combien portent dans leur récit principal, celui pour lequel ils sont réputés, toutes les étapes d'une expérience de type démembrement ? Presque aucun : Osiris après son remembrement reste dans le monde souterrain, Damu-Dumuzi-Tammuz n'est pas démembré, ce n'est pas non plus le cas ni d'Adonis ni d'Attis qui ne sont pour leur part même pas torturés… quant au Dionysos des Grecs il n'est pas mis en morceau ni dévoré par les Titans – c'est là le destin du Zagreus des Orphiques. On doit plutôt voir dans ces mythes, si nous devions adopter une interprétation non "parksienne", une allégorie des cycles de la vie végétale et de la Nature en général. Un cycle vie/mort/résurrection inscrit dans les saisons mêmes de l'Antiquité, au nombre de trois si vous vous souvenez bien, figurées par le lion (printemps), la chèvre ou le bouc (l'été) et le serpent (l'hiver). La nouvelle année était quant à elle représentée par le taureau dont le sacrifice ouvrait la voie à un nouveau printemps, au renouveau de la Nature. Quatre animaux proches de notre cher Dionysos.

Pouvons-nous évoquer Dionysos sans parler de son thyrse ? Ce fabuleux sceptre orné de feuilles de lierre et surmonté d'une pomme de pin. Avec la vigne et ses familiers, c'est l'un de ses principaux attributs. Le mot est lâché : attribut. Et masculin qui plus est. Symboliquement la pomme de pin est une image de l'organe mâle. Le pin était jadis consacré à Cybèle, la Déesse-Mère phrygienne. Celle-là même qui guérit Dionysos de la folie que la jalouse Héra avait lancée sur lui. Ce fruit est symbole de fécondité et du renouveau de la végétation en Thrace à partir du IIe siècle av. J.-C. ; et donc logiquement associé à la résurrection et aux rites funéraires.[422] Le dieu grec Pan est figuré dans l'iconographie la tête couronnée de pommes de pin. Ne nous étonnons pas non plus de retrouver cet attribut chez deux avatars de Sa'am-Enki : Osiris et le sumérien Dumuzi. Le dieu égyptien possède en effet un sceptre orné d'une pomme de pin autour duquel s'enroulent deux serpents. Quant à Dumuzi ou Tammuz chez les Akkadiens, il est

---

[422] Philippe Seringe, op. cit., page 227.

un doublet d'Enki. Dieu des bergers, il est représenté avec un bâton surmonté du fameux cône. Cela commence à faire beaucoup de coïncidences...

***

Il y a un élément qu'on ne croirait pas de prime abord associé à Dionysos, il s'agit de l'élément igné. Le feu, lorsqu'il est utilitaire est l'apanage d'Héphaïstos, lorsqu'il est divin est l'objet du forfait de Prométhée. Pourtant le fils de Sémélé entretient paradoxalement une relation toute particulière avec cet élément civilisateur. Il porte pour épiclèses *Pyrigonos*, "celui qui a été engendré par le feu" ou *Pyrisporos*, la "Semence de feu" voire "l'Enfant de Feu" (*Pyripais*) ; tous en lien avec sa naissance précipitée par la foudre de Zeus. Rappelons qu'à sept mois de grossesse, Sémélé demanda à Zeus de se montrer dans toute sa gloire. Le souverain de l'Olympe s'exécuta mais la mortelle fille de Thèbes fut consumée par la foudre de son amant. Sans tarder Zeus extirpa l'enfant à naître du corps de Sémélé et cousit le fœtus carbonisé dans sa cuisse. Arrivé à terme, Dionysos sortit du membre paternel parfaitement guéri. Lorsque les auteurs grecs évoquent cet épisode ils utilisent le verbe *kryptô* signifiant "cacher". Pourquoi Dionysos serait-il caché dans la cuisse de son père, le grand Zeus ? La réponse proviendrait peut-être d'un glissement conceptuel plus ancien qu'il n'y paraît. Le vocable sumérien ḪAL signifie à la fois un secret et la cuisse. Devons-nous y voir un début d'explication ? La naissance de Dionysos, plutôt que de s'être produite par la cuisse de Zeus, n'était-elle pas plutôt dans le secret de Zeus, dans le secret des dieux ? Dissimulée, cachée, protégée comme en Égypte Isis qui disparut pour mettre au monde Horus en secret ?

Certaines figurations montrent Dionysos brandissant des torches, symbolisant peut-être son culte mystique et nocturne, il est alors nommé "Lumière de Zeus". Le rapprochement du dieu de la végétation avec l'élément igné a certainement été favorisé par l'homophonie entre les vocables grecs *pyros* (le feu, au génitif) et *pyros* (désignant le grain). Les effets du vin, dont Dionysos est l'inventeur, ne sont pas non plus étrangers à cette singulière association. L'ivresse et l'extase (toute proportion gardée après ce que nous venons d'exposer sur les psychotropes !) engendrées par l'alcool ont donné à Dionysos l'épithète de *Bromios*[423] ("le Bouillonant"). La boisson divine est elle-même désignée comme "flamboyante comme le feu" (ou la foudre). Enfin c'est aussi le caractère destructeur de Dionysos qui permet de le lier au feu.

Dans l'épisode l'opposant à Penthée, par exemple, Dionysos reclus dans sa prison sombre et humide décide de s'échapper pour punir son opposant. À son retour au jour il use de la foudre pour incendier le palais du roi de Thèbes qui, lui, connaîtra un sort moins enviable : il sera dépecé vivant par les Ménades du thiase dionysiaque. Comme nous le voyons, le feu, à la manière de l'outil, peut être civilisateur ou destructeur selon l'usage que le dieu (ou l'homme) décide d'en faire.

Au final nous pourrions résumer l'identité et les champs d'action de Dionysos-Zagreus à l'image ci-après :

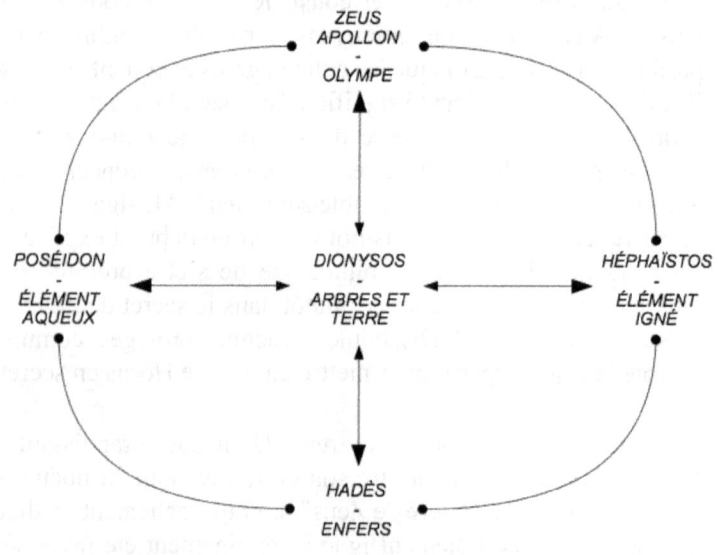

---

[423] http://www.theoi.com/Cult/DionysosTitles.html

Dionysos est un dieu de la végétation et de la terre cultivée (Dionysos Χθονιος / *Khthonios* , "de la terre") – un pendant masculin à Déméter en somme – qui meurt et renaît à la façon des plantes ; il est un agent de renouvellement. Il est le dieu, le maître des arbres par excellence. Il est confondu avec Hadès (voir Zagreus et les Enfers plus haut), il est assimilé à Apollon mais il est également l'héritier de Zeus, il est associé à Poséidon (on unissait dans les invocations Dionysos *Dendritès* et Poséidon *Phytalmios*, en tant que les auteurs de la production végétative par l'humidité) et sa retraite souterraine est aquatique, il est enfin mis en rapport avec le feu qui lui a donné naissance et qu'il use pour détruire ses ennemis. Il descend aux Enfers récupérer sa mère pour la mener directement dans le royaume céleste de l'Olympe pour l'immortaliser – tel l'arbre qui prend naissance dans les profondeurs de la Terre pour envoyer ses branches vers les Cieux. Il se libère de la prison de Penthée pour aller brûler son palais et le punir de ses méfaits : il est la jonction, l'agent de liaison, entre les domaines divins du Ciel (rappelons que l'Olympe désigne tant la montagne divine que les Cieux supérieurs), de la Terre et du Monde inférieur. Il est aussi l'agent de transformation des éléments : l'eau donne vie à la végétation, à l'arbre, l'arbre finit dans l'âtre du foyer, du four ou de la forge. L'arbre donne l'outil, dont il est une constituante inévitable. L'outil est civilisateur (pioche, houe) mais aussi destructeur (lance, épée) et parfois à double usage (hache bipenne, également attribut d'Héphaïstos). Dionysos est ainsi en lien avec toutes les déités chez lesquelles nous allons trouver des empreintes, des réminiscences de l'Enki-Osiris des *Chroniques*. Le schéma ci-dessus nous montre enfin la liaison évidente entre les divers éléments et domaines en rapport à Dionysos. De Terre émerge l'eau bienfaisante qui s'évapore dans les cieux ; l'air alimente le feu qui produit les cendres retournant à la Terre. Ces différentes identités de Dionysos se retrouvent en la personnalité de Sabazius, dieu d'origine phrygienne, vénéré dans la Thrace mythique. Sabazius était un dieu solaire que les Grecs rapprochèrent de Dionysos (Terre), de Zeus (Cieux), d'Hélios (Soleil, nom archaïque d'Apollon chez les Grecs ?) mais encore d'Hadès (Enfers). Ils se célébraient lors de fêtes orgiastiques et son culte s'accompagnait de Mystères où il était représenté comme un dieu de la mort et de la régénération.

Dieu de l'humidité chaude, Dionysos est le lien entre le principe humide (de nature féminine) et le principe igné (de nature masculine) : cette ambiguïté de genre se traduisait par des figurations du dieu à l'aspect et au sexe indécis ; un dieu efféminé – androgyne dirions-nous de nos jours. Son costume était toujours en partie féminin lorsqu'il n'était pas déguisé comme l'une des Ménades de son thiase. L'androgynie soulignait dans l'Antiquité la perfection divine évoquant l'indivisibilité primordiale de l'être à la fois mâle et femelle ; ou comme l'archétype parfait de l'homme qui aurait existé avant l'humanité actuelle.[424] À ce titre le symbolisme de la croix – déjà vu dans le chapitre *Apollon* – que nous retrouvons dans notre schéma ci-dessus est éloquent : l'horizontalité figurant la féminité, la passivité, la matérialité quand la verticalité représente la masculinité, l'action et la spiritualité (du moins dans les régions de l'Inde et du Sud-est asiatique).[425] Une forme de complétude de l'être divin dont Dionysos serait l'ultime incarnation. En Égypte, Osiris portait quant à lui l'épithète évocatrice de *Ounennéfer* qui signifiait "être parfait". Une qualification qu'Enki-Éa aurait portée comme un gant en ancienne Mésopotamie.

***

N'échappant pas à la règle en vigueur dans l'Olympe, Dionysos peut s'enorgueillir d'avoir étreint nombre de mortelles et d'immortelles. Sans parler de la fructueuse descendance qu'il a fournie... Pourtant il a connu le véritable amour qu'il a partagé avec la belle Ariane – parfois remplacée par Déméter, Koré-Perséphone, Aphrodite, Artémis voire même Sémélé sur certaines représentations ! Une grande partie des figurations du divin ivrogne le dépeignent d'ailleurs en compagnie de la fille de Minos, roi légendaire de Crète. Ariane est selon certaines traditions, une déesse lunaire qui préside à la fertilité des sols et de nombreux

---

[424] Philippe Seringe, op. cit., page 195.
[425] Ibidem, page 298.

récits décrivent son abandon par son aimé Thésée.[426] Suite à quoi, Dionysos, selon Ovide, "enlèvera" Ariane pour en faire son épouse dans un épisode qui ressemble à s'y méprendre à l'enlèvement de Koré par Hadès... Ovide doit s'être logiquement inspiré d'Homère. Le nom même d'*Ariadnê* : "*détermine dans cette région le point de départ de la conception ; c'est une forme des dialectes propres aux îles pour* Ariagnê *"la très sainte".* On en *trouve aussi les formes* Areadnê *et* Ariêdnê *sur un vase peint de la Sicile* Ariêda *et sur un miroir étrusque* Areatha. *En Chypre Ariadne était identifiée à Aphrodite, et de même à Argos, à côté du temple de Dionysos où l'on montrait le tombeau d'Ariadne, était celui d'Aphrodite Uranie. C'était bien évidemment à l'origine une déesse lunaire. De là le nom d'*Aridêla, *celle qui se manifeste avec éclat, que lui donnaient les Crétois, et la blonde chevelure qui lui est attribuée comme une particularité caractéristique.*"[427] Laissons à présent s'exprimer la sémantique des anciens dieux quant à nos deux amants. Ariane provient du grec ancien Ἀριάδνη / *Ariádnê* et peut se décomposer grâce au syllabaire suméro-akkadien de la sorte : A(père)-RI(changer)-ÀD(cadavre)-NÉ(puissant, corps), soit "celle qui change le cadavre du père en corps puissant". En voilà une belle description de notre Ariane-Isis ! Dionysos n'est pas en reste, du grec Διόνυσος / *Diónusos*, cela peut se décoder phonétiquement par : DI(décider)-UN(peuple)-U₈(moutons), Ú(nourriture, pain)-SU₄(multiplier, augmenter), SÚ(connaissance)-ÚS(offrir), UŠ(soutenir), donc : "celui qui décide d'offrir la connaissance au peuple des moutons" ou "celui qui décide de soutenir (ou d'offrir) et de multiplier le pain pour le peuple". Sans commentaires.

Un rapide détour dans la mythologie celtique galloise nous apprendra que notre Ariane s'est reflétée en Grande-Bretagne sous les traits de Arianrhod. Son nom signifie "la Grande Roue", une des dénominations courantes de la Terre-Mère par les Celtes gallois. Elle est une déesse locale de la fécondité et réputée vierge. Elle donnera cependant naissance – durant une épreuve de virginité (sic !) – à deux frères jumeaux : le dieu suprême et guerrier Llew Llawgyffes (le nom de Lugh au Pays de Galles signifiant "Lleu à

---

[426] Ovide, *Héroïdes*, [Ariane à Thésée], X, 1-25 ou encore Diodore, V, 51, 4.
[427] Charles Daremberg et Edmond Saglio, op. cit., article Bacchus, VIII.

la main sûre") et "le fils de la vague", Dylan Eil Ton décrit comme un magicien. Ces deux fils sont certainement un écho de la nature gémellaire d'Apollon-Horus, thème dont vous vous souvenez certainement. Arianrhod est aussi proche d'Ariadne, qu'Eithne l'est d'Athéné (donnée également pour génitrice de Lugh, en Irlande). Ces quatre théonymes auraient-ils une origine commune ?

Le mythe de Thésée et du Minotaure est indissociable du nom d'Ariane. Le récit prend place en Crète minoenne et tout le monde en a entendu parler de près ou de loin. Le tout jeune Thésée – image du héros archétypal gréco-romain Héraklès – est tiré au sort pour être sacrifié au Minotaure (être à corps d'homme et à tête de taureau) à l'intérieur d'un labyrinthe construit par Dédale. Il sortit vainqueur de cet affrontement et réussit à sortir du dédale par l'entremise de la bobine de laine confiée au héros par Ariane (tombée amoureuse de lui au premier regard) et qui se déroulait à mesure que le jeune homme progressait dans le piège de pierre. Cette histoire est de mon point de vue une allégorie de la renaissance d'Osiris en Horus : Minotaure/Zagreus – première incarnation de l'assassiné, image du taureau du Ciel – est le "sacrifié", tandis que revient vers la lumière en sortant du dédale un jeune homme qui deviendra un héros : le futur Dionysos-Iacchos-Horus. Le fil d'Ariane[428] étant le "signal" envoyé par Isis dans l'infini du cosmos afin que l'âme de son aimé retrouve le chemin de la vie. Selon A.B. Cook, Minos et le Minotaure ne sont que deux formes différentes du même personnage représentant le dieu-Soleil des Crétois, où le Soleil apparaît comme un taureau. James Frazer et lui expliquent l'union de Pasiphaé[429] avec le

---

[428] D'un point de point plus terre-à-terre, si le labyrinthe est une image du ventre maternel de la Terre (en souvenir des dédales des grottes préhistoriques), le fil d'Ariane pourrait symboliser le cordon ombilical qui lie le héros à sa "génitrice". C'est effectivement grâce à ce lien que Thésée arrive à la lumière...

[429] Du grec ancien Πασιφάη / Pasiphâê, "celle qui brille pour tous", une épithète polyvalente ; classique notamment de la déesse Lune Séléné et donc image d'Artémis. Fille d'Hélios et de l'Océanide Persé (ou de Crété selon Diodore), elle est l'épouse de Minos (roi de Crète). Magicienne et supposée immortelle, elle est surtout connue pour être la mère du Minotaure qu'elle a eu d'un taureau fabuleux envoyé par Poséidon – certainement Poséidon métamorphosé en bovin. La Vache lunaire des anciennes traditions d'Égypte et de Sumer ne donne-t-elle pas, après

taureau comme une cérémonie sacrée lors de laquelle la reine de Cnossos (capitale de la Crète) était mariée à un dieu de forme taurine, tout comme l'épouse du tyran d'Athènes était mariée à Dionysos.[430] Dans de nombreuses régions de la Grèce antique (Aroé, Patras, Sparte, Alagonia) Dionysos est associé à Bendis/Artémis, elle-même identifiée à Koré-Perséphone.[431] En Lydie (région située en actuelle Turquie), le Dionysos local nommé Bassareus, aux figurations quasi similaires à celles du dieu du vin grec, était une divinité solaire et conquérante, à l'image de l'Apollon gréco-romain. Il était même réputé avoir maté les fameuses Amazones ; ce que les poètes antiques disaient d'Héraklès ou de Thésée.

L'histoire est à vrai dire plus complexe qu'il n'y paraît, voire carrément répétitive. Tout commence avec Europe, fille du roi de Tyr, qui fut charmée par Zeus métamorphosé en taureau blanc – pour déjouer la jalouse surveillance de son épouse. Une fois sur le dos de l'animal, Europe est emmenée en Crète où elle s'unit avec Zeus. De leurs éphémères ébats naîtra notamment Minos, à l'ascendance taurine et céleste. Après que Zeus l'eut abandonnée sur l'île, Europe fut recueillie et épousée par Astérios, roi de Crète. Le nom du souverain signifierait "taureau" en crétois. Après la mort d'Astérios, Minos, fils d'Europe réclama le trône et l'obtint. Minos prit pour épouse Pasiphaé, déjà évoquée, fille du Titan Hélios (figure solaire) pourtant déesse lunaire. Pasiphaé s'éprit d'un taureau blanc envoyé par Poséidon et eut de lui le Minotaure – homme à tête de taureau –, littéralement le taureau de Minos, que ce dernier fit enfermer dans le labyrinthe de Dédale. Minotaure est parfois nommé Astérios. Thésée tua le Minotaure et s'enfuit de Crète avec Ariane, doublet de Pasiphaé, que le héros abandonna sur l'île de Naxos. Ariane fut ensuite enlevée par Dionysos qui en fit son épouse et la mère de ses quatre fils : Œnopion, Staphylos, Thoas et Péparéthos. Dionysos étant lui-même un dieu-taurillon, né de Sémélé ou de la déesse lunaire Perséphone ; dans les deux cas avec Zeus pour géniteur. Le schéma se répète assez souvent pour en tirer une ligne directrice : une déesse, d'obédience lunaire,

---

union avec un Taureau du ciel, naissance à un Veau Solaire, un Veau d'Or !
[430] http://www.theodora.com/encyclopedia/m2/minotaur.html
[431] Charles Daremberg et Edmond Saglio, op. cit., article Bacchus, III.

s'unit avec un taureau fantastique (voire un souverain ou un dieu de nature taurine : Europe + Zeus (puis Astérios) / Pasiphaé + Minos / Ariane + Dionysos / Zeus + Perséphone), le fruit de cette union est une créature hybride (Minos au sang taurin, le Minotaure thérianthropique, Dionysos "le Cornu") qui prend pour amante à son tour une déesse de la Lune : Minos et Pasiphaé ou encore Dionysos et Ariane. Dans deux cas de figure, l'être taurin est assassiné : Dionsysos-Zagreus et Minotaure-Astérios. Si nous devions schématiser plus avant nous dirions que la Déesse-Mère lunaire s'unit avec un dieu solaire ou atmosphérique prenant l'apparence d'un taureau – il va sans dire que la Grande-Déesse peut prétendre, dans ces circonstances, être une Vache lunaire –, de cette union naît un dieu-taurillon qui épousera à son tour la Grande-Déesse sous son aspect de Déesse-épouse lunaire, le père disparaissant du tableau. L'éternelle Déesse immortelle et son conjoint remplaçable par leur propre rejeton. Une trinité qui n'est pas sans évoquer la célèbre triade égyptienne Isis-Osiris-Horus, Isis – Déesse-Mère – s'unissant avec Horus, sous l'identité d'Hathor – Déesse épouse –, après la mort d'Osiris. L'imagerie est à ce niveau assez troublante, elle nous présente Pasiphaé tenant sur ses genoux Astérios-Minotaure à la façon d'Isis et d'Horus :

Kylix attique à figures rouges (vers 340-320 av. J.-C.) figurant Pasiphaé et le Minotaure. Notez le rapprochement d'avec les représentations d'Isis et d'Horus l'enfant.

Enfin, disons quelques mots sur le labyrinthe. On estime que le labyrinthe crétois du palais de Minos à Cnossos était basé selon un modèle égyptien. D'aucuns prétendent que le labyrinthe mythique était le palais lui-même avec ses étendues de couloirs sans fin et ses pièces en grand nombre.[432] La théorie la plus convaincante restant cependant celle prétendant que les labyrinthes de l'Antiquité, dont celui du célèbre Minotaure, étaient des images des dédales des grottes préhistoriques. Elles-mêmes symbolisaient le foyer des origines et furent choisies comme les premiers lieux d'initiation par les chamanes primitifs – certainement des femmes à l'époque. Lorsque les initiés sortaient de la grotte après la cérémonie rituelle et/ou chamanique, ils revenaient symboliquement à la vie ; ils renaissaient du ventre-utérus de la Terre-Mère.

---

[432] Robert Graves, op. cit., page 532.

Les grottes passaient également pour être des entrées (et donc des sorties) vers (et depuis) le Séjour inférieur. Selon Paul Lévy, le thème du labyrinthe "*recut sa consécration en Égypte où fut élaboré le concept d'un enfer dédaléen, dont les défunts devaient savoir exactement les détours et les embûches tendues par les monstres qui le peuplaient, afin de renaître avec le Soleil. Ce dernier était censé être porté par un bovidé, à date très ancienne en Haute-Égypte, et plus tard, semble-t-il, par une barque. Le geste de Thésée s'inspirera de cette conception d'un taureau héliopompe, en mettant aux prises notre héros athénien avec le Minotaure – monstre à corps humain et à tête de taureau, monstre typiquement d'origine égyptienne (…)*"[433]

Le mot labyrinthe proviendrait de labrys (λάβρυς, *lábrys* en grec ancien), signifiant "double-hache". Le labyrinthe serait ainsi le "palais de la double-hache". Cette hache spéciale (appelée aussi bipenne) est un symbole très ancien et n'est pas étrangère au rôle funéraire du labyrinthe.[434] Cet outil est un antique symbole de la Grande-Déesse (qu'elle tient en main sur de nombreuses figurations), il peut figurer également des cornes de bovins (des figurations montrent d'ailleurs des têtes de taureau surmontées de la double-hache), son usage est à la fois civilisateur et destructeur (symbolisant la vie et la mort) et présentait des usages tant pratiques que symboliques. Il en existe des représentations datant de l'époque paléolithique retrouvées dans le sud-ouest de la France (cavernes de Niaux) ou encore durant le Néolithique au sein de la culture Halaf (Iraq). On retrouve la bipenne à Çatal Höyük en Anatolie et bien entendu en Crète dont les premiers colons provenaient d'Anatolie. Selon Marija Gimbutas, la double-hache était un symbole de la déesse-papillon ; elle pense que les étapes de la vie de l'insecte figuraient pour les Anciens les cycles de vie-mort-résurrection. La forme du labrys évoque autant le papillon aux ailes déployées que deux croissants de Lune accolés sur leur face interne. En Crète le labrys était tenu en main par une déesse ou une prêtresse la représentant : c'était l'outil du sacrifice par excellence. La bipenne servait à exécuter le taureau sacré avant de

---

[433] Paul Lévy, *École pratique des hautes études, Section des sciences religieuses, Annuaire*, tome 83, 1974, page 93.
[434] Philippe Seringe, op. cit., pp. 378-379.

décapiter le roi, substitut du dieu. On retrouva de nombreux labrys dans les grottes sacrées de Crète, où se pratiquaient les cérémonies rituelles. R. Graves nous confirme tout cela : "*dans la mythologie celtique, le labyrinthe en vint à signifier la tombe royale ; d'après l'*Etymologicum Magnum, *qui le définit comme "une caverne dans la montagne", et Eustathes (*Odyssée d'Homère XI*. p. 1688) qui le définit comme "une caverne souterraine", il semble que les Grecs primitifs aient eu également cette conception du labyrinthe. Lars Porsena l'Étrusque construisit sa tombe en forme de labyrinthe (Varon cité par Pline ;* Histoire naturelle *XXXVI. 91-93), et il existait également des labyrinthes dans les cavernes des Cyclopes, c'est-à-dire préhelléniques, situées près de Nauplie (Strabon : VIII. 6. 2) ; à Samos (Pline :* Histoire naturelle *XXXXIV. 83) ; et à Lemnos (Pline :* Histoire naturelle *XXXXVI. 90). Par conséquent, sortir du labyrinthe, c'est se réincarner.*"[435]

Une autre fonction originelle du labyrinthe consistait à protéger un centre, la pénétration dans le dédale ayant ainsi la valeur d'une initiation. Le labyrinthe défendait une cité, un sanctuaire ou un tombeau : dans tous les cas un espace magico-religieux que l'on souhaitait rendre inaccessible aux profanes. Décoder les mystères du labyrinthe et découvrir son centre représentait l'accès initiatique à la sacralité, à l'immortalité.[436] Dans *Eden*, Anton Parks, découvre sur plusieurs traductions de tablettes de Nippur que la bipenne était l'un des attributs d'Enki le dieu civilisateur de la sagesse et de tous les arts.[437] Tandis que Daremberg et Saglio nous informent que la double-hache était l'un des symboles du fils de Sémélé : "*Une autre arme de Dionysos est la bipenne, bouplêx, que Simonide appelait* Diônusoio anaktos bouphonon theraponta. *Sur les monnaies de Ténédos, dont cette hache est le type, par allusion au sacrifice qu'on y célébrait annuellement en l'honneur de Dionysos, elle figure d'ordinaire accompagnée de grappes de raisin. A Pagasae, Dionysos était adoré sous le nom de* Pelekus, *c'est-à-dire sous la forme d'une hache, et la marque de l'atelier de Pagasae sur les monnaies d'Alexandre ne permet pas de douter que cette hache ne fût une bipenne. La même arme s'appelait*

---

[435] Robert Graves, op. cit., page 489.
[436] Philippe Seringe, op. cit., page 380.
[437] Anton Parks, *Eden*, op. cit., pp. 161, 238, 249.

axinê, *et il semble que le Dionysos* Axites *d'Herma d'Arcadie était ainsi nommé d'après cet attribut.*"[438]

Nous avons donc en présence un outil à multiples usages et symboliques, un lieu sacré aux origines préhistoriques (nommé d'après l'outil) et un cérémonial initiatique ou rituel (dans lesquels l'outil avait un rôle d'importance) : tous en lien avec la mise à mort et la résurrection. Le décodage via l'Emeša du mot *λάβρυς, lábrys* nous apparaîtra donc très évocateur : LA(abondance)-BÚRU(burin)-ÚS(offrir), "le burin qui offre l'abondance" ou LA(vœu)-BURU$_2$(libérer, se débarrasser), BÚR(délivrer)-ÚŠ(mort), "le vœu de se libérer de la mort" voire LA(porter)-BÁR(roi, souverain)-ÚŠ(mort), "ce qui porte la mort au roi" ! Autant de définitions qui conviennent parfaitement aux usages rituels d'un labrys dans l'Antiquité. Se libérer de la mort – et donc accéder à l'immortalité – est l'une des quêtes courantes du héros d'épopée mythique (prototype des rois de l'Antiquité) : nous retrouvons ce motif notamment chez Gilgameš et Héraklès (voire le chapitre II du tome 3 à ce propos).

---

[438] Charles Daremberg et Edmond Saglio, op. cit., article Bacchus, XII.

La Stèle de Boeli témoigne de l'expression d'une culture mégalithique importante en Sardaigne connue sous le nom de Culture de Ozieri (3300 -2480 av. J.-C.). Nous retrouvons ici comme ailleurs le motif universel et antique de la spirale...

Le symbole du labyrinthe avait peut-être pour origine celui de la spirale. Celle-ci, universellement connue, est en effet la plus ancienne forme de labyrinthe qui soit. Qu'elle soit sous forme de vortex ou de cercles concentriques, elle reprend à peu de choses près les mêmes fonctions symboliques que celles du labyrinthe. Il est surprenant de noter que sa forme se retrouve dans des macrocosmes (galaxies) et microcosmes (atomes, ADN) que la Science moderne ne nous a permis de dévoiler qu'il y a peu de temps à l'échelle de l'Histoire. La spirale en appelle aux notions d'espace et de temps, un temps qui transforme les cycles en spirales. Elle nous rappelle que tout ce qui est manifesté se trouve à la fois en mouvement et en inachèvement. Mais toute spirale développée dans l'espace se situe par rapport à un axe central vers lequel elle tend. Il convient d'insister sur cela, car cet axe représente l'Un originel d'où émane et vers lequel tend la vie.[439] À l'instar des cercles concentriques formés par un caillou jeté à l'eau, la spirale se répand, se propage de façon linéaire tandis que le vortex tourbillonne dans un mouvement ascendant. La spirale est – pourrait-on dire – la mise en dialectique du temps humain et de l'éternité : par delà l'idée d'un temps cyclique et seulement répétitif, par delà aussi un temps fondé sur un "progrès" linéaire, trop exclusivement à l'image de l'homme, elle nous met en garde contre les insuffisances des systèmes abusivement réducteurs. Outre le labyrinthe qui dérive sans conteste du symbole spiralé, nous retrouvons parmi la même structure fondamentale autour d'autres symboles majeurs : celui de la danse rituelle (qu'elle soit tribale ou bacchanale), la montagne sacrée et le serpent. Autant d'éléments que nous pouvons adjoindre à Dionysos. Je laisse la parole à Joël Thomas pour la justification de la présence de ces trois symboles autour de la spirale :

"- *La danse rituelle : perçue comme une façon de s'incorporer, suivant les mêmes principes, les vibrations créatrices et les mouvements ordonnés du cosmos ; le derviche tournant sur lui-même est à la fois l'axe et le mouvement ; son bras levé vers le ciel se relie à l'énergie cosmique ; son bras baissé vers la terre la redistribue dans les règnes matériels ; tant il est vrai que l'"éveillé" ne doit pas "retenir" les énergies qui le traversent.*

- La montagne sacrée : toujours axiale, pilier permettant la circulation des énergies divines, et dont Yves-Albert Dauge a bien montré qu'elle représente une forme de pyramide qui s'inverse, et s'évase à l'infini vers le haut à partir de son sommet, ce point culminant que peuvent atteindre les œuvres humaines, ce but de l'ascèse héroïque et des grandes quêtes, à partir duquel s'opère une transfiguration de l'être : même symbolisme de l'axe et du mouvement, que l'on comprend mieux en le rapprochant de celui du Temple : nous pensons à la cathédrale de Chartres, enracinée dans la terre par son puits (situé sous le chœur), et projetant vers le ciel ses flèches ; entre les deux, l'espace "horizontal" et, sur le

---

[439] Joël Thomas, *Revue 3e Millénaire*, Ancienne série, N° 12, Janvier-Février 1984.

dallage, un labyrinthe.

- Le serpent : associé à l'hélice et à la spirale dans l'image traditionnelle du caducée, vérifie la même relation structurelle, et la même nature complexe d'un être à la fois "axial" (par sa nature essentielle) et en mouvement (parce qu'il appartient au monde de la manifestation). Les serpents s'enroulant autour d'un arbre (du monde) ou d'une montagne sacrée (voire même quelquefois d'un axe représenté par la croix du Christ) ont la même signification. On comprend mieux alors le symbole druidique de l'"œuf du serpent", en le rapprochant de l' "Œuf Cosmique", flottant sur des eaux symbolisant tous les possibles encore indifférenciés (et dont on sait, outre ses origines orphiques, l'importance qu'il joue dans la cosmogonie des Dogon qui nous précisent que "lorsque la vie augmente, elle augmente en tourbillonnant" et par un mouvement spiralant) : de même le serpent, ce symbole des possibilités de développement de l'énergie, sort d'abord, réellement, d'un œuf, et ces circonstances ne pouvaient manquer de frapper des esprits aptes à en expliciter le sens symbolique."[440]

Les représentations de spirales se retrouvent sur les continents africain, européen et asiatique à toutes les époques, en voici quelques exemples :

---

[440] Ibidem.

En haut à gauche : Plateau de Golan (Syrie), El Hiri Rujm – 42 000 pierres organisées en anneaux concentriques – le cercle extérieur a un diamètre de 159 m. En haut à droite : (désert de Gobi) proche de la ville de Turpan (région du Xinjiang) 4500 ans env. En bas à gauche : Tumulus en trou de serrure près de Tin Amali (Algérie) daté d'environ 5500 ans. En bas à droite : le tumulus de Goloring (Allemagne) daté de -1200/-800 ans environ. Lieu de culte érigé par les Celtes à l'age de fer. Ces sépultures nous font irrémédiablement penser à certains Kourganes, tombes à tumulus, qui étaient la marque de fabrique des proto-indo-européens comme nous le verrons dans le tome 3 de Quand les dieux foulaient la Terre.

Sur les motifs de spirales concentriques (légèrement différentes des spirales tourbillonnantes) l'on distingue souvent une ligne, un chemin partant de l'extérieur de la spirale, traversant tous les cercles concentriques pour arriver au centre de celle-ci comme on peut le voir sur l'image précédente. Cette image ne nous est pas étrangère. Elle rappelle nombre de sépultures ou tumulus dits en trou de serrure présents aux quatre coins du monde. Ces structures quasiment identiques se ressemblent en bien des points : elles présentent un tumulus central, interprété la plupart du temps comme un tombeau, surplombant généralement l'ensemble ; autour de ce tumulus, une série de cercles concentriques (au nombre de deux à cinq) prenant quelquefois une courbe elliptique et enfin un passage pénétrant les cercles de l'extérieur pour relier le tumulus central (motif non récurrent).

Selon l'interprétation "parksienne" de ces images, nous y voyons des répliques miniatures de l'Atlantide des Gina'abul (reprise de la description faite par Platon dans son *Critias*) dont Horus-Dionysos(2) héritera. Nous retrouvons en effet la pyramide/montagne (ou tumulus) centrale, les canaux concentriques successifs (au nombre de trois selon Parks) et, dans bien des cas de figure, le passage allant du centre cultuel vers l'extérieur de l'ensemble – vers l'Océan semble-t-il pour l'Atlantide.

Mais ces structures pouvaient-elles figurer autre chose ? Nous avons aujourd'hui la certitude que les cercles de pierres mégalithiques de l'Europe néolithique (Stonehenge au premier titre de ceux-ci) servaient d'observatoires astronomiques, utilisés par nos ancêtres pour prévoir les grands événements célestes solaires, lunaires et plus généralement zodiacaux – solstices et équinoxes compris. À n'en pas douter, l'observation des étoiles revêtait une importance capitale pour les populations locales. Ces observatoires avaient certainement une portée oraculaire et cultuelle non négligeable car à quoi bon prévoir ce que les Cieux ont en réserve si ce n'est pour établir un plan du futur ? Au Néolithique tout était attaché au culte, au rite, y compris les prémices de la Science, du moins certaines des étapes de la démarche scientifique, à commencer par l'observation, puis l'interrogation parfois suivie de diverses tentatives mimétiques de reproduction d'un phénomène (exemple : production artificielle de la végétation). Sans certainement qu'ils en aient tous conscience, nos ancêtres usaient d'observatoires qui avaient la forme de systèmes stellaires de planètes orbitant autour d'une étoile ; la progression et les mouvements des astres dans l'espace n'étant bien entendu pas étrangers à la configuration – de fait circulaire – d'une structure d'observation d'un tel système organisé autour d'un Soleil. Les spirales gravées sur les mégalithes renvoient-elles aux architectures spiralées retrouvées en Europe, en Afrique, au Moyen-Orient et en Asie ; reprenant eux-mêmes l'aspect des observatoires/oracles authentiques ? Nous serions plus enclins à envisager cette hypothèse que de désigner ces structures de pierre à cercles concentriques comme des tombes sophistiquées – sauf exception près comme certains kourganes.

Il convient enfin d'évoquer une dernière piste de recherche concernant le symbole de la spirale. Nous avons déjà présenté plus haut les psychotropes et les usages qui en étaient faits par nos ancêtres au sein de rites initiatiques élaborés. Il est connu aujourd'hui que certains d'entre eux (notamment l'Ayahuasca) provoquent des expériences singulières proches de ce que les témoins d'EMI (Expérience de Mort Imminente) rapportent après leur retour du "monde des morts". Typiquement le voyage vers l'au-delà débute toujours de la même manière : le témoin a la sensation que son esprit se détache de son corps physique, une ouverture lumineuse se dessine au-dessus de lui et l'esprit est comme aspiré dans un vortex de lumière. Tout ce qui se passe après est personnel et change selon les circonstances de la mort et de l'environnement culturel de la personne concernée. Toujours est-il que le même champ lexical est emprunté pour décrire le bout du tunnel (ou du vortex) de lumière : amour inconditionnel, paradis, anges, lieu d'éternité... Un sentiment d'immortalité et de communication avec le divin accompagne également ce voyage dans l'après-vie. Les retours d'expériences chamaniques/initiatiques nous apportent des récits souvent similaires. Est-ce à dire que le motif de la spirale symbolise l'accès de l'esprit humain à un niveau de conscience supérieur, à un monde éthérique habité d'entités lumineuses ? Seuls nos ancêtres pourraient répondre à cette question !

***

Concluons en rappelant que le Dionysos que nous avons étudié est plus un patchwork de diverses entités surnaturelles qu'une seule déité clairement construite dans un temps et une région donnée. Le Iacchos d'Éleusis, le Bassareus de Lydie, le Sabazius de Thrace et de Phrygie et enfin le Zagreus de Crète ont contribué à bâtir la personnalité cosmopolite de notre Dionysos hellénique (originaire, lui, de Thèbes et de Naxos). Tous ces dieux aux attributs et cultes voisins étaient peut-être à l'origine une seule divinité, leurs théonymes respectifs n'étant certainement que des épithètes. Il faut également tenir compte des contaminations tardives d'avec l'Égypte (Osiris), la Syrie (Adonis) et la Phrygie (Attis), ces deux derniers étant eux-mêmes des déclinaisons locales du Tammuz assyrien basé sur le protagoniste archétypal de Damu (Sumer). La question serait à présent de savoir s'il a existé un lien entre Damu et le dieu védique Soma qui présente tant d'aspects identiques avec Dionysos. La réponse est peut-être à découvrir dans les futures informations que nous découvrirons au sujet du mystérieux Telepinu hittite qui n'est pas étranger à la construction du fabuleux personnage qu'est Dionysos.

Déclinons à présent nos découvertes dans le classique tableau de conclusion avant d'étudier la seconde apparition d'Enki-Éa dans le panthéon olympien l'est sous la forme du maître des Enfers : l'ignoble Hadès. Si destétable que cela le souverain du monde souterrain ? Rien n'est moins sûr.

	Âme d'Osiris-Ptah-Min-Khnum-Apis	Âme de Damu-Dumuzi-Enki-Gugalanna	Âme de Dionysos-Zagreus-Sabazius-Iacchos-Bassareus-Pan
Filiation / Parenté	a- Fils de Nut/Geb a- Fils de Atum-Rê* b- Frère de Seth c- Frère de Isis d- Époux de Isis	a- Fils de Nammu (Enki), Duttur ou Geštinanna (Damu-Dumuzi) a- Fils de Anu (Enki) ou d'Enki (Damu-Dumuzi) b- Frère d'Enlil (Enki) c- Frère d'Ereškigal (Enki), de Geštinanna (Damu-Dumuzi) d- Époux d'Inanna	a- Fils de Déméter/Séléné (Dionysos) ou de Perséphone (Zagreus) a- Fils de Zeus (Dionysos-Zagreus) b- Demi-Frère d'Arès (Dionysos-Zagreus) c- Frère de Perséphone, d'Artémis, d'Aphrodite d- Époux d'Ariane
Attributs / Fonctions & Symboles	e- Mort et ressuscité (Osiris-Apis) f- Tué et corps morcelé par ses ennemis g- Dieu sage apprécié des hommes (Osiris) h- Lien avec le miel et les abeilles i- Dieu de l'agriculture et de la végétation, dieu berger j- Associé à la vigne et au pin k- Lien avec l'astre lunaire l- Double nature : tantôt bienfaisante (Osiris) et tantôt belliciste (Horus) m- Symbole animal du taureau (Osiris-Apis) n- Symbole animal du bélier/bouc (Khnum) o- Symbole animal du serpent (Osiris) p- Attribut phallique de la pomme de pin (Osiris) q- Symbole végétal de l'arbre (pilier Djed) (Osiris)	e- Mort et ressuscité (Damu) f- Tué et corps morcelé par ses ennemis (Damu) g- Dieu sage apprécié des hommes (Enki) i- Dieu de l'agriculture et de la végétation (Dumuzi-Enki), dieu berger j- Associé à la vigne et au pin (Dumuzi) k- Lien avec l'astre lunaire l- Double nature : tantôt bienfaisante (Enki) et tantôt belliciste (Nergal)* m- Symbole animal du taureau n- Symbole animal du bélier/bouc (Dumuzi) o- Symbole animal du serpent (Enki) p- Attribut phallique de la pomme de pin (Dumuzi) q- Symbole végétal de l'Arbre de Vie (Damu-Dumuzi) r- Attribut de la bipenne (Enki)	e- Né deux fois (Dionysos-Zagreus) f- Tué et corps morcelé par ses ennemis (Zagreus) g- Dieu doux et de bon conseil (Dionysos) h- Dieu du miel, protecteur des abeilles i- Dieu de la fertilité et de la végétation, dieu berger(Dionysos) j- Associé à la vigne et au pin k- Lien avec l'astre lunaire l- Double nature : tantôt bienfaisante et tantôt belliciste m- Symbole animal du taureau n- Symbole animal du bélier/bouc o- Symbole animal du serpent (Zagreus) p- Attribut phallique de la pomme de pin (Dionysos) q- Symbole végétal de l'arbre (Dionysos) r- Attribut de la bipenne (Dionysos)

Tableau Dionysos. * : *Élément avancé par les* Chroniques du Ǧírkù.

CHAPITRE VIII

LE MAÎTRE DU MONDE SOUTERRAIN, L'HADÈS

"*Hymne à Osiris Ounnéfer, le grand dieu qui demeure dans la province de Taur, le roi de l'éternité, le seigneur du toujours, dont la vie s'étend sur des millions d'années, le fils aîné du ventre de Nut, que Geb a engendré, le prince maître de la double couronne, celui dont la couronne blanche est haute, le souverain des dieux et des hommes, qui a recu le sceptre et le chasse-mouches, la fonction de ses pères. Heureux sois-tu, toi qui es dans le monde des morts pendant que ton fils Horus est installé sur ton trône. Tu as été couronné maître de la ville de Busiris, souverain résidant à Abydos, toi le très vénéré et très craint en ton nom d'Osiris, toi qui dureras à jamais en ton nom d'Ounnéfer. Hommage te soit rendu, toi le roi des rois, le seigneur des seigneurs, le souverain des souverains qui as conquis le Double-Pays quand il était encore dans le ventre de Nut... daigne m'accorder la béatification dans le ciel, la richesse sur terre, l'acquittement dans le monde des morts, et puisse-je, en ame vivante, aller à Busiris, revenir en phénix à Abydos, sans être arrêté à aucune porte de l'Au-delà. Et puisse-t-on m'accorder du pain dans la maison des purifications, des offrandes dans la ville d'Héliopolis, et que soit établie ma propriété dans les champs des roseaux, riche en blé et en orge.*"
Hymne d'introduction au *Livre pour Sortir au Jour* égyptien (Texte extrait des *feuillets du Louvre*).

"*Enki, le Seigneur des destinées, Enki, le Roi de l'Abzu, auquel on accorda la responsabilité de tout*

> *cela, Lui qui tient le sceptre dans sa main droite,*
> *Lui qui de sa glorieuse invocation soumet la force*
> *dévorante du Tigre et de l'Euphrate…''*
> **Mythe sumérien d'*Enki et l'Ordre du Monde*,**
> **lignes 267-273.**

Maître du monde souterrain, Hadès (Ἄδης ou Ἀιδης / Háidês voire *Aidôs-Aidês* en grec ancien), est fils des Titans Kronos et Rhéa au même titre que ses frères Zeus et Poséidon. Le régent du Monde des Ombres (ou simplement de l'Hadès), a pour épouse la fille de Déméter : Koré-Perséphone – que nous avons assimilé aisément à Isis-Ereškigal. Sans difficulté non plus, nous pouvons voir dans Hadès une réplique d'Enki-Osiris. Osiris parce qu'il était le souverain égyptien de l'Outre-Monde ; Enki parce qu'il était celui de l'Abzu dans la mythologie de l'ancienne Mésopotamie.[441] À Kalam, Enki avait pour résidence la ville d'Eridu. Dans sa demeure appelée "maison de l'Abzu"[442] s'élevait un Kiškanu, arbre merveilleux dont les racines s'enfonçaient jusqu'au centre du monde souterrain. La notion d'Abzu est confuse. Elle a été traduite par les exégètes comme étant un Océan souterrain. Anton Parks nous a démontré tout au long des *Chroniques* que ce terme englobait tout à la fois les mondes creux ainsi que leurs répliques miniatures, équipées de citernes d'eau et habitées dans un lointain passé par des êtres divins de nature amphibienne : "*L'Abzu de chaque planète est l'endroit où toutes les eaux du monde extérieur se rejoignent pour former un océan intérieur. Pour nous, le terme Abzu représentait simplement l'ensemble de la cavité intérieure de chaque planète.*"[443] Voici ce qu'en dit l'auteur des *Chroniques* dès son

---

[441] Son nom akkadien Éa se traduit littéralement par É(maison, temple)-A(eau), "de la maison de l'eau".

[442] E-ZUAB en sumérien, littéralement E(maison, temple)-ZUAB(Abzu) soit "la maison de l'Abzu". Les particules sumériennes ZU et AB pouvant être interverties. Notons que ZUAB se rapproche de DUAT, le terme égyptien pour le "monde du dessous" – lorsque l'on parlait de DUAT inférieure – qui définissait selon l'auteur des *Chroniques* la caverne souterraine qui renferme le réseau de tunnels sous le plateau de Gizeh. Ces tunnels étaient également appelés GIGAL ; Anubis en était le gardien comme nous verrons plus bas.

[443] Anton Parks, *Le Secret des Étoiles Sombres*, op. cit., page 95.

premier tome.

L'Abzu est dans toutes les traditions invariablement associé au monde des morts, voire aux Enfers. Enki s'empare dès le *Secret des Étoiles Sombres* du pouvoir d'Abzu-Abba (son aïeul) et de ses titres – incluant celui de maître des Abzu. L'Abzu est donc à la fois le monde souterrain des planètes mais le terme fait aussi référence à des répliques de pierre contenant des citernes sacrées comme l'Osiréion d'Abydos. Osiris est – outre le maître du monde d'*En-Bas* – en Égypte antique le dieu de l'Ouest par excellence, d'où l'épithète de Khentamentiu ("le premier des Occidentaux") et il provenait de l'Amenti, c'est-à-dire l'Ouest ou la demeure des morts (séjour éternel d'Osiris). Cette Amenti, nous savons que c'est l'A'amenptah, l'archipel divin de l'Océan atlantique (ce qui en reste de nos jours ce sont les quelques îles des Canaries). La principale et première colonie de Kemet établie par Khentamentiu fut Abdju, le nom égyptien de la ville sainte d'Abydos.[444] Nommée ainsi depuis l'appellation antique des citernes de pierre d'Enki-Osiris : Abzu. Cette cité où les Mystères de la mort de la résurrection occupaient le premier rôle était reconnue comme la cité des morts. Une stèle de la XVIIIe dynastie publiée par S. Sharpe et étudiée par M. Wallis Budge, mentionne la navigation des âmes qui s'en allaient chaque année à la fente d'Abydos, analogue ou identique a la porte de l'enfer ou Ro-sta, dans la barque osirienne.[445] La fente d'Abydos est celle qui découpe la montagne près du cimetière Umm el-Qaab (nom actuel d'Abydos) où se trouve la tombe d'Osiris, découverte par l'archéologue français Émile Amélineau.[446] Cette faille se nome Pega et se dirige vers l'Ouest.[447] Abydos est en relation avec les morts de par son cimetière où se trouvent à la fois la tombe d'Osiris et celles des tout premiers rois d'Égypte, dont certains Suivants d'Horus ou Shemsu-Heru, leur appellation égyptienne.

Cette ouverture vers le Séjour des morts à Abydos fait aussi

---

[444] Id., *Ádam Genisiš*, op. cit., page 82.
[445] S. Sharpe, *Egyptian Inscriptions from the British Museum and other Sources*, Londres, 1855, I, pl. 105.
[446] Anton Parks, *La Dernière Marche des Dieux*, op. cit., page 181 et suiv.
[447] Id., *Le Testament de la Vierge*, op. cit., page 55.

écho à un passage du *Réveil du Phénix* dans lequel Anton Parks évoque un passage depuis la ville sainte vers la caverne souterraine de la Duat et son réseau de tunnels, le Gigal.[448] Le patronyme d'Enki-Osiris chez les Grecs est éponyme de l'appellation donnée à son royaume : Hadès. Ce royaume des morts était situé à l'extrême occident. Soit dans la région où les Égyptiens localisaient l'Amenti. Plus intéressant encore : l'une des régions célèbres de l'Hadès est les Champs Élysées – appelés aussi l'île des Bienheureux – et situés à l'ouest, au-delà des flots de l'Océan selon les chroniqueurs Hésiode et Homère. Plus tard, les traditions orphiques et pythagoriciennes placèrent les Champs Élysées aux Enfers ; un élément d'importance pour notre étude.[449] Dans sa *Géographie*, Ptolémée, identifie avec pertinence l'île des Bienheureux aux îles Canaries, sommets montagneux de l'ancienne Amenti. La description qui est faite de cette île se rapproche étrangement de ce que Platon disait de son Atlantide : printemps éternel, faune et flore abondantes, vie douce et paisible… C'est là où je peux valider l'hypothèse selon laquelle les Mystères d'Éleusis avaient pour but d'enseigner au néophyte la route à suivre pour gagner les Champs-Élysées (les Champs d'Éleusis ?) dans l'après-vie, de même que certains Mystères d'Isis et d'Osiris initiaient sans aucun doute le profane aux secrets menant au Séjour des morts, l'Amenti. Les Mystères d'Éleusis (impliquant Perséphone et Dionysos-Zagreus ressuscité) sont-ils une réplique des Mystères isiaques (et d'Osiris ressuscité) ? Je répondrai par l'affirmative. L'Hadès grec comprend donc le double concept d'île aux Immortels située aux confins du monde, au-delà des colonnes d'Hercule, mais aussi d'empire souterrain aux régions et aux habitants disparates.

Toutes les hypothèses concernant l'étymologie d'Hadès ne sont pas fiables, voire pas du tout crédibles pour certaines. La version couramment acceptée est celle qui déchiffrerait Hadès en $α\text{-}ϝιδής$ / *a-widés*, signifiant "invisible". Pour ma part Hadès proviendrait de *Aidôs-Aidés*. L'Aidôs est une notion floue qui en appelle à la

---

[448] Id., *Le Réveil du Phénix*, op. cit., page 272.
[449] Annie Collognat & Catherine Bouttier-Couqueberg, *Dictionnaire de la mythologie gréco-romaine*, Éd. Omnibus, 2016, page 200.

modestie, à la crainte, au respect.[450] Étant dubitatif à certains rapprochements phonétiques de termes de langues ou d'idiomes anciens, je soutiens pourtant l'idée d'un rapprochement entre Aidôs et Abydos. Non seulement du seul d'un point de vue phonétique – cela va de soi – mais encore de par le sens véhiculé par le mot A[b]idos impliquant un lien "profond" avec un monde souterrain et/ou des morts. Un autre mot grec nous interpelle : ἄβυσσος (*abyssos*) qui désigne les profondeurs, les abymes et se rapproche, lui aussi, furieusement du terme *Abydos*. Ἄβυσσος / *abyssos* a d'ailleurs certainement une origine orientale, il se rapproche effectivement du terme suméro-akkadien ABZU-APSÛ. Pour rappel la divinité tutélaire d'Abydos était Khentamentiu, le premier des Occidentaux qui provenait de l'Amenti. Abydos fait donc le lien, la jonction entre le monde disparu, anéanti des dieux de l'Ouest et le monde d'En-Bas. Les trois divinités des Abysses mésopotamiennes (Enki-Éa), égyptienne (Osiris) et grecque (Hadès) sont ainsi intimement connectées.

Peut-on évoquer les Abysses grecs sans parler de Poséidon ? La réponse est non, bien entendu ; il partage avec son frère (je dirais plutôt son doublet) le statut de Souverain des profondeurs. Celles-ci ayant été scindées en deux parties : les Enfers et les Océans, dont l'eau provient des... Enfers selon la pensée hellénique. Nous évoquerons plus loin Poséidon – roi légendaire de l'Atlantide-Amenti –, autre avatar d'Enki-Osiris. Pourquoi avoir dupliqué le même dieu, au même niveau de filiation et en faire un frère de Zeus ? Certainement pour répondre d'un point de vue patriarcal (et donc olympien) à la triple-déesse (préhellénique) évoquée notamment dans le dossier consacré à Artémis. Les triades divines faisaient également partie de la pensée indo-européenne comme nous l'avons remarqué au chapitre *Aphrodite*. Est-il donc utile de décomposer l'étymologie supposée d'Hadès (*Aidôs-Aidês*) pour le décrypter avec l'Emeša ? Devinez... A(faire)-I(pousser)-DE(vie)-EŠ(nombre, multitude) : "celui qui fait pousser les nombreuses vies" voire A(faire)-I(pousser)-DÙ(fabriquer, mouler, ériger,

---

[450] Pour en savoir plus sur la notion d'Aidôs, je vous invite à découvrir ces quelques recherches de Jean Rudhart :
http://books.openedition.org/pulg/1084?lang=fr

établir)-US₅(moutons) : "celui qui fait pousser et établit les moutons".

Cela nous renvoie au rôle créateur – des moutons = êtres humains – d'Enki-Osiris dans les *Chroniques*. Il n'était donc pas inutile de tenter cet exercice de décomposition ! Rappelons que dans l'assemblée divine Gina'abul, Asar portait pour symboles et attributs le bâton de pouvoir (ou sceptre), la force de vue et l'énergie créatrice.[451]

***

Bien qu'étant le dieu des morts, Hadès est pourtant associé à la vie et à la richesse. Durant l'été, les Grecs conservaient les grains de semence dans le noir jusqu'aux semailles de l'automne. L'épiclèse *Ploutôn* (Πλούτων, "celui qui enrichit") nous rappelle qu'Hadès est lié à la fertilité du sol. Le mythe de l'enlèvement de Koré-Perséphone par le souverain des Enfers déjà évoqué plus haut n'est qu'une allégorie du retour de la vie après l'ensevelissement. Pour les fidèles, le retour sur terre de la déesse est une promesse formelle de leur propre résurrection.[452] Le mythe s'est certainement forgé non seulement sur le caractère initiateur d'Enki-Osiris qui enseigna l'agriculture aux hommes (voir le mythe de Triptolème et de Prométhée dans le chapitre *Déméter* notamment) mais également de par la demeure souterraine de la divinité. Cette nature chtonienne est donc interprétable au sens propre comme au figuré : Enki-Osiris-Hadès, maître de l'Abzu et de l'Amenti, avait besoin de l'élément liquide pour vivre et ses temples étaient pourvus de puits/citernes creusés à cet effet (les fameux Abzu miniatures) ; des profondeurs (et donc des Enfers selon les Grecs) arrivaient les richesses de la terre et cette connaissance de l'agriculture avait été prodiguée par cette même divinité devenue "infernale" au fil du temps... puisque fatalement les morts arrivaient dans son royaume pour y être jugés.

Quel dieu demeurerait vénérable dans l'esprit des hommes en

---

[451] Anton Parks, *Le Réveil du Phénix*, op. cit., page 56.
[452] https://fr.wikipedia.org/wiki/Pers%C3%A9phone

s'enrichissant des âmes de leurs aïeux ? Où apparaît le Gigal (ou Duat) égyptien, l'Hadès grec chez les anciens Mésopotamiens ? Dans le Kigal sumérien, bien sûr. La "Grande Terre" (littéralement en sumérien) est l'empire d'Ereškigal et de son époux, Nergal. Il préfigure le monde souterrain du Gigal égyptien. Par une étrange coïncidence, Horus le Faucon, fils d'Isis, porte dans les *Textes des Pyramides* certaines épiclèses évocatrices telles "Horus qui réside dans la Grande Cour"[453] ou "Horus qui est dans la Grande Cour".[454] Ce monde infernal, ce Séjour des morts était aussi nommé Arallû ou Irkalla par les Assyriens et les Babyloniens. Par une drôle de coïncidence, la demeure des morts méritants est appelée Aaru chez les Égyptiens.[455] Considérant que le "L" n'existe pas en égyptien, les termes Arallû et Aaru sont donc phonétiquement extrêmement voisins. La localisation de l'Aaru est incertaine : tantôt située comme un champ de roseaux dans le delta du Nil, tantôt décrite comme un ensemble d'îles. Nous avons vu dans le chapitre consacré à Apollon-Horus que Utu-Šamaš était le dieu solaire des Mésopotamiens, dédoublé en Nergal – son pendant nocturne. Après qu'Ereškigal-Isis ait perdu son premier époux (Gugalanna-Enki-Osiris), elle prit pour partenaire Nergal-Horus qui régna avec elle sur le monde inférieur de... l'Arallû. Dans l'esprit des Égyptiens et des Akkadiens, il y avait donc comme chez les Grecs un rapport conceptuel entre une île (ou archipel) occidentale et le Séjour des morts – "transféré", après sa destruction, vers le nouveau refuge des dieux de l'Ouest, le Gigal égyptien et/ou la ville sainte d'Abydos. Le recueil que l'on nomme *Livre de l'Amduat* (ensemble de papyrus égyptiens) assimile ainsi Abydos et Amenti.[456] L'Aaru égyptien était considéré comme la "*demeure des dieux et des morts bienheureux*" – tandis que l'Amenti était la demeure des justes – ; un semblant de Paradis à l'image de l'île des Bienheureux des Grecs. Nous constatons encore une fois une flagrante dichotomie entre Kalam et Kemet : chez les anciens Mésopotamiens, l'Arallû est un lieu infernal tandis que pour les Égyptiens l'Aaru est une forme de paradis ! Les Grecs ont donc

---

[453] *Textes de Pyramides*, *1939c.
[454] Ibid., 905b.
[455] http://www.aci-multimedia.net/connaissance/preselenites1.htm
[456] *Livre de l'Amduat*, chapitre 17.

jonglé avec ces deux notions de façon plus ou moins hasardeuse...

Nous retrouvons cette notion d'Aaru chez les anciens Irlandais ; c'est l'Autre Monde ou Sidh de la mythologie celtique. Comme avec l'Hadès grec ou l'A'amenptah égyptien, c'est un repère des dieux et seuls quelques héros ou hommes d'exception ont pu séjourner dans le Sidh puis revenir de cette contrée. Il existe trois localisations distinctes associées au Sidh : à l'Ouest, au-delà de l'horizon de la mer, dans des îles magnifiques ; sous la mer, dans les lacs et les rivières ; sous les collines et les tertres qui sont devenus les résidences des Tuatha Dé Danann selon la littérature médiévale et prémédiévale. Nous y retrouvons bien entendu les mêmes caractéristiques que pour l'Amenti et l'Hadès. Les Tuatha Dé Danaan étant certainement les suivants d'Osiris, d'Isis et d'Horus comme nous l'avons dit à la section 4 du chapitre III du tome 1.

Perséphone en compagnie de son époux Hadès. Notez les deux symboles de fertilité que sont la coupe et la corne d'abondance. Médaillon d'un kylix attique, vers 440-430 av. J.-C., British Museum.

Ce lien avec la fertilité du sol se manifeste au travers l'un des attributs majeurs d'Hadès : la fourche. Cet objet était le bâton, selon Parks, de la caste des Amašutum bien avant leur arrivée sur la planète. Il symbolise le rôle des prêtresses dans les secrets liés à l'agriculture. Avant l'invasion des Hellènes, les habitants de la Grèce antique vivaient dans une société matriarcale où seules les femmes initiées connaissaient l'agriculture et ses mystères ; les hommes en étaient totalement exclus, restant soumis au savoir de leurs épouses ! Il devait bien entendu en être de même dans toutes les cultures matrilinéaires de la région du croissant fertile. La fourche ou le trident est un emblème très ancien : le signe archaïque paléosumérien en forme de trident (la particule GAL) représente le dignitaire, le souverain. La particule servait de préfixe à la formation des expressions "chef de..." ; ainsi était-il utilisé pour désigner les chefs de plantation (femelles Amašutum) ainsi que les dirigeants politiques. Il n'est donc pas anodin de trouver à la fois chez Hadès, Poséidon mais aussi Zeus – dont le trident s'est changé en foudre au fil du temps – l'attribut du trident/fourche. Hadès/Poséidon-Enki-Éa étant "chef de" l'Abysse (Enfers et Océans) et Zeus-An étant "chef de" l'Olympe, la montagne divine, image du Ciel. L'une des épithètes d'Hadès était *Zeus Catachthonios* ou *Zeus Chthonios* (Ζεὺς Καταχθόνιος/Ζεὺς Χθόνιος), soit le "Zeus souterrain" montrant bien qu'au-dessus du niveau des Océans c'est l'époux d'Héra qui régnait alors qu'audessous, Hadès/Poséidon était le souverain incontesté. Finissonsen avec les richesses du sol dont Hadès est le dispensateur avec un symbole de taille : la corne d'abondance de la chèvre Amalthée. Que celle-ci soit associée à Hadès n'est pas étonnant puisque nous savons que cette corne est une source inépuisable d'eau et de nourriture. Vous comprenez aussi pourquoi Hadès fut assimilé à Dionysos en certaines régions de la méditerranée ; la vie poussant littéralement sous les pas du dieu de l'ivresse ! Enfin malgré sa réputation d'être terrible, Hadès portait l'épiclèse de *Eubouleutes* (Ἐυβουλευτής) soit le "Bon Conseiller" ; rejoignant le statut de Sage conféré à son équivalent suméro-akkadien Enki-Éa.

***

Le terrible chien Cerbère est également un attribut d'Hadès. Ce familier à la peau noire garde la porte des Enfers, donc de l'ouverture de la Duat (ou du Gigal) égyptienne. Il est un équivalent agressif d'Anubis, fils d'Osiris,[457] le chien-loup de couleur sombre, ouvreur de portes de la Duat terrestre. Dans le tome 2 des *Chroniques*, Anubis (appelé aussi Sabu), est assimilé au passeur Petu de la mythologie sumérienne : *"Afin de rencontrer sa sœur Ereškigal dans le Kur inférieur, Inanna doit faire face à un portier et passer successivement les sept portes de l'en-bas. Ces sept ouvertures ressemblent étrangement aux sept portes que l'on attribue généralement à l'enfer. Le passeur se nomme Pêtû, terme qui veut simplement dire "portier" en akkadien. Ce singulier passeur nous fait penser à Anubis, le "chien-loup" de la Duat terrestre, l'ouvreur des portes et des chemins. Fait extraordinaire que personne ne semble avoir relevé, les sept portes du texte mésopotamien rappellent en tous points les sept portes du domaine d'Osiris (la Duat inférieure), que l'initié ou le défunt doit passer tout en récitant des formules ! De même, ces portes de la Duat terrestre ont-elles sans doute inspiré les sept degrés théosophiques répondant aux sept grades de la perfection qui mènent à la porte du sanctuaire des rosicruciens..."*[458]

Ces sept étapes ou passages, nous les retrouvons dans le mythe de l'enlèvement de Koré-Perséphone par Hadès. En effet, la fille de Déméter prit la décision de demeurer avec son époux en brisant l'interdit qui la condamnerait au monde souterrain : consommer de la nourriture. Dans l'Antiquité et dans certaines sociétés primitives, le fait qu'une femme mange ou boive dans la maison d'un homme valait contrat de mariage.[459] Et pas n'importe quelle nourriture : sept grains de grenade ![460] Ce chiffre sept se retrouve

---

[457] Anton Parks, *Le Réveil du Phénix*, op. cit., page 77.
[458] Anton Parks, *Ádam Genisiš*, op. cit., page 469.
[459] Monique Zetlaoui, *Divine grenade*, Religions et Histoire n° 26, mai-juin 2009, page 61.
[460] En grec ancien, *grenade* se dit *Sidé* qui une fois décomposé en Emeša nous donne SI$_4$(rouge)-DE$_4$(vie), soit "le rouge de la vie". Il était répandu dans l'Antiquité que le jus de grenade rappelait le sang. Nous verrons plus loin que ce fruit est associé à la vie et à la mort (ou plutôt la résurrection). En sumérien, le vocable pour "grenade" était NU-ÚR-MA ; sa stricte décomposition nous offre NÚ(assassiner)-UR(âme)-MA(lier, attacher), soit "ce qui lie à l'âme de l'assassiné" ou NU(lumière)-ÙR(ouverture, étage, toit)-MA$_3$(aller, venir), soit "aller et venir

comme par hasard dans le nombre de sous-sols du Gigal égyptien[461] ainsi que dans les sept îles atlantes qui constituaient l'archipel de l'Amenti. Chez les peuples altaïques, il est question d'un voyage initiatique vers les Enfers comprenant successivement la traversée de vastes déserts, steppes, forêts et océans avant de plonger dans un trou dans la terre ; lequel comprend sept paliers ou régions souterraines.[462] Enfin, il est dit que Marie-Madeleine (assimilée par Anton Parks à Inanna), dans l'Évangile de Luc, fut délivrée de sept démons par Jésus Christ avant de devenir l'une de ses disciples.[463] La grenade véhicule une forte symbolique : c'est le fruit de la fécondité et de la fertilité. Il était consommé dans les anciens temps par les jeunes mariés (dans les pays méditerranéens) dans le but d'avoir une famille nombreuse. Cybèle, image anatolienne d'Isis, fut dit-on fécondé par une grenade ; donnant naissance à Attis, réplique d'Horus. Le fruit figure aussi la mort et la renaissance comme en témoignent certaines fresques funéraires de Paestum au Musée de Naples.[464] On a également retrouvé des grenades dans les tombeaux de hauts dignitaires égyptiens... comme une promesse de résurrection. En Assyrie, le jeune dieu araméen Rimmon (ou Ramman, nom qui a servi à construire le mot *grenade* dans les langues sémitiques) mourrait annuellement pour ressusciter, répétant le mythe de la renaissance d'Osiris et marquant allégoriquement les cycles de vie et de mort de la végétation. En Asie, l'image de la grenade ouverte sert à l'expression des souhaits, quand elle ne désigne pas expressément la vulve. Ce que confirmerait une légende d'une image populaire vietnamienne : la grenade s'ouvre et laisse voir cent enfants. De même au Gabon, ce fruit symbolise la fécondité maternelle. En Inde, les femmes boiraient du jus de grenade pour lutter contre la stérilité. À partir de la Renaissance, dans le domaine artistique, la grenade est associée à la Vierge (réplique d'Isis) et à l'enfant Jésus (copie d'Horus). On compte ainsi de nombreuses Vierges dites "à la grenade". Anahita (mère de Mithra), déesse perse qui fait écho

---

par l'ouverture de lumière". Tout cela nous renvoie sans équivoque à Perséphone, déité par excellence du retour à la vie en allant et venant aux Enfers pour retrouver tour à tour son époux ténébreux et sa génitrice Déméter.

[461] Anton Parks, *Le Réveil du Phénix*, op. cit., page 284.
[462] Georges Minois, *Histoire des enfers*, Éd. Fayard, 1991.
[463] Évangile de Luc, VIII, 2.
[464] Philippe Seringe, op. cit., pp. 244-245.

à Isis-Artémis et à Ištar-Aphrodite, en qualité déité de la fécondité avait pour emblème la grenade. Dans la Perse sassanide, la couronne de la reine était surmontée de deux cornes de bélier et d'une grenade, en signe de fertilité. C'est sans étonnement que nous retrouvons la déesse akkadienne Ištar parfois représentée une grenade entre les mains. C'est également un attribut d'Aphrodite et d'Héra. Perséphone représentant la part "ištarienne" (orgiaque) de la triple déesse Hécate (complétée par Artémis et Sémélé), nous sommes en terrain connu ! Rappelez-vous également que du sang de Zagreus-Dionysos naquit le grenadier, faisant du fruit l'un des symboles du dieu de la végétation et du renouveau.

Outre la fécondité, le fruit couleur rubis symbolisait donc aussi la force sexuelle. Selon Jean Chevalier et Alain Gueerbrant le grain "rouge et brûlant" de la grenade venu d'un "fruit infernal" était une parcelle du feu chtonien que Koré-Perséphone volait au profit des humains chaque fois qu'elle retrouvait Hadès pour ensuite le quitter et rejoindre Déméter à la surface de la Terre. Elle apportait aux humains la Connaissance du Feu Intérieur, c'est-à-dire l'alchimie, en même temps que le renouveau printanier.[465] Refermons cette parenthèse sur la grenade et revenons à Cerbère.

Dans les *Chroniques*, Sabu est littéralement le gardien des portes du Gigal égyptien. Selon les traditions Cerbère possède trois, cinquante ou cent têtes ; celles-ci étant ornées de serpents comme celle de la Gorgone Méduse – symbolisant un certain pouvoir matriarcal. Le nombre trois est un rappel à la triple-déesse lunaire figée pour l'éternité dans le protagoniste divin Hécate, elle-même parfois dotée de trois têtes de chiens sur certaines figurations.[466] Le chiffre cinquante nous renvoie notamment aux Néréides ou aux Danaïdes, soit le nombre de Nymphes que devait comprendre un collège de prêtresses à l'époque préhellénique. Quant à cent, il est la quantité de Géants et autres troupes de nature guerrière évoqués dans les mythes grecs. Cela correspondait-il réellement à des groupes armés de cent individus ou ce chiffre rond était-il d'usage pour exprimer une multitude ? Toujours est-il que

---

[465] Jean Chevalier, Alain Gueerbrant, *Dictionnaire des symboles*, Éd. Laffont / Jupiter, article "grenade", 1982.
[466] Yves Dacosta, op. cit., page 144.

notre Cerbère[467] à la peau sombre (caractère chtonien), à la coiffe serpentine (voire plus bas la symbolique du serpent) et généralement affublé de trois têtes (chiffre de la triple-divinité du culte matriarcal préhellénique) a tout d'un symbole incarnant sinon Sabu lui-même du moins l'ensemble des Shemsu d'Asar-Osiris, protecteurs du Pays de Lumière – dont le dieu chien-loup avait la responsabilité selon Parks.[468] Dans la Grèce antique, les chiens avaient la vocation d'être à la fois chasseurs et gardiens. Le mythe d'Actéon et d'Artémis est là pour nous rappeler que leur rôle est de châtier ceux qui se hasardent à surprendre les secrets du monde divin.

Pour en finir avec la partie canine, nous allons évoquer rapidement la cape d'invisibilité d'Hadès (qui peut-être un casque selon les traditions, la fameuse Kunée). Quel rapport avec le meilleur ami de l'homme ? Eh bien, cette cape s'écrivait en grec ancien Ἄϊδος κυνέην / (H)aidos kuneēn, soit littéralement "la peau de chien d'Hadès" ! Celle-ci avait la particularité bien connue de rendre son porteur invisible aux yeux des hommes et des créatures surnaturelles. Elle ne faisait pas disparaître de la vue d'autrui, mais produisait plutôt une sorte de brouillard – le même dont s'entouraient les dieux pour passer inaperçus. Osiris était également connu chez les Égyptiens pour être le dieu invisible.

***

Abordons à présent la symbolique du serpent. Maintes fois

---

[467] *Κέρβερος/Kérberos* qui a donné Cerbère en français peut se décomposer en KIR$_4$(barrage, rempart), KIR$_6$(verger, jardin), KIR$_5$(refuge)-BÌR(équipe, groupe)-UŠ$_8$(lieu de fondation, fondation, base), UŠ(supporter, maintenir), UŠ(guider), soit "l'équipe qui maintient le verger/jardin" ou "le groupe qui guide vers le refuge" voire "l'équipe de barrage du lieu de fondation". Cerbère représente donc à mes yeux l'ensemble des Shemsu-Urshu personnifiés dans une seule entité. Le refuge en question pour lequel Cerbère fait barrage est bien entendu le Gigal du plateau de Gizeh. Son association avec un jardin/verger nous renvoie aux notions développées plus haut qui confondent monde souterrain et lieu de séjour des dieux (Amenti). Notons que ce refuge souterrain (KIR$_5$) a pour homonyme la particule sumérienne KIR$_{13}$(four, brûlant) ; rapprochant la dimension chthonienne des brasiers de l'Enfer…
[468] Anton Parks, *Le Réveil du Phénix*, op. cit., page 120.

évoqué tout ou long de cet essai, le reptile rampant méritait que l'on explore toutes ces significations dans les détails. Quel personnage est mieux placé qu'Hadès pour évoquer cette symbolique ? Son seul familier est en effet le fameux rampant à sang froid. Accrochez-vous ; de tous les symboles celui du serpent est le plus riche ! J'emprunterai les propos de l'illustre Philippe Seringe tirés de son livre *Les Symboles*. De mon point de vue, tout y est dit :

"Le serpent est sans doute de tous les animaux, celui dont la symbolique est la plus riche, aussi suis-je obligé pour la clarté de l'exposé, de la subdiviser en une douzaine de chapitres consacrés chacun à un aspect particulier de cette symbolique, sans méconnaître le caractère parfois arbitraire de ce plan, puisque ces aspects qui découlent le plus souvent l'un de l'autre ou tout au moins qui sont liés presque tous au caractère chtonien de l'animal, s'imbriquent en certains cas, et que tel document figuré comporte à lui seul plusieurs de ces symbolismes. Il sera question successivement :

1- *du serpent symbole chtonien,*
2- *du serpent symbole de connaissance, de sagesse,*
3- *du serpent symbole du mal,*
4- *des symboles de fertilité, de renaissance, d'immortalité,*
5- *du symbole funéraire,*
6- *du serpent ancêtre mythique,*
7- *des serpents des sources et des eaux,*
8- *du serpent, symbole lunaire,*
9- *du serpent, protecteur, gardien,*
10- *du serpent, symbole sexuel,*
11- *du serpent guérisseur et du caducée,*
12- *de divers symbolismes du serpent.*

1 - Le serpent, symbole chtonien,
c'est-à-dire symbole de la terre

Avant tout le serpent est un symbole de la terre. C'est un concept universellement répandu, à toute époque, au point qu'on le retrouve même dans les régions dépourvues de serpents, tels les pays scandinaves.

Ce symbolisme s'explique aisément, l'animal d'une part entrant en contact avec la terre par chaque partie de son corps, ce qui est rare dans le animal, d'autre part disparaissant dans le sein de la terre plusieurs fois par jour, et demeurant dans la terre toutes les nuits et tout l'hiver.

Dans les zones hautement volcaniques, comme chez les Mexicains précolombiens, il est censé hanter les volcans, et sa signification s'étend sans sans doute à ces phénomènes naturels. En ondulant sous terre, le serpent représenterait les rivières souterraines.

Toutes les civilisations naissantes ont eu des déesses-mères qui souvent n'étaient autres que la terre nourricière, aussi ces déesses-mères avaient volontiers comme attribut le serpent. Celui de Déméter sera vu plus loin comme symbole de végétation, de vie.

Le serpent à tête de bélier est une divinité celtique qui figure sur des monuments de France et des monnaies d'Allemagne, soit isolée, soit associée à un dieu anthropomorphe ; le plus souvent alors ce dernier porte le serpent en sautoir, au cou : symbole chtonien ? c'est probable mais discuté. Le serpent à tête de bélier reparaît dans la sculpture religieuse médiévale (Musée de Reims) et dans de nombreux manuscrits, où selon P. M. Duval, il symbolise l'Antéchrist. Certains dieux acquièrent, suivant les lieux où ils sont honorés, des caractères ouraniens (célestes) ou chtoniens (terrestres). Zeus, dieu du ciel par excellence, apparaît comme un dieu de la terre lorsqu'on l'invoque sous le nom de Zeus Meilichos, *qui a la forme d'un serpent et auquel on offrait des holocaustes, écrit Xénophon.*

Le serpent Python a donné son premier nom (en grec Puthoï) *au haut lieu qui sera Delphes et, en francais, à la pythonisse. Apollon est transporté de Délos en ce lieu par un dauphin qui lui donnera son second nom : Delphes. Apollon combat Python qu'il* tue ; le drame sacré de cette lutte représenté à Delphes tous les huit ans avec incendie de la hutte de Python, édifiée pour la circonstance, et le drame est accompagné par la flûte rappelant les sifflements du serpent (Plutarque). Cette légende symbolise la conquête, par les tenants d'un culte solaire, d'un haut lieu précédemment consacré à un culte chtonien. Ce symbolisme, admis par tous les spécialistes, est complété par certains auteurs. Selon J. Richer, le serpent n'est pas seulement un symbole de la terre, c'est aussi une représentation de la marche du Soleil dans le zodiaque (Apollon est le dieu du Soleil). Déjà, sur les statues de Kronos (ou Éon), la présence du serpent était considérée comme une allusion au cours sinueux du Soleil sur l'écliptique, au trajet du Soleil, qui traverse les diverses zones du zodiaque. Selon Vermaseren (NDA : Maarten Jozef Vermaseren, Historien néerlandais), le serpent figurant sur les nombreux bas-reliefs de Mithra représente la terre qui désire être fécondée pour le bien de l'humanité, et le serpent lèche parfois le sang du taureau pour s'en assurer les vertus bénéfiques.

En outre, on le verra plus loin, le serpent est un symbole lunaire.

Néanmoins, il reste un animal tellurien par excellence. Telles populations de l'Inde croient que la terre repose sur les cornes d'un serpent Nāga sous la garde du Gourou dont le seul rôle est d'empêcher le Nāga de se débarrasser de son fardeau puisqu'il agite constamment sa tête gigantesque. Au Cambodge le serpent Nāga symbolise les forces de la terre et des eaux indissociables en ce pays ; "il est à l'origine du Cambodge" écrit Fillieux, et reste le génie tutélaire du pays.[469]

2 - Le serpent, symbole de connaissance, de sagesse

La terre, qui donne naissance aux sources, qui est capable de se couvrir de forêts, de verdir et fleurir périodiquement, surtout de nourrir bêtes et gens, transformant notamment un grain en un

---

[469] Philippe Seringe, op. cit., pp. 80-81

riche épi, possédait aux yeux des Anciens une science et des secrets. Le Serpent, pénétrant dans les entrailles de la Terre, lui arrache ses secrets et devient chez certains peuples de l'Orient un symbole de connaissance. La science et la sagesse allaient volontiers de pair chez les individus, les sages étant souvent les mêmes que les savants. Le serpent aussi est devenu simultanément un symbole de science et de sagesse, en particulier dans l'ancienne Égypte où il révèle ses secrets à la déesse Isis. Celle-ci, à son tour, les transmet au pharaon et à un petit nombre "'initiés". Dès la 1ère dynastie, un pharaon porte le nom de Serpent : la stèle trouvée dans sa tombe porte une image du palais surmonté d'un serpent qui est à la fois l'hiéroglyphe de l'animal et le nom du roi ; pour certains, il représente ici l'ame du roi mort qui reste dans l'enceinte du palais ; cette stèle célèbre du roi Serpent date de 3.000 avant J.-C. (Louvre).

Sur tous les reliefs, les statues et les fresques, les pharaons sont représentés portant sur le front un cobra dressant sa tête, l'uræus, symbole de connaissance et de sagesse. Dans cette dernière fonction symbolique, il veille à ce l'homme en apprenant la science n'en fasse pas mauvais usage.

D'Égypte, cette signification positive du serpent est passée au Proche-Orient, – où elle a peut-être influencé les rédacteurs mêmes de la Bible qui qualifient le serpent de la Genèse, d'astucieux, terme de sagesse utilisé dans les "Proverbes" – et à l'Arménie où la tradition du serpent symbole de sagesse s'est toujours conservée et est restée vivante de nos jours.

Les Musées d'Erivan et de Dvin (Arménie) contiennent de grandes jarres ornées de serpents sculptés en relief. J'en ai vu davantage encore dans les réserves du Musée archéologique d'Erivan, provenant notamment des centres de l'Ourartou, civilisation locale des IXe-VIIIe siècle avant J.-C., qui a donné également un beau bracelet en bronze formé d'un serpent à deux têtes. Selon le conservateur, le serpent dans ce cas est un symbole de sagesse qui est resté symbole de l'Arménie jusqu'au XIXe siècle de notre ère.

On retrouve ce symbole, ici sous forme de deux serpents sculptés en relief sur un pilier de la bibliothèque du monastère de Sanahin (Arménie, XIe J.-C.), pilier portant une voûte en diagonale, unique dans sa conception architecturale, et là sous forme d'un plus grand nombre de serpents, en haut-relief, décorant le porche ajouté au XVIIIe siècle à la très antique cathédrale d'Echmiadzin. Cette petite cathédrale est pour la religion grégorienne (ou religion arménienne autocéphale) ce qu'est Saint-Pierre-de-Rome pour la religion catholique. J'y ai assisté à une messe où un évêque tenait de la main un long bâton pastoral terminé en haut par une très petite croix entre deux têtes de serpents affrontées, réunies par un corps unique horizontal. D'autres bâtons analogues sont exposés dans le petit Musée de la cathédrale, et illustrent la permanence, à travers les millénaires et les religions, de cette symbolique : le serpent, signe de sagesse. Cette signification est connue des fidèles, même hors d'Arménie, comme j'ai pu m'en assurer à Téhéran, auprès d'une Arabo-Iranienne de religion grégorienne, qui, en outre, possédait sous forme de bijou, une croix entre deux serpents

En visitant à Salonique la célèbre église Saint-Démètre, j'ai assisté à un baptême orthodoxe, où un évêque portait, au lieu d'une crosse, un bâton presque identique à celui des Arméniens, avec la même petite croix entre deux têtes de serpent réunies par un corps sinueux cette fois. Les Orthodoxes ont plutôt tendance à y voir un rappel du serpent d'airain de Moïse.

Les Scythes ayant eu dans la future Arménie des échanges avec la civilisation ourartéenne, qu'ils ont contribué à détruire, lui ont emprunté soit le symbole soit le motif décoratif, et c'est en or qu'ils ont reproduit le bracelet en forme de serpent à deux têtes, retrouvé dans un tumulus des Sept-Frères,[470] en Russie méridionale (Musée de l'Ermitage, à Leningrad).

En Europe occidentale, le serpent n'a que rarement cette signification de sagesse. À Vicence (Italie), par exemple, j'ai vu la "Sapienzia divina" figurée par un gros serpent avec une femme, sur une fresque de Canera (fin du XVIe), au centre du plafond d'un salon du palais Thiene ; ce motif est entouré du zodiaque et de quatre divinités ; le palais Thiene, du grand architecte Palladio, est occupé par la Banca Popolare de Vicence.

Parmi les arts libéraux, souvent gravés ou sculptés sur les tombeaux médiévaux et sur les églises – par exemple sur la facade des cathédrales d'Auxerre et de Paris – la dialectique peut être

---

[470] Lire à ce propos *Serpents et dragons en Eurasie*, Éd. L'Harmattan, 2000, pp. 16-17.

figurée sous forme d'une femme tenant un serpent, soit parce qu'elle implique la connaissance, soit parce qu'elle suit des chemins sinueux. À partir du IIe siècle avant J.-C., Sérapis, assimilé à Osiris, forme un couple avec Isis qui devient déesse de la Lune et de la santé en même temps qu'elle garde son pouvoir de magicienne. Une triade divine complétée par leur fils Harpocrate, est le type idéal de la famille à une époque romaine tardive, et le serpent est un attribut de chacune des trois divinités. Deux serpents enlacés à tête humaine, en bronze, constituent la représentation d'Isis et Sérapis.

Chez les Anciens, le serpent passait en outre pour un des moyens de connaître la volonté des dieux et d'émettre des prédictions : c'est l'ophiomancie, ou divination par les serpents. Prêtres et devins tiraient des présages des mouvements exécutés par les couleuvres devant le public. Celui-ci, croyant volontiers tous les reptiles venimeux, criait au miracle en voyant qu'on les touchait sans effroi et sans accident. Les devins les nourrissaient spécialement en vue de cet emploi.[471]

Dans un ordre d'idées voisin, les membres d'une secte de Gnostiques, au IIe siècle de notre ère, faisaient du serpent le centre de la religion ; aussi furent-ils appelés des Ophites. L'ophiolatrie, culte des serpents, attestée en Inde dès le XVe avant J.-C., sous le souverain Janamejay, existe encore en Inde, au cours de notre XXIe siècle.

3 - Le serpent symbole du mal

La signification maléfique attachée au serpent a connu une extension quasi universelle. Elle est considérée par certains auteurs comme plus récente que les précédentes. Pourtant, dès le IIIe millénaire avant J.-C., la mise à mort du dragon-serpent est un thème familier de la littérature sumérienne nous apprend Samuel Noah Kramer : Asag, démon de la maladie, est tué par Ninurta, dieu du Vent du Sud.

À Babylone, le grand dieu Marduk (lui-même sous forme de dragon à tête de serpent cornu) combat le serpent. C'est un

---

[471] Philippe Seringe, op. cit., pp. 82-84.

symbole de la lutte du bien et du mal (NDA : ou plutôt de l'empire patriarcal et du clan matriarcal !). *Ce motif figure notamment sur un vase du Louvre. Un dragon luttant contre un serpent se reverra sur la pierre tombale d'un Viking païen au XIe siècle de notre ère, aujourd'hui au Musée du Guildhall, à Londres, reproduite dans le Musée Imaginaire de la Sculpture Mondiale de Malraux.*

Dans le mythe égyptien de la création, le Soleil naissant est attaqué le dieu-serpent Apophis, puissance du mal. Au Moyen Empire se pratique l'envoûtement d'Apophis, tout un rituel permet de s'en protéger et de protéger le dieu-Soleil Rê du danger qu'Apophis faisait courir à la barque solaire, et Rê triomphe du serpent.[472] *Le rituel comporte la confection d'une figure de monstre et son incinération.*

Chez les Perses, le dieu du mal Ahriman (NDA : écho de Enlíl-Seth) *s'oppose au grand dieu Ahura Mazda* (NDA : réplique de Enki-Osiris) *; sous forme de serpent, Ahriman est enchaîné au mont Demavend, volcan de la chaîne de l'Elbourz. C'est aussi le point culminant de l'Iran, et les avions d'une ligne iranienne intérieure permettent d'admirer, sinon le serpent, du moins l'énorme pic enneigé.*

En Inde, le serpent Kālīya est le démon de l'orgueil et de l'ignorance ; le Dieu Krishna en triomphe et danse sur ce serpent comme on le voit, par exemple, sur un bronze Pallava-Colla du IXe siècle et sur une peinture de l'École Kangra du XVIIIe, au Musée National de New Delhi. En Inde également, les serpents Ahi et Vṛtrá, démons de la sécheresse, ravissent les nuées et sont vaincus par le dieu Indra, dispensateur de la pluie.

Une partie de l'Extrême-Orient, en Indonésie et en Chine, attribue les éclipses à un serpent ou un dragon poursuivant le Soleil et la Lune, et cherche à mettre en fuite le monstre par un bruit sans pareil, encore au XXIe siècle en Chine.

Dans un autre ordre d'idées, les Scandinaves croyaient à la puissance maléfique d'un serpent venimeux, la gueule ouverte au-dessus du géant Loki, enchaîné à une roche, tel Prométhée ; le

---

[472] Dans le *Secret des Étoiles Sombres* (op. cit., page 391), Anton Parks, nous précise que cet Apophis symbolise l'abysse primordial et les ténèbres. L'imagerie égyptienne traditionnelle présente Seth qui protège dans sa course le roi des dieux et père de l'univers Atum qui préfigure aussi le soleil (Râ ou Rê). Atum-Rê est bien entendu le dieu An. Apophis est dans ce cas la représentation de Tiamat.

venin qui s'écoule est recueilli dans une coupe par la femme de Loki ; quand elle va la vider, quelques gouttes de poison tombent sur le géant, qui se tord de douleur, provoquant par là un tremblement de terre.

Dans la Bible, le serpent du Paradis terrestre, tout en restant le plus rusé de tous les animaux, est le symbole du mal, de Satan. Classiquement, il fait succomber Ève à un péché d'orgueil qui est le plus grand de tous les péchés.

L'interprétation la plus récente des experts modernes est autre : Dieu interdit à l'homme de manger le fruit de l'arbre de la connaissance du Bien et du Mal ; c'est une expression idiomatique de l'hébreu, différente de la définition actuelle de ces mots, c'est une notion concrète concernant le bonheur et le malheur : si on en mange, on fait l'expérience de ce malheur qu'est la mort. Le commandement de Dieu permet de goûter à l'Arbre de la Vie mais non à l'autre, qui peut être considéré comme l'Arbre de Mort ; ce commandement est bienveillant pour l'homme, providentiel même puisqu'il préserve l'homme de la mort. Le serpent, au contraire, introduit dans l'esprit d'Ève un soupcon sur la bonté de Dieu : Dieu veut peut-être garder pour Lui ce fruit, insinue le serpent ; il change le sens de ce commandement ; c'est une transformation de l'image de Dieu aux yeux de l'espèce humaine. La tentation du démon porte sur l'idée qu'on se fait de Dieu, le serpent nous donne une fausse idée de Dieu, Ève n'a plus confiance en Dieu. On connaît la suite.[473]

Avant d'arriver en TransJordanie, le peuple hébreu murmura contre Dieu. Dieu envoya alors des serpents venimeux dont la morsure fit périr beaucoup d'Hébreux. Ils reconnurent leur faute et sur leur demande, Moïse intercéda auprès de Yahvé, qui lui ordonna de faconner un serpent d'airain et de le placer sur une potence : si un homme était mordu par quelque serpent, il regardait le serpent d'airain et restait en vie (Nombres, XXI, 4-9). Le serpent d'airain de l'Ancien Testament devient dans l'Évangile de Saint Jean le symbole du Christ en croix (Jean, III, 14). J. Daniélou l'explique ainsi : Le serpent a la forme du waw, sixième lettre de l'alphabet hébreu ; or Dupont-Sommer a montré que sur une lamelle aramaïque chrétienne le waw désignait le Christ. Par conséquent, dans la Bible aussi, le serpent tantôt est le symbole du

---

[473] Voir à ce sujet le livre *Eden*, d'Anton Parks.

mal et tantôt a une signification bénéfique.[474]

À la suite de la Bible, le Christianisme a adopté le serpent comme symbole du mal, du Malin : le diable. Des monnaies de Constantin 1er portent au revers un labarum surmonté du chrisme dont la hampe transperce un serpent. La sculpture romane abonde en serpents, représentations du diable ; on en compte huit dans la seule cathédrale d'Autun. Rarement, il est l'attribut de l'envie : l'envie a en effet une langue empoisonnée. Plus souvent, sur un chapiteau ou un tympan, il est le symbole de la luxure, un autre des péchés capitaux ; on voit alors une femme dont deux serpents rongent la poitrine et le ventre ou le sexe ou même une femme traversée par un serpent par ses orifices naturels.

Un des chefs-d'œuvre de la sculpture romane est le linteau d'un portail détruit à Autun, où "Ève serpente dans son étroit linteau". Sans doute l'artiste a-t-il voulu souligner l'analogie entre Ève et le serpent.

Cette assimilation d'un personnage rampant à un serpent s'explique d'autant mieux que les sermons de l'époque opposaient l'homme debout, tendu vers Dieu, et le pécheur, couché comme un serpent et que, dans une cérémonie annuelle de pénitence, en cette même église Saint Lazare d'Autun, un pénitent rampait à terre avant d'être absous. À l'époque romane le serpent était considéré comme un attribut de la femme et on a même vu en elle un démon. Cette alliance entre le serpent et la femme cessa au XIIIe siècle, depuis lequel le serpent est souvent représenté sous les pieds de la Vierge, vaincu par elle, suivant un verset de la Genèse. Au XIXe siècle, les Symbolistes identifièrent le serpent à la femme et firent du thème de la femme fatale un de leurs thèmes préférés.

La figuration du serpent symbole du démon, avec Adam et Ève, est très commune à toute époque depuis le début du Christianisme, particulièrement avant la Renaissance et au début de celle-ci, sur les fresques, les tableaux de chevalet, les miniatures de manuscrits et les objets d'art.

C'est à propos du dragon que seront vus les Saints cavaliers foulant soit le monstre soit plus rarement un serpent, mais ce sera surtout dans l'Orient chrétien, où ils succèdent au Cavalier Thrace, un dieu principal des tribus thraces qui écrase un serpent

---

[474] Philippe Seringe, op. cit., pp. 85-87.

symbole du mal.

4 - le serpent, symbole de fertilité, de renaissance, de résurrection, d'immortalité

Depuis l'Antiquité, à Chypre, jusqu'à nos jours, au Congo, le serpent peut être symbole de fertilité : ceci s'explique parce qu'il resurgit de terre à chaque printemps avec le renouveau de la végétation.

Dans le Proche-Orient ancien, le serpent est, dans la majorité des cas, un dieu bienfaisant, de la terre, des aliments végétaux et des autres plantes utiles dont se couvre la terre, et par suite, une divinité de la vie, liée à la renaissance de la vie. En Iran et dans le pays de Suse, le serpent était l'animal sacré par excellence des premiers habitants. Pour Bachelard, le serpent est un des plus importants archétypes de l'âme humaine. En Canaan, c'était le dieu de la renaissance et de la vie avant l'arrivée des Hébreux. Pour ceux-ci, le serpent a été une fois symbole de vie et de résurrection (cf. plus haut).

Les Pharaons, à partir de la XXVe dynastie, portent deux cobras dressés ; cette duplication est caractéristique de la monarchie dite éthiopienne. Auparavant, le roi régnant n'a qu'un seul uræus, mais celui-ci est double sur certaines représentations appartenant à un rite de renaissance et les textes précisent que les deux serpents contribuent au réveil du pharaon mort. Les reines, elles, de même que les piliers hathoriques de Deir-el-Bahari, peuvent porter deux serpents ; ce sont alors les symboles des "deux mères" : les textes expliquent que le roi est conçu par une déesse et enfanté par une autre ; ces deux mères sont souvent, mais non exclusivement, Hathor et Isis ; et la reine a le rôle tantôt de l'amante, Hathor, et tantôt de la mère, Isis, c'est pourquoi elle porte éventuellement deux serpents.[475]

La déesse des moissons Renenutet dans l'Égypte pharaonique était adorée sous la forme d'un cobra. Chez les Gréco-Romains, la déesse de la Terre et des moissons est Déméter, et le serpent

---

[475] Nous retrouvons là toute l'ambiguïté du rôle d'Isis-Hathor à la fois, sœur, mère et amante.

appartient à la symbolique de cette déesse. Elle est souvent représentée tenant dans ses mains un épi de blé et un serpent qui lui communique le secret de la terre pour faire pousser le blé. À Éleusis, grand centre des mystères de Déméter en Grèce, la tête du serpent repose sur le sein de la déesse. C'est de terre que sort le blé, base de la nourriture : dans le langage symbolique des Anciens, Déméter remet un épi de blé à Triptolème, qui va le répandre parmi les hommes (NDA : épisode détaillé dans le dossier consacré à Déméter).

Sur les monuments précolombiens du Mexique, le serpent est le motif décoratif le plus fréquent, après le masque du dieu de la pluie. Le serpent, ici, est lié à la fois au Soleil et aux forces chtoniennes : il avale le Soleil dans sa course nocturne, mais le Soleil renaît au matin, de sorte que le serpent est en rapport avec la renaissance et la fécondité. Sur les murs des jeux de pelote précortéziens, à Chichén Itzá par exemple, un bas-relief montre la décapitation d'un joueur ; les jets de sang qui jaillissent se transforment en autant de serpents, qui viennent fertiliser la Terre. C'était un jeu religieux, et c'est le capitaine de l'équipe victorieuse qui était décapité, et non le vaincu, comme il est souvent imprimé : c'était en effet un grand honneur que d'être immolé au dieu-Soleil et de contribuer à renouveler la fertilité de la Terre. Ce dernier point est beaucoup plus important que dans les autres parties du monde, car ici il n'y a point d'élevage, presque pas d'animaux domestiques ni pour la fumure du sol ni pour la nourriture des hommes — qui disposent seulement d'une agriculture épuisant les sols — ni pour les sacrifices aux dieux.

Mais c'est surtout le grand serpent à plumes, Quetzalcóatl — symbole de l'énergie transmise par la Terre à la végétation et de là à l'homme — qui figure sur les monuments, d'abord sur une des pyramides de Teotihuacan, puis sur presque tous les monuments des Toltèques, enfin des Aztèques. Le panthéon maya ne comporte pas ce dieu, et dans les sites purement mayas, comme l'extraordinaire ville de Tikal, au Guatemala, il ne figure pas. Au contraire, dans les villes mayas soumises par les Toltèques, presque tous les monuments d'architecture maya, pyramides, autels, palais, ont été très décorés de serpents à de multiples exemplaires, les uns bordant les escaliers, à la façon de ceux d'Angkor, presque contemporains, d'autres en ligne droite ou entrelacés ou dessinant de longs cordons sur la facade des palais, ou bien serpents courts à deux têtes et superposés, imitant de loin des motifs géométriques, ou encore têtes de serpents multiples émergeant d'une pyramide. La colonne-serpent est une création originale des Toltèques : le corps forme la colonne, la queue est recourbée en baïonnette pour recevoir l'architrave, la tête est sur le sol, gueule ouverte, laissant sortir une langue bifide.

Le serpent distribue la fécondité, écrivait Pline. Les plus récentes études chez les peuplades noires, voisines de l'embouchure du Congo, indiquent que le serpent arc-en-ciel préside à la fécondité.

Parce qu'il change souvent de peau — la mue — le serpent est un symbole de rajeunissement et de la faculté de guérir. Le serpent est le compagnon habituel d'Asclépios-Esculape, dieu grec et romain de la médecine.

Le problème de la mort et celui de la quête de l'immortalité ont toujours hanté l'esprit humain. Avec philosophie et un très grand charme poétique, ils sont traités dans la Légende de Gilgameš, une des œuvres les plus marquantes de l'Antiquité orientale, où ils sont étroitement liés au symbolisme du serpent. Le poème est une œuvre babylonienne, dont la version qui nous est connue date de la première moitié du IIe millénaire avant J.-C., mais d'origine sumérienne, donc très antérieure, selon les recherches de Kramer

Le géant Gilgameš est un héros qui a dû inspirer les auteurs grecs de la légende d'Héraklès, car avant celui-ci il a étouffé un lion et accompli bien d'autres exploits, célèbres même en dehors de son pays.

Un petit arbre-huluppu au bord de l'Euphrate est un jour submergé, attaqué par le Vent du Sud. La déesse Inanna le prend et la plante dans son jardin sacré, dans la ville d'Uruk. Il grandit, et Inanna veut l'abattre ; elle en est empêchée par le serpent "qui ne connaît pas de charme", qui a fait son nid au pied de l'arbre, et par Lilith, un démon femelle qui avait construit sa maison dans les branches. Gilgameš, de sa hache gigantesque, tue le serpent ; épouvantée, Lilith s'enfuit (NDA : Parks décrypte ce mythe à la lumière de ses visions dans le tome 2 des *Chroniques*).[476]

Au cours de ses aventures, Gilgameš perd son ami Enkidu qui partageait ses exploits. Il comprend, devant la mort d'Enkidu, que

---

[476] Anton Parks, *Ádam Genisiš*, op. cit., pp. 484-491.

lui aussi est appelé à mourir. Il cherche désormais le secret de la vie éternelle. Un seul sage, habitant à l'autre bout du monde, est devenu immortel. Gilgameš se met en route pour lui demander ce secret. Après force aventures et maints déboires auprès du sage immortel, celui-ci finit par lui indiquer où il peut atteindre la plante de la jeunesse éternelle qui croît au fond de la mer ; Gilgameš plonge, la cueille, la rapporte. Au retour, tandis qu'il dort, un serpent lui ravit la plante, la mange et conquiert ainsi l'immortalité : dès qu'il se sent vieillir, il change de peau et retrouve sa jeunesse. Le héros, lui, rentre déçu.

À cette légende, dont on trouvera les détails dans L'Histoire commence à Sumer, *œuvre du célèbre épigraphiste Kramer, on peut également, avec G. Bibby, dans son* Dilmun, *voir le symbolisme suivant : Comment l'homme, incapable de résister au sommeil, pourrait-il espérer vaincre la mort ?*

En outre, ajoute ce dernier auteur, le sage avait dit à Gilgameš de s'attacher des pierres aux pieds pour pouvoir plonger profondément, ce que font encore actuellement les pêcheurs de perles du golfe Persique, et la "Fleur de l'immortalité" n'est vraisemblablement pas autre chose que la perle, selon G. Bibby. Cet archéologue a découvert sous le sol d'un palais ou d'un temple du VIIe siècle avant J. -C. — assurance de santé et de jeunesse dans le premier cas ; offrande dans le deuxième cas à la divinité pour lui demander santé et longue vie — des bols contenant chacun un squelette de serpent lové, et une turquoise, preuve qu'à cette époque la légende de Gilgameš était encore bien vivante à Bahreïn.

Dans le monde grec, le serpent s'empare également par ruse de l'immortalité destinée à l'homme : après le vol du feu par Prométhée, Zeus donne aux dénonciateurs un remède contre la vieillesse ; ils chargent ce remède sur le dos d'un ane ; plus tard ils laissent un moment l'ane près d'une fontaine ; l'ane a très soif, mais la fontaine est gardée par un serpent qui en interdit l'accès. Un accord intervient : l'ane donne le remède, le serpent le laisse boire et se dépouille de sa vieillesse.

En Inde, la notion d'immortalité est souvent liée au symbolisme du serpent. Dans le temple rupestre d'Udayagiri (Art Gupta, Ve siècle de notre ère), on voit une file de démons et de divinités s'atteler à Seshnaga, serpent enroulé autour du Mont Mandara, qui servait de baratton dans l'Océan de lait, et essayer de faire monter l'élixir d'immortalité. Le dieu Vishnu, conservateur du monde, est très souvent représenté couché, plus rarement assis, sur le "serpent d'éternité" aux replis infinis, Ananta ou Sesa, par exemple dans l'art Calyuka de l'Ouest, au VIe siècle (Musée National de New-Delhi et Grotte de Badami).

Dans l'art islamique, le serpent est un animal cyclique, symbole de mort et de résurrection.

Enfin, le serpent se mordant la queue figure l'éternité. Toutefois, l'iconographie égyptienne, selon Bétolaud, il désignerait seulement le cours de l'année et ses vicissitudes.

5 - Le serpent, symbole funéraire

Pour beaucoup de peuples anciens, ou primitifs, d'une part les morts s'en vont sous terre ou bien dans la Lune afin de se régénérer ou de réapparaître sous une forme nouvelle, d'autre part, la Lune et la terre sont constituées de la même substance (ce qui est prouvé depuis peu). Le serpent est attribut des Grandes-Déesses qui participent tant du caractère sacré de la Lune que de celui de la terre, et qui sont en même temps divinités funéraires, aussi le serpent devient-il l'animal funéraire par excellence.

En outre, les momies égyptiennes étaient parfois parées de "têtes de serpent, car le serpent est le gardien du verrou qui tient fermées les portes des différentes sections de l'autre monde" (P. Montet). Les ouvriers de la nécropole thébaine avaient pour patronne la déesse-serpent Merseger, l'Amie du silence, ayant sur la montagne son sanctuaire, dont la fouille a mis au jour un grand nombre de stèles et d'ex-voto, indiquant que la déesse-serpent était très vénérée. Finalement, les morts dans les profondeurs de la terre ont été anciennement assimilés au serpent, et le serpent est l'esprit des morts pour certains Grecs, selon F. Cumont. Suivant M. Eliade, "le serpent incarne les âmes des morts, l'ancêtre". Et ceci m'amène à parler du serpent totem, ancêtre mythique.

6 - Le serpent, ancêtre mythique

Comme beaucoup d'autres animaux, le serpent peut être totem, c'est-à-dire l'animal vénéré comme l'ancêtre du clan dans des tribus sauvages d'Afrique ou d'Amérique, par exemple chez les Amérindiens Hopis où se pratique en son honneur la "danse du serpent".

En Europe, le serpent est symbole de l'ancêtre mythique des Illyriens :

Illyros, fils de leurs libérateurs, Cadmos et Harmonie, et qui se dissimulait sous la forme d'un serpent, ce qui expliquerait la présence, dans des tombes illyriennes du Ve au IIIe siècle avant notre ère, de bracelets d'argent et un bracelet d'or, tous aux extrémités en tête de serpent.

En Asie, le serpent Nāga est l'ancêtre mythique de toute la société khmère, d'où les nombreux Nāga dans l'art khmer du XIIe et les immenses serpents à neuf têtes disposés en balustrade le long des chaussées d'Angkor. Une Nagi, génie-serpent féminin, a fondé une dynastie indonésienne. En Inde, la dynastie des Pallava descend d'une Nagi, les rois de Chota-Nagpur descendent d'un Nāga-homme Pundarika.

7 - Les serpents des sources et des eaux

Le caractère bienfaisant du serpent, vu plus haut, est parfois en relation avec l'eau, qui joue un rôle important dans la fertilité, en particulier dans les climats secs du Proche-Orient. A l'age d'or de la civilisation élamite (seconde moitié du IIe millénaire avant J.-C.), un relief rupestre montre un dieu trônant sur un serpent et tenant d'une main un serpent, de l'autre un vase aux flots jaillissants : ce dieu est maître des eaux souterraines, symbolisées par les reptiles suivant P. Amiet.

A Mathura, grand centre artistique de l'Inde ancienne, le culte du Nāga était très développé ; ce serpent demi-dieu protégeait puits, lacs, étangs, rivières (J. Auboyer).

L'hydre grecque, serpent des eaux, ayant sa demeure près d'une source, était primitivement la personnification de cette source. L'hydre de Lerne est le symbole des émanations pestilentielles des marais et la divinité du lieu redouté, vaincue par Héraklès, qui représente la marche triomphale de la civilisation.

En Arabie, les sources sont la demeure des djinns, démons du désert, qui, le plus souvent, revêtent une forme serpentine.

Dans plusieurs régions de France, notamment Jura, Franche-Comté, l'imagination place un gros serpent, ou wivre, à la tête des sources et des ruisseaux. Dans certains folklores, ce sont des génies bienfaisants, en forme de serpent ailé, à la tête ornée d'une pierre précieuse lumineuse, l'escarboucle ; lorsque la wivre la pose à côté d'elle pour boire, on peut alors s'en emparer car elle permet d'obtenir des trésors, mais sa conquête risque de provoquer la mort ou la folie.

Parmi les cours d'eau, l'Acheloüs prend la forme d'un taureau, puis d'un serpent, en faisant la cour à Déjanire ; plusieurs rivières de Grèce et d'Asie Mineure portent le nom d'Ophis (serpent) ou de Dracon (dragon) ; d'autres, il est vrai, s'appellent Méandre et sont à l'origine du nom commun méandre. Le tracé des premières a dû contribuer, à côté du symbolisme de la source, à leur faire donner ces noms suggestifs.

Non loin de là, les tablettes hittites nous content, au IIe millénaire avant J.-C., le combat du Grand-dieu de l'Orage contre le Grand-serpent Illuyankaš, monstre marin (NDA : voir chapitre III à ce propos).

Universellement répandue se trouve l'idée que l'arc-en-ciel est un serpent se désaltérant dans la mer ; cette idée a cours notamment chez les Indiens, les Amérindiens, en Afrique du Sud, et même en France.

Les marées, lorsqu'elles ne sont pas mises en rapport avec la Lune, sont censées être l'œuvre d'un grand serpent, qui avale l'eau pour la rendre ensuite. C'est l'origine du mythe scandinave du Midgardorm. Quant au monstre du Loch Ness et à ses semblables des mers lointaines, dont l'existence n'a jamais pu être prouvée, ils sont à l'origine d'un nouveau symbolisme, celui de l'expression "serpent de mer" : synonyme de mythe, et utilisé dans ce sens de nos jours.

8 - Le serpent, symbole lunaire

Le serpent devient un symbole de la Lune parce que, comme elle, il apparaît et disparaît, qu'il mue et se régénère *périodiquement, et qu'il a autant d'anneaux que la Lune a de jours selon Aristote et selon Pline, qui ajoute : "Sur terre, le serpent est le représentant de la Lune et, comme tel, distribue la fécondité". La Lune est presque partout l'objet d'une grande vénération : elle règle ou paraît régler le rythme de la vie et celui de la végétation. Mircéa Eliade insiste sur ce caractère lunaire du serpent et voit un argument supplémentaire dans les liens de la Lune avec la féminité : la Lune commande le cycle menstruel, suivant un mythe universellement répandu. De nombreux hommes croyaient – ou croient encore de nos jours, dans les Abruzzeset en Inde, par exemple – que la Lune sous la forme d'un serpent s'accouple avec leurs filles ou leurs femmes. Le serpent est une épiphanie de la Lune.*

En ce qui concerne Delphes, la lutte d'Apollon et Python symbolise en fait la substitution d'un culte solaire à un culte chtonien, en ésotérisme celle d'un culte solaire à un culte lunaire. En effet, les déesses chtoniennes, ici Gê, étaient souvent aussi lunaires, Python représentait le grand serpent astral désignant le courant des forces psychiques entourant notre monde terrestre ; d'origine sublunaire, il était censé protéger le temple de la déesse Gê à Delphes.

9 - Le serpent, protecteur, gardien

Le serpent est un symbole de la vigilance, car il dort les yeux grands ouverts. Pour la même raison, on a cru qu'il hypnotisait ; en fait, s'il n'a pas comme nous, de paupière mobile, il a une paupière fixe sous forme d'une écaille transparente, et l'on a pu dire que le serpent avait inventé avant nous la lentille de contact.

L'uræus du pharaon, dont on a vu le symbolisme principal, a en outre un rôle protecteur, contre les ennemis du roi, rôle qui pour certains égyptologues est plus important que le précédent. Ouadjet, déesse de Bouto, et protectrice de la Basse-Égypte, est souvent représentée sous forme d'un cobra femelle. Dans les tombes thébaines peintes, on voit des génies protecteurs sous forme de serpents, éventuellement munis d'ailes et de pattes.

Parmi les peintures rupestres du Sahara, se trouve un "bœuf à l'hydre" (station de Jabbaren, environ 3.500 ans avant J.-C.), bœuf entouré par le serpent mythique Tyanalia, à 7 têtes, représentant de dieu sur la terre pour la protection des troupeaux, et ce thème est encore vivant dans les rites des pasteurs peuls (Henri Lhote). En beaucoup de pays, un serpent garde une fontaine de vie ou un Arbre de Vie, et l'homme doit vaincre le serpent pour acquérir l'immortalité. Cette lutte a un sens initiatique suivant Eliade : il faut que l'homme fasse ses preuves, devienne un héros. Selon cet auteur, les serpents gardent toutes les voies de l'immortalité, c'est-à-dire tout réceptacle où se trouve concentré le sacré, par exemple le cratère de Dionysos.

À côté du Parthénon d'Athènes, l'Érechthéion est le temple consacré à Érechthée, héros-serpent né de la Terre et d'Héphaïstos (Vulcain) et confié à Athéna qui l'aurait élevé sur l'Acropole. Ceci est à rapprocher de la tradition selon laquelle l'Acropole d'Athènes était gardée par le serpent familier d'Athéna qui disparut lors de l'invasion perse quand l'oracle conseilla aux Athéniens de se réfugier sur leurs vaisseaux. Chez les Grecs, le serpent est surtout le génie tutélaire de la maison, Agathos Daimôn, c'est-à-dire une divinité salutaire, le démon favorable du foyer familial, à l'image duquel on fait une libation de vin pur à la fin du repas quotidien. Des reliefs représentent ce bon démon domestique sous forme de serpent.

C'est peut-être le même symbolisme de protection qu'il faut voir dans la colonne serpentine de Platées, érigée à Delphes après la victoire de 479 avant J.-C. par les cités grecques alliées : il s'agissait d'un trépied d'or sur une colonne de bronze dont le corps est formé de trois serpents entrelacés ; transportés à Constantinople par Constantin, les serpents y sont encore visibles sur l'ancien hippodrome byzantin, mais leurs têtes furent successivement mutilées par les chrétiens et les musulmans, qui y voyaient des personnifications du démon.

Récemment a été trouvé à Constantza (Roumanie), dans le Musée de laquelle il est exposé, un serpent fantastique du IIe siècle après J.-C., en marbre de Carrare, divinité protectrice des familles et gardien des lieux saints, selon les archéologues roumains.

En ce qui concerne les bijoux en forme de serpent, bracelets et colliers par exemple, leur rôle prophylactique général a tendance, estime-t-on, à s'estomper au cours de l'époque impériale romaine au profit du rôle décoratif.

Chez les Celtes, le serpent avait une importance de talisman. En Inde, l'idée du serpent, génie domestique bienfaisant, se maintient depuis des temps très reculés jusqu'à aujourd'hui où les paysans respectent, voire nourrissent dans les champs, en tant que protecteurs du sous-sol, les serpents même dangereux (Paul Lévy). Le grand serpent Vāsuki a contribué à sauver l'humanité et le monde animal réfugiés dans le vaisseau de Manu, équivalent de l'arche de Noé, lors du déluge hindou. En Inde également, le grand roi des serpents Dharanendra protège Parsavanatha par un véritable dais formé de têtes de cobras réunies par leur capuchon. C'est surtout dans les pays bouddhistes que le serpent a très souvent un rôle de protection, de gardien. Aussi voit-on un énorme serpent dont l'immense capuchon à sept têtes domine la tête de Bouddha : c'est Mucalinda, qui a protégé Bouddha d'un ouragan ; dans un bronze du XIIe siècle de notre ère, provenant du Cambodge, dans le style d'Angkor (Musée de Cleveland, USA), Bouddha est assis sur le corps du serpent lové.

Le Bouddhisme a incorporé et sublimé des cultes primitifs tirés de l'animisme et servant la fécondité, spécialement celui du Nāga, génie-serpent, gardien du trésor enfermé dans la terre et esprit bienfaisant des eaux. Le seuil des temples bouddhistes est fréquemment gardé par deux génies-serpents, " Nāga ". J'en ai vu un grand nombre, en particulier à Sri Lanka, dans les vieilles villes d'Anuradhapura, Polonnaruva, etc. : de chaque côté de l'entrée se dresse une stèle occupée par une sculpture en haut-relief, le génie anthropomorphe dont la tiare est surmontée d'un capuchon commun à sept têtes de cobra. Parfois, deux autres stèles analogues sont à quelques mètres en avant, ce qui fait alors quatre gardiens du seuil, rappelant en outre les premiers occupants de l'île qui, suivant la légende, étaient, non des hommes, mais des génies-serpents. La tiare conique du Nāga et ses joyaux rappellent les Boddhisatva de l'école Gupta. Le Nāga tient toujours de sa main levée un vase d'abondance d'où jaillissent prospérité et fertilité. C'est dire que sa signification est double et rejoint un autre symbolisme du serpent vu plus haut.

10 - Le serpent, symbole sexuel

Ce symbolisme est beaucoup moins fréquent qu'on ne l'a dit. En pareil cas, c'est surtout un symbole sexuel male : je citerai comme exemple une mosaïque d'El Djem (Tunisie), représentant un satyre et une bacchante nus, debout, séparés par une colonne. L'homme, dont les bras sont tombants, tient en mains un serpent dont la tête se dirige vers le sexe de la femme. J'ai vu cette mosaïque en place dans une villa du IIe siècle de notre ère de l'ancienne ville romaine de Thysdrus. Ce thème est rapproché des hiérogamies bénéfiques par L. Foucher.

Des naissances miraculeuses ont été attribuées à des serpents : c'est le cas d'Alexandre le Grand, de Scipion l'Africain, d'Auguste. Pour Alexandre, le dieu Amon, sous forme d'un serpent sacré, aurait eu commerce amoureux avec Olympias, reine de Macédoine et mère d'Alexandre. La tendance des Grecs à matérialiser le concept de filiation divine a produit ce mythe, a-t-on écrit, alors qu'en réalité ce concept était admis de longue date par les Égyptiens : le pharaon, croyaient-ils, naissait d'une mère qui avait reçu directement la semence divine, Amon se substituant au père au moment de la conception. Alexandre, en bon politique qu'il était, a su obtenir et utiliser ce renseignement ; lorsqu'il est allé consulter l'oracle de l'oasis d'Amon dans le désert de Cyrénaïque, l'oracle l'a salué du nom de : fils d'Amon.

À titre exceptionnel, le serpent d'Asclépios qui jouait un rôle mystérieux dans la guérison des malades à Épidaure au Péloponnèse, avait commerce avec l'une d'elles : "Nikêsibule de Messène s'étant endormie dans le sanctuaire en exprimant le vœu de devenir mère, Pœan (dieu-médecin identifié par la suite à Apollon) lui apparut ; il était suivi d'un serpent auquel elle s'unit. Au cours de l'année, elle mit au monde deux enfants males".

Selon une tradition rabbinique, admise par quelques auteurs, le serpent du Paradis terrestre aurait séduit Ève, non seulement au figuré, moralement, mais aussi au propre, physiquement.

Quant au symbolisme sexuel femelle du serpent, il est fort rare, sauf si l'on admet avec certains que le serpent, symbole de la Terre, est un symbole sexuel de la terre, le concept de la Terre-Mère étant, lui, universel.

11 - Le symbolisme du caducée. Le serpent guérisseur

Le caducée était à l'origine une baguette de héraut, bâton d'olivier orné de guirlandes. Ces dernières sont remplacées par des serpents dans le caducée attribué à Hermès comme héraut ou messager des dieux, allusion au fait qu'Hermès voyant deux serpents se battre les avait séparés avec son bâton d'olivier ; de là vint qu'une baguette ainsi ornée fut adoptée comme emblème de la paix.

*Ce caducée à deux serpents, lorsqu'il est reconnaissable sur un fragment de sculpture (ronde-bosse ou bas-relief) ou de peinture (tesson de poterie, par exemple), permet d'identifier le dieu Hermès dont le culte était répandu dans tous les pays méditerranéens, et particulièrement fréquent en Gaule, comme dieu du commerce, dieu des routes, dieu des voyageurs, et aussi dieu des voleurs. En outre, avec son caducée, il conduisait les âmes aux Enfers : c'est l'Hermès psychopompe de Diodore de Sicile et des grands tragiques grecs. Enfin, le caducée d'Hermès est une véritable baguette magique avec laquelle il a charmé et endormi des personnages de l'*Iliade *et de l'*Odyssée.

L'identification à Hermès, à vrai dire, ne doit pas être automatique : le dieu a prêté ses ailes et son caducée à Persée. En Égypte, le dieu Anubis assimilé à Hermès à une époque tardive porte quelquefois le caducée. Celui-ci figure aussi sur de nombreux ex-voto carthaginois sans que n'apparaisse jamais le nom d'Hermès, c'est alors un talisman d'éternité, selon Mme Colette Picard. Dans l'initiation aux mystères mithriaques, le corbeau a pour emblème le caducée, car il a, comme Hermès, un rôle de messager des dieux. Enfin, le caducée aux serpents se rencontre déjà sur un cachet-sceau du IVe millénaire à Tépé Gaura en Mésopotamie (P. Amiet), mais le symbolisme n'en est pas connu.

Selon certains, la présence de deux serpents entrelacés illustrerait l'ambivalence bénéfique-maléfique du serpent dont les deux aspects ont été vus plus haut. Toutefois, le fait que cet emblème soit souvent surmonté de deux ailes n'est pas en faveur de cette interprétation (sans l'exclure complètement). Pour d'autres, le caducée signifierait l'union du ciel et de la terre, et l'éveil en l'homme de la conscience cosmique.

Le professeur Jean Bernard, de l'Académie francaise et de l'Académie des sciences, fait remarquer que les acides nucléiques, molécules organiques dont dépendent toutes les manifestations de la matière vivante, et qui contiennent les messages de l'hérédité, ont une structure faite essentiellement de deux spires enroulées l'une autour de l'autre, à la manière des deux serpents d'Asclépios, dieu de la médecine. En réalité, l'image ainsi réalisée par la nature n'est pas celle du caducée médical (constitué d'un seul serpent) mais celle du caducée d'Hermès, donc du messager des dieux, ce qui reste une coïncidence curieuse pour le messager biologique de l'hérédité (NDA : Seringe fait ici référence à la double hélice d'ADN).

Le caducée médical, en effet, diffère du précédent en ce qu'il comporte un seul serpent, enroulé également autour d'un bâton. L'association du serpent et de la médecine est fort ancienne : Mélampe ("au pied noir"), roi légendaire de Pylos, fit des funérailles à un serpent mort et éleva ses petits ; ces derniers, reconnaissants, lui communiquèrent le don de rendre la santé ; c'est là le sens du caducée pour Gougaud. Mélampe passait en effet pour être initié aux mystères chtoniens des serpents et pour avoir eu des succès médicaux en utilisant des méthodes thérapeutiques connues des historiens de la médecine.

Les Égyptiens de Thèbes, à l'époque d'Hérodote, adoraient le serpent à cornes (vipère céraste), symbole de la déesse Maritsakro, divinité guérisseuse comme d'autres dieux des morts ; elle était invoquée en cas de morsure de serpent nous apprend une stèle élevée à cette déesse, décrivant la symptomatologie de l'envenimation, puis la guérison. "Quand meurent ces serpents à cornes, on les ensevelit dans le sanctuaire de Zeus", *écrit Hérodote. À notre époque, on a retrouvé à Thèbes des momies de vipères à cornes.*

La peau de serpent était utilisée par un médecin de Sumer au IIIe millénaire avant J.-C., dans une pharmacopée comprenant surtout des remèdes végétaux, et considérée comme la plus ancienne du monde par Kramer, qui l'a lu sur une une tablette trouvée à Nippur. Plus tard, le serpent entrera dans la composition de la thériaque, électuaire célèbre dont on attribue l'invention à Mithridate, et qui sera utilisée durant tout le Moyen Âge. Au XVe siècle, l'allégorie de la médecine est figurée sous forme d'un homme maniant des serpents et sur les épaules duquel se tient un serpent (Bibliothèque Marciana, à Venise).

Chez les Phéniciens et les Syriens, le dieu-médecin Ešmun avait déjà pour attribut distinctif un baton autour duquel s'enroulait un serpent. Chez les Grecs et les Romains, le serpent et le baton sont les plus typiques des attributs d'Asclépios-Esculape, fils d'Apollon. Apollon avait été le premier dieu-médecin, surpassé dans cet art par son fils.

Le serpent, en tant que symbole de la connaissance, et surtout de la vie indestructible de la terre et en tant que capable de rajeunissement en changeant de peau, devient symbole de la santé et de la faculté de guérir. Épidaure, en Grèce, était, au IVe siècle avant notre ère, un grand-centre de thérapeutique dédié à Asclépios ; un de ses monuments les plus célèbres était une tholos construite par Polyclète le Jeune, dans les sous-sols de laquelle se trouvaient sans doute les serpents sacrés. Dans un autre batiment étaient couchés les malades visités durant leur sommeil nocturne par le dieu accompagné d'un serpent, qui prenait une part directe à la guérison ; les textes sont peu explicites sur ce point mais le Musée National d'Athènes possède un relief représentant une guérison, avec un serpent mordant l'épaule d'un homme couché ; il rêverait, a-t-on dit, que le dieu incise son épaule. Selon le célèbre archéologue allemand Gruben, les serpents léchaient la partie malade ou mordaient un ulcère. "Les serpents, et principalement l'espèce qui est d'une couleur roussatre, sont consacrés à Asclépios et ne font aucun mal aux hommes. Ils ne sont connus que dans le pays d'Épidaure", écrira le grand voyageur Pausanias, au second siècle.

Asclépios-Esculape avait une fille, Hygie, déesse de la santé, représentée sur les monuments anciens sous les traits d'une jeune femme tenant d'une main un serpent, de l'autre une coupe dans laquelle boit le reptile. Ces attributs sont devenus de nos jours le symbole de la pharmacie (du grec : pharmakon : poison), le poison étant versé dans une coupe. C'est à une époque récente, également, que le caducée a été adopté comme emblème de la médecine, rappelant son origine magique et religieuse et le caducée avec ou sans coupe supplémentaire comme symbole des professions de santé en général."

Tout est dit ! Nous retrouvons tout ce qui unit l'homme avec ses figures divines de l'Antiquité, à ressemblance reptilienne (ou ophidienne).[477] Entités vivant principalement sous-terre (Abzu / Gigal) et fatalement associées aux rites funéraires ; regardées comme source de connaissance, de sagesse, de fertilité, d'immortalité : comment pourrait-il en être autrement lorsque l'on sait que les Gina'abul étaient quasiment immortels aux yeux de nos ancêtres ? Quant à leurs connaissances, elles s'étendaient non seulement à l'agriculture mais aussi et bien sûr à la médecine, et la guérison. Tout du moins pour les femelles de l'espèce. Considérés comme les ancêtres divins des humains (voir notamment les Nāga de l'Inde ancestrale), les Serpents ont marqué les premiers rois humains – d'essence divine – de la marque sacrée. Le reptile désigne la royauté égyptienne et, à l'image d'Osiris, ceint le front de tous les pharaons ; quant aux Nāga ils possèdent une tiare surmontée d'un capuchon à sept têtes de cobra – le même serpent que l'uræus égyptien. L'archétype de tous les pharaons dans l'Autre vie, Osiris, est donc clairement associé à l'emblème du serpent. Euripide nous dit de la naissance de Dionysos que : *"lorsque le terme fixé par le Destin arriva, Zeus fit sortir Dionysos de sa cuisse et lui fit une couronne de serpents"*.[478]

Nous ne reviendrons pas sur le lien unissant Hadès et Dionysos. Qu'en est-il de son pendant mésopotamien, le dieu des Abysses et de la Sagesse ? Il est tout simplement le signe de l'enseignant Enki-Éa qui est figuré tout ou partie sous forme serpentine (parfois s'entourant autour d'un arbre), rappelant que l'animal est tout à la fois attaché à la connaissance et à la sagesse mais joue aussi un rôle prophylactique. Le dieu mésopotamien est aussi rattaché à la Lune et aux eaux, comme le serpent. Enfin, Enki maîtrise de nombreux domaines et particulièrement la magie et la médecine. À ce titre, il est invité par Nammu-Nuréa à créer l'humanité, selon la mythologie sumérienne (voir chapitre I du tome 3) ; reprenant ainsi en partie les récits des *Chroniques*. Le symbole ophidien reprend donc toutes les qualités et attributions d'Enki-Osiris (et de son clan). J'ai bien parlé d'un serpent s'entourant autour d'un arbre concernant Enki. Cela nous rappellera le serpent tentateur de la

---

[477] La protohistoire et l'archéologie l'attestent selon le dossier "Traces archéologiques et historiques des GINA-AB-UL" d'Anton Parks dans *Le Réveil du Phénix* (pp. 367-416).
[478] Euripide, *Les Bacchantes*, 95-102.

Bible, Samaël, évoqué dans le tome 2 des *Chroniques*.[479] Cet individu ayant été aisément identifié à Enki-Osiris. Nous retrouvons ce serpent (simple ou double) enroulé dans de nombreux mythes et figurations. En pays élamite (sud-ouest du plateau iranien) entre 3400 et 2800 ans av. J.-C., l'on vénérait une forme de caducée où deux serpents s'entortillaient l'un autour de l'autre. Dans cette même région – à Suse plus précisément –, le dieu de la mort était figuré comme un serpent à tête de dragon ; il se nommait Inšušinak, soit le "Seigneur de Suse". À Anšan, l'autre capitale de l'Élam avec Suse, le dieu-grand (alias Napiriša) chevauchait un serpent androcéphale figurant les eaux primordiales ; un équivalent local d'Enki-Éa.[480] Ce dernier est de nouveau associé au caducée (complet ou partiel).

Toujours dans la région du Moyen-Orient, au cœur de l'ancienne Mésopotamie nous trouvons un doublet d'Enki en la personne de Ningišzida. Nous ne reviendrons pas sur cette déité chtonienne évoquée dans le dossier précédent ; rappelons simplement qu'il présidait à la fertilité et aux plantes médicinales. Dépeint comme un serpent avec une tête humaine, il est également réputé pour le symbole du caducée qui lui est associé : deux serpents entourés autour d'un bâton ou d'un arbre comme en atteste le vase de libation de Gudea… La filiation divine de Ningišzida le met en lien évident avec Enki-Osiris : il est dit fils de Ninazu (voire d'Enki lui-même) et Ningirida (ou Ereškigal). Ninazu, lui-même dieu du monde souterrain et associé à la guérison, est considéré fils d'Ereškigal et de Gugalana. Ninazu est parfois donné comme le propre époux d'Ereškigal. Il est le Roi des serpents dans les incantations babyloniennes et on lui a prêté le rôle de maître du Monde inférieur. À Ešnunna on fait de lui une divinité guerrière ; à Enegi, on le vénère sous une forme ophidienne. Le "Seigneur de l'Arbre de Vie" (traduction litt. de Ningišzida) était une épithète également attribuée à Damu-Dumuzi, autre avatar d'Enki-Dionysos.

La confusion est de circonstance lorsque l'on évoque les divinités chtoniennes d'ancienne Mésopotamie ! Comme chez les

---

[479] Anton Parks, *Ádam Genisiš*, op. cit., page 247.
[480] http://atil.ovh.org/noosphere/caducee.php

Égyptiens et les Grecs anciens, le petit-fils pouvait partager l'identité du grand-père, ainsi que le père celle du fils. Nous avons vu que les couples divins ont tendance à "se répercuter", à trouver un écho dans la (ou les) génération(s) suivante(s) : Uranos/Gaïa – Kronos/Rhéa – Zeus/Héra. Ainsi Gugalana – le "Grand Taureau du Ciel", alias Enki-Éa – est le même protagoniste que son fils Ninazu, lui-même image de Ningišzida. Selon une inscription trouvée à Lagaš, il serait plutôt le fils d'Anu.[481] Ce qui est cohérent avec la trame des *Chroniques* où An est bel et bien le géniteur d'Enki-Ningišzida.

***

Sérapis, divinité syncrétique adorée en Égypte à l'époque ptolémaïque (lors du règne des pharaons grecs, donc), rassemblait toutes les caractéristiques d'Enki-Osiris. Commençons par dire qu'il était souvent figuré comme Ningišzida, sous les traits d'une chimère à corps de serpent surmonté d'une tête humaine. Sérapis est étymologiquement la contraction des termes d'Osiris/Asar et d'Apis, le taureau symbolisant l'époux d'Isis dans les rites funéraires. Il a été très vite rapproché d'Hadès et a permis de rendre à ce dernier l'hommage mérité dont bénéficiaient ses *alter ego* divins. Sérapis était en effet très apprécié du peuple allant jusqu'à constituer la trinité de la ville égyptienne d'Alexandrie aux côtés d'Isis – son épouse – et d'Harpocrate – leur fils, incarnant Horus enfant. Même si ce syncrétisme est tardif au regard des autres sources de notre étude, il convient de mettre en avant ce rapprochement que nous jugeons pertinent.

D'autres divinités viendront compléter les attributs de notre Sérapis alexandrin : Dionysos lui apportera la Fertilité, Zeus lui donnera la souveraineté, Asclépios enfin lui accordera le pouvoir de guérison. Tous ces attributs se retrouveront dans ses représentations : le visage barbu à la façon souverain de l'Olympe ; la tête surmontée d'un gobelet à mesurer le blé ; accompagné de Cerbère aux trois têtes... C'est son pouvoir guérisseur qui fera de

---

[481] Ira Maurice Price, *Notes on the Pantheon of the Gudean Cylinders*, The American Journal of Semitic Languages and Literatures, Vol. 17, No. 1 (Oct., 1900), pp. 47-53.

Sérapis une déité vénérée avec raison. À de nombreuses reprises, il est assimilé à Asclépios, dont nous allons parler juste après. Rappelons qu'Isis, la grande guérisseuse, possédait des temples où ses prêtresses (à l'image de leur Grande-Déesse) pratiquaient les soins les plus divers. Son époux et frère, lui aussi considéré comme magicien et guérisseur, deviendra – sous l'aspect de Sérapis – une figure supérieure aux autres ; absorbant et/ou destituant sous l'époque hellénistique diverses divinités du bassin méditerranéen : Zeus, Hadès, Poséidon, Dionysos, Hélios, Ba'al, Amon, Adonis et Asclépios.[482] Nous retrouvons chez les Phéniciens un dieu équivalent, également syncrétisé avec Sérapis, dans la personne de Ešmun. Divinité de la justice, de la fertilité mais aussi de la mort, de la résurrection et donc de la guérison. La légende raconte que Ešmun était un jeune homme de Sidon (ville du Sud-Liban) qui aimait chasser. La déesse Astarté (image d'Ištar) tomba amoureuse de lui, mais pour échapper à ses avances, il se mutila et mourut. Afin de ne pas être en reste, Astarté le ramena à la vie sous la forme d'un dieu…[483] Cet épisode rappelle en tout point celui évoqué par Sa'am-Enki dans le tome 2 *des Chroni*ques lorsqu'en visite à Kalam auprès d'Ištar, celle-ci l'enivra et arriva à lui faire partager sa couche le temps d'une nuit. À son réveil, dépité, Enki commit l'irréparable et se mutila avec son sabre.[484] Ce n'est pas ce qui le tua bien entendu ; le mythe mélangea les deux événements mais nous rappelle que Nephtys-Ištar participa à sa résurrection dans le corps du divin faucon Horus.

Il existe en Égypte une gravure d'un sceptre qu'on dit appartenir à Osiris ; celui-ci se termine par une pomme de pin et présente deux serpents s'enroulant pour finir par se faire face à l'extrémité du bâton. Ce caducée serait considéré par certains comme l'un des attributs du dieu égyptien du monde souterrain.[485] Toujours au pays de Kemet et un peu plus anciennement, à l'époque de Nagada (3800 / 3150 av. J.-C.), des manches de

---

[482] Christine Prieto, *Christianisme et paganisme : La prédication de l'Évangile dans le monde gréco-romain*, Éd. Labor et Fides, 2004, pp. 27-28.
[483] https://en.wikipedia.org/wiki/Eshmun
[484] Anton Parks, *Ádam Genisiš*, op. cit., pp. 298-301.
[485] Pierre Nicolas Rolle, *Recherches Sur Le Culte De Bacchus : Symbole De La Force Reproductive De La Nature [...]*, Volume 1, Éd. Ulan Press, 2012, page 352.

couteaux égyptiens étaient ornés de véritables caducées à deux serpents.

Dans la Grèce antique, le caducée et/ou le bâton autour duquel s'enroule un serpent est un attribut majeur de deux divinités : Hermès et Asclépios. Nous reviendrons plus loin sur Hermès-Thot. Asclépios est le fils d'Apollon et de Coronis. L'histoire de sa naissance est dramatique comme nous l'avons vu dans le chapitre *Artémis*. Celle-ci ne vous rappelle-t-il rien ? La naissance de Dionysos (voire celle du fils d'Apis en Égypte) bien entendu ! Asclépios, était si doué pour l'art de la médecine qu'il dépassa son géniteur divin. Il arrivera même à ressusciter les morts (pouvoir qu'il partage avec Hadès et Koré-Perséphone) grâce à Athéna qui lui remit une fiole contenant le sang de la gorgone Méduse – ayant à la fois le pouvoir de donner la mort comme celui de ressusciter les cadavres.[486] Cet affront fait aux dieux par un demi-dieu déclencha l'ire de Zeus ; il élimina le fils d'Apollon d'un trait de foudre. Comprenant sa faute par la suite, le fils de Kronos finira par diviniser Asclépios en le transformant en constellation. Asclépios rejoint donc Ningišzida dans la maîtrise des plantes médicinales, d'où l'attribut du (pseudo)caducée qu'ils partagent ; ces deux déités figurant des extensions personnifiées, hypostasiées des aptitudes à la médecine d'Enki-Osiris. Le lien entre Hadès et le caducée ? Outre l'identification du dieu des Enfers grecs à Enki et à Osiris, le caducée est doublement lié au Séjour des morts. D'une part via Asclépios que nous venons d'évoquer et qui vidait petit à petit les Enfers de ses ombres ; d'autre part via Hermès qui véhiculait les âmes des morts vers l'Hadès. Ainsi il devient de plus en plus évident que le personnage d'Enki-Osiris a été éclaté aussi bien sur l'Olympe qu'en dehors en des individus paraissant au premier abord fort disparates : Hadès, Dionysos, Asclépios ou encore Ischys pour ne citer que ceux des derniers dossiers. Enfin comme nous l'avons vu plus haut, Sérapis, de la triade alexandrine Isis-Sérapis-Harpocrate, viendra tardivement rassembler toutes ces divinités – à juste titre ! Concernant le caducée, sa figuration est définitivement en lien avec l'énergie de la Kuṇḍalinī ; nous en

---

[486] Ici est bien entendu évoqué le pouvoir du sang des prêtresses Amašutum tout autant poison que remède... selon les circonstances. Voir *Le Secret des Étoiles Sombres*, op. cit., pp. 207-208.

reparlerons dans le chapitre *Hermès*.

À gauche une sculpture égyptienne d'époque ptolémaïque d'Isis et Sérapis figurés sous forme ophidienne (Revue Archéologique, Paris, Vol. 5, Mai 1879, Plate IX). À droite une peinture antique déterrée à Xinjiang (Chine) présentant les héros mythiques Fu Xi et Nu Wa. Ces derniers, frère et sœur divins, étaient prétendument les créateurs de l'espèce humaine, les inventeurs de la chasse, de la pêche et enfin de l'écriture chinoise qu'ils auraient transmises à l'homme... toute ressemblance avec le couple Isis/Osiris ne serait que pure coïncidence !

D'un point de vue familial, Hadès a pour épouse Koré-Perséphone. Comme déjà évoqué plus haut, ils sont la réplique d'Osiris et d'Isis pour l'Égypte et de Enki et Ereškigal (dont l'épithète courante est Ninki, litt. "Maîtresse de la Terre") pour la Mésopotamie. Hadès et Perséphone n'ont pas de descendance selon les prosateurs de la Grèce antique à la différence d'Osiris et d'Isis et d'Enki et Ninki. Le couple divin égyptien a engendré Horus comme leur équivalent mésopotamien a procréé Marduk(2). Nous avons vu dans le dossier Apollon qu'ils sont l'incarnation d'un même protagoniste. Il est dit dans la mythologie suméro-babylonienne qu'Enki et Ninki ont également eu deux autres enfants : Dumuzi-Tammuz (le dieu berger) et Geštinanna qui semblent être des échos de leurs parents ; reprenant les mêmes rôles et attributions. Le "frère" de Dumuzi, Ningišzida, devint avec lui un portier du monde souterrain. Adapa, fidèle serviteur d'Enki-Éa, dans le mythe mésopotamien éponyme retrouva Ningišzida et

Dumuzi chez An où ils étaient devenus les portiers de son palais céleste ainsi que les pourvoyeurs de l'eau de la vie et du pain de vie ; aliments délivrant l'immortalité aux dieux.[487] Un élément certainement importé en Grèce où les mythographes locaux leur donnèrent le nom de nectar et d'ambroisie. Précisons que si les dieux mésopotamiens étaient soustraits à leurs besoins alimentaires, ils perdaient leur immortalité comme ce fut le cas d'Inanna soumise à la volonté de sa sœur Ereškigal (dans le mythe de la *Descente aux Enfers d'Inanna*). La consort de Dumuzi ne sera délivrée de son sort et ne recouvrera son statut divin qu'après avoir ingéré le breuvage et la nourriture de vie portés à sa bouche par deux messagers conçus spécialement par Enki-Éa.[488]

Associé à la végétation (de son patronyme et par son épouse), à la médecine (par son géniteur), au Ciel et aux Enfers (par ses séjours) ainsi qu'à l'usage des produits donnant l'immortalité, Ningišzida a tout d'un avatar de Dionysos. Il partageait son animal-familier avec son père ; c'était le dragon Mušhuššu (litt. "serpent/dragon rouge ou dragon furieux" en sumérien). Cela nous renvoie évidemment au caractère véhément de Nergal-Horus.

À présent, il convient de refaire un détour rapide par la Crète. Le roi légendaire de l'île méditerranéenne ayant donné son nom à la célèbre culture qui lui a succédé, le bien nommé Minos avait certainement des racines égyptiennes... Nous savons qu'Hadès n'était qu'un faire-valoir de Perséphone, un époux invisible qui selon beaucoup n'était que l'incarnation du lieu sur lequel la déesse infernale exerçait son autorité. Au sein des Enfers des Grecs dont la conception a demandé de considérables efforts aux mythographes (afin de concilier les diverses visions qu'en avaient leurs prédécesseurs et voisins) nous savons qu'il existait outre le Tartare – séjour des criminels –, les Champs Élysées – séjour des vertueux – et le palais d'Hadès et Perséphone, un tribunal un peu particulier où les jugements étaient prononcés à l'égard des trépassés. Les juges nommés pour la lourde tâche d'envoyer les défunts vers le Tartare ou les Champs Élysées se comptaient au nombre de trois, bien qu'il soit raisonnable de croire qu'ils étaient

---

[487] *Mythe d'Adapa*, fragment B, lignes 20-21.
[488] Mythe sumérien de la *Descente aux Enfers d'Inanna*, lignes 270-272.

la division d'un seul protagoniste légendaire : Minos. Les deux autres juges étaient les frères de Minos, Éaque et Rhadamanthe. Dans tous les cas le verdict était prononcé par Minos, ce verdict étant sans appel. Le roi de Crète était comme on l'a vu dans le chapitre *Dionysos* un être légendaire qui tient plus du mythe que de la réalité historique. Il incarnait le Taureau divin qui apporte la fécondité et la fertilité aux troupeaux et aux cultures. Il tient sans doute du dieu Min(u) en provenance du Double-Pays. Min(u), lui aussi évoqué plus haut, était une déité ithyphallique à la peau sombre soulignant sa nature chtonienne et fertile. Il portait l'épithète de "taureau de sa mère" et fut syncrétisé avec Osiris, dieu et juge du Séjour souterrain des anciens Égyptiens. Il va sans dire que s'il devait y avoir un personnage masculin d'envergure aux Enfers des Hellènes, ce devait être non pas Hadès (qui était tout comme le Tartare une coquille vide, une incarnation diffuse d'un lieu mythique) mais certainement Minos, le juge chargé du destin de tous les sujets de Perséphone. La proximité phonétique entre le nom de l'épouse de Minos, Pasiphaé, et celle d'Hadès est assez troublante. Sans oublier qu'elles incarnaient toutes deux des phases de la Lune.

Avant de conclure ce dossier, nous allons valider une bonne fois pour toutes que le dieu mésopotamien Enki-Éa était bien souvent figuré sous l'aspect mi-dieu mi-serpent – ce dont certains continuent de douter. Nous allons nous aider pour cela du célèbre sceau-cylindre akkadien de Tell Asmar (2300-2200 av. J.-C.) numéroté IM15617 que l'on pense aujourd'hui perdu à jamais (volé ou détruit). Les droits de l'image ci-dessous appartiennent à l'Université de Chicago.[489]

---

[489] Frankfort, Henri : *Stratified Cylinder Seals from the Diyala Region*. Oriental Institute Publications 72. Chicago : University of Chicago Press, no. 616.

Le sceau-cylindre akkadien ci-dessus nous présente deux déités a priori inconnues discutant autour d'un feu. Ce qui attire notre regard c'est le symbole présent dans le dos de la divinité ophidienne. Ce symbole n'a, à notre connaissance, pas été décrypté et représenterait une flèche stylisée indiquant la nature chtonienne du dieu... il en est toute autre chose comme nous le voyons !

Nous allons voir que la divinité de gauche est bien Enki-Éa. Le symbole dans son dos n'est évidemment pas une flèche stylisée ou un arbre dans un pot comme nous avons pu le lire ici ou là. Cela serait faire insulte à l'intelligence des anciens Mésopotamiens que de croire cela. Non, ce symbole est comme nous l'avons vu dans le dossier consacré à Dionysos un assemblage de signes paléosumériens tout à fait décodable. Voyons les deux interprétations que nous pouvons en faire suivi de notre méthode de décodage. Cette déité ophidienne était ainsi :

- DINGIR(dieu)-BA(distribuer, rations)-TAB(multiplier)-MÁŠ(bétail), soit "le dieu qui distribue les rations et multiplie le bétail" ou
- DINGIR(dieu)-DU_{10}(être bon, doux)-TAB(multiplier)-MÁŠ(bétail), soit "le dieu bon et doux qui multiplie le bétail".

Nous retrouvons là deux définitions parfaitement associables au dieu sage et civilisateur qu'était Enki-Éa dans les mythes d'ancienne Mésopotamie. Aucun dieu à part lui ne saurait d'ailleurs recevoir de telles "épithètes".

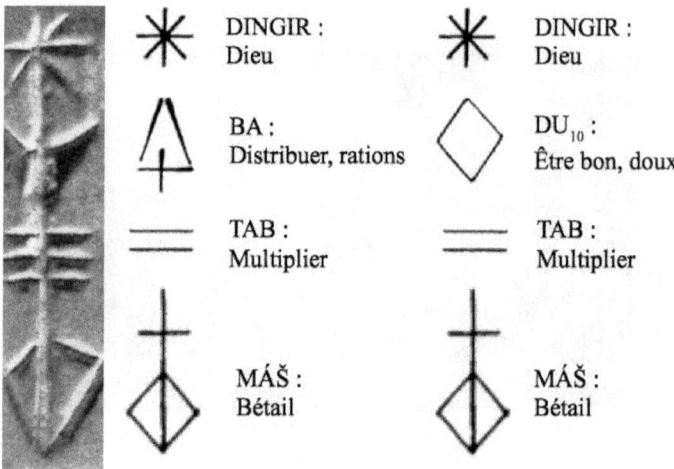

Ce décodage est encore une fois interprétatif et le symbole derrière le dieu à forme serpentine pourrait être "décomposé" par d'autres sumérogrammes. Mais le choix de ceux-ci est très limité et en retournant la chose dans tous les sens, les choix proposés ci-dessus nous semblent être les plus proches de l'assemblage de signes voulu par les Akkadiens qui usaient parfois d'antiques signes hérités de leurs proches voisins sumériens.

Arrivés au terme de cette étude sur Hadès, passons à présent à notre synthèse avec laquelle vous êtes maintenant familiers.

LES DOUZE DIEUX DE L'OLYMPE

	Osiris	Enki-Ningišzida-Dumuzi	Hadès-Sérapis
Filiation / Parenté	a- Fils de Nut/Geb puis de sa sœur et épouse Isis b- Fils de Atum-Rê* c- Frère de Seth	a- Fils de Nammu puis de sa sœur et épouse Duttur* b- Fils de Anu (Enki) c- Frère d'Enlíl (Enki)	a- Fils de Rhéa et époux de Perséphone (Hadès) ou d'Isis (Sérapis) b- Fils de Kronos c- Oncle d'Arès
Attributs / Fonctions & Symboles	d- Symbole du Serpent e- Règne sur le monde des morts f- En lien avec les mythiques Amenti / Aaru g- Lié à l'agriculture et à la végétation h- Dieu favorable i- Dieu "*Invisible*" j- Associé à la magie et à résurrection k- Sabu / Anubis, leader des Suivants d'Osiris* l- Associé à l'astre lunaire m- Bâton d'Osiris n- Sept portes de la Duat inférieure	d- Symbole du Serpent e- Règne sur l'Abzu f- En lien avec les mythiques Arallû et Irkalla g- Lié à l'agriculture et à la végétation h- Dieu "*Sage*" j- Associé à la magie et à la création (Enki) / à la résurrection (Ningišzida) l- Associé à l'astre lunaire m- *Caducée* de Ningišzida n- Sept portes du Kur inférieur d'Ereškigal	d- Symbole du Serpent e- Règne sur l'Hadès ou les Enfers f- En lien avec l'Île des Bienheureux / les Champs Élysées g- Lié à l'agriculture et à la végétation h- Dieu "*Bon Conseiller*" i- Cape d'invisibilité j- Associé à la création et à résurrection k- Cerbère, gardien de l'entrée de l'Hadès l- Perséphone incarnation d'une phase lunaire m- Caducée ou bâton d'Asclépios associés au monde souterrain n- Sept pépins de grenade de Perséphone

Tableau Hadès. * : *Élément avancé par les* Chroniques du Ğírkù.

Héphaïstos, troisième incarnation olympienne d'Enki-Osiris, est le personnage sur lequel nous allons à présent nous pencher.

Chapitre IX

Héphaïstos ou le Gardien du Feu Sacré

"Muse harmonieuse, chante l'illustre intelligence d'Héphaïstos qui, avec Athéna aux yeux pers, apprit les nobles travaux aux hommes de la terre, tandis qu'auparavant ils habitaient des antres dans les montagnes, comme des bêtes sauvages. Maintenant, au contraire, instruits au travail grace à Héphaïstos, l'illustre artisan, ils mènent une vie tranquille tout au long de l'année, dans des maisons qui sont leur œuvre. Ah ! Sois-nous propice, Héphaïstos ! Donne-nous talent et richesse".
Hymne homérique à Héphaïstos.

"[Enki], maître de l'opulence et du savoir-faire,
[Seigneur] chéri de An, parure d'Éridu ! (...)
Toi qui as installé les gens en leur demeure
Et prends garde qu'ils suivent leur pasteur ! (...)
Toi qui leur fais laisser chez eux les armes [...]
Leur assurant ainsi de vivre en paix !"
Extrait du mythe sumérien
***Enki et l'Ordre du Monde*, lignes 41-50.**

"Salut à toi !
Tu es vénérable, tu es ancien,
To-Tjenen père des dieux, dieu
Aîné de la première fois,
Modeleur des hommes,
qui a fait les dieux,
qui a inauguré l'existence comme dieu primordial,
premier à exister pour tout ce qui est venu après lui...".
Extrait de l'*Hymne à Ptah* du *Papyrus Harris I*.

N ous avons affaire ici avec un dieu "incomplet". Il est en effet plus une épithète – sans être pour autant une abstraction complète – qu'une personnalité à part entière. Comme vous le savez déjà il est une composante d'Enki-Osiris. Du côté de l'ancienne Mésopotamie il sera Enki et Girra et du côté égyptien il est à rapprocher du façonneur divin Ptah ou Pteh, épithète d'Osiris. Les mythographes de la Grèce antique ont d'ailleurs dû créer le dieu des forgerons sur le modèle égyptien. Ce dossier sera donc nettement plus circoncis que les précédents. Le dieu du feu des Grecs présidait à tout ce qui se rapportait à la création matérielle ; en particulier à l'artisanat – incluant de fait la métallurgie et la sidérurgie. Sur ce plan il s'alliera à Athéna comme nous le verrons plus bas. En parallèle de la création de structures et bâtiments divins[490] et d'armes mythiques, il est dit avoir créé Pandore, la première femme.[491]

Parmi les quatre avatars olympiens d'Enki-Osiris, c'est donc à Héphaïstos que j'accorderai le mérite de la création des hommes ; à vrai dire cette part du travail du dieu des forges est à mettre plus au crédit d'un Titan que d'un Olympien, et ce en la personne de Prométhée. Nous reviendrons en détail sur la création de l'humanité lors du chapitre I du tome 3 de *Quand les dieux foulaient la Terre*.

Mais revenons au commencement et à la naissance de la divinité du métal et des arts. Les traditions divergent quant à son ascendance. Parfois fils de Zeus et d'Héra,[492] il est aussi considéré comme étant seulement le fils de cette dernière, produit d'une parthénogenèse, en réponse à celle opérée par Zeus pour sa fille Athéna. J'en ferai un rejeton de Zeus, et légitime pour le coup puisque dans mon interprétation Zeus est An et Héphaïstos est bien sa progéniture : Sa'am-Enki-Héphaïstos. Il est donc frère d'Arès

---

[490] Selon Robert Graves, Dédale, le créateur du labyrinthe crétois et Héphaïstos étaient le même protagoniste surnaturel : "*Dédale (étincelant, habilement façonné), Talos (celui qui souffre) et Héphaïstos (celui qui brille pendant le jour) prouvent, par la similitude de leurs attributs, qu'ils sont un seul et même personnage mythique sous différents noms.*" R. Graves, op. cit., pp. 485-486.
[491] Hésiode, *Les Travaux et les Jours*, v. 60 ; *Théogonie*, 571-572.
[492] Homère, *Odyssée*, VIII, 312.

(Enlíl-Seth), de Hébé (Sé'et-Ereškigal-Isis) et de Ilithye (Inanna-Nephtys), selon la religion olympienne. Comme Enki et Ptah-Osiris en leurs régions respectives, il était le patron des artisans et est dit être magicien, ses outils travaillant souvent seuls dans son atelier. Il doit sa claudication à une chute de l'Olympe – provoquée par sa mère ou son père – et répond à un mythème courant sur les territoires indo-européens : celui de la mutilation qualifiante. Pour faire court, cette dernière est définie par le sacrifice, par un personnage surnaturel, d'une partie de son anatomie, laquelle le rend apte à utiliser les pouvoirs et/ou droits que cette partie de son corps lui permettrait logiquement d'exercer, d'user. Ainsi, les dons divinatoires du grec Tirésias lui furent accordés après que les dieux le rendirent aveugle ; le dieu-roi irlandais Nuada renforce son pouvoir monarchique et conquérant après la perte de son bras, coupé lors d'une bataille, puis remplacé par une prothèse d'argent ; dans un autre esprit, la virginité de la Grande-Déesse est, paradoxe quand tu nous tiens, ce qui lui permet de conserver son éternelle fécondité. Ici, Héphaïstos, bien que sévèrement handicapé par ses semblables n'en deviendra pas moins leur meilleur artisan.

C'est une divinité de la création, tel son homologue suméro-akkadien Enki-Éa, auquel l'épithète Nudímmud – en rapport à l'acte créateur – est parfois accolée. Son lien avec Enki-Nudímmud est profond. Dans les mythes sumériens *Enki et Ninmaḫ* ou encore *L'épopée d'Atraḫasîs*, les grands dieux (Anunna) autant que les dieux mineurs (Igigi) souhaitent créer l'homme pour les soulager de leurs tâches quotidiennes. À vrai dire, ici comme chez les Égyptiens et les Grecs anciens, la création de l'humanité est accessoire et marginale ; une simple décision divine parmi d'autres. À la différence qu'en ancienne Mésopotamie, les humains avaient pour rôle de bâtir des temples, faire des offrandes et rendre toute autre tâche plus facile pour les dieux... suite aux protestations de certains d'entre eux. Ici le mythe rejoint point par point le récit des *Chroniques*. Dans le mythe, la mère de Nudímmud, Nammu, demande à son fils de créer la créature qui deviendra l'esclave des êtres divins. Celui-ci accepte la mission et à l'aide de Ninmaḫ, il crée un "moule" spécial dans lequel il mélangera l'argile puisé à la surface de l'Abîme. Ce moule est une image symbolisant les matrices artificielles (Uzumúa) avec lesquelles Ninmaḫ et ses prêtresses de la vie (Nintu) assembleront les gènes (l'argile) des futurs êtres humains. Pour fêter cette réalisation qui soulagera le fardeau des dieux, ces derniers organisent un grand banquet. Durant la fête, ivres d'alcool, Ninmaḫ et Enki se lancent un défi de création : façonner des êtres imparfaits ! Ainsi naissent des monstres, des éclopés, des êtres asexués... justifiant ainsi par le mythe la supériorité des dieux sur les hommes. Ce dernier point permet de relier le divin estropié Héphaïstos à son pendant sumérien Nudímmud. Finalement, les dieux n'ont-ils pas rendu leurs créatures aussi imparfaites qu'ils le sont eux-mêmes ? N'ont-ils pas projeté en eux leurs désirs, leurs peurs, leurs forces mais aussi leurs faiblesses ?

Héphaïstos a-t-il créé les hommes ? Pas tout à fait. Selon certaines traditions il n'aurait créé que la première femme en la personne de Pandore. La majorité des mythographes accordaient au Titan Prométhée le privilège de cette conception du premier homme. Il s'appelait Phénon. Décomposé avec notre méthode habituelle, cela révèle : HE(mélanger)-NU(images)-UN(peuple), soit "le peuple des images (ou clones) mélangées". Prométhée, autre pendant de Nudímmud, aurait mélangé de l'eau et de l'argile pour sa création ; reprenant le mythe d'Enki mélangeant de l'argile de la surface des Abysses. Beaucoup de mythographes associaient Héphaïstos à Prométhée, tous deux étant liés au feu sacré ; le premier en étant le gardien[493] – statut qu'il partageait avec Athéna – et le second le dispensateur auprès de l'humanité primordiale... après l'avoir volé au premier. Ils étaient d'ailleurs les deux divinités masculines les plus proches d'Athéna qui présidait elle aussi à l'art et à l'intelligence sous toutes ses formes. Ces deux variantes d'une même divinité, représentant une certaine composante d'un dieu plus complet, font écho en Égypte antique à Khnum et Ptah (ou Pteh). Nous avons déjà évoqué ces deux divinités qui sont à l'évidence des épithètes d'Osiris comme Héphaïstos et Prométhée le sont à Hadès-Poséidon. En introduction à ce dossier, nous avons vu que Ptah-Osiris, démiurge de Memphis et divinité chtonienne primordiale, est considéré comme le créateur de l'humanité et parfois comme "simple"

---

[493] Platon, *Protagoras*, 321, d-e.

assistant de Khnum. Lorsque Memphis devint la capitale égyptienne sous la IIIe dynastie, Ptah accéda au rang de dieu dynastique. Comme il était ainsi d'usage dans l'Égypte antique : lorsqu'un nouveau pharaon accédait au pouvoir, sa ville d'origine devenait capitale et la trinité divine locale imposait sur un plan global un changement sinon de clergé du moins de dogmes. Ptah est alors considéré comme le dieu primordial, Créateur de l'Univers façonnant l'Œuf originel sur son tour de potier ; rejoignant Khnum par ce mode de création. Il aura ainsi sous son patronage les artistes et les artisans, les sculpteurs et les forgerons. Il partage donc la prouesse de conception des hommes avec Khnum, dont il est dit dans les textes égyptiens qu'il :

"...fit pousser la chevelure et les mèches de cheveux. Il façonna la peau sur les membres. Il batit le crane, en modela le visage pour que chacune des figures ait un aspect caractéristique. Il œuvra pour que s'ouvrent les yeux et les oreilles. Il mit le corps en contact intime avec l'atmosphère. Il détacha la langue pour qu'elle puisse s'exprimer. Pour avaler, il fit la gorge."[494]

Ptah et Khnum sont donc images l'un de l'autres ; reflets de l'Osiris primordial. Khnum proviendrait du terme *khnem* signifiant "construire". Nous rappelant que non seulement Enki-Osiris a comme Khnum-Ptah assemblé les hommes et insufflé la vie en eux, mais encore qu'il a "préparé" tout ce qui a permis l'essor des civilisations. Enki-Nudímmud, comme Osiris-Khnum-Ptah et Héphaïstos-Prométhée étaient des déités naturellement appréciées des hommes. Le symbole du bélier (tête du dieu Khnum) est comme nous l'avons vu dans la partie consacrée à Dionysos une marque de force fécondante et créatrice ; source de vie et d'énergie inépuisable. Khnum était comme Enki-Éa associé aux eaux vivifiantes et nourricières :

"*Lorsque, aux temps archaïques,
Eut été arrêté un destin favorable,*

---

[494] Extrait d'un *Hymne à Khnum-Rê* in S. Sauneron, *Les fêtes religieuses d'Esna*, Esna V, Le Caire, 1962, pp. 95-97 (= Esna n° 250.6-250.12).

Et que An et Enlíl
Eurent tiré leur plan concernant l'univers,
Nudímmud, noble Prince, maître ès-intelligence,
Enki, seigneur qui arrête les destins (...)
De toutes contrées rassembla les eaux
Et répartit les emplacements habitables !
Il apporta de ses mains les eaux vivifiantes
Qui produiraient d'ubéreuses semences..."[495]

Les épiclèses de Khnum-Ptah sont sans appel : il est la "maison de la vie" mais aussi le "gouverneur des Deux Terres", le "porteur de lumière" ou encore le "gouverneur de la maison de vie".[496] C'est une divinité très ancienne et vénérée avant Amon-Atûm. Cette antériorité est validée par les cornes fortement spiralées des figurations de Khnum. Amon était parfois également représenté sous les traits d'un bélier mais le plus souvent avec des cornes lisses et à peine courbées. Or les moutons les plus anciennement domestiqués en Égypte avaient des cornes vrillées tandis que ceux qui possédaient des cornes lisses appartenaient à une race moins caractéristique, introduite plus tardivement dans la région.

Étant tous deux des démiurges créateurs, Ptah et Khnum ne sont pas engendrés par d'autres dieux, quel que soit le centre cosmogonique (de Memphis, d'Héliopolis, d'Hermopolis ou de Thèbes). Ils ont par contre des parèdres et des fils. Ptah est le compagnon de Sekhmet que nous avons assimilé sans mal à Isis ; elle est sa part "ištarienne" pour ainsi dire. Ensemble ils ont procréé le dieu Nerfertum que nous avons clairement associé à Horus dans les débuts de notre étude. Si à Memphis, Heka est parfois le fils de Ptah et Sekhmet (remplaçant ainsi Nefertum), il est dit à Esna être celui de Khnum et de Menhyt (déesse doublet de Sekhmet).[497] Heka,[498] comme Horus et Apollon est associé à la magie et à la médecine. L'association de Ptah et de Khnum est à présent actée ! Enfin notons que la compagne de Khnum à Antinupolis est parfois

---

[495] Prologue du tournoi *Oiseau contre Poisson*, lignes 1-6 (trad. Jean Bottéro).
[496] http://mythologica.fr/egypte/Khnum.htm
[497] François René Herbin, *Le livre de parcourir l'éternité*, Éd. Peeters Publishers, 1994, page 17.
[498] Homophone de l'égyptien HqA signifiant "régner sur ou gouverner".

figurée sous la forme de la déesse à tête de grenouille Hékat (ou Héket), laquelle insufflait la vie aux créatures façonnées par son époux. Associée à l'élément liquide, elle présidait également à la grossesse et aux accouchements pour enfin veiller à la protection des nouveau-nés. Hékat[499] était la patronne des sages-femmes. Elle reprend ainsi certains rôles et attributs d'Isis-Artémis-Hécate. La similarité phonétique avec cette dernière est d'ailleurs troublante, comme nous l'avons déjà noté. Hékat aurait selon certaines sources aidé Osiris lors de sa résurrection du monde des morts...[500] Hékat adoubant les travaux créateurs de son époux Khnum-Ptah-Osiris, lui-même vénéré avant Amon-Atûm sur les terres égyptiennes... Souvenez-vous que même Zeus (Amon-Atûm), en Grèce antique, respectait le pouvoir d'Hécate qui selon les traditions avait étendu son empire sur Terre bien avant lui ! Récapitulons : Ptah-Khnum est un ancien dieu de la création (le plus ancien d'Égypte ?), patron des artisans, des maçons et des forgerons. Il a pour parèdre Sekhmet-Hékat qui l'assiste dans ses tâches créatrices et civilisatrices. Ensemble ils engendrent Nefertum-Heka, associé entre autres à la magie et à la médecine, qui deviendra Apollon chez les Grecs.

Une des épithètes d'Enki-Éa est − drôle de coïncidence − ŠA ITINNI, soit "celui qui est le maître d'œuvre ou le maître-maçon". Nous retrouvons cette attribution un peu partout dans la mythologie sumérienne, notamment dans ce court passage du mythe d'*Enki et l'Ordre du Monde* :

> "*Puis le grand Prince assura d'une corde la houe,*
> *Disposa le moule-à-brique*
> *Et tailla, comme dans du beurre,*
> *Des lopins dans le torchis.*
> *(Et c'est) le dieu à la houe bifide,*
> *Pareille à un serpent [...],*
> *Et dont le solide moule-à-briques est [...] parallèle (s),*
> *Kulla, qui range adroitement les briques démoulées,*

---

[499] Le rapprochement avec Isis est flagrant lorsque l'on découvre que le vocable égyptien HqAt veut dire "souveraineté".
[500] Barbara S. Lesko, *The Great Goddesses of Egypt*, Éd. University of Oklahoma Press, 1999, pp. 267-268.

(Qu')il préposa à cette industrie.
Puis il tira le cordeau,
Traca des fondations rectilignes,
Et, au gré de l'Assemblée, dessina une maison
Dont il fit exécuter les lustrations (préliminaires).
Après quoi le grand Prince en creusa les fondations
Et disposa, par-dessus, le briquetage.
(Et c'est) le dieu des assises inébranlables,
Des édifices qui ne s'écroulent jamais,
Et dont les échafaudages, comme un arc-en-ciel,
Touchent au firmament,
Mušdamma, le Grand-macon
(NDA : ŠIDIM-GAL en sumérien) d'Enlíl,
(Qu')il préposa (à cet art)."[501]

Dans ce mythe cosmogonique, nous suivons toutes les étapes de définition et d'attributions des fonctions et départements de la vie quotidienne à divers dieux dont la plupart peuvent être vus comme des extensions, des prolongements d'Enki-Éa lui-même.

Le pictogramme paléosumérien (particule DÙ) qui désigne l'action de "faire, de créer de bâtir" (voire de "créateur") possède la forme d'un triangle inversé. Là où cela devient intéressant, c'est lorsque ce signe sert de base au pictogramme ZÁ en dessous duquel les Sumériens (ou leurs prédécesseurs) ont rajouté un symbole ressemblant étrangement à une équerre superposé d'un compas. Que signifie ce signe ? "Poids, pierre, mesure, calcul..."

Les pictogrammes paléosumériens DÙ et ZÁ, signifiant respectivement "faire,

---

[501] *Enki et l'Ordre du Monde*, lignes 334-346 (trad. Jean Bottéro).

créer, batir" et "poids, pierre, calcul..."

Sans vouloir rentrer dans des circonvolutions conspirodélirantes, retrouver la forme du triangle/pyramide ainsi que l'emblème traditionnel de la franc-maçonnerie (compas posé sur une équerre) dans des signes archaïques désignant l'action de bâtir/créer ainsi que les poids, les mesures et autres calculs... est quelque peu troublant.

***

Cela chamboule bien entendu l'imagerie traditionnelle et la généalogie des dieux gréco-romains est complètement à revoir au regard de ces rapprochements. Héphaïstos, et Nudímmud avant lui, représentent bien via notre grille de lecture "parksienne" les mêmes avatars que Ptah et Khnum. Soit le protagoniste : Enki-Osiris. Là où les choses se compliquent, c'est au niveau de l'assistance féminine auprès de notre divin créateur selon les trois mythologies que nous étudions... Chez les Égyptiens, voir un doublon d'Isis s'occuper avec Osiris de la création des hommes n'est pas étonnant ; de retour en tant Aset elle a bien participé à des tâches planificatrices avec son époux Asar selon les *Chroniques*. Chez les Suméro-Akkadiens, c'est Ninmaḫ qui tient le rôle de l'assistante d'Enki-Osiris. L'histoire est plus ancienne et décrit les toutes premières créations d'Homo Sapiens. Dans ce contexte ce n'est pas Aset qui a assisté Enki-Osiris mais bien Ninmaḫ, la "mère" des Anunna. Pour cela, elle aura l'assistance des prêtresses (Ama'argi) de Dim'mege sans la technologie desquelles la maîtresse de Kḫarsaĝ n'aurait jamais pu réaliser de clonages. Les Nintu de l'extrait de l'*Enūma Eliš* sont à n'en pas douter ces fameuses Ama'argi. Enfin chez les Grecs, Athéna (selon certaines traditions), donnait la vie aux figurines d'argile façonnées par Prométhée. Elle est parfois figurée debout et posant sur la tête des futurs hommes un papillon, symbole de l'âme.[502] La patronne d'Athènes est dans ce cas soit une Dim'mege soit une Ninmaḫ-Héra. Vu la personnalité composite d'Athéna, cela

---

[502] http://www.cosmovisions.com/$Promethee.htm

n'aurait rien de surprenant qu'elle soit ces deux divinités à la fois.

Revenons aux liens de filiation et aux amours d'Héphaïstos. À sa naissance, le futur dieu du feu est si laid qu'Héra, sa mère, décide de le jeter du haut de l'Olympe. Cette chute serait à l'origine de sa claudication. Selon d'autres sources, c'est Zeus, suite à une querelle qui aurait projeté son fils hors de la montagne divine. Héphaïstos finit sa chute dans la mer ; il y fut récupéré par la Néréide Thétis et l'Océanide Eurynomé qui l'élevèrent dans une grotte au fond des eaux. Il y apprit la fonte des métaux et maîtrisa son art au bout de neuf années à l'écart du monde divin.[503] Rappelons-nous que Dionysos trouva refuge également auprès de Thétis lors de l'épisode qui l'opposa au roi Lycruge établissant ainsi un lien flagrant entre les deux divinités chthoniennes. Le dieu Ptah est aussi parfois représenté comme un nain difforme et estropié, l'une des particularités physiques d'Héphaïstos. Le marteau, la tenaille et le bonnet pointu font partie des attributs de ce dernier ; ils rappellent ceux des nains forgerons des mythologies nordiques. On lui donne également la bipenne comme outil, seule divinité à posséder cet attribut en sus de Dionysos. Rappelez-vous aussi qu'Asar[504] était populaire auprès des Dengu (Pygmées) dont il était le créateur et qui travaillaient à son service dans les mines de Nubie et d'Éthiopie. En langue égyptienne, le mot *Deng* (au pluriel : *Dengu*) désigne un pygmée. Anton Parks nous précise que "*la racine de ce terme (sans son déterminatif lui donnant le sens de "petit être"), signifie "possession", "imperfection" ou "tare"*."[505] Pour rappel, l'Olympe est un écho de la cité de Kharsaǧ, située dans les montagnes du Taurus (nommées Dukug par les anciens dieux). Cette expulsion du domaine divin est peut-être un souvenir du départ d'Enki-Osiris vers son lieu de retraite atlante, l'A'amenptah. Chez les Sumériens, Nudímmud ("celui qui façonne et met au monde les images") est le fils de Nammu et de

---

[503] Homère, *Iliade*, XVIII, 394-403.
[504] Le nom égyptien Asar était peut-être en lien avec l'un des cinquante noms de Marduk développés dans l'Épopée de la Création babylonienne. L'épithète en question – vouant les qualités de Créateur de l'agriculture du fils d'Enki ; propres à Asar-Osiris en Égypte – est Asari : "Le Donateur de l'Agriculture, le Fondateur du quadrillage des champs, le Créateur des céréales et du chanvre, le Producteur de toute verdure ! (*Enūma Eliš*, Tablette VII, lignes 1-2, trad. Jean Bottéro).
[505] Anton Parks, *Le Réveil du Phénix*, op. cit., page 349.

An ainsi que le frère d'Enlíl. Chez les Égyptiens, Osiris est le fils de Nut et de Geb, frère de Seth. Nous ne reviendrons pas sur l'identification des différents protagonistes.

Adulte, Héphaïstos poursuivra ses arts dans des lieux souterrains. Il est définitivement une déité chtonienne. Du côté de ses amours, la tradition la plus courante fait d'Aphrodite son épouse... adultère. D'autres sources lui donne la "Grâce" comme épouse, traduction littérale de Charis,[506] l'une des Charites (groupes de trois sœurs divines, images de la triple-déesse Hécate). Reliant ainsi un peu plus Héphaïstos de Khnum-Ptah dont Hékat était l'épouse. Pourquoi Aphrodite et non Artémis ? Simplement parce qu'Artémis est une déesse éternellement vierge ; Aphrodite représentant – outre Ištar hellénisée – la composante sulfureuse et révoltée d'Artémis. De même que Sekhmet-Hékat pour Isis. La compagne d'Enki, selon les mythes sumériens, était Ninkḫarsaǧ (ou Ninḫursaǧ), soit la "Maîtresse de la Montagne", littéralement en sumérien. Il s'agit de Ninmaḫ, l'assistante du façonneur Nudímmud.[507] Après le décès de Sé'et-Ereškigal, incité à longueur de temps par la Reine de Kḫarsaǧ à la rejoindre sous sa couche, Enki finit un jour par céder. Ninmaḫ devint donc un temps la compagne du fils de Nammu. Les Sumériens s'en sont "souvenus" et l'ont intégré dans leur mythologie. Il est intéressant de noter qu'ils n'ont pas oublié non plus le lien qui l'unissait à Sé'et-Ereškigal puisqu'ils ont fait de Gugalanna le premier compagnon décédé (assassiné selon la mythologie, rappelons-le) de la souveraine de l'Arallû. Les mythographes ont allègrement confondu Damgalnuna/Damkina avec Ninḫursaǧ. La première (Nuréa de son premier nom) n'a pas été très présente à Kḫarsaǧ mais représentait la plus haute autorité de la Source sur Uraš et fut par ailleurs la première amante d'Enki-Nudímmud. Le souvenir est resté intact. Son assimilation avec la maîtresse de Kḫarsaǧ est de circonstance : d'une part les deux déesses étaient des sœurs et elles partagèrent toutes deux la couche de Sa'am-Enki.

---

[506] *Iliade*, XVIII, 382 et suiv.
[507] Anton Parks, *Ádam Genisiš*, op. cit., pp. 124-125.

***

La descendance d'Héphaïstos est anecdotique. Il est surtout réputé pour avoir créé non moins que la première femme (Pandore) qui libérera le malheur sur l'humanité ; nous en reparlerons dans la partie consacrée à Prométhée dans le tome 3. Je ne reparlerai pas d'Érichthonios évoqué dans le chapitre dédié à Athéna ; fils de la semence d'Héphaïstos répandue sur la Terre et image des premières générations humaines. C'est d'ailleurs de par cette tentative de viol sur sa demi-sœur que le dieu des forgerons se verra accorder la souveraineté de la cité d'Athènes aux côtés d'Athéna. De son côté Enki est le père de Marduk, Dumuzi et Geštinanna. Les deux derniers sont des échos de leurs géniteurs comme évoqué dans le chapitre précédent. Marduk(2) est le seul fils légitime de Nudímmud. Il est Horus, fils unique d'Osiris-Ptah-Khnum.

Nous avions évoqué le dieu phénicien Ešmun dans le dossier précédent. Ce dieu est réputé être le père de sept fils (ou dieux inférieurs) ; sans mère clairement identifiée. Ils seraient selon moi les équivalents des Abgal sumériens ou Apkallû akkadiens. Ces êtres amphibiens décrits dans les *Chroniques* par Parks. Selon la mythologie suméro-akkadienne ce sont des demi-dieux, des Sages mi-hommes mi-poissons, créés par Enki-Éa l'aidant dans son entreprise civilisatrice auprès des communautés humaines. Le mythe *Les Sept Sages* rapporté par Bérose les présente comme des guides de sortant des eaux après le Déluge afin de guider l'humanité vers les bienfaits de la civilisation, le premier d'entre les Apakallû étant Oannès. Le mythe akkadien de l'*Épopée d'Erra* nous en dit un peu plus sur leur ascendance, leur provenance et leurs aptitudes :

> "Ces sept Apkallû de l'Apsû, "carpes" saintes,
> Qui, pareils à Éa, leur maître,
> Ont été adornés par lui d'une ingéniosité
> extraordinaire..."[508]

---

[508] *Épopée d'Erra*, I, lignes 162-163 (trad. Jean Bottéro).

Jean Bottéro de rappeler à la suite de la traduction de ce passage mythologique que "*si le mythe fait intervenir* [les Apkallû], *c'est afin d'expliquer comment Enki/Éa s'y était pris pour communiquer aux humains la culture et la civilisation (...) qu'il avait, et lui seul, mise au point, en vue de réaliser les 'desseins concernant ciel et terre' (...)*"[509]

Comme dans les *Chroniques*, les Abgal vivaient au sein de l'Abzu terrestre en compagnie de leur créateur Sa'am-Enki – voire dans les Abzu miniatures construits pour eux. Anton Parks en mentionne évidemment sept.[510] C'est le nombre de Rishi[511] ("les Anciens Sages") de la mythologie hindoue qui ont participé selon la légende à la rédaction du Véda (litt. "le Vrai Savoir" en sanskrit). Véritables diffuseurs de connaissances, il est étonnant de ne pas trouver les Rishi ou Abgal (que l'on nommait aussi les "*Carpes brillantes*" ou les "*Carpes de la mer*") dans la mythologie gréco-romaine. Ils existent pourtant et sont dits être les enfants... d'Héphaïstos ! Ce sont les Cabires. Leur mère serait la Nymphe Cabeiro, fille de Protée le "*vieillard de la mer*", image archaïque de Poséidon. Ces liens de parenté ne sont pas anodins : ils rattachent les Cabires-Abgal à la fois au monde souterrain et à l'élément liquide... Peu d'informations sont parvenues jusqu'à nous concernant ces divinités chtoniennes à Mystères. Ceux-ci rentrèrent progressivement en concurrence avec ceux d'Éleusis, mais à l'inverse du culte initiatique de Déméter, Koré et Dionysos, celui des Cabires demeura sibyllin. Les Cabires, souvent confondus avec des démons, étaient parfois au nombre de trois, de quatre ou de sept. Ils sont identifiés la plupart du temps à des hommes, parfois on les partage en frères et sœurs : le doute plane quant à leur genre dévoilant de la sorte la double polarité des Abgal. Quand leur culte aura définitivement atteint la popularité de celui d'Éleusis, les Cabires prirent une place aussi importante, voire supérieure à celle des Olympiens ! Dans sa *Grande*

---

[509] Jean Bottéro, op. cit., page 201.
[510] Anton Parks, *Ádam Genisiš*, op. cit., page 280.
[511] Le terme *Rishi* n'a pas d'étymologie exacte. Voyons si le langage matrice peut nous éclaircir à ce sujet. RI₆(accompagner, guider)-ŠI(être là) ou RI(changer, transformer)-SÌ(être cause de), soit "être là pour guider" ou "être la cause du changement". Sans commentaires.

Encyclopédie des lutins, P. Dubois assimile les Cabires à des nains, esprits intermédiaires entre ceux de la terre et du feu ; rapprochant un peu plus ce mystérieux groupe à notre Héphaïstos.[512] L'étymologie la plus probable du terme *Cabire* est celle qui le rattache au verbe *kaiein*, signifiant "briller". On a aussi rapproché Cabire du mot phénicien *Kabirim* signifiant "puissant". Ce qui nous renvoie à la puissance supposée des Shebitiu (le nom des Abgal en Égypte). Peu de mythologues ont pensé à comparer Cabire au sumérien KABAR désignant un berger. Pourtant tellement évident… mais le *Kabirim* phénicien est tout autant déchiffrable avec la langue des dieux : ḪA(poisson)-BIR(disperser, mélanger), BÌR(brillant)-IM(argile), IM(tempête, déluge), ÍM(aimé), soit "les poissons brillants et aimés" ou "les brillants poissons du Déluge" ou "les poissons qui mélangent l'argile" voire "les poissons qui dispersent les tempêtes". Tout y est : les "*carpes brillantes*" de la mythologie d'ancienne Mésopotamie, sorties des eaux après le Déluge pour assister l'humanité, le rôle de créateurs des Shebitiu égyptiens et leur lien avec Celui qui mélangea l'argile, Enki-Osiris, sans oublier les puissants pouvoirs des mêmes Shebitiu d'Égypte qui, selon les textes d'Edfu, notamment traduits par Anton Parks dans *La Dernière Marche des Dieux*,[513] étaient capables avec leur "technologie-magie" de lever des étendues d'eau, protéger le domaine divin des assauts ennemis ou encore libérer des terres englouties sous les eaux de l'Océan. Selon les visions de Parks, les piliers Djed, dont les Abgal-Shebitiu étaient les concepteurs, fournissaient une énergie électromagnétique capable de tous les miracles décrits dans les mythes égyptiens.

Divinités secourables et morales, les Cabires sont associés sur l'île de Samothrace à la religion d'Hécate et de Perséphone ; ailleurs à Héphaïstos et Dionysos rattachant ainsi les mythes helléniques du récit "parksien" qui nous conte les liens intimes unissant Isis et Osiris aux Abgal. Les Cabires étaient considérés comme les patrons des navigateurs. Que vient faire ici cette association à l'élément aqueux ? Cela nous renvoie-t-il aux premières années d'Héphaïstos qui, dissimulé au sein d'une grotte

---

[512] Pierre Dubois, *La Grande Encyclopédie des lutins*, Éd. Hoëbeke, 2004, page 17.
[513] Anton Parks, *La Dernière Marche des Dieux*, op. cit., page 98 et suiv.

aquatique, parvint au bout de neuf années à maîtriser son art de forgeron ? Un souvenir du caractère amphibien des Abgal ? Ou bien doit-on comprendre que les Cabires protégeaient des voyages en mer au sens figuré, symbolique : leur rôle prophylactique s'appliquant aux trépassés traversant les eaux sombres de l'Au-delà ?[514] Dans tous les cas, les Cabires sont des civilisateurs : ils maîtrisaient les secrets de la végétation, de la fertilité, mais aussi de la fonte des métaux à l'instar de leur "géniteur". À Thèbes, il est dit que les premiers habitants étaient des Cabires et que parmi eux figurait Prométhée. Comme le savent les lecteurs de Parks, Prométhée-Enki-Osiris possédait en grande partie des gènes Abgal ; l'affirmation est donc valable. À ce titre il peut être considéré comme le huitième Cabire-Rishi (rappelons que les Shebitiu des textes d'Edfu étaient huit). Ces derniers sont donc évoqués dans les textes mythologiques de l'Égypte antique sous le groupe des Shebitiu ; compagnons (ou fils) de Tanen (épithète Ptah-Osiris) ayant participé à la Création de l'Univers.[515] Un nom que nous retrouvons chez les Sumériens dans le terme Sebittu, utilisé notamment pour désigner les Abgal... On les figurait en terre de Kemet parfois comme des génies aquatiques au nombre de sept et aux noms de poissons ![516] Enfin les Mystères des Cabires empruntèrent à ceux de Dionysos-Zagreus les scènes rituelles de la mort mystique de l'un des Abgal-Cabires tué par ses frères. S'en suivront sans surprise sa résurrection et sa glorification rejouant à l'infini le meurtre d'Osiris par son frère Seth et sa réincarnation dans son fils vengeur, Horus – incarnation même de la lumière. Enfin, dans les anciens royaumes de l'ouest de l'actuelle Turquie, les Cabires étaient vus comme les enfants d'Ouranos et les parents des Titanides ; donc de très anciennes divinités présentes depuis des temps immémoriaux...

Rappelons qu'au chapitre III du tome 1 nous avions déjà identifié les jumeaux Abgal primordiaux (A'a et Wa), enfants de Barbélú chez les Cabires et la divinité archaïque Pontons (fils de Gaïa). Les Abgal-Apkallû issus de A'a et Wa seront également personnifiés par d'autres confréries mythiques comme les

---

[514] Yves Dacosta, op. cit., page 42.
[515] Anton Parks, *La Dernière Marche des Dieux*, op. cit., pp. 60-61.
[516] Id., *Ádam Genisiš*, op. cit., page 501.

Telchines et des Dactyles dont nous reparlerons. Les sept Abgal-Apkallû présents sur Terre au moment des événements relatés par Anton Parks apparaissent en Égypte : ils sont, outre les huit Shebitiu d'Edfu, les sept Djaïsu de la même tradition locale égyptienne. Redisons enfin que chez les anciens Mésopotamiens l'Abgal Wa se retrouve en la personne de Uan (ou Uanna) akkadisé en Oannès appelé aussi Adapa, son frère A'a ayant certainement pris un autre nom à cette époque. A'a signifiait "le Grand" tandis que Ua/Wa voulait dire "le Lointain" en ancien égyptien.

Le dieu de la métallurgie est rarement figuré et encore moins présent dans les mythes. Il prend part certes à la Gigantomachie (mais qui n'en faisait pas partie ?) mais la plupart du temps il est raillé par ses semblables ou est cité à titre de façonneur de tel ou tel objet fantastique (foudre de Zeus, trident de Poséidon...). Le peu de représentations que l'on a de lui le montrent lors de la naissance d'Athéna, au travail dans sa forge, lors de la Gigantomachie bien entendu ou encore... lors d'un affrontement avec Arès ! C'est à ma connaissance la seule divinité qui est réputée avoir combattu Héphaïstos. Réminiscence du duel perpétuel entre Nudímmud-Ptah et Enlíl-Seth ? Faut-il préciser qu'Arès fut – de nouveau, comme contre Héraklès – défait...

Enfin il est une divinité dont il est assez peu discuté, il s'agit du dieu mésopotamien Girra. Président à l'élément igné, aux travaux métallurgiques et à la lumière, il est invoqué par les Suméro-Akkadiens en association à d'autres dieux majeurs du panthéon local comme Enki-Éa, Marduk ou encore Utu-Šamaš. Au même titre que le Vulcain des Romains (syncrétisé tardivement avec Héphaïstos) Girra était vu comme le responsable des incendies dévastateurs des habitations ou des champs. Il portait ainsi la double responsabilité du feu civilisateur et destructeur. On retrouve très tôt chez les Sumériens deux déités du feu : Girra et Gibil. Ce dernier semble avoir été fondu dans Girra par syncrétisme par les Babyloniens. On ne retiendra aujourd'hui que Girra comme divinité du feu dont l'association avec Utu-Šamaš est plus qu'évidente tant le Soleil a toujours été regardé comme un astre de feu. Enfin comme Enki-Éa – dont il est certainement l'un des aspects – on le prétendait fils de An.

L'étymologie du nom d'Héphaïstos, qualifié de κλυτοτέχνης / *klutotékhnês* : "l'illustre artisan", est obscure. Nous vous avions presque épargné l'usage de l'Emeša jusque là dans ce dossier ! Nous n'allons y avoir recours une dernière fois avant de conclure : ḪE(fructueux, mélanger)-EP(Uraš / Terre)-ḪA(poisson)-IŠ(étoiles)-TU(façonner, former, donner naissance)-US₅(moutons), soit "le mélangeur de la Terre, poisson des étoiles, façonneur de moutons" ou "le fructueux poisson des étoiles qui façonne les moutons de la Terre".

Bas-relief grec présentant Héphaïstos forgeant le bouclier d'Achille (assis devant Athéna) assisté de Cyclopes. La déesse Athéna, avec qui il partage plusieurs attributions et patronages, assiste au travail des son frère et "libérateur".

LES DOUZE DIEUX DE L'OLYMPE

	Osiris-Ptah-Khnum	Enki-Nudimmud-Girra	Héphaïstos
Filiation / Parenté	a- Fils de Nut/Geb puis de sa sœur et épouse Isis b- Fils de Atum-Rê* c- Amant de Neith et de Nephtys d- Frère de Seth e- Père de Horus-Nefertum	a- Fils de Nammu puis de sa sœur et épouse Ereškigal* b- Fils de Anu c- Amant de Dim'mege et de Inanna* d- Frère d'Enlil e- Père de Marduk(2)-Nergal	a- Fils de Héra b- Fils de Zeus c- Tentative de viol sur Athéna et époux d'Aphrodite d- Frère d'Arès e- Père d'Horus-Apollon*
Attributs / Fonctions & Symboles	f- Divinité chtonienne g- Démiurge Créateur de l'humanité (Ptah-Khnum) h- Vie insufflée aux hommes par Hékat i- Figuration sous l'aspect de nain (Ptah) j- Dieu des Arts et de la Magie (Path) k- Préside au feu et à la lumière (Ptah) l- Apprécié des hommes m- Compagnon ou père des Shebitiu	f- Divinité chtonienne g- Créateur de l'humanité (Enki) h- Vie insufflée aux hommes par Ninmaḫ et Nintu i- Créateur et allié des Dengu* j- Dieu des Arts et de la Magie k- Préside au feu et à la lumière (Girra) l- Apprécié des hommes (Enki) m- Compagnon des Abgal-Apkallû	f- Divinité chtonienne g- Créateur de la première femme (et des hommes sous l'identité de Prométhée) -h Vie insufflée aux hommes par Athéna i- Attributs du peuple nain j- Dieu des Arts et de la Magie k- Préside au feu et à la lumière l- Apprécié des hommes m- Compagnon ou père des Cabires

Tableau Héphaïstos. * : Élément avancé par les Chroniques du Ǵírkù.

CHAPITRE X

LA GRANDE DAME DE LA MONTAGNE : HÉRA

"Je chante Héra au trône d'or
La fille de l'illustre Rhéa
Héra, reine immortelle,
Douée d'une beauté ravissante
Épouse et sœur du redoutable Zeus
Elle que tous les habitants de l'Olympe
Honorent à l'égal de Zeus lui-même, le maître de la foudre."
Hymne homérique à Héra.

"À l'origine, Serkit n'a ni famille, ni parèdre ; elle est attestée seule, dès la première dynastie. Serkit est une très ancienne déesse protectrice. Dans ce rôle, elle est particulièrement active dans les cérémonies et croyances funéraires. Serkit est Dame de la Vie ; elle porte aussi cette épithète parce qu'elle doit protéger les mortels du venin des scorpions, serpents et d'autres animaux dangereux".
Extrait du livre *Neter, Dieux d'Egypte*.[517]

Si Zeus est le démiurge olympien et comme nous le verrons un reflet de An/Enlíl, sa parèdre Héra-Ninmaḫ-Ninḫursaǧ est de son côté la Grande Dame de la Montagne divine. Comprenez la cocréatrice des Anunna basés sur le modèle de Sa'am-Enki. Personnage d'importance dans les *Chroniques du Ǧírkù*, elle est cependant plus en retrait dans la mythologie grecque demeurant l'éternelle déesse jalouse des frasques de son érotomane de mari. Elle l'est encore moins en Égypte sous les traits de la déité-scorpion Serkit (ou Serket) où son

---

[517] Stéphane Rossini, *Neter Dieux d'Égypte*, Éd. Trismégiste, 2004, article *Serkit*.

existence au sein des récits est plus qu'anecdotique... Elle est en revanche clairement identifiée à une Déesse-Mère chez les anciens Mésopotamiens.

Sœur de Nammu et mère de la première incarnation de Šáran-Sé'et-Isis (elle portait alors le nom de Ninsikila), son rôle est primordial dans l'histoire qui nous occupe : outre le fait d'avoir cocréé les Annuna avec An, Ninmaḫ-Ninḫursaǧ[518] devint ensuite tour à tour Reine de Kḫarsaǧ (et donc coresponsable du jardin d'Eden avec Enlíl) lors de l'établissement de la colonie Gina'abul sur Uraš. Dans le mythe sumérien *Ninurta et les Pierres*, ce dernier s'adresse ainsi à sa génitrice (changeant son théonyme en Ninḫursaǧ) :

"Madame, puisque tu as voulu gagner la Montagne,
Et me suivre, Ninmaḫ, jusque dans la contrée rebelle,
Sans me quitter jamais,
Même au milieu des horreurs de la guerre,
De cet amoncellement que j'ai entassé de guerriers abattus
Le nom sera désormais "les monts" (ḫur.saǧ),
Et tu en seras "la dame" (Nin).
Tel est le destin arrêté par moi, Ninurta :
Ainsi en sera-t-il !
Aussi, dorénavant, te dira-t-on toujours "Dame-des-monts"!
De ces montagnes, les vallonnements
Te produiront des herbes aromatiques ;
Les franges te fourniront du vin et du miel ;
Les pentes te feront croître cèdres, cyprès, genévrier et buis !
Tel un jardin (NDA : Eden ?), *ce territoire*
Te procurera de beaux fruits mûrs ;
Et, sur ses hauteurs, il y aura pour toi
Abondance de parfums divins. (...)
On y multipliera le bétail,
Et t'y seront fournis de prolifiques quadrupèdes !
Reine égalée à An (...)
Dame de l'enfantement (Nin.tu) *(...)*

---

[518] Ninmaḫ et Ninḫursaǧ semblaient être des épithètes génériques dans les récits mythologiques, au même titre que Aruru, Nammu ou Mami, désignant toutes la Grande-Déesse.

Approche ô souveraine que l'on te célèbre..."[519]

Elle deviendra souveraine de Dilmun-A'amenptah après qu'Enki lui eut cédé sa place pour enfin se rendre sur Udu'idimsa (Mars) pour lancer la création d'une nouvelle race d'ouvriers hominidés destinés à peupler la planète, les Abar (humains de type caucasien). Ces derniers accompagneront ensuite les Gina'abul sur Uraš, devenant de fidèles serviteurs du clan Anunna-Ušumgal que ce soit à Kalam ou en A'amenptah. Après le meurtre d'Enki-Osiris et l'explosion de Mulge, Ninmaḫ revint sur Terre et se désolidarisa définitivement du pouvoir patriarcal Anunna-Ušumgal, laissant à An et Enlíl la gestion de Kalam. Elle se retirera dans les montagnes de l'actuelle Turquie (sur le mont Igi-Ra, situé légèrement au nord-ouest de l'ancienne Kharsağ) et deviendra la souveraine des Adinu, des Nungal non violents restés en région de Kalam ; regardés comme des penseurs, des intellectuels. Avec les filles des hommes ils eurent une progéniture nombreuse et guerrière nommée Dogan ("faucon" en turc) ou Neferu ("les enfants" en égyptien) – selon les régions – qui a donné le terme hébreu *Nephilim*. Ils vivaient non seulement sur le mont Iri-Ra auprès de leur reine mais aussi dans la vallée de Kuram (actuelle Göreme), en Kursig (actuelle Cappadoce / Turquie). Ces Neferu deviendront comme nous l'avons vu dans *Le Réveil du Phénix*, la plus large faction des Shemsu d'Heru.[520] Le roi des Dogan, Sağlam, fidèle compagnon d'Enki-Osiris (et témoin de son assassinat à Abydos) eut une progéniture avec Ninmaḫ-Ninḫursağ : Dağde. Il assistera le faucon vengeur dans sa reconquête des terres de son père Osiris, humiliant au passage Enlíl et ses Anunna. Dağde deviendra le dieu Dagda chez les Celtes, devenant la divinité la plus vénérée après Lug(h). Anton Parks nous apprend que la : *"transcription hiéroglyphique du nom Dagde qui se traduit par "Dag (le dieu des nains) qui établit". Encore une étrange coïncidence, Dagde étant en Irlande le maître de la magie et des êtres surnaturels"*[521] mais aussi que Dağde signifie : *""comme la montagne" en turc, ou encore DAG-DE₅, "conseil de la demeure" en sumérien. Il s'agit du personnage que l'on retrouve sous le nom de Dagde ou Dagda dans la*

---

[519] *Ninurta et les Pierres*, lignes 390-410.
[520] Anton Parks, *Le Réveil du Phénix*, op. cit., page 273.
[521] Ibidem, page 335.

mythologie celtique irlandaise".[522] L'un des attributs majeurs de Dagda est son chaudron. Ce chaudron contient non seulement la nourriture de tous les hommes, de la terre, mais aussi toutes les connaissances de tout ordre. Dagda, le dieu-druide, le "Seigneur de la Science", le "dieu-bon" rappelle à ce titre bien des aspects d'Héphaïstos que nous venons de traiter. Il est fort probable que le dieu grec des forgerons, des arts, de l'intelligence et des nains soit une figure syncrétique de Dağde et de son mentor Enki-Osiris. Rappelons également qu'Héphaïstos est fils d'Héra, comme Dağde l'est de Ninmaḫ expliquant cette étrange filiation donnée à Enki-Osiris en tant qu'avatar du dieu du feu des anciens Grecs...

Héra est souveraine de l'Olympe qui, de notre point, de vue est un écho de la cité de Kḫarsağ. Comme nous l'avons vu, Ninmaḫ a (beaucoup) plus tardivement trouvé refuge sur le mont Igi-Ra où elle régna sur les Adinu. Héra-Ninmaḫ est donc doublement une divinité de la Montagne. Dans le mythe *Enki et Ninḫursağ* est évoqué l'île de Dilmun qu'Anton Parks a rapprochée de l'A'amenptah.[523] Les experts rapprochent avec raison Dilmun du Bahreïn, puisque comme vu dans le tome 3 des *Chroniques*, l'actuel Bahreïn sera nommé E-Dilmun ("la nouvelle Dilmun") par les Gina'abul, après que la Dilmun originelle fut détruite. Dans les textes mythologiques pourtant, Dilmun est située dans une mer, là où le Soleil se levait (à l'Est) et elle avait tout de la description d'une Atlantide qui n'aurait pas contredit les affirmations de Platon :

"*... Le pays de Dilmun est saint, le pays de Dilmun est pur,*
Le pays de Dilmun est lumineux, le pays de Dilmun est rayonnant... À Dilmun, nul corbeau ne croassait...
Le lion ne tuait pas,
Le loup n'emportait pas l'agneau...
La colombe ne courbait pas la tête ;
Aucun malade des yeux ne disait :
"J'ai mal aux yeux !"...
Aucun vieillard ne disait : "Je suis vieux !"
La jeune fille ne se baignait pas, nulle eau claire ne passait

---

[522] Ibidem, page 330.
[523] Id., *Ádam Genisiš*, op. cit., pp. 250-251.

> *dans la ville...*
> *Nul aède n'entonnait un chant de joie...*
> *... (Enki) donna à Dilmun de l'eau en abondance...*
> *Les puits d'eau salée devinrent des puits d'eau douce, Les champs et la terre produisirent de l'orge...*
> *Dilmun devint "la maison au bord du quai" (l'entrepôt) du pays,*
> *Et sous le Soleil de ce jour, il en fut ainsi !...*
> *... Ninimma vint au bord du fleuve, et Enki surgit du marais ; il dit à son messager Isimud : "Embrasserais-je cette jeune beauté ?"...*
> *Il la prit, il l'embrassa, Il mit sa semence dans son sein... '* [524]

Dilmun est donc le royaume de l'A'amenptah d'Enki-Osiris, dont ce dernier confia la souveraineté à Ninmaḫ. Retrouve-t-on trace de cette association de Héra avec l'Atlantide dans la mythologie grecque ? La réponse est positive : Héra est la propriétaire du jardin des Hespérides. Cette île de l'extrême occident où se trouve un pommier aux fruits d'or qui confèrent l'immortalité. Elle en confia la garde à Atlas et ses filles et, de surcroît, y plaça le serpent Ladon comme ultime protecteur. Nous reparlerons du Titan Atlas et de Ladon dans le dossier consacré à Héraklès au chapitre II du tome 3. Sachez tout de même que ce serpent-gardien n'est autre que le premier régent de l'archipel mythique disparu... Enki-Osiris.

***

Revenons à présent sur la filiation de Héra-Ninmaḫ-Serkit. Chez les Grecs, elle est la fille des Titans Rhéa et Kronos, et donc sœur de Zeus-An, Déméter-Nuréa, d'Hestia et de Hadès-Poséidon-Enki. Chez les Suméro-Akkadiens, ces liens généalogiques sont à peu près respectés. Déesse-Mère, Ninmaḫ-Ninkḫarsağ n'a – par principe – pas de géniteurs. Elle a cependant comme compagnons tour à tour An, Enlíl et Enki. Le maître de l'Olympe étant le résultat d'un syncrétisme entre An et Enlíl, et n'ayant partagé la vie d'Enki que sporadiquement, là encore l'ancienne Mésopotamie rejoint la

---

[524] Premières lignes du mythe sumérien *Enki et Ninḫursağ*.

Grèce antique. Chez les Égyptiens, Serkit n'a absolument aucune famille : ni parents ni parèdre. En tant que "Dame de la Vie", elle rejoint en ce sens la Ninmaḫ des Sumériens. Dans les *Chroniques*, elle est la fille de de Tiamata-Tigeme que j'ai assimilée à la Titanide Rhéa(1), la sœur de Nammu qui comme on l'a vu est Déméter(1) et enfin la mère de Šáran, ancienne incarnation de Sé'et, que j'ai identifié à Artémis-Hébé. Hébé fait partie des quelques enfants d'Héra et de Zeus qui comptent aussi : Héphaïstos-Enki, Ilithye-Inanna et enfin Arès-Ninurta.[525] Ces filiations sont à près celles des *Chroniques* : Enki est bien la progéniture d'An, Inanna est la descendante de An-Enlíl (Zeus) et Ninurta (fusionné dans Arès avec Enlíl) est bien le fils de Ninmaḫ. Nous voyons une fois de plus que les anciens Grecs ont des sources souvent plus fiables et précises que celles des Mésopotamiens ou des Égyptiens... Plus tardivement, il est donné d'autres enfants au couple des souverains de l'Olympe comme les déesses guerrières Ényo (les Batailles) et Éris (la Discorde). Cela indiquant certainement que les rejetons divins (Anunna) d'An-Zeus et de Ninmaḫ-Héra n'étaient pas des pacifistes...

Héra préside à la grossesse et à l'accouchement. Elle est naturellement liée à la fécondité. Serkit ("celle qui fait respirer" litt. en égyptien) est rattachée au culte de la naissance d'Horus l'enfant, assistant Isis lors de la mise au monde de son fils. Elle passe pour être l'une des protectrices des sources du Nil ; ainsi "la Dame de la Vie" égyptienne est associée aux principes de fertilité. La mythologie de Kemet confirme qu'elle fait partie des quatre pleureuses divines (les fameuses *Meskhenut*) qui participent à l'enterrement d'Osiris ; rejoignant les affirmations de l'essai *Le Testament de la Vierge*.[526] Enfin Ninmaḫ est chez les Suméro-Akkadiens, outre une déesse de la fertilité, la déité garante des femmes en couche et des naissances. Nous n'en attendions pas de moins de la créatrice des Anunna et des premiers Homo Sapiens (en collaboration avec Enki) ! Pour ces derniers, elle usa des Siensišár (matrices artificielles)[527] offertes par le clan des

---

[525] Hésiode, *Théogonie*, 922-923.
[526] Anton Parks, *Le Testament de la Vierge*, op. cit., pages 131, 246 et 258.
[527] SI-EN-SI-ŠÁR veut dire "qui assemble en ordre les nombreux dignitaires". Les "dieux" sumériens utilisaient ces appareils pour cloner des êtres, aussi bien de

Ama'argi sur ordre de leur reine, Dim'mege-Athéna. C'est ainsi que la patronne de la capitale de l'Attique se retrouva assignée à délivrer la vie aux pantins d'argile façonnés par Prométhée-Héphaïstos dans les figurations classiques. Nous retrouvons ce passage dans la mythologie sumérienne, toujours dans le fameux récit d'*Enki et Ninḫursaǧ* :

"... *Alors Nammu, la Mère des origines, la génitrice des dieux, répéta à son fils Enki leurs lamentations : 'Tu restes couché à dormir sans briser ton sommeil, mais les dieux, tes créatures, celles que tu as formées, te font des reproches ! Quitte ton lit, mon fils, applique tes aptitudes avec entendement et fabrique des remplacants aux dieux pour qu'ils cessent de besogner !' Enki sortit de son lit à la suite de la parole de sa mère Nammu. L'intelligent, le Sage... l'habile, le créateur fabriqua alors une Siensišár qu'il plaça à ses côtés et qu'il examina intensément. Après avoir réfléchi adroitement, Enki, le créateur de nature, s'adressa à sa mère Nammu : 'Mère, la créature que tu as évoquée sera prête au travail des dieux lorsque tu auras pétri de l'argile tirée des berges de l'Abzu. Les Siensišár produiront des formes à partir de cette argile. Alors, lorsque tu souhaiteras lui modeler le Medim ("le façonnement de la charge" ou "du destin"), Ninmaḫ t'assistera ainsi que Ninim'ma, Suzian'na, Ninmada, Ninbara, Ninmug, Musargaba, Ninguna, [elles] seront toutes tes assistantes. Mère, tu arrêteras son Medim [à la créature] et Ninmaḫ lui ordonnera d'œuvrer pour les dieux'...*"[528]

Nous retrouvons ici clairement la notion de "matrice", évoquée dans le chapitre d'Héphaïstos sous le terme de "moule". Leur destinataire demeure Ninmaḫ, la grande planificatrice. La distinction est aussi nettement faite entre Ninmaḫ et Nammu-Nuréa ; bien qu'encore aujourd'hui les mythologues aient tendance à confondre les deux déités.

---

même nature qu'eux ("des dignitaires") que de constitution différente, comme ici où il est question de la confection de l'humanité primitive... C'est une synonyme d'Uzumúa.

[528] *Enki et Ninmah*, lignes 17-37.

***

Serkit a été décomposé en sumérien par Parks en SER-KI-IT ou SIR-KI-IT, soit "la lumière mensuelle" ou "la lumière de chaque Lune". Rappelant qu'elle est une déité lunaire, une *Ninti* en sumérien, soit une "Prêtresse de la Vie". À ce titre elle détient le secret du cycle de la vie et de la mort. En Égypte, Serkit, la "Dame de la Vie", est une magicienne et guérisseuse. Bienveillante, elle possède le secret du venin des serpents et des scorpions.[529] Le scorpion est d'ailleurs l'animal qui lui sert de couvre-chef sur les quelques sculptures de la déesse parvenues jusqu'à nous. Cet attribut, l'on peut également le retrouver chez Héra après qu'elle eut, selon un récit mythologique hellénique, tué le grand chasseur Orion par l'entremise d'une piqûre mortelle d'un scorpion. Elle porta, pour le remercier, l'animal au Ciel en le transformant en constellation. L'ancienne divinité mésopotamienne Išḫara (figure syncrétique que je rapproche tout de même plus de Ninmaḫ que d'Ištar), déesse de l'amour et du mariage supposément Déesse-Mère selon divers mythologues, avait pour symboles le serpent et le scorpion[530] ; elle était d'ailleurs sa constellation fétiche. L'arthropode est chez les Néo-Assyriens un symbole primordial de la royauté : il n'était rien de moins que le sceau des Reines ; l'équivalent pour les Rois du lion et du taureau (nous avons déjà parlé de ces deux puissants symboles, nous n'y reviendrons pas) ![531] Išḫara deviendra la déesse des serments chargée de punir

---

[529] Anton Parks, *Ádam Genisiš*, op. cit., page 305.

[530] Scorpion répond au vocable sumérien ĜÍRI : GIR₄(four)-I(maîtriser), soit "qui maîtrise le four" (sous-entendu la matrice) ou ĜÌR(responsabilité)-I(pousse), "responsable de ce qui pousse" voire ĜI₆(sombre), GI(stabiliser, renforcer), GI₇ (noble, civilisé)-RI(mettre en place, engendrer), soit "la sombre qui engendre" ; "qui met en place et stabilise" ; "qui engendre les nobles et les civilisés". En dialecte Emesal, scorpion se dit MI-IR décomposable en MÌ(destin, décret divin)-ÍR(répandre, appliquer), soit "qui répand les destins" ou "qui applique les décrets divins". Enfin en akkadien, l'arachnide s'écrit ZUQAQÎPU qui une fois décodé avec le langage matrice nous donne ZU(connaissance)-KA₉(possession)-KI(terre)-PU(profondeurs), soit "en possession de la connaissance des profondeurs de la terre". Ce fameux arthropode, en tant que symbole, nous renvoie bien aux rôles présumés de Ninmah qui fait pousser les nobles et les civilisés dans ses moules/fours, dans le cadre du décret divin (le Mardukù) et ce, grâce à la technologie des Ama'argi de l'Abzu !

[531] Zoltán Niederreiter, *Le rôle des symboles figurés attribués aux membres de la*

les parjures chez les Hittites. Faisant écho à l'épiclèse de "Dame des liens" attribuée à l'égyptienne Serkit, protectrice des guérisseurs et des sorciers.[532] On dédie, enfin, à Héra les plantes qui sont réputées guérir les maladies féminines.[533] Cette attribution d'Héra au mariage sera personnifiée en l'une de ses filles, la déesse Ilithye, image d'Aphrodite. Me permettant d'affirmer que l'Išḫara mésopotamienne est certainement plus proche d'Ilithye que d'une quelconque autre déité grecque. Une autre divinité de l'ancienne Mésopotamie peut être rapprochée de Ninmaḫ : il s'agit de Gula/Ninkarrak nommée aussi Ninisinna. Elle était une déesse médicale de la guérison et était appelée "la grande doctoresse des têtes noires" en rapport à la couleur de peau des premiers hommes qu'elle a créés avec Enki-Nudímmud. Dans le mythe d'*Enki et l'Ordre du Monde*, Inanna la décrit ainsi :

"*Elle est la maîtresse du ciel.*
Elle se tient aux côtés de An (NDA : Zeus dans notre étude)
Et se permet de lui parler quand cela lui chante."[534]

Elle était réputée "*créer la vie dans le pays*" et donc d'avoir un lien avec la fertilité, mais encore créditée de "*rassembler/reformer ce qui avait été brisé*". On la trouvait majoritairement figurée assise sur un trône. Un trône d'or était également l'un des attributs de la souveraine de l'Olympe. Enfin, on lui attribue un caractère parfois tempétueux, capable de déclencher des orages, de la foudre, voire des tremblements de terre.[535] Rappelant en tout point les mêmes pouvoirs que la sévère et jalouse Héra des Grecs ! L'animal symbole de Gula/Ninkarrak était le chien et l'on a retrouvé des formules incantatoires (souvent des malédictions) associées à la déesse et au meilleur ami de l'homme. Cette caractéristique a-t-elle ensuite migré vers l'Occident pour forger l'une des facettes de la déesse Hécate ? Très certainement... Le

---

Cour de Sargon II : Des emblèmes créés par les lettrés du palais au service de l'idéologie royale, in Iraq vol. 70, 2008, pp. 51-86.
[532] https://en.wikipedia.org/wiki/Serket
[533] http://www.cosmovisions.com/$Hera.htm
[534] *Enki et l'Ordre du Monde*, lignes 403-405.
[535] Hector Avalos, *Illness and Health Care in the Ancient Near East : The Role of the Temple in Mesopotamia, Greece and Israel*, Éd. Atlanta : Scholars Press., 1995.

comportement hargneux d'Héra est peut-être un écho de la jalousie de Ninmah décrit dans le Mythe *Enki et Ninmah*. Dans le récit elle envie les talents créateurs d'Enki et lui lance un épineux défi pour savoir lequel des dieux maîtrise le mieux l'acte créateur.

Dans l'assemblée divine des Gina'abul, Ninmah-Serkit arrive en quatrième position, elle est dénommée *Seshedj*, soit "la couronne" en égyptien. Dans la mythologie sumérienne Ninmah est surnommée Ninmenna, "la dame de la couronne", par son fils Ninurta.[536] Au sein des anciens dieux reptiliens, est la gardienne de la doctrine secrète. Ses symboles et attributs sont : le sceptre, le bras gauche, la bienveillance, le pouvoir ancestral, la majesté, l'autorité, l'excès, la naissance et la créativité.[537] Nous retrouvons là des attributs aussi bien de Serkit (bienveillance, pouvoir ancestral, naissance, créativité) que de Héra (sceptre, majesté par le diadème royal, autorité, excès). Enfin l'épiclèse la plus couramment associée à Héra est θεὰ λευκώλενος / *theá leukólenos*, la "déesse aux bras blancs", rappelant non seulement la nature lunaire de la souveraine olympienne mais encore son lien avec les Adinu, les fameux *Veilleurs* à la peau laiteuse...

Une fois de plus, mais cela devient la règle, l'étymologie d'Héra est indéterminée. Je vais proposer une voie audacieuse : le terme Išhara. Décomposé phonétiquement avec les strictes significations des vocables sumériens cela nous donnerait IŠ(montagne)-HARA ou "Hara de la Montagne". Héra est effectivement la déesse de l'Olympe et donc de la montagne des dieux. Nous pouvons aller plus loin en décomposant HARA en HÁ(nombreux, multitude, mélange)-RA(faire bouger), RÁ(accompagner, guider, conduire), soit "faire bouger la multitude" ou "guider et conduire les nombreux mélanges". Rajoutons enfin la particule IŠ(montagne) et nous obtiendrons quelque chose comme "celle qui conduit les nombreux mélanges dans la montagne" voire "celle de la montagne qui fait bouger la multitude des mélangés". De bien poétiques définitions de l'action de clonage en série de la reine de la colonie Anunna en Kalam ! Le

---

[536] *La tentation et la punition de Ninurta victorieux* (ou *Ninturta et la Tortue*), ligne 55.
[537] Anton Parks, *Le Réveil du Phénix*, op. cit., pp. 57-58.

simple décodage du terme *Héra* donnerait approximativement la même définition : ḪE(mélanger, mélange)-RÁ(accompagner, guider, conduire), soit "celle qui guide les mélanges". Sans plus tarder, le court tableau récapitulatif avant d'enchaîner sur un protagoniste majeur sur lequel beaucoup d'encre a coulé puisqu'il était l'incarnation même de la Connaissance : Thot-Hermès.

	Serkit	Ninmaḫ-Ninḫursağ-Išḫara-Gula	Héra
Filiation / Parenté	a- Sœur de Nut/Geb* b- Mère d'Isis* c- Amante de Atûm-Ra* d- Amante de Seth* e- Amante d'Osiris*	a- Sœur de Damkina-Nammu-Nuréa* b- Mère de Šáran-Sé'et* c- Amante de An d- Amante d'Enlíl e- Amante d'Enki f- Mère de Dağde*	a- Sœur de Déméter(1) b- Mère de Hébé (=Artémis-Isis-Sé'et*) c- Épouse de Zeus(1/2) d- Amante de Zeus(2) e- Amante d'Hadès-Poséidon-Dionysos* f- Mère d'Héphaïstos
Attributs / Fonctions & Symboles	g- Divinité ouranienne i- Déesse-Mère locale j- "Dame de la Vie" k- Régente provisoire de l'Amenti* l- Symbole du scorpion m- Symbole de la couronne* n- Déesse des liens r- Déesse de la fertilité s- Déesse des magiciens et des guérisseurs	g- Divinité ouranienne h- Rattachée à la montagne i- Déesse-Mère locale j- Vie insufflée aux hommes k- Liée à Dilmun l- Symbole du scorpion (Išḫara) m- Symbole du trône et de la couronne (Gula) n- Déesse des serments o- Divinité lunaire p- Pouvoir sur le ciel et la foudre (Gula) q- Déesse du mariage et de la grossesse r- Déesse de la fertilité s- Magicienne et guérisseuse (Gula)	g- Divinité ouranienne h- Rattachée à la montagne (Olympe) i- Déesse-Mère locale k- Liée au Jardin des Hespérides l- Symbole du scorpion m- Symbole du trône o- Divinité lunaire p- Pouvoir sur le ciel et la foudre q- Déesse du mariage et de la grossesse r- Déesse de la fertilité s- Guérisseuse des maladies féminines

Tableau Héra. * : *Élément avancé par les* Chroniques du Ğírkù.

CHAPITRE XI

THOT-HERMÈS OU LE MAÎTRE DE LA CONNAISSANCE

"*... C'est par lui [Osiris/Dionysos] qu'Hermès fut honoré plus que tous pour avoir été doué d'un exceptionnel talent propre à concevoir ce qui pourrait enrichir la vie de tout le monde. C'est en effet par Hermès tout d'abord que le langage commun à tous fut articulé et que beaucoup d'objets non dénommés furent désignés ; on lui doit l'invention des lettres et les dispositions qui règlent les honneurs et les sacrifices dus aux dieux. Il fut aussi le premier à observer la disposition des astres ainsi que l'accord et la nature des sons [...]*
En somme, Osiris le tenait pour scribe sacré, lui communiquait tout et avait particulièrement recours à ses conseils."
Diodore de Sicile,
extrait de Naissance des Dieux et des Hommes.

"*... Muse, célèbre Hermès, fils de Zeus et de Maïa, roi de Cyllène et de l'Arcadie fertile en troupeaux, bienveillant messager des dieux qu'enfanta l'auguste et belle Maïa, après s'être unie d'amour à Zeus[...]*
La Nymphe enfanta un fils éloquent et rusé, voleur habile, prompt à dérober les bœufs, maître des songes, surveillant de nuit, gardien des portes, et qui bientôt devait réaliser d'admirables merveilles au milieu des dieux immortels."
Hymne homérique à Hermès.

"*Dire les paroles par Thot, deux fois grand, qui a créé toute chose, qui connaît l'écriture, qui a créé ce qui est*

> *advenu et qui est issu du cœur, le grand en tant que corps de Rê, le grand parmi l'Ennéade, la langue et le cœur des Dieux et Déesses, qui dévoile ce qui est secret...*"
>
> **Texte cosmogonique d'époque ptolémaïque, gravure du temple de Khonsu à Karnak.**

Nous pourrions rédiger un ouvrage entier rien que sur ce protagoniste. C'est d'ailleurs ce qu'une multitude d'auteurs s'est attelé à faire depuis des décades. De mon côté je m'en tiendrai au caractère purement "parksien" du personnage de Djehuti-Thot-Hermès. Laissant à d'autres le soin de discuter à l'infini de la dimension alchimique et/ou hermétique de l'ancien dieu de la sagesse et des disciplines scientifiques.

Dans l'assemblée divine des anciens dieux Gina'abul des *Chroniques du Ğírkù*, Djehuti/Zehuti-Thot était en huitième position. Digne de l'image qu'en donnent les mythologies égypto-grecques, il était un grand érudit qui maîtrisait de nombreux savoirs scientifiques en complément d'une grande sagesse : langage, astronomie, génétique, mathématiques, physique... Djehuti était le scientifique du clan d'Osiris et d'Isis et le seul à pouvoir expliquer la mécanique du ciel ; à prévoir les grands événements célestes. Thot a pu ainsi prédire le moment précis de la naissance divine d'Heru-Horus à Meri-Isis.[538]

Durant des millénaires il sera le conseiller avisé de la reine de Kemet. La réverbération, la splendeur et la vision de la splendeur sont des propriétés qui se rapportent à Hut-Djehuti puisqu'il est au service du Pays de Lumière (Kemet). Djehuti est un personnage honnête, fidèle et intègre, il est le fier défenseur de la mémoire d'Asar-Osiris. Il personnifie également les lois, les droits et la magie rituelle. La mythologie ne dit rien de moins que cela : la tradition lui attribue en effet la rédaction des décrets, des lettres et des livres ; il serait l'auteur même du *Livre des Morts*.[539] Rappelons que son nom en Emenita (langue mâle) est ZE-HU-TI,

---

[538] Anton Parks, *Le Testament de la Vierge*, op. cit., pp. 147-148.
[539] Youri Volokhine, *Le Dieu Thot et la Parole*, in Revue de l'Histoire des Religions, Éd. PUF, 2004, page 132.

"le souffle (ou l'esprit) de l'oiseau de vie". Il est l'ingénieur et le contremaître du plan de Isis qui était d'apporter la vie à Horus au cœur de la grande pyramide. Son génie en fait le premier des suivants de la lumière et du principe féminin.[540] Diodore de Sicile nous apprend dans ses Fragments de L'*Histoire Universelle* que :

"*Osiris fit plusieurs choses utiles à la société humaine : Il abolit la coutume exécrable qu'avaient les Hommes de se manger entre eux, et établit à la place la culture des légumes et des fruits. Isis, de son côté, leur enseigna l'usage que l'on pouvait faire du froment et de l'orge qui était auparavant inconnue et méprisée [...] Avant de partir, Osiris laissa à Isis l'administration générale de son état, déjà parfaitement réglé, et lui donna pour conseiller et ministre Hermès (Thot), le plus sage et le plus fidèle de ses amis [...] Tout cela étant agencé et organisé, Osiris se mit en marche à la tête de son armée [...] C'est ainsi qu'Osiris, en parcourant toute la Terre, répandit partout les mêmes bienfaits [...] de sa sagesse et de sa bonté.*"[541]

Thot était donc bien le "Premier ministre" du royaume osirien et véhiculait sur la terre égyptienne les préceptes que lui avait enseignés son créateur Enki-Osiris. Dans les *Chroniques* comme dans les essais d'Anton Parks, le Nungal est l'ami fidèle d'Enki-Osiris au point que ce dernier en fasse successivement : son mandataire privilégié pour ses affaires courantes à Kalam ; son messager-conseiller auprès des Ama'argi de l'Abzu, des Nungal de Kalam, des Amašumtum et Abgal de l'Amenti-Dilmun et de Kemet ; son officier scientifique principal en charge des tâches les plus diverses et complexes... Nous retrouvons chez Hermès quasiment les mêmes aptitudes et attributions. Divinité messagère – en parallèle d'Iris qui partageait les mêmes attributions –, le fils de Zeus est également connu pour dérober ce qui lui chante ; il est vénéré par les voleurs, les voyageurs et les commerçants. Cette dernière attitude est plus à relier à la notion de communication que de larcin à proprement parler. C'était un dieu qui apportait et qui emportait, un héraut, un appariteur. Il véhiculait la Connaissance.

---

[540] Anton Parks, *Le Réveil du Phénix*, op. cit., page 60.
[541] Vincent Derkaoui, *Anthologie des mystères d'Égypte*, Éd. Ossmi, 2004.

Il était associé à la ruse, à l'intelligence, aux mathématiques, à l'astronomie. Il est l'inventeur du langage, de l'écriture et de la philosophie. Il enseigne d'ailleurs les tromperies du langage à Pandore, la première femme. Chez les Égyptiens, il porte l'épithète de "Maître de la parole divine" c'est-à-dire maître des hiéroglyphes.[542] Parks nous rappelle que Thot a inventé et continuellement adapté le système calligraphique du Re'enkemet (égyptien) dans le but de dérouter les ennemis Anunnaki.[543] Aidé des Abgal et des Nungal il participera à la codification des langages des tribus et premières civilisations humaines à partir du langage matrice tant de fois utilisé dans notre étude (l'Emeša ou protosumérien ou langage matrice).[544] Platon nous confirme à son tour que Thot-Hermès est le fondateur de la phonologie.[545] Hermès a même assisté les Moires pour la création de l'alphabet à usage des mortels.[546] À Memphis, la tradition attribue la création de la langue[547] à Ptah (Osiris) et son application à Thot. Hermès est un interprète ; on rapproche son nom du mot ἑρμηνεύς / hermêneús, "interprète". Comme dans les *Chroniques*, il est le messager divin des dieux de l'Olympe au service de Zeus (faisant le lien entre la langue des dieux et celles des hommes), principalement, et non des avatars d'Enki-Osiris (Hadès-Poséidon-Héphaïstos-Dionysos). Quoi de plus normal, Zeus était le démiurge des Grecs.

***

Dans le même corpus mythologique, il est l'ami fidèle d'Apollon, lien intime que nous retrouvons entre Djehuti et Heru tout au long du *Réveil du Phénix*. En outre, le messager grec des dieux était souvent associé Héraklès dans les vénérations nous remémorant que ce dernier et Apollon ne forment qu'une seule et même entité. Dans les Mystères de Déméter et de Koré pratiqués

---

[542] Youri Volokhine, op. cit., page 134.
[543] Anton Parks, *Le Réveil du Phénix*, op. cit., page 34.
[544] Id., *Ádam Genisiš*, op. cit., pp. 284-285.
[545] Platon, *Philèbe*, 18 b-d.
[546] Robert Graves, op. cit., page 291.
[547] Comme pour tous les patronymes divins, Hermès n'a pas d'étymologie précise. L'une de ses décompositions à l'aide du langage matrice nous donnerait ER(apporter)-ME(parole)-EŠ(nombreux), soit "celui qui apporte les nombreuses paroles".

en Messénie (sud-ouest de la Grèce), on vénérait Hermès ; il était aussi rattaché au culte des Cabires et il finira par être assimilé à l'un d'entre eux.[548] Cela nous renvoie bien entendu aux rapports qu'il entretenait dans les *Chroniques* et *La Dernière Marche des Dieux* avec Aset et les Shebitiu (Abgal). Nous trouvons pour la première fois la trace de la compagne de Thot, Seshat, dans *La Dernière Marche*, dans les traductions des hiéroglyphes du temple d'Edfu. Elle est, comme son compagnon, associée à l'intelligence et à l'écriture. Son patronyme signifiant d'ailleurs "celle qui écrit". À n'en pas douter nous en entendrons de nouveau parler dans la suite des *Chroniques*. Elle a encore pour épithètes : "Maîtresse de la maison des architectes" et "Maîtresse de la maison des livres" supposant son implication non seulement dans le langage et l'écriture mais aussi dans l'architecture – et par extension les mathématiques. Retrouvons-nous trace de ce couple ingénieux dans la mythologie de l'ancienne Mésopotamie ? Absolument ! Thot apparaît sous les traits de Nabū, quant à Seshat elle est incarnée par sa parèdre Tašmetu. La divinité Ḫaia, que nous avions identifiée à Enki dans le chapitre *Déméter*, présente également des traits quasi "thotiens" présidant à la fois à l'écriture et à la sagesse ; il était aussi réputé être un "*gardien des portes*". Nous pensons qu'il y a certainement eu pour Ḫaia un syncrétisme tardif unissant les fonctions d'Enki-Osiris et celles de Thot. Comme à notre habitude Ḫaia(1) sera Enki-Osiris et Ḫaia(2) Thot. Dans l'hymne mésopotamien suivant, nous retrouvons quasiment la même vénération que celle vouée au dieu Thot en Égypte (notez la présence d'Enki en toute fin de citation prouvant que dans ce texte il ne peut être que deux entités séparées) :

"*Seigneur, parfait dans son auguste sagesse et reconnu pour ses importants conseils,*
Ḫaia, qui détient les grandes tablettes, nous enrichissant d'une profonde sagesse !
Responsable du Ḫal-an-kug, ayant la vue d'ensemble sur les arts de la maison de sagesse de Nisaba ;
Archiviste du palais du Paradis et de la Terre,
Qui réalise le suivi de chaque attribution, qui tient un saint

---

[548] http://www.cosmovisions.com/$Hermes.htm

calame[549] *Et remplit les grandes tablettes de la Destinée de son écriture !*
Le Sage, qui souffle de saints mots à An aux moments opportuns. Celui qui apporte de saints objets depuis les coffres de l'E-kur; Des ornements du Saint Abzu, Portant les cheveux détachés pour le Seigneur Nudímmud !"[550]

Comme Ḫaia, Hermès était connu comme le gardien des portes, en plus d'être le protecteur des rues et des routes (ce qui le rapproche d'Hécate, la souterraine). Ḫaia faisait des allers-retours en l'Abzu, tout comme Hermès dans son rôle de conducteur des âmes vers l'Hadès, d'où son épithète $\Psi υχοπομπός$ / *Psukhopompós* ("Psychopompe"). Enfin Thot possédait les incantations magiques pour ouvrir les portes de l'Autre Monde et enregistrait les jugements sur les âmes des morts. Nous n'avons aucune figuration du couple Ḫaia/Nidaba et leur généalogie divine est plus qu'obscure. Nous expliquons cela sans difficulté via notre grille de lecture "parksienne" ; ces deux protagonistes étant surtout présents au Pays de Lumière plutôt qu'à Kalam. Leurs homologues Nabū/Tašmetu ne nous renseignent pas mieux sur leur filiation. Nous avons par contre des gravures de Nabū, attestant de son rôle infiniment intellectuel : il est figuré debout portant une tablette dans une main. Une tablette censée être celle de la Destinée ! Il est ainsi fusionnable avec Ḫaia. Nabū-Ḫaia et Thot-Hermès partagent ainsi le support de l'écriture – la tablette pour le premier, le papyrus pour le second – et le calame. Tašmetu, épouse de Nabū, quant à elle est associée à la sagesse et à l'attraction sexuelle, la rapprochant de l'une des amantes d'Hermès, Péitho, une Océanide qui représente la force de persuasion et la séduction.

D'un point de vue astronomique Hermès, Nabū-Ḫaia et Thot sont tous trois associés à la planète Mercure. La Lune est également un astre dédié à l'égyptien Thot ; il en portait le croissant sur sa tête d'ibis sur certaines figurations – faisant écho au caducée d'Hermès parfois surmonté du même motif. Ce dernier,

---

[549] Roseau taillé en pointe dont on se sert pour l'écriture sur tablettes d'argile ou papyrus.
[550] *Hymne à Ḫaia pour Rīm-Sîn* (Rīm-Sîn B), lignes 1-8.

fils de Rê voire d'Osiris, est souvent considéré sans géniteur dans la tradition de l'Égypte antique, pour une raison simple : les *Chroniques* nous ont appris qu'il était un Nungal créé dans une matrice artificielle. S'il devait avoir un créateur, celui-ci serait incarné par Enki-Osiris. Pour les Grecs et les anciens Mésopotamiens, Hermès et Nabū-Ḫaia ont un père ; respectivement Zeus(2) et Marduk(1) avatars du même protagoniste : Enlíl. Compréhensible si l'on se place dans la peau des personnages de l'époque où le grand Šàtam menait d'une main de fer les Nungal (dont Djehuti-Thot) dans la plaine de l'Edin au pays de Kalam. Hermès a pour mère la pléiade Maïa dont l'existence et la présence dans les mythes sont anecdotiques. Pourtant elle fait partie d'une constellation d'importance : les pléiades. Là, où précisément An créa les Anunna. Les pléiades de la mythologie grecque sont sept sœurs (nées du Titan Atlas et de l'Océanide Pléioné) qui accompagnent régulièrement Artémis dans ses aventures. Nous retrouvons leur trace sous la forme des sept déesses mésopotamiennes de l'enfantement qui assistent Mammi (Nammu-Nuréa) et Ninmaḫ lors de la création des hommes : "Ninim'ma", "Šuzian'na", "Ninmada", "Ninbara", "Ninmug", "Musargaba" et "Ninguna". En Égypte elles revêtent l'aspect des sept Hathor ou *Sefekh Shepsitu*, "les sept déesses vénérables", dépeintes soit comme des vaches grasses soit comme des jeunes filles. Elles président à Kemet également à l'enfantement et protègent les femmes en couches. Rôles que nous retrouvons chez Hathor-Isis-Artémis. Maïa pourrait se décomposer en suméro-akkadien en MA(établir)-I(triomphe)-A(source), la Pléiade est ainsi "celle qui établit le triomphe de la Source".

Enfin lorsque Thot protège Isis des assauts de Seth qui cherche à l'empêcher d'accoucher d'Horus, Hermès emmène le jeune Dionysos (ici Dionysos(2), le fameux Heru) sur le mont Nysa auprès des Nymphes qui le protégeront et l'éduqueront.

***

D'un point de vue des symboles, peu de choses rapprochent Hermès, Thot et Nabū-Ḫaia hormis le calame et le support d'écriture. Les animaux de Thot sont l'ibis et le babouin. Pourquoi l'ibis ? Supposément parce que phonétiquement le terme égyptien *hby* pour désigner un ibis se rapprochait du mot *hbi* signifiant "messager". Pour l'anecdote, le terme français *ibis* vient du mot éponyme en grec ancien issu lui-même du *hby* égyptien.[551] Enfin l'ibis est parfois notifié en tant qu'oiseau symbolisant le mort qui voyage dans l'autre monde avant d'atteindre la lumière. Les figurations de babouin, plus tardives, sont à mettre à l'ordre de la faculté que l'on prêtait à l'animal en Égypte : celle de parler ! Il n'était non plus pas rare de mettre un calame dans la main du singe afin de lui faire de dessiner des hiéroglyphes égyptiens.[552] Nabū-Haia ne présente aucun animal favori. Hermès a de son côté plusieurs familiers : le bélier, la tortue, le coq, le chien et la grue. Il hérite le premier de son géniteur Enki-Osiris ; signe de fertilité traduit par des représentations ithyphalliques du fils de Maïa. Le second est certainement du fait d'un récit mythologique : il tue une tortue pour transformer sa carapace en lyre. Il est tout de même intéressant de noter que c'est un symbole qu'il partage avec Artémis-Isis. Le coq et le chien rappellent la nature double du dieu messager ; à la fois ouranien – le coq est un symbole solaire – et chtonien – le canidé étant un animal psychopompe. Ce symbole du chien peut provenir d'Égypte où Thot est lié à Anubis, le gardien de la Duat souterraine. Anubis guide les défunts, Thot les juge. Dans le tome 3 des *Chroniques*, Parks insiste sur le fait que Thot-Djehuti instruit Anubis-Sabu "*aux arts et aux secrets*".[553] Quant au symbole de la grue, voici ce que nous en dit R. Graves : "*les grues étaient consacrées à Hermès protecteur des poètes ; les caractères alphabétiques les plus anciens étaient en forme de coins ; Palamède ("intelligence ancienne"), et sa grue sacrée, était l'homologue carien du dieu Thot, inventeur de caractères, avec son ibis voisin de la grue...*"[554]

Le symbole le plus communément attribué à Hermès est le

---

[551] Sans surprise le langage secret des dieux nous permet de décomposer le Hby égyptien en HI(mélanger)-BI(parole), soit "celui qui mélange la parole". Quoi donc de mieux que ce volatile pour figurer Zehuti ?
[552] Youri Volokhine, op. cit., page 151.
[553] Anton Parks, *Le Réveil du Phénix*, op. cit. page 120.
[554] Robert Graves, op. cit., page 293.

caducée, cadeau de son ami Apollon. Le terme vient du mot latin *caduceus* ("caducée, baguette du héraut"), lui-même emprunté anciennement au dorien καρύκιον, *karukion*, de même sens, qui fait κηρύκειον / *kêrukeion* en grec attique, dérivé de κῆρυξ / *kērux* ("héraut") qui donne *karux* en dorien, et apparenté à κηρύσσω / *kērussō* ("annoncer"). Le dorien *Karux* va nous permet via l'Emeša de décrypter le sens caché de cet étrange objet – qui se rapporte originellement à l'énergie de la Kuṇḍalinī comme Parks nous le confirme : "*Le symbole trop souvent mal interprété du caducée représente la Kuṇḍalinī et la sexualité sacrée de la Déesse-Mère. Le caducée est généralement constitué d'une baguette (ou axe central) entourée de deux serpents entrelacés et surmontés de deux petites ailes. Ce puissant symbole existe sous différentes formes à travers le monde. Tous possèdent une ou plusieurs pièces de la "version d'origine", mais à ma connaissance, il n'existe aucune version complète disponible à ce jour ! La version intégrale devrait comporter, à sa base, la coupe ou le vase que l'on trouve souvent sur le symbole du corps médical. Ensuite devrait apparaître l'axe central autour duquel deux serpents s'élèvent et s'entrelacent sept fois pour se faire face. Enfin, deux petites ailes doivent surmonter l'ensemble. L'allégorie de cet emblème sacré est très précise. Chez les ésotéristes, le caducée est le symbole de l'androgyne primordial, les deux serpents spirales figurant à la fois la chute et la montée au ciel... Le terme caducée est à rapprocher du nom des planificateurs au service de la Source Originelle, les Kadištu, plus précisément KAD-IŠ-TU, litt. "les anciens qui lient la vie". Les Kadištu de l'histoire qui nous occupe sont des experts en planification et possédaient la maîtrise parfaite de la KUN₄-DA-LI-NI "la puissante échelle qui enflamme le corps.*"[555] Parks reprend ici en partie des notions religieuses de l'Inde ancestrale où le caducée symbolise les nāḍī (canaux) véhiculant l'énergie vitale de la fameuse Kuṇḍalinī. La baguette du caducée représentant Suṣumṇā, le nāḍī central parcourant la colonne vertébrale, et les deux serpents figurant Iḍā et Piṅgalā, les deux nāḍī secondaires s'enroulant autour du Suṣumṇā.

Karux peut ainsi se décomposer en : KAR(emporter, voler,

---

[555] Anton Parks, *Le Secret des Étoiles Sombres*, op. cit., page 325.

capturer)-ÚS(transporter, apporter), soit "celui qui emporte et qui apporte (ou transporte)" ; correspondant bien à la dénomination de héraut. Signalons que la particule KAR signifie aussi "voler, dérober" (voire "piller") ce qui explique certainement pourquoi Hermès était le messager divin de l'Olympe mais aussi le dieu des… voleurs ! Et qu'il portait le fameux caducée. *Karukion* d'où provient le latin *caduceus* pourrait donc être *Karus-Kion*, *Karus* a été décodé. Voyons *-Kiun* : KI(lieu, place, terrain)-UN(peuple, foule). *Karukion* / *Karus-Kion* donnerait : "emporter et apporter sur la place ou le terrain du peuple". Nous retrouvons donc bien là l'attribution donnée au porteur du Caducée censé véhiculer l'information (surtout la connaissance dans notre cas). Chez les Grecs, le bâton de héraut était un attribut divin associé aux messages et à la guérison ; soit une façon détournée de parler de sagesse et de connaissance ! D'un point de vue hermétique/alchimique, Hermès est l'enseignant qui apprend à libérer l'âme de la matière, se souciant de la faire remonter vers le divin où elle résidait à l'origine. Enfin chez les Égyptiens Thot était parfois figuré avec un ou deux bâtons en main, autour desquels venait s'entourer un serpent… dans ce que je nomme le semi-caducée d'Asclépios. Le symbole du héraut s'apparente également chez Ovide à un bâton de berger – généralement l'apanage d'un Osiris ou d'un Apollon :

> "*Mercure met à ses pieds des ailes, dans sa puissante main le caducée qui fait naître le sommeil, et sur sa tête un casque (…) Il se sert de ce caducée, comme un berger de sa houlette, pour conduire (…) un troupeau de chèvres.*"[556]

Le caducée couvre un spectre beaucoup plus large de symboles. Selon Marija Gimbutas, les lignes ondulées – dont le serpent est la parfaite analogie – étaient un signe de la Déesse des Origines. Elles symbolisaient l'énergie vitale, la matrice humide, le liquide amniotique, la terre féconde et régénératrice. Quant aux ailes surplombant le bâton, elles renvoyaient au culte préhistorique de la Grande-Déesse sous sa forme aviaire.[557] Les serpents

---

[556] Ovide, *Les Métamorphoses*, Livre I.
[557] Marija Gimbutas, *Le langage de la Déesse*, Éd. Des femmes/Antoinette Fouque, 2005.

s'entremêlant renvoient à des notions de cycles et d'alternance mais encore à des opposés qui s'attirent et se répulsent dans une sorte d'éternelle respiration. On pense bien entendu aux pôles mâles et femelles, à la matière et à l'esprit ou encore au jour et à la nuit voire à la mort et à la (re)naissance.

Ce bâton est aussi une figuration évidente de l'Arbre de Vie que nous avons déjà évoqué. Cet Arbre de Vie possèdent plusieurs significations :

- il est symbole de puissance génésique, de force féconde de la Vie et d'immortalité : afin d'acquérir la vie éternelle offerte par les fruits de l'Arbre le candidat doit triompher de ses gardiens (animaux domestiques ou chimériques : lion, taureau, bouquetins, griffons, centaures...).[558] Dans les figurations mésopotamiennes puis égyptiennes il est souvent question de deux animaux "s'affrontant" de part et d'autre de l'Arbre nous rappelant l'affrontement des serpents du caducée. Chez les Sumériens et leurs successeurs les animaux sont parfois remplacés par des Apkallû aux apparences diverses : prêtres habillés en poisson, hommes à tête d'oiseau et enfin des hommes ailés (tout autant chimériques que leurs pendants du monde animal). Ces figurations-là présentent des prêtres purificateurs qui apportent à l'Arbre de Vie, dans ce cas assimilé au Roi, les onctions sacrées nécessaires au prolongement de sa vie terrestre. Les mythes regorgent de personnages fantastiques en quête d'immortalité que fournirait les fruits d'un Arbre (ou d'une plante) mythique : Gilgameš et la plante de jouvence, Héraklès et les pommes d'or du jardin des Hespérides, Adam et l'Arbre de la vie...

– l'Arbre est l'insigne du divin et plus particulièrement de l'androgynie primordiale : à la fois mâle (principe fécondant) et femelle (principe nourricier et maternel). Il représente la totalité et la perfection, la divinité ultime.

Rappelez-vous qu'Osiris, Dionysos et Dumuzi/Enki étaient intimement rattachés aux arbres ; ils étaient même peut-être à

---

[558] Philippe Seringe, op. cit., pp. 213-214.

l'origine uniquement vénérés sous cet aspect comme c'est le cas de Bouddha qui était vénéré sous des formes exclusivement arboricoles en Inde. La Grande-Déesse apparaît également parfois sous l'aspect d'un Arbre sacré pour nourrir le roi (voir Hathor en Égypte) ou donner naissance au héros (voir Myrrha en Syrie).

Le dieu sumérien Damu-Dumuzi (prototype des rois d'ancienne Mésopotamie) incarnant un Arbre de Vie. Sceau en marbre datant de la période Uruk-Jamdat-Nasr, 3200-3000 avant J.-C (National Museum, Berlin).

- il symbolise la Nature voire le Cosmos : il est l'Axe cosmique unissant le Séjour infernal (par ses racines) aux Cieux supérieurs (par ses branches) à travers la terre. L'Arbre-Axe relie ainsi les trois régions cosmiques de la pensée antique, comme une sorte d'échelle mystique permettant l'élévation spirituelle (nous retrouvons ici l'image du caducée). Dans cette conscience religieuse archaïque l'Arbre est l'Univers, il le répète et le résume en même temps qu'il le symbolise. Nous parlerions aujourd'hui d'une notion holistique où chaque élément d'un ensemble contient l'information de l'ensemble. L'aspect cosmique est souligné par la présence d'astres aux côtés de l'Arbre de Vie en Élam et à Sumer. Quant à la mythologie nordique, elle nous présente avec force précision un Arbre cosmique (Yggdrasil) qui relie les différents mondes des hommes, des dieux et des autres créatures fantastiques. Les mâts totémiques des natifs américains peuvent aussi être considérés comme des Axes-Arbres cosmiques. La pensée ancienne chinoise ainsi que les textes védiques de l'Inde (les seconds ayant sans aucun doute influencé la première) évoquent un Axe cosmique figuré par un arbre poussant au centre de l'Univers ; de cet arbre est fait un poteau assimilé à son tour à l'Axe du Monde. Cet Axe comme l'atteste de nombreuses traditions de par le monde soutiendrait non moins que la voûte céleste, le toit de l'Univers.[559] Dans certains cas, l'Axe cosmique est une Montagne sacrée (comme le mont Meru évoqué dans le chapitre *Dionysos*). On dit aussi que les piliers Djed égyptiens figuraient la fusion des quatre supports présents aux points cardinaux qui soutiennent la voûte céleste. Dès les premières lignes du mythe *Enki et l'Ordre du Monde*, ce dernier est comparé à un arbre majestueux planté dans l'Abzu dominant la terre et la protégeant par son ombre (voir chapitre *Dionysos*). La ligne 11 est éloquente lorsqu'elle précise que le dieu de la Sagesse est le "*grand Mat du monde*" ! En quelques dix lignes de l'un des plus anciens et plus illustres textes historiques est développée la symbolique polymorphe mais complémentaire de l'Arbre de Vie : illustrant à la fois la perfection de l'œuvre divine, la dimension prophylactique du dieu-arbre (protection par ses branches), l'Univers et le lien entre ses différentes composantes, la fertilité (et incidemment l'immortalité) dans la promesse des richesses offertes par la Nature (apportées par les racines) qui renaît chaque printemps et enfin le soutien du Monde dans la fonction d'Axe cosmique du dieu arboricole. En définitive, redisons-le, l'Arbre de Vie – ou dieu-arbre – symbolise, répète et résume le Cosmos.

L'essence de l'Arbre de Vie ou Axe cosmique variait évidemment selon les régions du monde : en ancienne Mésopotamie le rôle incombait généralement au palmier dattier, en Inde les Arbres sacrés étaient des figuiers, en Égypte il s'agissait du sycomore voire du mythique Djed, chez les peuples germano-celtiques le frêne reprenait cette fonction quant aux Amérindiens d'Amérique du Nord, ils plaçaient le cèdre dans ce rôle.

Passons à présent à notre petite matrice récapitulative.

---

[559] Ibidem, page 216.

	Thot-Djehuti	Nabū-Ḫaia(2)	Hermès
Filiation / Parenté	a- Fils d'Osiris-Ptah ou de Rê b- Époux de Seshat	a- Fils de Marduk b- Époux de Tašmetu-Nidaba	a- Fils de Zeus (et Maïa) b- Époux de Péitho
Attributs / Fonctions & Symboles	c- Divinité ouranienne et chtonienne d- Associé au langage et à l'écriture e- Dieu messager et voyageur f- Préside aux destins g- Scribe des Dieux / Symbole du Calame h- Dieu de l'intelligence et de la sagesse i- Associé à la Lune et à Mercure j- "Gardien des portes" k- Symbole du semi-caducée l- Symbole de l'ibis	c- Divinité ouranienne et chtonienne* d- Associé au langage et à l'écriture f- Préside aux destins g- Scribe des Dieux / Symbole du Calame h- Dieu de l'intelligence et de la sagesse i- Associé à Mercure j- "Gardien des portes"	c- Divinité ouranienne et chtonienne d- Associé au langage et à l'écriture e- Dieu messager et voyageur h- Dieu de l'intelligence et de la ruse i- Associé à la Lune et à Mercure j- "Gardien des portes" k- Symbole du caducée l- Symbole de la grue

Tableau Hermès. * : *Élément avancé par les* Chroniques du Ǧírkù.

Nous allons à présent enchaîner rapidement sur un personnage peu connu mais qui avait une importance majeure dans le quotidien des anciens Grecs, la déesse Hestia.

CHAPITRE XII

HESTIA, VIERGE ET IMMORTELLE

> "*Hestia, qui, dans les hautes demeures de tous les Dieux immortels et des hommes qui marchent sur la terre, as recu en partage un siège éternel, honneur antique ! Tu as cette belle récompense et cet honneur, car, à la vérité, il n'y aurait point sans toi de festins chez les mortels. C'est par Histiè que chacun commence et finit, en faisant des libations de vin mielleux.*"
>
> ***Hymne Homérique à Hestia.***

Hestia est une mystérieuse déité. Première-née des Titans Kronos et Rhéa, elle est donc l'aînée des Olympiens.[560] Pourtant elle n'a aucun rôle majeur. Elle n'apparaît dans quasiment aucun récit. Il semble qu'elle soit plus une abstraction qu'une réelle manifestation physique. Elle figurerait (une fois de plus) la Grande-Déesse pure et immuable des origines. J'y vois une image de Mamítu-Nammu-Déméter. Elle est une déesse vierge comme ses nièces Artémis et Athéna et symbolise le foyer au sens propre et au sens figuré. "Foyer" est d'ailleurs la définition exacte du terme Hestia. Elle est ainsi une divinité primordiale du feu et de la lumière. Pausanias prétend qu'on sacrifiait d'abord à Hestia, ensuite à Zeus.[561] Au contraire d'Héphaïstos qui représente l'élément igné dans les sphères souterraines et célestes – et en outre dans le domaine des arts dans leur ensemble –, la fille aînée de Kronos est le feu du centre de l'habitation. Elle était donc la protectrice du foyer et de la famille. Le monde antique était parsemé de ses autels et partout elle était vénérée pour sa bienveillance. Elle n'entra en conflit avec aucun

---

[560] Hésiode, *Théogonie*, 453-454.
[561] Pausanias, V, 14.

autre dieu ; pas même un demi-dieu ni un mortel. Ses figurations la montrent dans un état statique sinon immobile.

Cette "rigidité" doit être rapprochée de la nature profonde de la déesse qui ne se laisse approcher par aucun mâle ; elle refusa les avances d'Apollon et Poséidon. Notons que ce sont les deux seuls Olympiens qui possèdent le dauphin comme attribut et nous avons vu plus haut le mammifère aquatique – servant aussi à représenter Jésus Christ dans ses premières figurations – sert à désigner un Kirišti, un "poisson ardent de la vie". Ce foyer, feu des origines, feu protecteur, feu civilisateur, je l'associe à Mamítu-Nuréa. La décomposition en Emeša vient nous le confirmer : ḪE/ḪI(mélanger)-EŠ(nombreux)-TI(vie)-A(source), soit "celle qui mélange les nombreuses vies de la Source". Antinomique avec son statut de Vierge éternelle ? Bien sûr que non. Rappelons que dans bien des sociétés traditionnelles, la femme, qu'elle soit divine ou mortelle, peut cumuler ces deux statuts de vierge et mère. Georges Dumézil repère que l'association entre les figures mythiques de vierge et de prostituée est une constante à un grand nombre de mythes. Et la vierge peut aussi être vue comme celle qui, n'étant pas mariée, n'a pas d'attache, voire même dispose de liberté dans le choix des géniteurs de ses enfants. Mais il y a plus, Bernard Sergent nous apprend que : "*s'unir sexuellement ou s'en abstenir ne sont pas tenus, dans la mentalité ancienne, comme antagonistes, comme le christianisme en répandra l'idée, mais représentent deux formes de comportements en rapport avec la fécondité : la femme vierge conserve la puissance génésique, la femme qui s'unit à un homme la met en acte.*"[562] L'image de la vierge n'est donc pas à opposer à toute idée de fécondité, au contraire, elle maintient une puissance de procréation. C'est parce qu'elle est vierge qu'Hestia peut apparaître comme puissance de fécondité. Ces deux figures féminines représentées par Hestia, vierge et mère, antagonistes pour nous occidentaux, renvoient pour l'une à la préservation de la pureté de la race paternelle et pour

---

[562] Bernard Sergent, *Le sacrifice des femmes samnites*, page 280, in La fête : La rencontre des dieux et des hommes :Actes du 2e Colloque international de Paris. Organisé par les Cahiers KUBABA Université de Paris I et l'Institut catholique de Paris 6 et 7 décembre 2002 MAZOYER, Michel ; PÉREZ REY, Jorge ; MALBRAN-LABAT, Florence ; LEBRUN, René.

l'autre au maintien de sa santé.[563]

Nous sommes même allés au-delà dans le chapitre consacré à Artémis où nous avons évoqué la triple-déesse symbolisant tout à la fois la vierge, la femme nubile et la vieille femme (ou sœur, amante et mère) de même que les trois saisons de l'Antiquité ; les cycles de la Nature ou encore les phases de la Lune. Chaque visage de la déesse pouvant être triple à son tour, le nombre de la déesse lunaire est tout autant trois que neuf... Chiffre sacré en Grèce antique et en Égypte. Selon le celtologue Claude Sterckx, la triplication intensive de la Déesse sert d'une part à la magnifier mais semble être aussi une réponse aux dieux masculins tricéphales indo-européens – lesquels figurent la trifonctionnalité des sociétés éponymes.[564] Dans les écrits homériques, le nombre neuf à une valeur rituelle. Déméter parcourt le monde pendant neuf jours à la recherche de sa fille Koré-Perséphone ; Léto (mère d'Apollon) souffre pendant neuf jours et neuf nuits les douleurs de l'enfantement ; les neuf Muses sont nées de Zeus, issues de neuf nuits d'amour. Neuf semble être la mesure des gestations, des recherches fructueuses et symbolise le couronnement des efforts, l'achèvement d'une création. D'autres récits nous le confirment : tous les neuf ans le roi Minos allait faire une retraite dans la grotte de l'Ida (Crète) afin de rendre compte de ses actions à son père Zeus. Il en espérait une purification, un rajeunissement spirituel autrement dit le réveil d'une force usée. Cette régénération périodique s'opérant au centre d'un lieu clos, image du ventre maternel justifie l'usage symbolique du chiffre neuf (qui ici concerne des mois de gestation). Chez les Scandinaves, le grand dieu Odin, pendu à une branche d'Yggdrasil, l'Arbre cosmique local, découvrit le sens des runes au bout de neufs jours et neuf nuits. Dans le même corpus mythologique, nous pouvons d'ailleurs dénombrer neuf mondes distincts, reliés les uns aux autres par le même Yggdrasil. De même Héphaïstos parviendra à maturité de son art et "reviendra au jour" après neuf années enfermé dans une grotte aquatique sous la protection non moins que d'Eurynomé et de Thétis, deux théonymes de la Grande-Déesse primordiale. Le nombre neuf est bel et bien rattaché à

---

[563] http://racines.traditions.free.fr/dieuxgal/hestiamh.pdf
[564] Claude Sterckx, *La Mythologie du Monde celte*, Éd. Poche Marabout, 2014.

l'Éternel Féminin ! En outre, la périodicité de neuf années qui séparait deux initiations au sein du labyrinthe crétois de Cnossos avait une signification sacrée parce qu'elle correspond approximativement à l'intervalle de temps minimal pour que le début d'une nouvelle année solaire coïncide avec celui d'une nouvelle année lunaire. Connaissant l'importance que portaient les Anciens aux astres et à leurs conjonctions, cette période cruciale devait paraître propice au déroulement de cérémonies initiatiques dont le but était de faire naître des hommes nouveaux.[565] C'est aussi au bout de neuf jours de déluge que l'arche de Deucalion se posa sur le mont Parnasse. Les Égyptiens nommaient le nombre neuf la "Montagne du Soleil" : la grande neuvaine était faite de l'évolution dans les trois mondes, divin, naturel et intellectuel, de l'archétype trinitaire Osiris-Isis-Horus, représentant l'Essence, la Substance et la Vie. La plus fameuse assemblée divine du Double-Pays était l'Ennéade d'Héliopolis dont nous avons déjà évoqué tous les membres. Le motif trinitaire récurrent rencontré dans les figures vénérées dans l'Ancien Monde méditerranéen et celui du croissant fertile est-il issu de cet archétype initial ?

Pour les platoniciens d'Alexandrie, la Trinité divine primordiale se subdivisait également par trois, formant les neuf principes. Les neuf Muses représentent, par les sciences et les arts, la somme des connaissances humaines. Le nombre neuf intervient fréquemment dans l'image du monde décrite dans la *Théogonie* d'Hésiode. Neuf jours et neuf nuits sont la mesure du temps qui sépare le ciel de la terre et celle-ci de l'enfer : une enclume d'airain tomberait du ciel durant neuf jours et neufs nuits, avant d'atteindre le dixième jour, à la terre ; et, de même, une enclume d'airain tomberait de la terre durant neuf jours et neuf nuits, avant d'atteindre, le dixième jour, au Tartare.[566] De même, la punition des dieux parjures consiste-t-elle à demeurer neuf années pleines loin de l'Olympe, où siège le conseil et se tient le banquet des divinités.

Pour les Chinois, "Un n'est jamais que l'Entier, deux n'est au fond que le couple, caractérisé par l'alternance du Ying et du

---

[565] Yves Dacosta, op. cit., page 25.
[566] Hésiode, *Théogonie, les Travaux et les Jours*, 720-725.

Yang... mais non leur somme", et trois est le premier nombre parfait. Cette perfection, cette harmonie du chiffre 3 se retrouve chez divers peuples de la planète. Dans le Bouddhisme, le chiffre trois désigne la totalité : on peut citer les trois aspects de Bouddha (corps, parole, pensée), les trois temps (passé, présent, avenir) ; le nombre 33, nombre parfait de l'époque védique est passé également dans le Bouddhisme. Les trinités divines d'ancienne Mésopotamie et d'Égypte traduisent notamment cette idée, comme celles – exclusivement fraternelles – des populations indo-européennes par ailleurs. À l'époque ptolémaïque, Hermès syncrétisé avec Thot est qualifié de trismégiste, "trois fois grand". Au Viêt Nam, un culte s'adresse aux trois Saintes Mères et des hymnes établissent une étroite relation entre trois palais, trois mondes et les trois Saintes Mères. Georges Dumézil a mis en évidence des structures sociales ternaires dans quasiment tout le domaine indo-européen distinguant trois fonctions au sein des sociétés : la fonction religieuse, la fonction guerrière et la fonction productrice.[567]

Dans la grande majorité des traditions cosmogoniques du monde, l'Univers se compose de trois dimensions : le Monde inférieur, la Terre et les Cieux. Nous l'avons vu à plusieurs reprises dans ce présent essai. Cette notion est parfaitement traduite par les figurations tricéphales d'Hécate : un visage par domaine de l'Univers sur lesquels elle exerce sa souveraineté : Terre, Ciel et Abysses. Les trois têtes tournées dans des directions différentes symboliseraient aussi peut-être la vigilance dont il faut faire preuve sur les routes de l'Au-delà et aux carrefours de trois routes (auxquels présidait Hécate). Pour Robert Graves les trois visages animaliers d'Hécate (chien-lion-cheval) sont une expression de l'année à trois saisons sur laquelle la déesse exerçait son autorité. La tri-unité d'Hécate fait écho à celle de la Déesse-Mère qui s'exprime à travers nombre d'autres déesses ou sororités à trois membres :

- ➤ les trois Moires, régentes du Destin,
- ➤ les trois Gorgones (dont Méduse fait partie),

---

[567] Philippe Seringe, op. cit., pp. 344-345.

> les trois Érinyes, instruments de la justice et de la vengeance,
> les trois Grées, vieilles femmes sœurs des Gorgones,
> les trois Harpies, femmes ailées au service de la vengeance (archétypes des sirènes)
> les trois Grâces,
> les trois Hespérides du jardin éponyme...etc.[568]

Chez les autres peuplades indo-européennes installées en Europe de l'Ouest nous retrouvons cette triple Déesse des Origines : les Gaulois vénéraient les "trois-mères" quand les Celtes possédaient trois Brigit.

L'on pourrait résumer l'usage ancestral et la puissance symbolique du nombre trois de la simple manière suivante : dès le paléolithique, la vie était célébrée par l'entremise de la Grande-Déesse, image de la perfection féminine, d'abondance, de fertilité. Les hommes de l'époque superposèrent les étapes de leur vie à celles constatées autour d'eux, dans la nature et dans les astres. Ainsi qu'ils naissaient, vivaient et mourraient, les luminaires du ciel faisaient de même (chaque jour le Soleil naît, traverse le ciel puis meurt tandis que la Lune naît, croit et disparaît en trois jours), la Nature faisait de même au travers ses trois saisons (printemps-été-hiver), et, avec Elle – cela va de soi – la végétation. La Déesse-Mère étant la Vie dans toutes ses composantes y compris le temps et l'espace, on appliqua ces trois étapes incontournables aux âges de ses représentantes terrestres : les femmes passaient alors par les étapes de

- la jeune fille (assimilée au printemps, à la Lune montante et aux premières pousses),
- la femme nubile (associée à l'été, à la pleine Lune et aux récoltes),
- la vieille femme (liée à l'hiver, à la Lune décroissante et à la mort des cultures).

Seules les dimensions spatiales ne peuvent point trop

---

[568] Yves Dacosta, op. cit., pp. 144-145.

s'accommoder de cette tri-répartition. Puisque si le Monde souterrain est bien évidemment le lieu de prédilection de la vieille femme, qu'en est-il des Cieux et de la Terre ? Peut-être que les Cieux conviendraient mieux à la jeune fille ; la Lune croit de même que les jeunes pousses cherchent à atteindre le ciel et même les jours "remontent" (ils durent plus longtemps à mesure que l'on se rapproche du solstice d'été). Alors qu'à la période des récoltes, les épis stagnent de même que la pleine Lune au firmament qui, tel un œil divin, observe les hommes en silence. Cette pseudo-stabilité nous ferait attribuer la terre à la femme nubile. Résumons tout cela dans le schéma suivant :

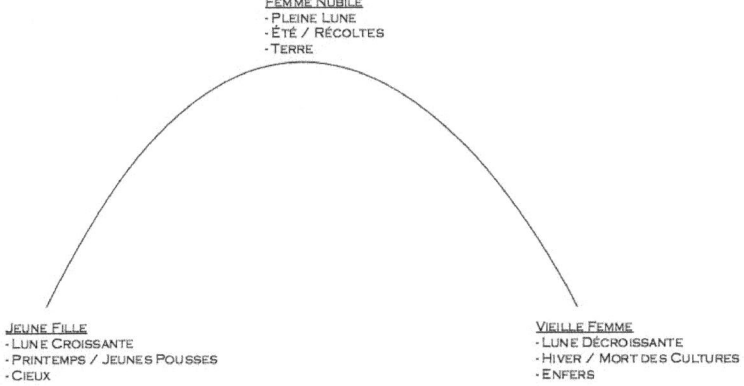

Il faut enfin reprendre ici la notion de Triple-Puissance évoquée dans le *Livre de Nuréa* et traduisant la capacité de certaines femelles Mušidim-Gina'abul à s'autoféconder (parthénogenèse) afin de donner naissance à de véritables clones d'elles-mêmes. Nous avions évoqué, dans le chapitre *Déméter*, le fait que le triple aspect de la Grande-Déesse pourrait faire écho à ce fameux "triple pouvoir" de nos créateurs. Voire que la Déesse tricéphale représentait les "trois filles de la Terre", à savoir les récipiendaires du legs de Nuréa (Sé'et, Dim'mege et Inanna). Il en est peut-être ainsi. Mais nous pensons que la triple-déesse trouve son explication dans tout ce que nous avons développé dans ce chapitre (et avant cela) sans avoir besoin de convoquer obligatoirement une capacité des antiques femelles du Peuple du Serpent.

Après ce petit aparté sans grand impact sur notre étude, reprenons les choses sérieuses avec la dernière incarnation olympienne d'Enki-Osiris en la personne du maître des Abysses maritimes, Poséidon.

CHAPITRE XIII

LES ABYSSES ET LEURS SOUVERAINS

> *"À cette époque, celui à la grande Sagesse, le créateur de tous les dieux supérieurs, Enki, allongé sur son lit, ne se réveillait pas de son sommeil, dans la profondeur de l'Engur[569] et des eaux souterraines, lieu connu d'aucun autre dieu."*
> **Extrait du mythe sumérien**
> ***Enki et Ninmaḫ*, lignes 4 à 21.**

"Hommage à Toi, Osiris, Seigneur d'éternité, Roi des Dieux, dont les noms sont nombreux, dont les formes sont sacrées, Toi forme cachée dans les temples, dont le Ka est sacré. (...) Tu es le Seigneur auquel des louanges sont attribuées dans le nome de Ati, Tu es le Prince de la nourriture divine à Anu.[570] Tu es le Seigneur qui est commémoré à Maati, l'Âme Cachée, le Seigneur de Qerrt (NDA : l'île Eléphantine), *le Souverain suprême de Hineb-Hedj* (NDA : la "Muraille Blanche", autre nom de Memphis). *(...) Tu es le bienfaisant, et es loué à Nart. Tu as élevé ton ame. Tu es le Seigneur de la Grande Maison à Khemenu* (NDA : Hermopolis). *Tu es le puissant des victoires à Shas-hetep, le Seigneur d'éternité, gouverneur*

---

[569] Anton Parks nous précise que le *"terme sumérien "ENGUR"* était généralement utilisé pour nommer les eaux souterraines synonymes d'abysses de l'Abzu. Il était également employé pour désigner la déesse primordiale Nammu, c'est-à-dire Mamítu, en tant que représentation symbolique de la source unique des eaux primordiales. *"Engur"* était également le nom donné aux temples dédiés à Enki-Éa *(Sa'am) sur Terre"* in *Ádam Genisiš*, op. cit., page 42.

[570] Anu est le nom égyptien de la ville Héliopolis (terme grec). La divinité tutélaire d'Héliopolis était Atum-Rê. Selon notre étude, le dieu solaire Atum-Rê (ou Amon-Rê) est l'image égyptienne du dieu sumérien An-Anu. Existerait-il ici un lien quelconque ?

d'Abtu.[571] *Le chemin de Ton trône est à Ta-Tcheser* (NDA : quartier d'Abydos). *Ton nom est reconnu dans la bouche des hommes. Tu es la substance des Deux Terres* (NDA : Haute et Basse-Égypte). *Tu es Tem, le nourrisseur de Kau, le Gouverneur des Compagnies des dieux.*[572] *Tu es l'Esprit bienfaisant parmi les esprits. Le dieu de l'Océan Céleste a tiré de Toi ses eaux."*

Texte extrait de l'*Hymne à Osiris* du papyrus du *Livre des Morts d'Ani.*

"Chantons d'abord Poséidon, dieu puissant, roi des mers, qui fait trembler la terre et la mer inféconde, qui règne sur l'Hélicon et sur l'immense ville d'Aigues. Poséidon, vous avez recu des Immortels le double honneur de dompter les coursiers et de sauver les navires.
Salut, Poséidon, à la chevelure azurée, dieu fortuné, que votre cœur bienveillant protège les navigateurs."
Hymne Homérique à Poséidon.

Évoquons à présent un domaine que nous avons en partie exploré, celui des Abysses. Nous nous sommes contentés du monde souterrain praticable à pieds dans le chapitre consacré à Hadès. Voyons à présent ce que les eaux souterraines et leurs souverains ont à nous faire découvrir. Il était tentant de réaliser un chapitre dédié à la fois Hadès et Poséidon, tellement les deux divinités sont proches. Si Hadès est le Zeus souterrain, Poséidon est celui des Océans. En introduction nous avons vu que le lien était établi dans certains textes antiques entre Enki-Éa "*source des eaux*" qui réside dans l'Abzu et Osiris dont "*l'Océan Céleste d'où les eaux sont tirées*" et dont la résidence finale était Abydos-Abtu/AbDw (terme qui en égyptien signifiait aussi "poisson"). Nous avions aussi signalé que la foudre du dieu du Ciel, avec qui nous refermerons le chapitre des Olympiens, juste

---

[571] Le terme égyptien *Abtu* ou *AbDw* désigne tout à la fois l'ancien nom d'Abydos ainsi qu'un poisson, attribut d'Enki-Éa et de Poséidon. Le terme est également décodable via le protosumérien en AB (ouverture, cavité)-TU (vie, façonner), soit "l'ouverture de la vie" ou "la cavité du façonneur". Nous verrons plus loin en quoi ces décompositions sont pertinentes.
[572] Ici sont certainement évoqués les Anunna et les Nungal.

après celui-ci, n'était qu'une dérivation du trident ; symbole ancestral issu sans aucun doute du pictogramme paléosumérien GAL qui signifie "Maître de". C'est ainsi que les trois uniques dieux possédant cet attribut sont les souverains de leur domaine respectif.

Comme avec Hadès cependant, il a été accolé au caractère de Poséidon quelques défauts issus de l'archétype patriarcal divin par excellence (je parle bien entendu du roi de l'Olympe). Ainsi, alors que les premiers dieux de la mer et des Océans Protée et Nérée sont de nature douce et sociable – et donc proches d'Enki-Osiris en ce sens –, Poséidon est lui véhément, jaloux et érotomane. Inutile de préciser que l'adoption de Poséidon en tant que seigneur du domaine maritime est tardive. Nous comprenons aussi pourquoi le frère de Zeus est considéré être à la source des tremblements de terre dans l'Antiquité, son courroux répondant ainsi à celui de son aîné qui, lui, découpait le ciel de ses traits de foudre. L'épithète *'ἐνοσίχθων / enosíkhtôn* ("qui fait trembler la terre") est d'ailleurs parfois utilisée par Homère pour qualifier Poséidon. Il est présent et vénéré depuis très longtemps chez les anciens Grecs : l'on en trouve trace dans la mythologie mycénienne où il tenait d'ailleurs le rôle de régent suprême ![573] Il est une divinité qui est souvent associée aux dieux archaïques (il donne une descendance à Gaïa, par exemple) et ses lieux de culte ont parsemé tout le bassin méditerranéen avant d'être progressivement remplacés par ceux dédiés à d'autres Olympiens. Cela se traduit dans les mythes par l'opposition permanente entre Poséidon – regardé comme un fondateur de cités – et une autre déité pour la souveraineté des grandes villes de la Grèce. Le dieu des Océans en ressort toujours vaincu ; récits allégoriques indiquant que son culte est "vaincu" et remplacé par un nouveau. Dans les tablettes mycéniennes en Linéaire B (issues de hiéroglyphes crétois), il est question d'un *Po-se-da-o-ne* où *Po-se* signifie "Seigneur" tandis que Da-o-ne veut dire "la Terre", soit "le Seigneur de la Terre" ; ou l'exacte dénomination du dieu sumérien Enki (EN = "Seigneur" / KI = "Terre"). L'épithète *γαιήοχος / gaiéokhos* qualifiait également

---

[573] Poséidon aurait été, à l'instar du Zeus des Achéens et Doriens après eux, un titre de roi sacré / dieu majeur des envahisseurs Ioniens / Éoliens, d'où son importance passée et son lien avec les déités préhelléniques.

Poséidon de "Maître de la terre" ! Dans la même religion mycénienne, Héphaïstos était *A-pi-i-ti-jo* qui était le nom mycénien du dieu égyptien des artisans Ptah. Le lien était clairement établi pour les Mycéniens entre Ptah-Osiris et Héphaïstos. Pourquoi reparler d'Héphaïstos ? D'une part, parce que nous avons clarifié le fait qu'Enki était Ptah (tous deux patrons des artisans) et d'autre part parce qu'il était considéré responsable des éruptions volcaniques, ce qui est bien légitime en tant que dieu du feu. Cependant cette attribution est tardive et c'était bien le dieu crétois *Po-se-da-o-ne* qui en était responsable originellement. Nous voyons bien qu'il s'était effectué des transferts de rôles et d'attributions entre divinités au premier abord dissociées mais qui s'avèrent – au regard de notre étude – ne figurer que différentes facettes d'un même personnage original : Enki.

Rappelons-nous qu'à l'image de Poséidon dont le palais se trouve sous les eaux de la Méditerranée, Dionysos et Héphaïstos passèrent chacun de leur côté un certain temps dans une retraite aquatique auprès de la Néréide Thétis ; refuge situé lui aussi sous les eaux de la mer. Évoquons à présent l'apparence d'Enki-Éa sur certaines représentations suméro-akkadiennes : celles d'un être mi-homme mi-serpent ou d'un homme revêtu d'un vêtement cérémoniel à forme de poisson. Enki-Éa est identifié sans vraiment le dire à un être amphibien, ce que confirme Anton Parks tout au long de ses ouvrages. Il a besoin de l'élément liquide pour vivre, c'est pourquoi il fait bâtir des Abzu dans ses résidences, sorte de répliques miniatures du véritable Abzu terrestre. "Celui de la Maison de l'eau" (traduction littérale de l'akkadien *Éa*) nous renvoie non seulement à cette nature amphibienne mais encore à la Maison que sert Enki-Osiris, celle de la Grande-Déesse, de l'Éternel Féminin ou encore de la Source. Il est lui-même regardé par ses semblables comme un "poisson ardent de la vie", un Kirišti. Il est le souverain absolu des Abzu – et donc des cavités et mers intérieures – des planètes dont sont propriétaires les Gina'abul. Cette double souveraineté sur l'élément liquide et la Terre est une caractéristique que nous retrouvons donc chez Poséidon qui est de son côté le responsable du retour des eaux fécondantes du printemps.⁵⁷⁴ En Égypte, les divinités des eaux sont plutôt Sobek et Khnum (déjà évoquées ici et là), toutes deux syncrétisées avec Osiris. La légende prétend que lors de la recherche du corps de ce dernier par Isis et Nephtys, une seule partie manquait et dut être recréée magiquement : le membre viril du géniteur d'Horus. Le sexe d'Osiris s'était en effet retrouvé dans le Nil et fut avalé par un poisson du fleuve. C'est là, bien entendu, une allégorie de la fécondation de la source de vie du Double-Pays par le dieu de la fécondité (voir chapitre *Dionysos*). Selon les nomes d'Égypte, Osiris prit des identités différentes : à Kôm Ombo, Sobek et à Esna, Khnum. Comme lui, dieux de la fertilité associés au Nil et au principe humide. L'absence du pénis sur le corps d'Osiris est expliqué par Anton Parks dans les *Chroniques* comme une automutilation de Sa'am-Enki, après qu'il eut trompé Sé'et-Isis avec la perfide Inanna.⁵⁷⁵

***

Né dans les mêmes circonstances que ses frères et sœurs, sauvé par sa mère Rhéa des appétits de son père Kronos, Poséidon fut élevé comme Zeus par la chèvre Amalthée – image de Nuréa-Déméter(1) – puis éduqué par l'Océanide Caphira et les Telchines sur l'île de Rhodes. C'est de cette île dont sont dits originaires les fameux Telchines. Ils ont tout du profil type des Cabires-Abgal et autres Dactyles : ce sont des êtres hybrides à queue de poisson, certaines traditions en parlent comme des géants aux pieds palmés, divinités très anciennes puisque nées de l'émasculation d'Ouranos par Gaïa, ils pratiquent la magie et la métallurgie, sont associés à des démons du feu, ont le don de métamorphose et sont des inventeurs bénéfiques.⁵⁷⁶ L'on prétendait qu'à l'instar des Dactyles et de leur protégé Poséidon, les Telchines étaient capables de déclencher secousses sismiques et éruptions volcaniques. Enfin les Telchines dirigeaient, par leur magie, les phénomènes atmosphériques tels la pluie, le vent ou l'orage. Ce sont sans aucun

---

⁵⁷⁴ Walter Burkert (trad. John Raffan), *Greek Religion* ["Griechische Religion des archaischen und klassichen Epoche"], Éd. Oxford, Blackwell, 1985 (éd. Orig. 1977), page 142.
⁵⁷⁵ Anton Parks, *Ádam Genisiš*, op. cit., pp. 298-301.
⁵⁷⁶ https://fr.wikipedia.org/wiki/Telchines

doute des échos des Abgal-Apkallû d'Enki-Éa.

> "*Ces sept Apkallû, carpes venues de la mer [...] Pour assurer le bon fonctionnement Des plans divins concernant le Ciel et la Terre.*"[577]

Nous retrouvons plus ou moins là le récit du tome 1 des *Chroniques* où Sa'am est initié par Nammu-Nuréa aux secrets et aux pratiques des Abgal.[578]

Poséidon participera comme tous les Olympiens à la Titanomachie et héritera des Océans dans le partage du Cosmos.[579] La Terre n'étant attribuée à aucun dieu, l'avatar grec d'Enki-Éa fomente-t-il un complot avec Athéna et Héra pour obtenir la royauté de celle-ci. Il est étonnant de trouver Athéna dans un tel rôle, elle qui, par ailleurs, vénère son créateur au plus haut point ! Cela renvoie donc très certainement à un lointain épisode du passé. Athéna étant (selon mon point de vue) Dim'mege-Lilith, reine de l'Abzu d'Uraš et Héra étant Ninmaḫ, souveraine de la colonie Gina'abul, elles étaient toutes deux dans l'obligation d'appliquer le Mardukù, texte de loi donnant le pouvoir au clan Ušumgal-Anunna. Ce texte était à l'origine destiné à servir les intérêts d'Enki et de sa génitrice Nammu-Nuréa, mais finira par se retourner contre eux, les obligeants à venir en aide au clan adverse. Enki, souverain des Abzu, devenant ainsi le maître d'œuvre des projets de son géniteur An et de son clone Enlíl. Dans le récit mythologique, après avoir été attaché pour être contraint aux plans des trois conspirateurs, Zeus en appela au géant Briarée (litt. "le redoutable" en grec) qui par sa seule présence fit abandonner leur projet à Poséidon et ses deux complices.[580] L'allégorie est parfaite : pensant pouvoir soumettre Zeus (An-Enlíl) en l'attachant (au texte de loi du Mardukù), Enki-Poséidon et ses complices (du clan Ama'argi et Amašutum) se fourvoyèrent et durent abandonner devant une redoutable et imposante contrainte... abandonnant ainsi la souveraineté de la Terre au bon vouloir du démiurge

---

[577] Extraits d'un ancien rituel théurgique in Jean Bottéro, op. cit., page 201.
[578] Anton Parks, *Le Secret des Étoiles Sombres*, op. cit., pp. 182-198.
[579] Homère, *Iliade*, XV, 189-191.
[580] Homère, *Iliade*, I, 22.

olympien. Notons que cet épisode mythique se rapproche de ceux impliquant un dieu emporté par une incontrôlable *hybris* finissant pieds et poings liés par les autres membres de la société divine : Seth chez les Égyptiens, Loki chez les Germano-Scandinaves ou encore Arès chez les Grecs. Ici Zeus(2) et Arès(1) personnifieraient le même protagoniste, à savoir l'odieux Enlíl.

D'un point de vue familial, Poséidon-Enki est vu comme le frère de Zeus-Enlíl et de sa propre image, Hadès. Ses sœurs sont Déméter-Nammu, Héra-Ninmaḫ et Hestia dont nous venons de parler. De par mes conclusions, nous pouvons composer deux couples partisans de deux clans opposés : Zeus-An-Enlíl et Héra-Ninmaḫ / Poséidon-Hadès-Enki et Déméter-Hestia-Nammu. Pourquoi avoir démultiplié (triplé) certaines de ces personnalités ? Simplement parce que le principe trinitaire étant dans le *Zeitgeist* des chroniqueurs de l'époque, il pouvait difficilement en être autrement. Nous avons vu par ailleurs que ce chiffre trois se retrouve à tous les niveaux de la mythologie grecque. La prise pouvoir patriarcale des Hellènes sur les populations autochtones a-t-il influencé la répartition et le nombre de leurs dieux majeurs ? Ou bien les envahisseurs indo-européens possédaient-ils déjà des trinités masculines divines en parallèle des triple-déesses matriarcales ? Peut-être que les triples-déesses étaient la réponse féminine aux trinités masculines qui elles-mêmes figuraient les trois fonctions des sociétés indo-européennes.

***

Avant d'avoir pris pour épouse Amphitrite (sans le consentement de cette dernière à l'image de Zeus avec Héra ou d'Hadès avec Koré), Poséidon a eu des relations et une descendance avec deux déesses que j'ai associées plus haut à Nammu-Nuréa : Gaïa et Déméter. Avec la première il produira : Antée, Orion, Charybe et les fameux Telchines (reproduisant le schéma des Abgal/Apkallû = enfants d'Enki). Déméter aura de lui, une mystérieuse Despina ($\Delta \acute{\epsilon} \sigma \pi o \iota \nu \alpha$ / *Déspoina*) qui signifie "Maîtresse" et Arion un cheval immortel doué de parole. Le cheval est l'un des familiers – et symbole chtonien – du dieu de l'élément liquide, nous y reviendrons plus bas. Selon Pausanias, Arion a pour mère Gaïa et non Déméter[581] ; entretenant ainsi la confusion entre les deux déesses. Le lien entre Poséidon-Enki et sa première épouse, Nammu-Nuréa-Damkina-Gaïa(3)-Déméter(1)-Hestia est tenace. Répétons aussi qu'Hestia que j'assimile à Gaïa(3)-Déméter(1) n'est seulement courtisée que par Poséidon et Apollon. Et enfin qu'elle n'était pas la seule à subir les pressions amoureuses de ces deux déités : Coronis en fera également les frais. Si elle échappa à Poséidon, elle finira par contre par céder à Apollon (ce qui lui sera fatal comme nous l'avons vu plus haut). On prête bien entendu au frère de Zeus de nombreuses autres aventures avec des mortelles, des Nymphes et des déesses. De ces unions naquirent bien des progénitures. Dans les *Chroniques du Ğírkù*, Enki-Sa'am après la perte de son âme-sœur Sé'et, se mit à rechercher son reflet, dans une escalade irraisonnée, chez d'autres prêtresses Amašutum. Il s'unit ainsi avec nombre de femelles non seulement Gina'abul mais aussi humaines. À notre connaissance il n'y eut pas de descendance issue de ces relations fugaces. La mythologie grecque conserve cependant le souvenir de ces moments d'égarement du futur Poséidon, noyé par le chagrin de la disparition de son aimée. L'épouse officielle du souverain de l'Atlantide est la Néréide Amphitrite. Nous rediscuterons plus bas de l'Atlantide et des Néréides. La présence d'Amphitrite est très variable selon les mythographes.

Elle est absente de L'*Iliade* d'Homère, cependant le poète y fait référence comme présidant à la naissance du jeune Apollon dans l'hymne consacré à ce dernier :

> "*Alors pendant neuf jours et pendant neuf nuits, Léto fut déchirée par les cruelles douleurs de l'enfantement. Toutes les déesses les plus illustres sont rassemblées autour d'elle. Dionée, Rhéa, Thémis qui poursuit les coupables, la gémissante Amphitrite, toutes, à l'exception de Héra aux bras d'albatre : celle-ci resta dans le palais du formidable Zeus.*"[582]

---

[581] Pausanias, *Description de la Grèce*, VIII, 25, 9.
[582] Extrait de l'*Hymne homérique à Apollon*.

Nous retrouvons comme dans la mythologie égyptienne quatre déesses (Isis-Hathor, Nephtys, Serkit et Neith) autour de la naissance d'un jeune dieu vengeur assimilé au soleil : Horus-Apollon. Dans l'hymne d'Homère la gémissante Amphitrite est bien entendu une image d'Isis qui se lamente de la mort de son époux et n'aspire qu'à la vengeance. Quant aux trois autres déesses elles sont facilement identifiables : Rhéa est une réplique inversée d'Héra-Serkit, Thémis[583] est une Titanide associée à la justice comportant de nombreux points communs avec Athéna-Neith et enfin Dioné est vue parfois comme la mère d'Aphrodite parfois comme un synonyme d'Aphrodite-Nephtys elle-même. Dioné a également ceci de particulier que certains chroniqueurs antiques la disent être la génitrice d'Amphitrite et de Dionysos, confirmant mon hypothèse qu'Isis est la première et Osiris le second, et donc frère et sœur. Comme ces derniers, Amphitrite et Poséidon n'eurent qu'un enfant mâle, Triton. Divinité secourable au corps mi-homme mi-poisson, il calmait les tempêtes grâce au son de sa trompette et possédait le même emblème que celui de ses parents : le trident. Il est évident que ce Triton là est un écho d'Horus.

***

Parlons à présent de Protée et Nérée, les modèles archétypaux du souverain du domaine aquatique. Ces deux divinités qualifiées d'anciens dieux de la mer répondent à l'une des épithètes de Poséidon qualifié de *γέρων ἅλιος / gérôn hálios*, soit "le Vieux de la Mer". Les deux vieillards de la mer, souvent confondus, possédaient les mêmes caractéristiques : capacité à se métamorphoser, bienveillance, droiture, sagesse, précognition. Le trident était aussi un de leurs attributs. La particularité de Protée sur Nérée est qu'il était un gardien de troupeaux de… phoques ! Et que selon Emmanuel d'Hooghvorst, d'un point de vue alchimique *"il(s) représente(nt) à la fois le feu magique dompté et le magicien*

---

[583] Par une drôle de coïncidence, elle est la seconde épouse de Zeus après Metis, la mère d'Athéna. Dans son *Prométhée Enchaîné*, Eschyle fait de Thémis la mère de Prométhée et l'assimile à Gaïa en précisant qu'elle *"est cet être unique sous tant de noms"* (v. 210-215). Elle est bien entendu la Grande-Mère aux nombreux théonymes, la Sainte Barbélú des *Chroniques* puis Nammu-Nuréa après elle.

lui-même".[584] Ce dossier confirmera ma supposition de départ selon laquelle Poséidon = Héphaïstos-Prométhée = Hadès = Enki-Osiris. Protée se rapproche tout de même phonétiquement de Prométhée,[585] bien qu'il soit admis que le terme provienne de l'égyptien Prouïti.[586] Comme l'amalgame entre Protée et Nérée ne fait aucun doute, nous ne parlerons plus que du second, plus présent sous cette dénomination dans les récits mythologiques. Nérée est le fils de Gaïa et de Pontos (les Flots), assimilé aux Abgal. Nous retrouvons le lien d'ascendance entre Gaïa-Nammu et Nérée-Enki, ainsi que ses liens Abgal. Comme dans les *Chroniques* et les mythologies suméro-égyptiennes, Nérée (Enki-Osiris) épouse sa sœur Doris (Ereškigal-Isis). Rappelons que Nérée partage tous les symboles de Poséidon, le taureau fait partie de ceux-ci ; et bien avant Nergal, Ereškigal était l'épouse de Gugalanna, réplique d'Enki… Nérée épousa donc Doris. Y a-t-il d'autres indices permettant de rapprocher ce couple d'Enki-Osiris et d'Ereškigal-Isis ? Tout à fait si nous nous tournons vers l'Emeša. Nérée se dit *Νηρεύς / Nêreús* en grec ancien et proviendrait de *νέειν / néein* ("nager"). Une autre hypothèse ferait remonter Nérée à *néros* voire au terme sanskrit *nara*, signifiant la même chose : "humide". Que peut nous dire la langue des dieux là-dessus ; voyons un peu : le terme *néros* peut se décomposer en NER(triompher)-ÚŠ(mort) ou NER(amphibien)-ÚS(guider, être proche de), soit "celui qui triomphe de la mort" voire "l'amphibien qui guide". Enfin *nara* est décodable en NA(être humain)-RÁ(accompagner, apporter), soit "celui qui accompagne les êtres humains". Une fois de plus la sémantique est sans appel ! Cela se confirme avec Doris, du terme grec ancien *Δωρίς / Dôris* : DÚR(habiter, domicile)-IŠ(montagne) ou DUR(lien, cordon ombilical)-IŠ(étoiles), soit "celle qui habite la montagne" ou "le lien des étoiles" ; deux notions qui renvoient à l'incroyable mise

---

[584] Emmanuel d'Hooghvorst, *Le Fil de Pénélope*, tome 1, Éd. Beya, Grez-Doiceau, 2009, page 22.

[585] Protée pourrait se décoder par le syllabaire protosumérien en PÙ(secret)-RU(faire cadeau, offrir)-ṬÈ(feu), soit "celui qui offre le secret du feu". Un merveilleux lien de plus entre Héphaïstos-Prométhée et le "Vieux de la Mer".

[586] Prouïti, "la Sublime Porte" (une des nombreuses épithètes données aux Pharaons d'Égypte) de
https://fr.wikipedia.org/wiki/Prot%C3%A9e_%28mythologie%29.

au monde d'Horus-Heru par Isis dans la grande pyramide.

Pourquoi et comment le doux Nérée a pu se transformer avec le temps en vindicatif Poséidon ? Je vois là la prise de contrôle d'une région à sociétés matrilinéaires par le peuple des Hellènes au mode de filiation fondé sur une ascendance paternelle. Ainsi est-il question dans de nombreux mythes de la lutte d'un dieu viril, violent et d'une déesse/Nymphe à l'image de la Grande-Déesse des Origines. Le traditionnel panthéon olympien n'est que le reflet d'une forme de parité où l'ancien culte de la Déesse lunaire côtoie celui du paternaliste et impétueux Zeus, dont le caractère servit de modèle à de nombreuses autres déités – telles Poséidon.

Les mythes ne parlent pas d'un éventuel rejeton masculin de l'union de Doris et de Nérée. Cependant leur descendance est assurée par un cortège de pas moins de cinquante filles : les Néréides. Le nombre cinquante n'est pas anodin, nous avions vu qu'il correspondait au nombre d'individus que comprenaient les collèges de prêtresses de la Lune dans la Grèce antique. Ces prêtresses vouées au culte de l'Éternel Féminin descendaient sans aucun doute de leurs modèles ancestraux Amašutum. Selon Robert Graves, ce chiffre de 50 est lunaire car il définit le nombre exact de lunaisons séparant deux fêtes olympiennes. Néréides provient du grec ancien Νηρῆς / *Nērē̂ is,* terme formé lui-même à partir de *Nēreús*. Nous pouvons cependant décomposer *Nērē̂ is* d'une façon tout aussi révélatrice : NÈ(puissant)-RE$_7$(venir)-IŠ(étoiles), soit "les puissantes qui viennent des étoiles". Les cinquante Néréides ne sont pas toutes citées par tous les chroniqueurs antiques. Certaines sont récurrentes car apparaissant dans des mythes importants telles Amphitrite, Thétis ou encore Galatée. Globalement, retenons qu'elles sont surtout des Nymphes immortelles et hybrides issues du souverain du domaine maritime. Nous retrouvons ces collèges de prêtresses tout au long des *Chroniques du Ǧírkù* ainsi que dans l'Égypte antique.

***

Terminons notre enquête sur Poséidon en évoquant ses attributs. Citons pour commencer la seule cité – et quelle cité ! –

sur laquelle l'époux d'Amphitrite conservera sa souveraineté : l'Atlantide[587] (dont il hérita lors du partage de l'Univers). L'île mythique de l'Océan atlantique située au-delà des colonnes d'Hercule est la propriété de Poséidon avant d'être partagée aux enfants que lui donnera Clito, la fille du roi de l'île légendaire. Comme pour Osiris qui règne sur l'Amenti et Enki-Éa sur Dilmun, Poséidon est rattaché logiquement à ce royaume disparu sous les eaux après plusieurs cataclysmes comme cela est évoqué dans le troisième essai d'Anton Parks, *La Dernière Marche des Dieux*. Nous reviendrons sur l'Atlantide lorsque nous traiterons d'Héraklès et de ses Travaux dans le tome 3. Il y a d'ailleurs un lien entre le dieu Nérée et l'île mystérieuse dans le récit d'Héraklès parti à la recherche des pommes d'or... Il est fait référence dans la mythologie sumérienne d'un lieu prodigieux bâti par Enki au milieu des eaux, est-ce là une réminiscence de l'île mythique ? Je vous laisse seuls juges :

> *"Puis il (Enki) érigea un temple,*
> *Précieux et dédaléen sanctuaire :*
> *Il l'érigea en pleine mer,*
> *Ce santuaire au plan fantastique,*
> *Aussi compliqué qu'une tresse, (...)*
> *[Enveloppé d']un flot houleux,*
> *Doté d'un éclat surnaturel formidable,*
> *Et dont même les Anunna, les grands dieux,*
> *N'osent point s'approcher !"*[588]

Parmi les emblèmes de Poséidon-Nérée, nous trouvons – outre le trident sur lequel nous ne reviendrons pas, mais qui était loin de figurer le harpon du pêcheur de thon, comme l'ont prétendu certains mythographes et mythologues – des animaux à forte portée symbolique : le cheval, le taureau et le dauphin. Ce dernier est l'attribut de seulement deux divinités (en fait, trois, si nous incluons Dionysos) : le dieu de la mer et Apollon. Nous rappelant que ces derniers étaient tous deux regardés comme des "Fils ardent de la Vie" ou "Poisson de la Vie et des Étoiles", des Kirišti. Les Néréides aux corps écailleux étaient dépeintes portées par les

---

[587] Platon, *Critias*, 113b et passim.
[588] *Enki et l'Ordre du Monde*, lignes 285-292 (trad. Jean Bottéro).

mammifères aquatiques lors de leurs parades auprès de Poséidon-Nérée.

Le taureau est un symbole qui a été étudié en détail dans le dossier consacré à Dionysos, figurant tout autant puissance que force fécondante. Nous ne nous y attarderons pas de nouveau. Rappelons toutefois qu'il est autant rattaché à Osiris – sous son aspect d'Apis – que d'Enki-Éa lorsqu'il porte l'épithète Gugalanna. Apis étant un avatar d'Osiris lors des cérémonies funéraires et Gugalanna figurant un dieu absent, pour ainsi dit "mort".

Enfin le cheval est un attribut riche en significations. Je ne parlerai ici que de la symbolique la plus ancienne faisant du quadrupède un emblème chtonien. C'est tardivement et avec sa domestication qu'il est associé à une puissance ouranienne.[589] C'est le plus souvent un animal lunaire lié à la Terre-mère, aux eaux, à la divination et au renouvellement de la végétation.[590] Les traces des sabots de l'animal évoquent comme tout le monde le sait un croissant de Lune, il n'en fallait pas moins à nos ancêtres pour le ranger dans la catégorie des animaux de l'astre d'argent. Soit globalement des attributions et des symboles que l'on retrouve chez Poséidon-Nérée aussi bien que chez Enki-Éa. Les vagues d'une mer tempétueuse étaient vues comme des chevaux galopants de même que les tremblements de terre.[591] L'équidé est un symbole des forces souterraines.[592] Homère parle de Poséidon comme d'un dompteur de chevaux avant que celui-ci ne devienne dieu des Océans.[593] Les représentations antiques des coursiers océaniques insistent sur leur caractère chtonien en les pourvoyant de serpents en guise de membres. C'est en tant qu'étalon que Poséidon charma et s'unit à Déméter, elle-même métamorphosée en jument, afin que celle-ci donne naissance à Arion. Chez de nombreux peuples

---

[589] Jean Chevalier et Alain Gheerbrant, "Cheval", in *Dictionnaire des symboles*, Éd. Robert Laffont et Jupiter, 1969, page 230.
[590] Ibidem, page 223.
[591] En grec ancien, cheval se dit Híppos qui une fois décodé avec le langage matrice donnerait : ÍP(éclater de colère)-PU(profondeur)-ÚS(fondations), soit "les profondes fondations qui éclatent de colère".
[592] Philippe Seringe, op. cit., page 37.
[593] *Hymne homérique à Poséidon*.

d'Europe, le cheval est un signe funéraire ; les figurations chevalines représentant le trépas. Chez les Grecs, le cheval mortuaire est associé à Déméter et à Hadès.[594] L'équidé peut incarner un messager de la mort, un démon apportant le trépas, et un guide vers l'Hadès.[595] En Assyrie, l'animal incarne la puissance et la noblesse. Poséidon cumule ainsi deux symboles animaux de puissance. La déesse celte Epona, Déesse-Mère et déesse de la fécondité, est aussi la patronne des cavaliers. Cette déité des chevaux est en relation avec les eaux et protège les morts qu'elle conduit dans l'Autre Monde. Elle semble être un pendant féminin à notre Poséidon-Nérée-Hadès. Pourquoi ne trouve-t-on pas trace de ce symbole animal dans la mythologie de l'Égypte antique ? Simplement parce que le coursier n'a été introduit dans la région que vers le XVIe siècle av. J.-C. par les Hyksos.[596] Autant dire très longtemps après que les bases des mythes égyptiens aient été jetées ! Diabolisé par l'Église durant le Moyen Âge le quadrupède servira à représenter Satan en personne, comme ce fut le cas pour le bouc, autre symbole animal du protagoniste Enki-Osiris. L'inversion des valeurs devait faire rage... Précisons enfin que le char d'Hadès est tiré par quatre chevaux noirs ; l'animal étant également l'un des symboles du suzerain des Enfers. Récapitulons : animal psychopompe, lié aux eaux, à la Lune, à la divination, aux rites funéraires, aux puissances fécondatrices,... le cheval effectue un rattachement parfait entre Poséidon et son frère Hadès, que j'assimile à la même déité primordiale. Que représentent donc les Centaures, ces êtres dont la partie inférieure du corps est chevaline et humaine à partir du torse ? Ils figurent certainement d'un point de vue prosaïque des cavaliers barbares ; d'un angle philosophique la nature bestiale/animale de l'être humain. La grille de lecture des *Chroniques* nous permet d'aller un peu plus loin. Les Centaures sont issus de l'union d'Ixion, roi des Lapithes, et de Néphélé une Nymphe créée à l'image d'Héra dont

---

[594] Henri Jeanmaire, *Dionysos : histoire du culte de Bacchus : l'orgiasme dans l'Antiquité et les temps modernes, origine du théâtre en Grèce, orphisme et mystique dionysiaque, évolution du dionysisme après Alexandre*, Éd. Payot coll. Bibliothèque historique, 1978, page 284.
[595] Ludolf Malten, "Das pferd im Tautengloben" in *Jahrbuch des Kaiderlich deutschen Archäologischen instituts*, XXIX, 1914, pp. 179-255.
[596] Groupe pluriethnique de conquérants vivant dans l'Asie de l'Ouest et ayant envahi l'Égypte à partir de cette période.

Ixion était amoureux. Néphélé proviendrait de νέφος / *néphos*, signifiant "nuée". La ressemblance est trop frappante pour ne pas la mettre en avant : Néphélé est très proche du *Nephilim* hébreu (qui désigne les géants, postérité des Anges-Nungal et des filles des hommes selon la Bible) voire du *Neferu* égyptien pouvant décrire quelque chose de "très grand" ou des "enfants".[597] Anton Parks nous précise que *Nephilim* "*se décompose en sumérien en NE₄-HIL'LI'IM, mot qui exprimerait une catégorie d'individus qui "font peur et détruisent" dans l'esprit Anunnaki*". Néphélé représente donc à mes yeux une nuée d'individus en lien avec Héra dont la progéniture guerrière et cavalière marquera la protohistoire sous l'appellation de Centaures. Pour rappel Héra-Serkit est la souveraine des veilleurs Adinu (Nungal pacifiques) de la région anatolienne ; ces derniers se sont mélangés aux hommes pour donner les géants Dogan-Neferu qui deviendront les guerriers-forgerons d'Horus-Nergal. Dans le mythe, Ixion figure peut-être la royauté humaine ou simplement l'humanité. Les Grecs ont certainement été influencés par les figurations kassites et assyriennes d'être hybrides que l'on qualifierait aujourd'hui de Centaures : créatures au torse d'homme posé sur un corps de cheval – parfois doté d'une queue de scorpion. Armés d'un arc, les Centaures mésopotamiens étaient représentés en chasse d'antilopes ou d'autres animaux sauvages.

Nous avons vu que Poséidon proviendrait du Linéaire B : *Po-se-da-o-ne* mais on lui donne aussi comme origine le mot crétois *Poteidáôn*. Décomposons ce dernier avec l'Emeša : PÚ(profondeurs)-ṬE₅(forgeron)-I(combattre)-DA(protéger)-UN(peuple) : "le forgeron des profondeurs qui combat pour protéger le peuple" voire PÙ(secret)-ṬÈ(feu)-I(prendre, capturer)-DA(armer, protéger)-UN(peuple), "celui qui capture le secret du feu p o u r armer/protéger le peuple". Cela nous renvoie sans équivoque à Héphaïstos-Prométhée, comme nous le pressentions ! Enfin *Po-se-da-o-ne* pourrait être interprété en PÙ(secret)-ŠF(grain)-DÀ(création, créer)-U(charge), U₈(moutons)-NE(celui), NÈ(puissance, respect), soit "celui en charge de la création et du secret du grain" ou "le respectueux créateur des

---

[597] Anton Parks, *Le Réveil du Phénix*, op. cit., page 119.

moutons chargé du secret du grain". Nous ne sommes pas surpris de ces définitions du "Seigneur de la Terre" alias Enki-Osiris, éclaté en Grèce antique en autant de protagonistes qu'il possédait de rôles : Héphaïstos-Prométhée pour la composante associée au feu (connaissance divine), à la métallurgie, aux arts, à la magie et à la création de l'homme ; Poséidon-Protée-Nérée en souvenir de sa souveraineté sur l'Atlantide, les eaux souterraines et de son lien avec l'astre lunaire ; Hadès en relation avec l'Abzu, le Serpent et son clan de canidés et enfin Dionysos-Zagreus pour son implication dans la transmission de l'agriculture, son rapport avec la fertilité de la vie végétale en générale et surtout le récit de sa réincarnation. Pour en finir avec le jeu de la sémantique dans ce dossier déjà bien chargé en la matière, rappelons que l'équivalent romain de Poséidon était Neptune. Avec une facilité déconcertante nous pouvons décoder ce terme à l'étymologie, une fois de plus, très incertaine : NE(celui)-EP(Terre)-TUN(profondeurs) ou NAP(Océan)-TUN(profondeurs), "celui des profondeurs de la Terre (ou de l'Océan)". Notons enfin que le vocable élamite NAB signifie à la fois "Océan" et "dieu".

Nérée en lutte avec Héraklès lors du dernier des Travaux exercés par ce dernier. Lors de la recherche du Jardin des Hespérides, le fils d'Alcmène doit demander son aide au Vieux de la Mer qui cherche à se dérober en se métamorphosant. Lécythe à figures noires vers 590-580 av. J.-C., Musée du Louvre.

Dans ces quatre Olympiens nous retrouvons tous les symboles d'Enki-Osiris, résumés dans ce tableau :

LES DOUZE DIEUX DE L'OLYMPE

Symboles / Régions	Égypte	Ancienne Mésopotamie	Grèce Antique
Animaux :			
- Taureau	- Apis (image d'Osiris)	- Gugalanna (épithète d'Enki) / Dumuzi	- Dionysos-Zagreus / Attis
- Serpent	- Osiris (symbole royal du pharaon)	- Enki / Ningišzida / Dumuzi	- Hadès / Dionysos
- Chien	- Anubis (fils d'Osiris)		- Hadès / Dionysos
- Poisson		- Éa	- Poséidon-Protée-Nérée
- Abeille	- Khentamentiu		- Dionysos
- Bouc-Bélier	- Khnum (image d'Osiris)	- Dumuzi (image d'Enki)	- Dionysos / Attis
- Abeille	- Osiris		- Dionysos
- Gardien	- Anubis (Osiris)		- Cerbère (Hadès)
Lieux / Astres :			
- Abysses	- Osiris (divinité d'Abdju)	- Enki-Éa (dieu de l'Abzu)	- Hadès / Poséidon (dieux des Abysses)
- Lune	- Osiris (aspect nocturne)	- Enki-Éa	- Poséidon / Dionysos
- Soleil	- Osiris (aspect diurne)		- Héphaïstos
- Atlantide	- Osiris (maître de l'Amenti)	- Enki-Éa (seigneur de Dilmun)	- Poséidon (suzerain de l'Atlantide) / Hadès (île des Bienheureux)
Végétaux :			
- Vigne	- "Sang d'Osiris"	- Dumuzi (frère-époux de la Vigne Céleste alias Geštinanna)	- Dionysos (dieu du vin)
- Pomme de pin	- Sceptre d'Osiris	- Bâton de berger de Dumuzi	- Dionysos / Pan / Attis
- Céréales	- Osiris (dieu de l'agriculture)	- Enki (dieu de l'agriculture)	- Dionysos / Hadès (dieu des richesses souterraines)
- Arbres	- Osiris (pilier Djed)	- Dumuzi (Arbre de Vie)	- Dionysos / Adonis (dieux-arbres)
Autres attributs :			
- Vie	- Osiris (Né deux fois)	- Dumuzi (Né deux fois)	- Dionysos-Zagreus / Attis
- Créateur	- Ptah / Khnum	- Enki-Nudimmud	- Héphaïstos / Prométhée
- Magie	- Osiris	- Enki-Éa	- Héphaïstos / Protée
- Berger	- Osiris	- Dumuzi	- Dionysos
- Arts	- Osiris / Ptah	- Enki-Éa	- Hephaistos
- 7 Abgal	- Osiris compagnon des Shebitiu	- Enki-Éa compagnon des Abgal-Apkallû	- Poséidon compagnon des Telchines, Dionysos des Curètes/Corybantes, Héphaïstos des Cabires

Tableau Enki-Osiris : Principaux symboles et attributs des différents avatars de Sa'am-Enki.

Finalisons notre étude sur Poséidon avec l'habituelle matrice à double entrée pour ensuite finir notre dossier sur les dieux du panthéon grec avec le plus auguste d'entre tous, le démiurge de

l'Olympe, le grand Zeus.

	Osiris	Enki-Éa	Poséidon-Protée-Nérée
Filiation / Parenté	a- Fils de Nut/Geb puis de sa sœur et épouse Isis b- Fils de Atum-Rê* c- Frère de Seth d- Amant de Nut* puis d'Isis e- Père d'Horus	a- Fils de Nammu puis de sa sœur et épouse Ereškigal* b- Fils de Anu c- Frère d'Enlíl d- Amant de Damkina puis d'Ereškigal* e- Père de Marduk(2)-Nergal	a- Fils de Rhéa (Poséidon) ou de Gaïa (Protée-Nérée) b- Fils de Kronos c- Frère de Zeus / Oncle d'Arès d- Amant de Déméter-Gaïa puis d'Amphitrite-Doris e- Père de Triton
Attributs / Fonctions & Symboles	f- Symbole du Taureau (Apis) g- Règne sur les Abysses h- Roi de l'Amenti / Aaru i- Lié à végétation et à la fertilité j- Dieu lunaire k- Associé au royaume des morts l- Dieu de la Terre et "sources des eaux" n- Compagnon des Shebitiu o- De nature douce et pacifique p- Naissance d'Horus assistée par Nephtys, Serkit, Neith et Isis	f- Symbole du Taureau (Gugalanna) g- Règne sur les Abysses h- Souverain de Dilmun i- Lié à végétation et à la fertilité j- Dieu lunaire k- Associé au royaume des morts l- "Seigneur de la Terre" et "De la Maison de l'Eau" m- Symbole du Poisson n- Compagnon des Abgal-Apkallû o- De nature douce et pacifique	f- Symbole du Taureau g- Règne sur les Abysses aquatiques h- Suzerain de l'Atlantide i- Lié à végétation et à la fertilité j- Dieu lunaire (symbole du cheval) k- Associé au royaume des morts (symbole du cheval) l- "Seigneur de la Terre" et dieu des Océans m- Symbole du Poisson-Dauphin n- Éduqué par les Telchines o- De nature douce et pacifique (Nérée) p- Naissance d'Apollon assistée par Dioné, Rhéa, Thémis et Amphitrite

Tableau Poséidon. * : *Élément avancé par les* Chroniques du Ǧírkù.

CHAPITRE XIV

DÉMIURGE DE LA MONTAGNE ET DIEU DU CIEL

"Mon père, An, vous êtes le Roi des Dieux ! J'ai cherché dans toute l'étendue du pays, parmi la population des têtes noires qui est aussi nombreuse que des brebis et je les ai soumis à la volonté de Šulgi. Puisse-t-il devenir leur respectable berger !"
Extrait de Louange à Šulgi (Šulgi P), lignes 11 à 14.

"Ô toi qui recus mille noms,
Dieu tout-puissant, maître du ciel,
De la nature illimitée ordonnateur universel,
Salut ! C'est à nous, les mortels à chanter ta bonté féconde,
Car de tous les êtres vivants peuplant la terre, l'air et l'onde,
L'homme, lui seul, est de ta race, et peut seul parler devant toi.
J'exalterai ta force immense et veux magnifier ta loi,
Autour de nous, sous ton regard le firmament et tous les mondes
Suivent d'un vol obéissant la ligne tracée à leurs rondes.
C'est dans ton invincible main que, prête à semer la terreur,
Dort comme un glaive étincelant, la foudre, elle dont la fureur
Fait jusque dans ses fondements tressaillir la terre ébranlée.
Sublime sagesse, c'est toi, c'est ton haleine, à tout mêlée,

> *Qui fait tout vivre, et tout anime, et tout gouverne, et soutient tout."*
>
> **Texte extrait de l'*Hymne à Zeus* de Cléanthe.**

"À toi l'acclamation, ô Amon-Rê !
Le radieux, seigneur des devenirs, multiple d'aspects,
Les cœurs sont rassasiés de ton amour !
À toi l'acclamation, ô Amon-Rê !
Soleil né du ciel, qui crée la terre, qui crée les eaux et les montagnes,
Qui fait venir à l'existence tous les êtres !
À toi l'acclamation, ô Amon-Rê !
Tu as illuminé la terre plongée dans les ténèbres,
Tu surgis hors du Nun, hommes et dieux viennent à ta suite. À toi l'acclamation, ô Amon-Rê !
Le puissant, aux noms multiples, que nul ne connaît
Celui qui nous regarde de loin, mais proche pour nous entendre.
À toi l'acclamation, ô Amon-Rê !
Aux bras vigoureux, seigneur de la force, prompt à la colère,
L'irritable qui terrasse ses ennemis ! (...)
À toi l'acclamation, ô Amon-Rê !
Qui engendre tous les hommes, qui crée leur subsistance L'unique, le fort qui fait vivre ! Il ne se lasse pas !"

Extrait du papyrus hiératique 3049 de Berlin p. VIII, lignes A 1-7, XXIIe dynastie, vers 945-715 av. notre ère.

Malgré son caractère de grand démiurge (selon Platon), Zeus n'est impliqué directement dans aucun acte créateur. C'est l'organisation de la société divine olympienne qui le place dans ce statut. Contrairement à An(u) qui est considéré comme le père des Anunna(ki) ou à Amon vénéré comme le créateur du monde ; ce qu'on prétendait également d'An. Nous avons vu précédemment que tout ce qui touchait à la Création du Monde et des hommes, chez les Grecs, échappait au pouvoir du souverain de l'Olympe. Nous le confirmerons dans le prochain tome de *Quand les dieux foulaient la Terre* (*Les Témoins de l'Éternité*) consacré notamment à Prométhée. Chez les Sumériens, An appartient à la plus ancienne génération de dieux ; il est la divinité suprême de leur panthéon, suivi de près par Enki,

Enlíl et Marduk. Il préside à la justice, à l'ordre et à la stabilité.[598] Il en est de même pour Zeus[599] qui est – malgré sa nature tempétueuse et arrogante – l'indétrônable suzerain apprécié des dieux et des hommes. En Égypte, les mêmes rôles sont peu ou prou attribués à Amon et Atum, ils sont tous les garants de l'autorité divine, de la justice et de l'équilibre. À ce titre, Amon est vu comme le géniteur de la déesse Maât,[600] hypostase de la justice et de la morale. Ils prennent des décisions parfois à l'encontre de l'avis de leurs homologues. Ainsi chez les anciens Mésopotamiens et Égyptiens, An et Amon-Atum[601] étaient vus comme des Créateurs de l'Univers. Zeus, lui, entraîna dans son désir de conquête la suppression de ses ascendants ainsi que la destruction d'une génération complète d'êtres humains qu'il trouvait trop bruyants et arrogants à son goût (voir tome 3). Le seul acte créateur (et répété !) qu'il laissera dans les annales est celui incarné par ses nombreuses progénitures : dieux, demi-dieux et héros.

Zeus est le dieu du Ciel (des éléments climatiques en général) et de la lumière avant d'être celui de la foudre (attribut accessoire comme nous l'avons déjà vu). Il en est de même pour An qui réside au "Paradis", soit les Cieux supérieurs. Si la demeure grecque de Zeus est placée dans l'Éther selon le poète Eschyle, la tradition canonique le fait résider dans les montagnes et plus précisément en Olympe, réplique de celle de la colonie Gina'abul de Kḫarsaǧ. Lors du partage de l'Univers après la destitution de Kronos, Zeus hérita du Ciel ; il en est ainsi également pour An dans la mythologie mésopotamienne :

"*En ces-jours-là, ces jours archaïques* –
En ces nuits-là, ces nuits reculées –
En ces années-là, ces années antiques…
Lorsque le Ciel eut été séparé de la Terre-mère

---

[598] http://mythologica.fr/mesopotamie/anu.htm
[599] Dont l'épithète Ζεὺς πατήρ / Zeùs patér donnera *Jupiter*, son appellation romaine.
[600] Décomposé en MA(attacher, lier)-AT(puissance paternelle), "liée à la puissance paternelle", le patronyme de la déesse Maât nous confirme sans l'ombre d'un doute que l'ordre moral et la justice sont la volonté du Père divin.
[601] Atum dans l'Ennéade héliopolitaine et Amon dans Ogdoade d'Hermopolis où il figure l'une des huit divinités primordiales.

> *Et que la Terre eut été séparée du Ciel...,*
> *An ayant emporté avec lui le Ciel*
> *Et Enlíl ayant emporté avec lui la Terre,*
> *Et octroyé l'Enfer à Ereškigal...*"[602]

Nous retrouvons bien la souveraineté d'An sur le Ciel et celle d'Enlíl sur la Terre. Cette localisation dans l'Ether ou le Paradis est à rapprocher de la nature discrète de Amon dont le patronyme signifie "le caché". An, dans les *Chroniques*, était effectivement plus présent dans l'espace ou sur Udu'idimsa (Mars) que sur Uraš. Les différents théonymes du protagoniste attestent de ses fonctions et domaines : An signifie "Ciel" en sumérien (= Anu en akkadien) ; Zeus *Upatos / Upsistos* ("le Très-Haut, le suprême") provient du génitif *Διός / dios* lui-même issu du radical indo-européen *Di (briller, jour, Soleil, Dieu) dont l'origine est peut-être la particule sumérienne TI(vie) voire ZI(vie, esprit, âme, souffle, élever).[603] Rappelons qu'au niveau des consonnes les Sumériens confondaient allègrement les sourdes, les sonores et les emphatiques... Nous retrouvons Zeus dans le linéaire B mycénien sous la forme *Di-wo*. Nous avions vu dans le dossier consacré à Dionysos que le même terme servait à bâtir le nom du dieu en linéaire B (*di-wo-nu-so*). Ce "radical" mycénien, donne de bons résultats une fois décomposé avec les valeurs phonétiques du syllabaire suméro-akkadien : ZI(vie, âme, élever), ZI(confiance, vérité), DI(décider, juger)-U_4(lumière), Ú(nourriture, nourrir), U_8(moutons), U(charge) soit "la lumière qui s'élève" ; "l'âme nourrissante" ; "en charge de la vie" ; "nourrir les moutons" ; "la lumière de la vérité" ; "qui juge/décide (du sort) du mouton"... Autant d'*épithètes* que l'on pourrait attribuer à Zeus aussi bien qu'à Dionysos puisqu'on décèle ici les notions de lumière nourrissante, de prise en charge du bétail (humain) et de suprématie divine en général ! Amon peut se décomposer via le

---

[602] *Prologue de Gilgameš, Enkidu et l'Enfer*, traduction de Jean Bottéro, op. cit., page 479.

[603] Dans les Védas de l'Inde ancienne, la voûte étoilée est figurée par la vache céleste Aditi (pendant local de la Nut égyptienne), bien que le ciel lui-même soit assimilé à une divinité masculine, Dyauṣ Pitā, que l'on peut rapprocher sans mal du Zeus grec ou le Jupiter romain. Dyauṣ Pitā et Pṛthvī (la Terre) sont considérés comme les parents universels, Dyauṣ Pitā ayant par ailleurs pris la place de la vieille divinité du Ciel, Varuna, qui est l'ordonnatrice du monde.

suméro-akkadien en "Seigneur du peuple" (AM = Seigneur et UN = peuple) quand Atum désignerait "le père-mère" (AT = père et UM = mère), soit l'origine androgyne de Tout. Cette indifférenciation du dieu-roi du panthéon se retrouve dans certains hymnes dédiés au souverain de l'Olympe comme en témoigne le texte suivant :

> "*Zeus est le premier-né,*
> *Zeus est le dernier, lui le maître de la foudre éclatante,*
> *Zeus est la tête,*
> *Zeus est le milieu, et par Zeus tout est engendré.*
> *Zeus est à la fois le fondement de la Terre et du ciel étoilé,*
> *Zeus est male,*
> *Zeus est l'épouse divine,*
> *Zeus a été aussi une Nymphe immortelle,*
> *Zeus est l'haleine de toutes choses,*
> *Zeus tient seul dans ses mains la fin de tous les êtres,*
> *Zeus est la Destinée puissante,*
> *Zeus est l'élan du feu infatigable.*
> *Zeus est la racine de la mer,*
> *Zeus est le Soleil et la Lune.*
> *Zeus est roi,*
> *Zeus est le chef de tous les hommes, lui le maître du tonnerre, car les ayant tous cachés,*
> *De nouveau à l'heureuse lumière par sa pure intelligence il les a ramenés, faisant de terribles merveilles.*"[604]

Zeus est bien le "*Bon père*" du peuple grec et de son panthéon. Il figure les puissances célestes et cosmiques et par extension tous les événements météorologiques subséquents. À ce titre, il peut être tour à tour doux comme une brise printanière ou colérique comme un orage d'été – le *Zeus Maïmaktès*, "Celui qui souffle la tempête". De notre côté nous penchons vers l'hypothèse que trois personnages sont fondus dans Zeus : An-Atum-Amon, Enlíl-Seth et... Enki-Osiris ! Le premier restant relativement à l'écart des

---

[604] *Hymne à Zeus*, extrait du *Papyrus de Derveni* (seconde moitié du IVe siècle av. J.-C.) Des citations pratiquement semblables se retrouvent dans un écrit pseudo-aristotélicien du Ier siècle av. J.-C. *Le traité du Monde*, ainsi que dans la *Préparation évangélique* d'Eusèbe de Césarée, IVe siècle ap. J.-C.

affaires humaines, le second étant comme vous le savez à présent l'administrateur territorial de la planète. Celui qui imposera à Enki-Osiris la création d'un hominidé diminué pour assister puis remplacer les Nungal-Igigi aux tâches ingrates. Celui qui parquera les LÚ[605] ou ÁDAM (bétail) comme des bêtes et les considérera comme telles ; celui qui mérite l'épiclèse de Zeus *Herkéios*, le "dieu de la clôture". Il y a pourtant dans ce Zeus-An-Atum – figure fortement composite – également un peu d'Enki-Osiris. C'est au travers de certains de ses fonctions et attributs que nous le révélerons.

***

Au niveau de son ascendance, rappelons brièvement que Zeus est le fils de Kronos et Rhéa et qu'Arès-Enlíl est lui-même fils de Zeus dont il a dû hériter du caractère hostile et impérieux, l'une de ses épiclèses étant le "dieu guerrier aux belles armées" (*stratios*). Dans l'*Enūma Eliš*, An est le fils d'Anšar and Kišar,[606] confirmant sans détour ce qui est décrit dans les *Chroniques*. Enfin en Égypte, les mythes varient en fonction des lieux de culte. Disons simplement que selon le mythe cosmogonique héliopolitain Atum naquit de lui-même du Néant (avant de créer tous les autres dieux) tandis qu'Amon fut créé par Thot dans la cosmogonie hermopolitaine. Dans tous les cas, Zeus, An et Atum-Amon sont considérés comme le Père sinon de tous les dieux (Anunna en l'occurrence) du moins d'une bonne partie d'entre eux. Nous ne citerons pas la postérité léguée par le démiurge olympien, la liste est sans fin ! An est quant à lui – dans la littérature tardive – qualifié de géniteur d'une liste impressionnante de déités : Adad,

---

[605] LÚ signifie "homme" ou "être humain". Ce qui est intéressant avec le sumérien et l'akkadien, c'est que ces idiomes nous donnent véritablement les clés de nos origines. Ainsi l'homophone LU veut dire "foule ou multiplier, être nombreux voire paître ou mélanger". Ce n'est pas fini puisque LÙ désigne aussi l'action de "déranger, troubler ou agiter". La sémantique mésopotamienne est véritablement en accord avec les mythes : les hommes (LÚ), mélangés par les dieux à partir de l'argile qui paissent dans la plaine (EDIN), maintenant nombreux après s'être multipliés (LU), dérangent et troublent (LÙ) Enlíl et son clan. Ainsi les dieux décideront de se débarrasser, par l'entremise un grand déluge, des bruyants êtres humains !

[606] *Enūma Eliš*, Tablette I, lignes 11-14.

Enki/Éa, Enlíl, Girra, Nanna/Sin, Nergal et Šara pour ses fils ; Inana/Ištar, Nanaya, Nidaba, Ninisinna, Ninkarrak, Ninmug, Ninnibru, Ninsumun et Nusku pour ses filles. Cela est bien entendu exagéré. Son premier et seul fils, est le modèle des Anunna, selon la mythologie de l'ancienne Mésopotamie comme pour les *Chroniques* ; il s'agit d'Enki-Éa. Atum reprend quasiment le même rôle selon la pensée héliopolitaine, il est le Père de Tout à commencer des dieux.

Dans les récits d'Anton Parks, il n'est donné à An qu'une seule compagne : Ninmaḫ-Ninḫursaǧ, identifiée sans mal à Héra. Partageant ensuite la couche d'Enlíl puis d'Enki, elle restera à jamais comme l'épouse du maître suprême des dieux, ces trois protagonistes (An, Enki et Enlíl) formant non seulement la plus importante trinité sacrée de l'ancienne Mésopotamie mais synthétisant aussi à eux trois l'image du seigneur de l'Olympe. Celui-ci est par ailleurs majoritairement connu pour remplir les récits mythiques de ses aventures extra-conjugales. Bien entendu figurent en bonne place dans la tradition, ses prises de pouvoir sur ses ascendants (Titans) et les Géants ainsi que ses actions liées au maintien de l'ordre moral au sein de l'Olympe (et de la Grèce !)… mais ce qui prévaut par-dessus tout autre lecture est la ruse et la malignité avec lesquelles il s'emparait de ses conquêtes d'un soir. Sans équivoque, les mythographes ont forcé le trait de ce côté, certainement encouragés par certains aristocrates désireux de justifier leur statut par une ascendance divine accordée par quelque hymne ou poème de bonne composition. Bien que, encore une fois, il soit clairement mis en avant dans le *Réveil du Phénix* que ce caractère érotomane soit dans la nature d'Enlíl qui déclare en parlant des humains de son domaine : "*Tous ces humains m'appartiennent. J'ai couché avec toutes leurs femmes. Nombreuses d'entre elles m'apportent du plaisir et d'autres sont de bonnes mères. J'ai maintenant beaucoup d'enfants qui sont un mélange des deux espèces. Ils font de nobles souverains qui gèrent mes innombrables domaines.*"[607]

Zeus dans toute sa splendeur : se mélangeant avec des

---

[607] Anton Parks, *Le Réveil du Phénix*, op. cit., page 191.

humaines et produisant des souverains[608] (ou des héros). Cette caractéristique ne se retrouve par contre pas chez le protagoniste An ni chez Amon-Atum qui semble être chez Parks et dans les mythologies respectives bien au-dessus de tout cela en se mêlant rarement des histoires humaines. Les parèdres attestées d'An sont Uraš puis, dans un second temps, Ki. Les lecteurs de Parks comprendront qu'il ne s'agit pas là d'entité en chair et en os mais bien de la planète Terre (Uraš) et de la dimension d'existence à laquelle appartiennent An et son clan (3D = KI). Les mythographes mésopotamiens nous font ainsi comprendre qu'An a pris possession de la Terre dans la dimension du Ki. Les Akkadiens lui donneront une épouse du nom d'Antu (qui figure également la Terre) dont le nom est certainement construit sur celui d'An. Antu[609] est à l'image de Ninmaḫ une déesse de la création ; elle en est un doublet. La mythologie de l'ancienne Mésopotamie lui donne les Anunnaki pour enfants.

Enfin si Atum est solitaire, il a été donné Mut comme femme à Amon (après Amonet). Avec leur fils Khonsu, ils forment la triade de Thèbes. Ce dernier – dont le nom signifie "le voyageur" – est une fusion d'Osiris et d'Horus puisqu'il est un dieu lunaire, qui lutte aux côtés de Pharaon contre les forces du mal, figuré parfois en momie parfois avec une tête de faucon et enfin associé aux processus de guérison. Quant à Mut (signifiant litt. "la mère" en égyptien), elle est un doublet d'Isis-Hathor : elle incarne la maternité et la douceur mais peut se transformer en vengeresse Sekhmet ; elle porte les attributs de la royauté : le vautour et la double couronne d'Égypte. Enfin elle peut à l'image de Perséphone et d'Ereškigal redonner vie aux hommes (voir le chapitre *Déméter* pour plus de précisions sur Mut). Cet Amon-là possède à n'en pas douter un peu d'Osiris… qui a servi de composante à la personnalité de notre Zeus qualifié par certaines épiclèses de justicier et de sauveur ($\sigma\omega\tau\acute{\eta}\rho$ / *sôtér*) ; de protecteur

---

[608] Le nom de Zeus (comme celui de An(u) chez les Suméro-Akkadiens) deviendra progressivement l'équivalent du titre de Roi. C'est pourquoi je contredis des auteurs comme Robert Graves qui affirment que les dieux grecs étaient d'anciens rois déifiés sous le titre de Zeus. Je pense que l'inverse s'est produit : les dieux ont donné des hommes et par extension ces derniers ont pris pour titre le nom de leurs ascendants. Ainsi un An ou un Zeus était un descendant royal du dieu éponyme…
[609] AN (Ciel)-TU (façonner, accoucher), soit ''l'accoucheuse céleste''.

(ξένιος / *xénios*) et de repousseur de mal (ἀλεξίκακος / *alexíkakos*) voire de Père des dieux et des hommes (πατὴρ ἀνδρῶν τε θεῶν τε / *patềr andrôn te theôn te)* alors que le démiurge n'est associé à aucun acte créateur comme ceux d'Héphaïstos ou de Prométhée ! Est-ce cette part osirienne qui a donné le droit aux mythographes de le désigner comme maître de la Terre, ce qui est communément le titre d'Enki-Osiris ? Ou le statut d'Enlíl, l'administrateur de la colonie Anunna et par extension de la Terre, comme indiqué dans les *Chroniques* ?

Le dieu suprême est également qualifié de Zeus *Éleuthérios*,[610] le "dieu libérateur", mais aussi de "Père des hommes" – bien qu'impliqué dans aucun déroulement créateur – rôles que nous savons être ceux d'Enki et de son clan ! Tout cela est fortement interprétatif, comme vous devez vous en douter. Cette "libération" en question pouvant tout autant qualifier celle que je conçois comme l'émancipation de Zeus de ses ascendants voire comme l'affranchissement des peuples helléniques (vénérant l'image d'un souverain patriarcal) des cultes dominants préhelléniques de la Déesse-Mère. Zeus récupéra d'Enki-Osiris le rôle de juge et maître de la destinée étant parfois figuré avec une balance où s'estime le sort octroyé à chacun. En dépit de ceux qu'il aimerait favoriser, même si les péripéties peuvent en être modifiées, il ne change pas le destin mais le réalise. Enfin le mari adultère d'Héra intervient à maintes reprises dans la mythologie grecque comme le médiateur/juge des conflits opposant les dieux ou les dieux et les hommes : conflit entre Athéna et Poséidon pour la possession de l'Attique, querelle entre Aphrodite et Perséphone concernant Adonis, altercation entre Apollon, Héraklès et Xénoclée au sujet du trépied de Delphes...etc. Une attribution équivalente se retrouve chez Enki-Éa dans les mythes suméro-akkadiens où le fils d'An(u) résout problématiques et conflits à longueur de mythes. C'est certainement à ce Zeus-Enki que nous pourrions attribuer ces quelques vers d'Homère – diatribe que le dieu suprême adresse à Arès(1)-Enlíl :

"*Je te hais plus qu'aucun des dieux qui vivent sur l'Olympe*

---

[610] La majorité de ces épithètes se retrouvent dans les œuvres majeures du grand Homère (*Iliade* et *Odyssée*).

car tu ne rêves que discorde, guerres et carnages."[611]

Nous pourrions ainsi résumer les trois composantes de notre Zeus comme suit :

> Zeus(1) = An = Amon(1)-Atum ;
> Zeus(2) = Enlíl-Arès(1) = Marduk(1) = Seth ;
> Zeus(3) = Enki = Amon(2)-Osiris

Cette complexification de la figure de Zeus – comme celle des autres déités indo-européennes – est à n'en pas douter le résultat de traditions successives et/ou parallèles de systèmes de pensée, ayant parfois assimilé la nature et les fonctions d'autres divinités (ou héros), qu'en leur temps certains poètes et mythographes ont à leur tour, pour des raisons qui nous échappent en partie, fait se croiser, ré-agencé ou recomposé. À ce titre retenons qu'il est l'une des figures de notre étude – avec Athéna – les plus recomposées avec le temps ; bien que nous soyons capables d'en extraire le caractère fondamental, celui du divin père des dieux An(u). Figure de prou du patriarcat indo-européen comme en témoignent ces quelques citations : Zeus est "un maître dur, qui ne doit pas rendre de comptes"[612] ; "personne n'est indépendant, hormis lui"[613] ; "il impose toujours avec colère sa bonté inflexible et asservit la race céleste"[614] ; "il règne sans miséricorde d'après ses propres lois et courbe sous un joug orgueilleux les dieux d'autrefois"[615] ; "il n'a pour justice que sa volonté".[616] Homère nous apprend enfin que quand le "Père" entre, les autres dieux doivent se lever et rester debout en sa présence.[617] Zeus, qui reproduit les faits et gestes du patriarche terrestre, s'était emparé par la force du gouvernement de la famille céleste. Il chassa de l'Olympe les divinités matriarcales et les Titans, et pour conserver le pouvoir, il employa la force. Sa lourde et brutale tyrannie pesait

---

[611] Homère, *Iliade*, V, 872-873.
[612] Eschyle, *Prométhée enchaîné*, v. 328.
[613] Ibidem, v. 11.
[614] Ibidem, v. 165.
[615] Ibidem, v. 406-408.
[616] Ibidem, v. 100-101.
[617] *Iliade*, I, v. 534.

sur tous les Olympiens, qui souvent se révoltèrent.

***

Nous comprenons ainsi pourquoi la place de Zeus (ou de ses doublets) est prépondérante dans le bassin méditerranéen et la région du croissant fertile (et au-delà !) ; il est la synthèse parfaite des déités masculines majoritairement vénérées dans l'Antiquité. Il syncrétise An, Enlíl et Enki – soit la trinité supérieure régionale – pour l'ancienne Mésopotamie et Amon, Atum et Osiris-Ptah-Khnum pour l'Égypte antique. À Kemet, il n'est pas juste question de révérer Amon et/ou Atum simplement parce qu'ils auraient récupéré certains rôles et attributs d'Osiris. Il y avait bien en cette contrée comme ailleurs des clergés se soumettant à l'autorité de An. À la mort d'Enki-Osiris, son géniteur, souhaitant éviter la guerre totale entre clans Gina'abul et par la même occasion la prise de pouvoir exclusive d'Enlíl sur la planète, se mit dans l'idée de récupérer les lieux de culte et clergés dédiés à l'époux d'Isis-Meri. C'est ainsi qu'il alla à la conquête idéologique des diverses entités administratives du pays de Kemet, tout en falsifiant les apparitions d'Osiris (dont la mort était dissimulée) par l'entremise d'un automate articulé dans son temple majeur d'Abydos. Manipulant de la sorte les profanes et une partie de l'ordre clérical osirien.[618] Dans le conseil des dieux Gina'abul, An-Atum préside aux séances. Il est le "*Neter des Neteru*" (dieu des dieux), la couronne, le père et la volonté suprême de la famille Gina'abul du système solaire. Malgré son usurpation du trône de Kemet, il demeure le régent suprême qui valide toute décision prise lors du conseil. C'est le fils vengeur d'Asar qui mettra fin à la mascarade, révélant au grand jour la tromperie d'An-Amon lors d'un mémorable épisode du tome 3 des *Chroniques*, le *Réveil du Phénix*. Comme nous l'avions vu dans la partie traitant des différentes cosmogonies (tome 1, chapitre II), chaque cité-État d'un pays de l'Antiquité pouvait avoir une religion et un clergé qui lui était propre et parfois en désaccord avec ceux des villes voisines. Il n'y avait pas d'uniformisation du pouvoir cultuel. L'œuvre du temps et des conflits fit en sorte que les dieux adoptèrent différents noms ou

---

[618] Anton Parks, *Le Réveil du Phénix*, op. cit., pages 66, 303 et 311.

places dans la hiérarchie divine, que des déités furent absorbées par syncrétisme par d'autres voire que certaines tombèrent en désuétude... rendant l'ensemble de plus en plus sibyllin à mesure que les siècles s'écoulaient. Sans la grille de lecture des travaux d'Anton Parks, nous aurions été loin de pouvoir décrypter ces opérations de scission et de fusion de personnalités disparates. Toujours est-il que preuve en est que nos ancêtres ne révéraient pas uniquement que les dieux qui leur étaient favorables... souvenez-vous que la ville de Nippur était entièrement consacrée au culte d'Enlíl, pourtant réputé pour être un intraitable tyran et l'organisateur d'un déluge destructeur à l'encontre de l'humanité ! De la même manière en est-il pour Zeus qui envoya la même punition à l'encontre des mortels.

La figure d'une déité suprême attachée au ciel et aux phénomènes cosmiques/célestes est récurrente dans toutes les cultures indo-européennes. Si nous retrouvons dans les textes védiques tous les personnages précédemment évoqués, il y en a un qui revient souvent au centre des débats. Je veux bien entendu parler d'Indra. Nous avons déjà évoqué cette divinité dans plusieurs dossiers. Les points de rapprochement avec notre Zeus sont innombrables et établissent sans l'ombre d'un doute la parenté des deux avatars d'An : les deux sont associés au ciel, à la pluie et au tonnerre ; Indra avait pour frères Agni et Pushan[619] lorsque Zeus lui avait Hadès et Poséidon ; le dieu Ciel-Père védique Dyauṣ Pitā – considéré comme le père d'Indra, voire comme une épithète de ce dernier – se rapproche phonétiquement du grec Zeus Pater, qui a donné le *Jupiter* romain ; Indra défait le serpent géant Vṛtrá[620] et Zeus tue le serpent-dragon Typhon ; Zeus détrôna et enferma son père Kronos tandis qu'Indra supprima son géniteur Tvaṣṭṛ[621] ; les deux succombent régulièrement aux charmes de déesses et de mortelles parfois dans des épisodes identiques où ils prennent l'apparence de l'époux de leur conquête d'un soir[622] ; les deux sont les garants moraux de la société divine comme mortelle ; ils

---

[619] Ṛgveda : 6.59.2 ; 6.55.1.
[620] Ṛgveda : 1.32.1-15 ; 4.17.1 ; 7.14.13 ; 10.124.1-9 ; 10.131.4-5.
[621] Ṛgveda : 4.18
[622] Ṛgveda : 3.48.4 ; 3.53.8 ; 6.47.15-18. *Mahabharta, Adiparva* 19.

habitent et régissent tous les deux la montagne des dieux[623] ; de leur cuisse naquirent Soma (pour Indra) et Dionysos (pour Zeus) ; les deux sont associés au taureau comme le dieu suméro-akkadien Anu(u)...etc. Celui-ci est sans aucun doute le modèle qui servit de base par diffusionnisme aux divers Pères divins indo-européens qui siègent dans l'Ether...

Preuve en est que l'on retrouve sur tout le domaine indo-européen cette divinité vindicative du ciel, de l'orage et de la guerre, nous la retrouvons dans la figure panceltique de Taranis, dans le Perun des Slaves ou encore dans le Tharunt des Hittites.

La foudre, arme des Pères du Ciel. Originellement selon notre avis le sumérogramme GAL signifiant "Maître de" qui présente une forme de trident. Ce même trident qui équipait les mains de Poséidon en Grèce ou Shiva en Inde. Ici de gauche à droite nous retrouvons Zeus sur une amphore attique à figures rouges du Musée du Louvre (Ve siècle av. J.-C.) ; Indra sur sa monture Airavata (Temple de Somnathpur) et enfin Marduk figuré durant son combat avec Tiamat (Bas-relief du palais d'Aššur-nāṣir-apli, Roi d'Assyrie, 885-860 av. J.-C.).

***

Parmi les attributs de Zeus nous retrouvons l'aigle, le chêne, la foudre, l'égide, plus rarement le bélier et le taureau. L'égide a déjà été discutée dans le chapitre consacré à Athéna. Je rappelle rapidement qu'il est l'allégorie de la puissance des Ama'argi sur le climat. La foudre est à la base un sceptre-trident (provenant sans

---

[623] *Maha, Shantiparva* 228.28.

doute du pictogramme paléosumérien GAL), devenant la foudre dans la main du maître des Cieux : légitime. Le bélier est lui associé à Zeus lorsqu'il est syncrétisé avec l'égyptien Amon et sans surprise Atûm reprend tardivement lui aussi cet attribut de fertilité à Khnum-Osiris (comme nous l'avons démontré dans le chapitre *Héphaïstos*). Le taureau, symbole de puissance et de fécondité, lui aussi attribut d'Enki-Osiris est repris par Zeus au travers l'épisode de son union avec Europe – où il prit l'apparence de l'animal – donnant naissance à Minos et Rhadamanthe. C'est l'attribut majeur d'An en ancienne Mésopotamie. Nous le retrouvons aussi comme symbole principal du dieu des tempêtes et des pluies torrentielles, Iškur (Adad chez les Akkadiens). Celui-ci est généralement représenté debout sur un taureau, un trident (figurant la foudre) dans la main. Il est une forme détournée de Ninurta, le fils d'Enlíl, comme nous l'avons vu dans le chapitre consacré à Arès. Du ciel provenant la pluie providentielle à la fertilité du sol, le lien entre le souverain céleste – quelque soit la culture – et l'emblème du taureau, est tout à fait compréhensible (relire le chapitre *Dionysos*).

L'aigle[624] est pour le domaine aérien l'équivalent sur terre du lion : le roi incontesté. Son association avec Zeus n'est qu'une évidence de plus. Ainsi est-ce le volatile que le mari d'Héra enverra tous les jours dévorer le foie de Prométhée. Il est aussi un rapace associé à Indra dans la mythologie de l'Inde ancestrale. L'aigle est un animal solaire et à ce titre, il est logique de le retrouver associé à un dieu du Ciel. Autre symbole solaire, le lion est l'un des attributs animaliers d'Atum. Est-il tardif et donc en lien avec son assimilation à Rê, personnification divine du Soleil dans l'ancienne Égypte ? À n'en pas douter. Il ne serait donc pas fortuit de retrouver chez Amon cette même association. Et c'est bien le cas, les deux divinités égyptiennes étant désignées ainsi très souvent sous les appellations d'Amon-Rê et d'Atum-Rê. Enfin le chêne[625] peut être aussi vu comme le roi des arbres et à ce titre, il

---

[624] Aigle se dit URIN en sumérien qui, décomposé avec le langage matrice, nous donnerait UR$_{2/3/4}$(inonder, dévaster, anéantir)-IN(seigneur) : "le seigneur qui inonde ou qui anéantit".
[625] En sumérien on disait AL-LA-AN pour chêne. AL(image, représentant)-LÁ(pénétrer, percer, connaître, s'occuper de)-AN(le Ciel, hauteur), soit "l'image

est associé au dieu suprême.

Avant de conclure avec le dernier tableau comparatif de l'un des habitants de l'Olympe, remarquons que la grande majorité des noms des dieux grecs n'acceptent aucune étymologie acceptable sur la base du grec ancien. Cela valide donc notre hypothèse selon laquelle sinon que ces dieux étaient "présents" et vénérés dans la région depuis des temps immémoriaux, du moins qu'ils auraient été importés d'autres régions (Asie Mineure, Égypte, Palestine, Syrie…).

	Amon-Atûm	An(u)-Iškur-Marduk	Zeus(1)
Filiation / Parenté	a- Créateur de l'Univers et des dieux b- Père des dieux c- Père d'Osiris* d- Époux d'Amonet (Amon) ou de Mut	a- Fils d'Anšar et Kišar et créateur du monde b- Père des Anunnaki c- Père d'Enki d- Époux d'Antu / Ninmah (=Héra)	a- Fils de Rhéa et de Kronos b- "Père des dieux et des hommes" c- Père de Dionysos-Héphaïstos d- Époux de Héra (= Ninmah)
Attributs / Fonctions & Symboles	e- Dieu des dieux / souverain de l'Univers g- Symbole du Bélier (Amon) h- Divinité solaire (suffixe -Rê/Râ) j- Dieu "caché" (Amon) m- Préside l'assemblée des dieux d'Uraš* o- Père de la déesse Maât, personnification de l'ordre moral et de la justice	e- Dieu des dieux / souverain du ciel f- Symbole du Taureau h- Divinité solaire et ouranienne i- Pouvoir sur les éléments (pluie, foudre) j- Dieu vivant dans l'Ether ou Paradis k- De nature vindicative (Iškur) l- Géniteur d'une multitude d'enfants m- Préside l'assemblée des dieux mésopotamiens o- Garant de l'ordre moral et de la justice	e- Dieu des dieux / souverain du ciel f- Symbole du Taureau g- Symbole du Bélier h- Divinité solaire et ouranienne i- Pouvoir sur les éléments (pluie, foudre) j- Dieu vivant dans l'Ether ou Paradis k- De nature vindicative l- Géniteur d'une multitude d'enfants m- Préside l'assemblée des dieux grecs o- Garant de l'ordre moral et de la justice

Tableau Zeus. * ; *Élément avancé par les* Chroniques du Ğírkù.

---

qui pénètre le Ciel" ou "le représentant qui perce les hauteurs" voire "celui qui connaît le Ciel". Belles images du plus majestueux des arbres !

CHAPITRE XV

LA VÉRITABLE ASSEMBLÉE DIVINE

L'Ogdoade d'Hermopolis et l'Ennéade d'Héliopolis égyptiennes, l'assemblée divine mésopotamienne, le panthéon des douze déités de l'Olympe ; tous ces rassemblements approximatifs de dieux dans l'Antiquité se rapportent à une seule assemblée, un seul conseil. Celui qui réunissait les grands dieux régisseurs de la Terre à une époque extrêmement reculée selon Anton Parks. Celui-ci nous a livré sa version égyptienne de l'Arbre des Sephiroth[626] dans le tome 3 des *Chroniques*.[627] J'ai repris à mon tour ses découvertes et les ai agrémentées de mes propres ajouts à partir de l'étude que nous venons de mener dans les méandres des légendes de la Grèce antique. En ancienne Mésopotamie nous n'avons pas retrouvé le nom de la fameuse assemblée – peut-être n'en avait-elle pas ? – ; toujours est-il qu'elle apparaît sous la forme d'une réunion annuelle à laquelle étaient censés se présenter tous les dieux. Cette réunion est à l'honneur de nombreux mythes comme *Enki et l'Ordre du Monde*[628] ou le célébrissime *Enūma Eliš*,[629] où elle est citée comme la "*Salle-aux-destins*" ou la "*Salle-aux-délibérations*". On y délibérait sur le programme de l'année à venir et l'on "arrêtait les destins" pour les dieux et les mortels ; lesquels destins étaient consignés sur la "*Tablette-aux-destins*" confiée à la charge du souverain. Une tablette bien des fois convoitée comme dans le *Mythe d'Anzû*...

À d'autres époques et en d'autres lieux existaient des

---

[626] L'Arbre de Vie selon la Kabbale, la tradition ésotérique juive.
[627] Anton Parks, *Le Réveil du Phénix*, op. cit., page 63.
[628] *Enki et L'Ordre du Monde*, ligne 19.
[629] *Enūma Eliš*, II : 144 ; III : 61, 119 ; VI : 162.

assemblées divines. C'est par exemple le cas chez les Hourro-Hittites où un groupe de douze dieux est signalé à Yazılıkaya. Un groupe, sans surprise, guidé par Tešub le dieu de l'atmosphère local et pendant d'Anu ou encore de Zeus. Cependant nous ne saurions voir dans cette pseudo-assemblée une origine possible du panthéon olympien, et ce, pour plusieurs raisons. D'abord les douze dieux forment une procession et non véritablement une assemblée, ensuite ils sont tous mâles et ne présentent pas de caractéristiques individuelles permettant de clairement les distinguer les uns des autres, enfin ils semblent qu'ils aient été vénérés dans un contexte purement funéraire, ce qui, vous en conviendrait ne motive pas à les voir siéger en haut d'une montagne...[630]

Retrouvez ci-après l'assemblée divine composée de ses onze membres identifiés respectivement dans les mythologies **égyptienne**, *mésopotamienne* et grecque.

***

Dans le prochain tome de *Quand les dieux foulaient la Terre, Les Témoins de l'Éternité*, nous passerons du mythe à la légende, avant de mettre définitivement les pieds dans l'Histoire.

Nous aborderons chronologiquement les récits de création et de destruction de l'humanité (ou plutôt des humanités !) de diverses traditions en nous concentrant sur nos trois principales (ancienne Mésopotamie, Égypte et Grèce antique) sans oublier de piocher dans d'autres légendes analogues à d'autres endroits du globe ; mais en gardant en pont de mire les *Chroniques du Ğírkù*.

Les héros (ou demi-dieux) entreront alors en scène : hybrides des mortels et des divinités célestes, ils seront les premiers régents du genre humain et serviront de modèles aux monarques exclusivement humains qui leur succéderont. Le prototype du héros civilisateur et guerrier sera bien entendu le Heru des

---

[630] Charlotte R. Long, *The twelve gods of Greece and Rome*, Éd. E.J. Brill, 1987, pp. 144-146.

Chroniques que l'on retrouvera bien entendu chez Horus en Égypte, chez Héraklès (notamment) en Grèce ou encore Gilgameš en ancienne Mésopotamie dont les exploits – mais aussi les errances – se trouvent être les plus anciens écrits découverts à ce jour. Là encore, nous nous apercevrons que l'archétype du héros semi-divin a traversé les âges et la planète pour se manifester à des endroits inattendus.

Nous terminerons sur les héritages laissés non seulement par nos créateurs célestes mais encore par les hybrides qu'ils laissèrent à la gouvernance de la planète. Nous constaterons que le legs de nos lointains ancêtres a, encore aujourd'hui, un impact sur certains des plus quotidiens de nos rituels ! Enfin, nous élaborerons une hypothèse quant au développement du phénomène mégalithique (dans toutes ses composantes et réalisations : pyramides, temples, ziggurat, kourganes...) et sa diffusion de par le monde. Là aussi, les connexions avec la première demeure des dieux (le Mont Olympe des Grecs anciens) se révéleront plus qu'évocatrices.

À très bientôt pour la suite des révélations !

LES DOUZE DIEUX DE L'OLYMPE

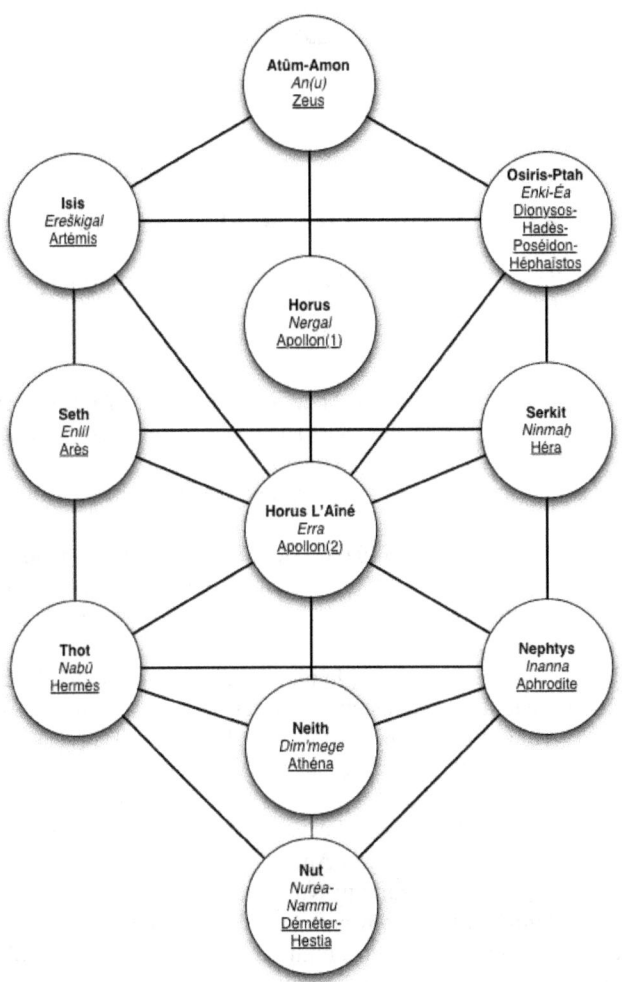

LEXIQUE

(GINA'ABUL OU PROTO-SUMÉRIEN & SUMÉRO-AKKADIEN & ÉGYPTIEN)

⋏ **A'a** = l'un des deux Abgal originels avec Wa. Engendrés par la Triple-Puissance (parthénogenèse) de Barbélú sur Dubkù-Uraš (la Terre).

⋏ **A'amenptah** = ou Amenti, nom égyptien de l'Atlantide. Sa traduction stricte en égyptien d'A'amenptah est "le lieu grand et stable de Ptah".

⋏ **Abgal** = ou Apkallû (en akkadien), Sages du système de Gagsisá (Sirius). Gina'abul de type amphibien. Ils apparaissent dans notre étude sous différents collèges comme les Djaïsu (Égypte) ou les Cabires (Grèce).

⋏ **Abzu** = les abysses, le monde intérieur de toute planète. Partie creuse de chaque globe planétaire abritant ses eaux souterraines.

⋏ **Abzu-Abba** = roi des Gina'abul de Margíd'da (Grande Ourse), un des sept Ušumgal, époux de Tiamata et survivant de la Grande Guerre.

⋏ **Ádam** = "bêtes", "animaux", "troupeaux" en sumérien (Á-DAM), soit l'appellation des dieux donnée aux premiers hommes.

⋏ **Ama'argi** = femelles Amašutum de la Terre dont la souveraine est Dìm'mege, fille de Nammu-Nuréa et sœur de Sé'et et Sa'am.

⋏ **Amašutum** = nom commun des femelles chez les Gina'abul. Elles font partie de l'engeance multiraciale des Kadištu (planificateurs).

⋏ **An** = le septième et dernier des Ušumgal, créateur de Sa'am et des Anunna (avec Ninmaḫ) dont il est le souverain.

⋏ **Anšár** = père créateur (avec Kišár) de An, membre du conseil restreint des sept Ušumgal.

⋏ **Anunna** = litt. "progéniture princière" ou les "les princes du Père", souche guerrière Gina'abul créée par An et Ninmaḫ sur le Dukù.

⋏ **Anunnaki** = Anunna du KI ("terre" ou "lieu"), soit ceux vivant sur Terre.

⋏ **Arallu** = nom que les Akkadiens donnaient au Kigal, le Séjour inférieur de leur mythologie.

⋏ **Asar** = litt. En égyptien le "siège de l'œil", véritable nom d'Osiris selon Anton Parks.

▲ **Ašme** = premier fils de Nammu-Nuréa et ancienne incarnation de Sa'am.

▲ **Barbélú** = astrophysicienne appartenant aux Mušgir, elle est une très ancienne incarnation de Šuḫia elle-même incarnation de la première reine Mušgir Pištéš. Barbélú arriva sur Dubkù-Uraš par accident suite à une mission qui s'est mal déroulée. Sur Terre, elle mettra au monde cinq enfants, à l'origine des souches Gina'abul (Emesir et Muš'šagtar), Abgal (A'a et Wa) et Kingú (Ía'aldabaut).

▲ **Diğir ou Dingir** = divinité(s).

▲ **Dilmun** = île mythique de l'Est (aujourd'hui à l'Ouest), où Enki, dans la mythologie mésopotamienne, a établi son domaine maritime. Nom sumérien de l'Amenti.

▲ **Dìm'mege** = sœur de Sa'am-Enki et de Sé'et-Isis. Elle est la fille de Nammu-Nuréa et reine des Ama'argi.

▲ **Djaïsu** = groupe égyptien de sept divinités figurant les sept paroles créatrices de Neith dans la religion d'Edfu. Ils sont des échos des Abgal de Kalam.

▲ **Djehuti (ou Zehuti)** = nom égyptien de Thot, archétype de l'Hermès grec.

▲ **Dogan (ou Neferu)** = mot turc (signifiant "faucon") provenant du sumérien DU$_{14}$-GAN, soit "porter le combat" ou "enfanter la guerre". Ils sont les enfants hybrides de Nungal-Adinu et de femmes Homo Sapiens.

▲ **Dubkù** = nom Mušgir de la planète Terre. Appelée Uraš par les Gina'abul.

▲ **Dukù** = nom de la planète principale du système Ubšu'ukkinna dans la constellation Mulmul (Les Pléiades).

▲ **Dukug** = montagne du Taurus où fut établie la cité de Kharsağ (actuelle Turquie).

▲ **Éa** = "(celui de la) Maison de l'Eau". Nom akkadien d'Enki (Sa'am)

▲ **Eden** = jardin de Ninmaḫ à Kharsağ.

▲ **Edin** = litt. en sumérien : "la plaine", "la steppe". Le lieu où les Ádam travaillent pour les Gina'abul.

▲ **Emeša** = langage matrice des prêtresses comprenant les syllabaires sumérien et akkadien, clé de la codification des langues de la Terre.

▲ **Emesir** = seule fille de Barbélú. Elle est avec son frère Muš'šagtar à l'origine des lignages Gina'abul Šutum et Amašutum. Avec A'a et Wa, elle engendra la lignée Abgal.

▲ **Enki** = litt. en sumérien "seigneur de la Terre", titre donné à Sa'am sur Terre.

▲ **Enlíl** = litt. en sumérien "le seigneur du souffle".

▲   **Gigal** = terme utilisé par les natifs du plateau de Gizeh pour dénommer le réseau souterrain se situant au-dessous des pyramides. Sans doute dérivé du sumérien Kigal ("grand bas").

▲   **Gina'abul** = "reptile" en sumérien. Race reptilienne comprenant les Šutum, les Amašutum, les Kingú, les Mušgir, les Mìmínu, les Nungal et les Anunna. Ils sont les successeurs et (en partie) descendants des Mušidim.

▲   **Ǧírkù** = litt. "le saint éclair de lumière" ou "la sainte épée". Les Ǧírkù sont des cristaux de roche cylindriques qui appartiennent aux Amašutum et dans lesquels sont enfermées toutes sortes d'informations.

▲   **Hé'er** = dit Her-Râ ou Râ-Her. Il s'agit de "Horus l'ancien" ou "Horus l'aîné", fils de Nammu-Nuréa (Nut en Égypte). Il est le protecteur de l'Égypte. On le retrouve aussi sous le nom de Râ en égyptien.

▲   **Heru** = nom égyptien d'Horus, Horus étant la version grécisée de Heru.

▲   **Ía'aldabaut** = cinquième enfant de Barbélú. Il est à l'origine de la souche des Kingú.

▲   **Kadištu** = Engeance multiculturelle de Planificateurs au service de la Source Originelle ("Dieu"). Les Kadištu forment la communauté planificatrice de notre univers.

▲   **Kalam** = nom donné à leur territoire par les Sumériens.

▲   **Kemet** = nom de l'Égypte que l'on retrouve sous la forme égyptienne Kemet ("pays noir").

▲   **Kharsağ** = cité souveraine des Gina'abul dans les montagnes du Taurus (en actuelle Turquie).

▲   **Kigal** = nom que les Sumériens donnaient au Séjour inférieur dans leur mythologie. Il rappelle de "Gigal" égyptien.

▲   **Kingú** = engeance princière Gina'abul occupant la constellation d'Ušu (la constellation du Dragon).

▲   **Kingú Babbar** = litt. "Kingú albinos". Ils dirigent les Kingú et incarnent l'autorité dominante et royale dans la constellation d'Ušu (la constellation du Dragon). Ils furent créés par Ía'aldabaut, cinquième et dernier enfant de Barbélú.

▲   **Kišár** = frère androgyne d'Anšár, un des sept Ušumgal.

▲   **Mamítu-Nammu-Nuréa** (M a m , M a m í , M a m a , Nut) = g r a n d e planificatrice Gina'abul, elle travaille avec les Kadištu. Elle est la planificatrice en chef sur Uraš (la Terre).

▲   **Marduk** = titre divin désignant le maître des lois du Mardukù. Utilisé tour à tour pour surnommer Enlíl puis Heru.

▲   **Mardukù** = litt. "ce qui est dispersé et appliqué dans le Dukù". Texte de loi élaboré par Mamítu-Nammu-Nuréa et Sa'am-Nudímmud-Enki en vue d'administrer les Anunna du Dukù. De ce terme découle le nom Marduk qui n'est autre qu'un titre divin visant à désigner le

souverain exécutif du Markukù.
▲ **Mulge** = litt. "l'astre noir", sainte planète des Amašutum et des Kadištu dans le système solaire. Cet astre évoluait autrefois entre Mars et Jupiter.
▲ **Muš** = serpent, reptile.
▲ **Muš'šagtar** = fils de Barbélú, né sur Dubkù. Frère de Emesir (avec qui il engendrera les premières lignées Gina'abul), de A'a, Wa et Ía'aldabaut.
▲ **Mušgir** = sorte de dragon à taille humaine, ancienne souche Gina'abul recréée par An et Anšár.
▲ **Mušidim** = "les faiseurs de vie", ancêtres des Gina'abul. Du sumérien MUŠ(serpent)-IDIM(supérieur, puissant, distingué), litt. "serpent(s) puissant(s) ou distingué(s)".
▲ **Namlú'u** = terme employé par les "dieux" et les Sumériens pour nommer l'humanité primordiale et multidimensionnelle produite par les planificateurs. Elle disparaîtra en ANGAL (dimensions supérieures de la réalité) lors de l'arrivée des Anunna sur Terre.
▲ **Neb-Heru** = litt. "Seigneur Horus" en égyptien, titre sacré et nom caché d'Heru.
▲ **Neferu (ou Dogan)** = progéniture guerrière issue de l'union des Nungal-Adinu et d'humaines. Neferu est un terme égyptien signifiant les "enfants" ou les "descendants".
▲ **Níama** = force de l'Univers qui est en toute chose. Les Mušidim-Gina'abul l'utilisent sous forme de télépathie et de télékinésie, notamment.
▲ **Ninmaḫ** = fille et bras droit de Tiamata, et donc sœur de Nammu-Nuréa. Elle participe à l'élaboration des Anunna avec An et dirigera tour à tour la colonie Gina'abul sur Uraš puis l'A'amenptah à la demande de Sa'am-Enki.
▲ **Nudímmud** = "cloneur", épithète de Sa'am-Enki, litt. "celui qui façonne et met au monde les images" litt. en sumérien.
▲ **Nungal** = race de planificateurs mâles créée par Sa'am-Enki et Mamítu-Nammu-Nuréa en parallèle de la création des Anunna. Ils sont les premiers Géants de la mythologie grecque.
▲ **Sa'am** = fils cloné de An. Protagoniste et premier narrateur de l'histoire, également nommé Nudímmud (le cloneur), Enki ("le seigneur de la Terre"), Éa ("(celui de la) Maison de l'Eau"), Ašár ("l'unique glorifié" = Osiris)…
▲ **Šàtam** = "administrateur territorial" en sumérien. Enlíl est le grand Šàtam de la colonie Gina'abul qui vit sur le Dukug (la montagne sainte) et en Edin, la plaine mésopotamienne.
▲ **Sé'et** = suivante et fille de Mamítu-Nammu-Nuréa, litt. "marque de vie", "présage de vie" ou "force de vie" en Emešà, il s'agit d'Isis en

Égypte. Nous apprenons dans le tome 0 des *Chroniques* qu'elle héberge l'esprit de Barbélú pour tromper ses ennemis.

⊥   **Shemsu-Râ ou Šè'emsu-Rá** = respectivement en égyptien et sumérien : "suivants de la lumière" et "parents de la tempête qui guide". Il s'agit des suivants de Râ, c'est-à-dire des Nungal, une partie des anges veilleurs. Ils seront à l'origine de la lignée hybride des Neferu-Dogan.

⊥   **Siensišár** = voir **Uzumúa**.

⊥   **Sukkal** = race importante de planificateurs à forme d'oiseau.

⊥   **Tiamata** (Tigeme) = reine des Gina'abul de Margíd'da (Grande Ourse), une des sept Ušumgal. Elle est l'épouse de Abzu-Abba.

⊥   **Ugubi** = "ancêtre inférieur", le singe.

⊥   **Ugur** = "nom d'usine" du Ǧírkù de Sa'am-Enki dont héritera Horus.

⊥   **Ukubi** = "peuple inférieur" ou "multitude inférieure", genre Homo.

⊥   **Ukubi'im** = Homo Neanderthalensis.

⊥   **Únamtila** = "la plante de la vie".

⊥   **Uraš** = nom Gina'abul de la planète Terre.

⊥   **Urshu** = litt. les "guetteurs" ou "veilleurs" en égyptien. Il s'agit des suivants d'Osiris qui font partie des Shemsu Nungal. Ils proviennent de l'Ouest actuel et de l'Atlantide. Dans l'imagerie égyptienne, ils portent un masque de loup. Comme les Shemsu-Râ, ce sont aussi des guerriers.

⊥   **Ušumgal** = "Grand Dragon" litt. en sumérien, nom des sept dirigeants qui gouvernent les Gina'abul de la constellation Margíd'da (la Grande Ourse). Les sept Ušumgal, originaires de la constellation Urbar'ra (la Lyre), sont les seuls rescapés Ušumgal de la Grande Guerre qui divisa les Gina'abul. Ils furent créés à l'origine par les Kingú-Babbar qui les utilisèrent comme esclaves.

⊥   **Uzumúa** = "fabrique-chair", nom donné dans les récits mythologiques mésopotamiens aux matrices artificielles utilisées pour créer génétiquement de nouveau spécimens ou espèces.

⊥   **Wa** = deuxième Agbal primordial né de Barbélú sur Dubkù-Uraš (la Terre). Il est à l'origine, avec son frère A'a, de toute la lignée Abgal. Wa sera akkadisé en Uan dans les mythes mésopotamiens.

⊥   **Zehuti** (ou Djehuti) = ZE-HU-TI, "le souffle (ou l'esprit) de l'oiseau de vie" que l'on retrouve sous la forme égyptienne Djehuti qui correspond au dieu Thot. Il est un Nungal fidèle à Sa'am-Enki puis à Horus. C'est le grand scientifique qui permit notamment le prodige de la Grande Pyramide de Gizeh.

BIBLIOGRAPHIE

⊥ **André-Salvini**, Béatrice, *Babylone*, Éd. PUF (Que sais-je ? 292), 2001

⊥ **Anzaldi**, Antonino, et **Izzi**, Massimo, *Histoire illustrée universelle de l'imaginaire*, Éd. Gremese International, 1996

⊥ **Assayag**, Jackie, *La colère de la déesse décapitée. Traditions, cultes et pouvoir dans le sud de l'Inde*, Éditions du CNRS, 1992

⊥ **Avalos**, Hector, *Illness and Health Care in the Ancient Near East : The Role of the Temple in Mesopotamia, Greece and Israel*, Éd. Atlanta : Scholars Press., 1995

⊥ **Bancourt**, Pascal, *Le Livre des Morts égyptien -Livre de Vie*, Éd. Dangles, 2001

⊥ **Barucq**, André, et **Daumas**, François, *Hymnes et Prières de l'Égypte ancienne*, Éd. Les Éditions du Cerf, 1980

⊥ **Behaeghel**, Julien, *Osiris – le dieu ressuscité*, Éd. Berg International, 1995

⊥ **Beazly**, John Davidson, *The Lewis House Collection of Ancient Gems*, Éd. Oxford Univ. Press, 1920

⊥ **Bord**, Lucien-Jean, *Petite grammaire du sumérien à l'usage des débutants*, Éd. Geuthner, 2003

⊥ **Bottéro**, Jean, et **Kramer**, Samuel Noah, *Lorsque les dieux faisaient l'homme*, Éd. Gallimard, 1989

⊥ **Burkert**, Walter (trad. John Raffan), *Greek Religion* ["Griechische Religion des archaischen und klassichen Epoche"], Éd. Oxford, Blackwell, 1985 (éd. Orig. 1977)

⊥ **Burkert**, Walter, *Homo Necans*, Éd. Belles-Lettres, 2005

⊥ **Cauville**, Sylvie, *Denderah V-VI, Les Cryptes du temple d'Hathor vol. II*, Éd. Peeters Press, 2004

⊥ **Cavigneaux**, Antoine, et Al-Rawi, F.N.H., *Gilgamesh et la mort*, Textes de Tell Haddad VI, Cuneiform Monographs, 19, Groningen, 2000

⊥ **Chantraine**, Pierre, *Dictionnaire étymologique de la langue grecque*, Éd. Klincksieck, 1999

⊥ **Chevalier**, Jean, et **Gueerbrant**, Alain, *Dictionnaire des symboles*, Éd. Laffont / Jupiter, 1982

⊥ **Clayton**, Peter A., *Chronique des Pharaons*, Éd. Casterman, 1995

⊥ **Clermont-Ganneau**, Charles-Simon, *Horus et Saint-Georges*, extrait de la *Revue Archéologique*, 1977

⚔ **Collognat**, Annie, et **Bouttier-Couqueberg**, Catherine, *Dictionnaire de la mythologie gréco-romaine*, Éd. Omnibus, 2016

⚔ **Contenau**, Georges, *La civilisation d'Assur et de Babylone*, Éd Payot, 1951

⚔ **Cook**, Stanley Arthur, *The religion of ancient Palestine in the light of archaeology*, Éd. Oxford Univ. Press, 1930

⚔ **Creuzer**, Friedrich Georg, *Religions de l'Antiquité : considérées principalement dans leurs formes symboliques et mythologiques*, Éd. Paris : Treuttel, 1825

⚔ **Dacosta**, Yves, *Initiations et sociétés secrètes dans l'Antiquité gréco-romaine*, Éd. Berg International, 1991

⚔ **Daremberg**, Charles, et **Saglio**, Edmond, *Dictionnaire des Antiquités grecques et romaines*, Éd. Hachette, 1877

⚔ **De Gravelaine**, Joëlle, *La Déesse sauvage*, Éd. Dangles, 1993

⚔ **Devereux**, Georges, *Baubo, la vulve mythique*, Éd. Petite bibliothèque Payot, 2011

⚔ **Derkaoui**, Vincent, *Anthologie des mystères d'Égypte*, Éd. Ossmi, 2004

⚔ **D'Huy**, Julien, et **Le Quellec**, Jean-Loïc, *Comment reconstruire la préhistoire des mythes ? Applications d'outils phylogénétiques à une tradition orale*, Éd. Matériologiques, 2014

⚔ **Dillmann**, François-Xavier, *L'Edda*, Éd. Gallimard, coll. "L'Aube des peuples", 1991

⚔ **Dubois**, Pierre, *La Grande Encyclopédie des lutins*, Éd. Hoëbeke, 2004

⚔ **Dundes**, Alan, *The Flood Myth*, Éd. University of California Press, 1988

⚔ **Durand**, Gilbert, *Les Structures anthropologiques de l'Imaginaire : introduction à l'archétypologie générale*, Éd. Dunod, 1992

⚔ **Frankfort**, Henry, *Kingship and the Gods : A Study of Ancient Near Eastern Religion as the Integration of Society and Nature*, 1978, Éd. University of Chicago Press

⚔ **Frazer**, James-George, *Le Rameau d'Or*, Éd. Robert Laffont, 1998

⚔ **Gershenson**, Daniel E., *Apollo the Wolf-god*, dans *Journal of Indo-European Studies*, Monograph No 8, 1991

⚔ **Chevalier**, Jean, et **Gheerbrant**, Alain, "Cheval", in *Dictionnaire des symboles*, Éd. Robert Laffont et Jupiter, 1969

⚔ **Gimbutas** Marija, *Le langage de la Déesse*, Éd. Des femmes/Antoinette Fouque, 2005

⚔ **Guilhou**, Nadine et **Peyré**, Janice, *La Mythologie Égyptienne*,

Éd. Poche Marabout, 2014
⊥   González García, Francisco Javier, *Hestia chez Homère : foyer ou déesse ?*, in *Mythes et fiction* (collectif d'auteurs), Éd. PU Paris Ouest, 2010
⊥   **Graves** Robert, *Les mythes celtes : La Déesse blanche*, Éditions du Rocher, 2000
⊥   **Graves** Robert, *Les Mythes grecs*, Éd. Le Livre de Poche, 2011
⊥   **Hancock**, Graham, *Surnaturel -Rencontres avec les premiers enseignants de l'humanité*, Éd. Alphée, 2009
⊥   **Haudry**, Jean, *Juno Moneta : Aux sources de la monnaie*, Éd. Arché Milano, 2002
⊥   **Herbin**, François René, *Le livre de parcourir l'éternité*, Éd. Peeters Publishers, 1994
⊥   **d'Hooghvorst**, Emmanuel, *Le Fil de Pénélope*, tome 1, Éd. Beya, Grez-Doiceau, 2009
⊥   **Jacq**, Christian, *La Légende d'Isis et d'Osiris*, Éd. MdV Éditeur, 2010
⊥   **Jansenn**, Jozef, *Annual Egyptological Bibliography 1952-1956*, Éd. E. J. Brill, 1956
⊥   **Jeanmaire**, Henri, *Dionysos : histoire du culte de Bacchus : l'orgiasme dans l'Antiquité et les temps modernes, origine du théatre en Grèce, orphisme et mystique dionysiaque, évolution du dionysisme après Alexandre*, Éd. Payot coll. Bibliothèque historique, 1978
⊥   **Jourdain**, Sabine, *Les Mythologies*, Éd. Eyrolles, 2006
⊥   **Labat**, René et **Malbran-Labat**, Florence, *Manuel d'épigraphie akkadienne : Signes, Syllabaire, Idéogrammes*, Éd. Geuthner, 2002.
⊥   **Labouret**, Henri, *Histoire des Noirs d'Afrique*, Éd. P.U.F, 1946
⊥   **Lachaud**, René, *Magie et initiation en Égypte pharaonique*, Éd. Dangles, 1995
⊥   **Langdon**, Stephen Herbert, *The Mythology of All Races-Semitic*, Vol. 5, Éd. Boston. Marshall Jones Company, 1931
⊥   **Leclant**, Jean, *L'Abeille et le Miel dans l'Égypte pharaonique* in **Chauvin**, R., *Traité de Biologie de l'Abeille*, Paris, Masson, 1968
⊥   **Lesko**, Barbara S., *The Great Goddesses of Egypt*, Éd. University of Oklahoma Press, 1999
⊥   **Lévy**, Paul, *École pratique des hautes études, Section des sciences religieuses, Annuaire*, tome 83, 1974
⊥   **Long**, Charlotte R., *The twelve gods of Greece and Rome*, Éd. E.J. Brill, 1987
⊥   **McMahon**, Joanne, et **Roberts**, Jack, *The Sheela-na-Gigs of Ireland and Britain : The Divine Hag of the Christian Celts – An Illustrated Guide*, Éd. Mercier Press Ltd.

▲ **Mallet**, Dominique, *Le culte de Neit à Saïs*, Ernest Leroux, Paris, 1988
▲ **Malten**, Ludolf, "Das pferd im Tautengloben" in *Jahrbuch des Kaiderlich deutschen Archäologischen institut*s, XXIX, 1914
▲ **Mathieu**, Bernard, *Seth polymorphe : le rival, le vaincu, l'auxiliaire*, ENIM 4, 2011
▲ **Meslay**, Claude, et **Delarozière**, Marie-Françoise, *Herbier méditerranéen*, Éd. Édisud, 2007
▲ **Michaud**, Joseph Fr., et **Michaud**, Louis Gabriel, *Biographie universelle, ancienne et moderne*, Volume 53, Éd. L.-G. Michaud, 1832
▲ **Minois**, Georges, *Histoire des enfers*, Éd. Fayard, 1991
▲ **Morteveille**, Gérard, *Le mur vitrifié de Sainte-Suzanne*, in : Histoire et patrimoine ; Maine Découvertes, n° 47, décembre 2005
▲ **Needham**, Joseph, *Science and civilisation in China*, Éd. Cambridge University Press, vol. 2, 1956
▲ **Nilsson**, Martin Persson, *Primitive Time-reckoning : A Study in the Origins and First Development of the Art of Counting Time Among the Primitive and Early Culture Peoples, Volume 1*, Éd. Gleerup, 1920
▲ **Noble**, Vicki, *Motherpeace : A Way to the Goddess through Myth, Art & Tarot*, Éd. San Francisco Harper & Row, 1983
▲ **Oakes**, Lorna, *The Illustrated Encyclopedia of Pyramids, Temples and Tombs of Ancient Egypt*, Éd. Southwater, 2006
▲ **O'Donovan**, John, *Annala Rioghachta Éireann : Annals of the Kingdom of Ireland by the Four Masters Vol. 1*, 1856
▲ **Otto**, Walter F., *L'Esprit de la religion grecque ancienne : Theophania*, Éd. Berg International, 1995
▲ **Parks**, Anton, *Chroniques du Ǧírkù tome 0, Le Livre de Nuréa*, Éd. Pahana Books, 2014
▲ **Parks**, Anton, *Chroniques du Ǧírkù tome 1, Le Secret des Étoiles Sombres*, Éd. Pahana Books, 2016
▲ **Parks**, Anton, *Chroniques du Ǧírkù tome 2, Ádam Genisiš*, Éd. Nouvelle Terre, 2007
▲ **Parks**, Anton, *Chroniques du Ǧírkù tome 3, Le Réveil du Phénix*, Éd. Nouvelle Terre, 2010
▲ **Parks**, Anton, *Le Testament de la Vierge*, Éd. Nouvelle Terre, 2011
▲ **Parks**, Anton, *Éden*, Éd. Nouvelle Terre, 2011
▲ **Parks**, Anton, *La Dernière Marche des dieux*, Éd. Pahana Books, 2013
▲ **Penglase**, Charles, *Greek Myths and Mesopotamia : Parallels and Influence in the Homeric Hymns and Hesiod*, Éd. Routledge, 1997
▲ **Price**, Ira Maurice, *Notes on the Pantheon of the Gudean Cylinders*, The American Journal of Semitic Languages and Literatures,

Vol. 17, No. 1 (Oct., 1900)

⚔ **Prieto**, Christine, *Christianisme et paganisme : La prédication de l'Évangile dans le monde gréco-romain*, Éd. Labor et Fides, 2004

⚔ **Quandt**, G., *De Baccho ab Alexandri aetate in Asia Minore culto*, Éd. Halle, 1912, page 256.

⚔ **Ratton**, Charles, *L'or fétiche, Présence africaine*, n°10-11, 1951

⚔ **Reintges**, Chris, et **Kihm**, Alain, *L'égyptien ancien : 6000 ans d'histoire, Dossier pour la Science, L'Égypte à la croisée des Mondes*, Dossier n°80, Juillet-Septembre 2013

⚔ **Riffard**, Pierre A., *Dictionnaire de l'ésotérisme*, Éd. Payot, 1983

⚔ **Rolle**, Pierre Nicolas, *Recherches Sur Le Culte De Bacchus : Symbole De La Force Reproductive De La Nature [...]*, Volume 1, Éd. Ulan Press, 2012

⚔ **Rossini**, Stéphane, *Neter Dieux d'Égypte*, Éd. Trismégiste, 2004

⚔ **Sabbah**, Roger, *Les Secrets de la Bible*, Éd. Carnot, 2004

⚔ **Sadaka**, Jean, *le Culte de la Grande Mère*, Éd. Mon Petit Éditeur, 2015

⚔ **Salles**, Catherine, *Quand les dieux parlaient aux hommes*, Éd. Tallandier, 2003

⚔ **Séchan**, Louis, et **Lévêque**, Pierre, *Les Grandes Divinités de la Grèce*, Éd. Armand Colin, 1990

⚔ **Sefati**, Yitschark, *Love songs in Sumerian Literature : Critical Edition of the Dumuzi-Inanna Songs*, Éd. Eisenbrauns, 1998

⚔ **Segy**, Ladislas, *The symbolism of the snake in Africa*, Arch. Für Völkerkunde, IX, Vienne, 1954

⚔ **Sergent**, Bernard, *Le livre des dieux : tome 2, Celtes et Grecs*, Éd. Payot, 2004

⚔ **Seringe**, Philippe, *Les Symboles dans l'Art, dans la Religion et dans la vie de tous les jours*, Éd. Helios, 1988

⚔ **Sharpe**, Samuel, *Egyptian Inscriptions from the British Museum and other Sources*, Londres, 1855

⚔ **Shoham**, Shlomo Giora, *Le sexe comme appat*, Éd. Age d'Homme, 1990

⚔ **Sorel**, Reynal, *Dictionnaire critique de l'ésotérisme*, Éd. PUF, 1998

⚔ **Sorel**, Reynal, *Orphée et l'Orphisme*, Éd. PUF, 1995

⚔ **Steiner**, G., *Sumerisch und Elamisch : Typologische Parellelen*, Acta Sumerologica 12, 1990

⚔ **Sterckx**, Claude, *La Mythologie du Monde Celte*, Éd. Poche Marabout, 2014

⚔ **Van der Toorn**, Karel et **Becking**, Bob, et **van der Horst**,

Pieter Willem, *Dictionary of Deities and Demons in the Bible*, Éd. Wm. B. Eerdmans Publishing Co., 1999

⚐ **Velikovsky**, Immanuel, *Mondes en collision*, Ed. Le Jardin des Livres, 2003

⚐ **Wasson**, R. Gordon, *Soma : Divine Mushroom of Immortality*, Éd. Harcourt Brace Jovanovich, 1972

⚐ **Wasson**, R. Gordon, et **Hofmann**, Albert, et **Ruck**, Carl A. P., *The Road to Eleusis : Unveiling the Secret of the Mysteries*, Éd. North Atlantic Books, 2008

⚐ **Watkins**, Calvert, *A Distant Anatolian Echo in Pindar : The Origine of the Aegis Again*, Éd. Harvard Studies in Classical Philology, vol. 100, 2000

⚐ **Yoyotte**, Jean, *Dictionnaire de la civilisation égyptienne*, Éd. Fernand Hazan, 1998

Déjà parus

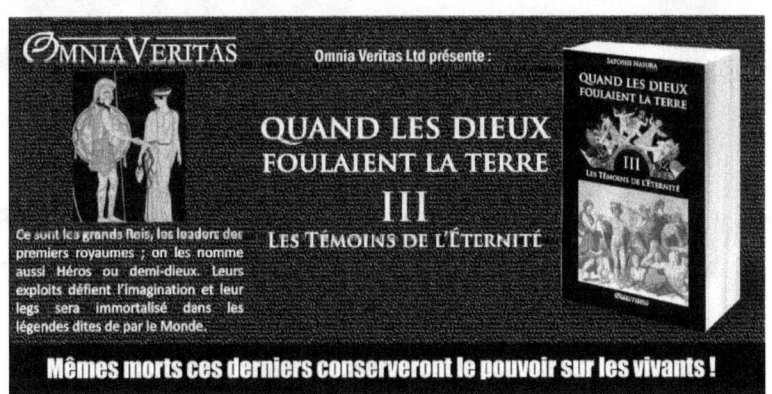

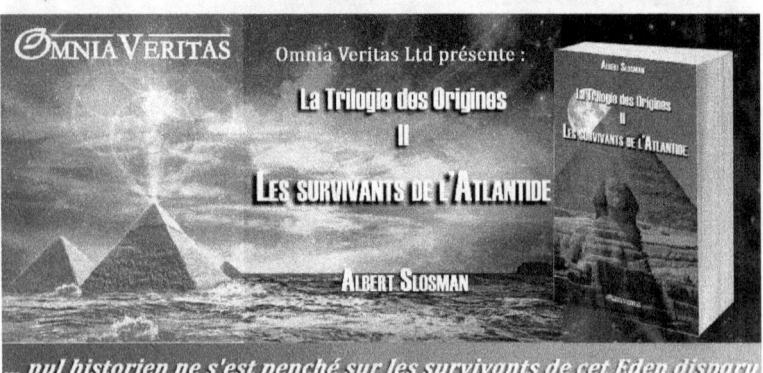

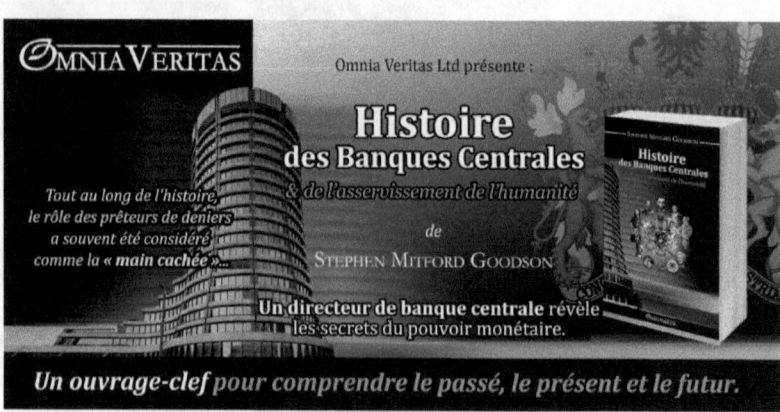

Pour la première fois, un livre tente d'explorer les sujets complexes que sont les abus rituels traumatiques et le contrôle mental qui en découle.

Comment est-il possible de programmer mentalement un être humain ?

Omnia Veritas Ltd présente :

2000 ans de complots contre l'Église

de
MAURICE PINAY

Aucun autre livre au cours de ce siècle n'a été l'objet d'autant de commentaires dans la presse mondiale.

*Une compilation de documents d'Histoire et de sources d'indiscutable **importance et authenticité***

Omnia Veritas Ltd présente :

La face cachée de l'histoire moderne

Tome I
La montée parallèle du capitalisme et du collectivisme

par **JEAN LOMBARD**

Le rôle joué tant par la Haute Finance que par les sectes (Rose-Croix, Illuminés de Bavière, Franc-Maçonnerie, Sociétés Secrètes islamiques et asiatiques).

L'auteur pénètre les intrigues, causes de tant de guerres et de révolutions...

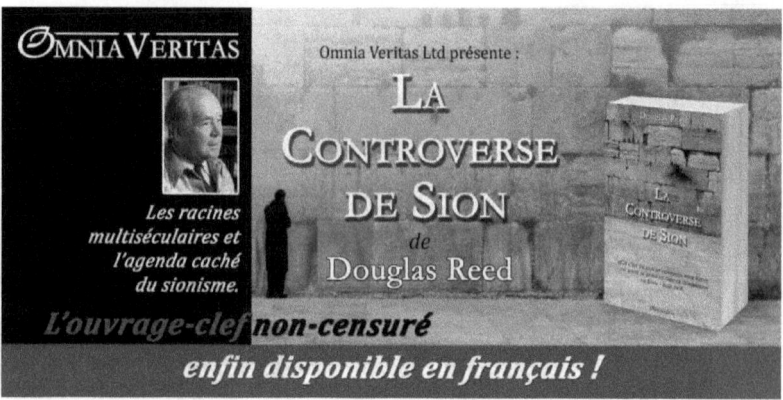

www.omnia-veritas.com

www.ingramcontent.com/pod-product-compliance
Lightning Source LLC
Chambersburg PA
CBHW071309150426
43191CB00007B/562